●莫 雷◎主编 MO LEI WORKS

PSYCHOLOGY 心理学

（公共课）

北京师范大学出版集团
BEIJING NORMAL UNIVERSITY PUBLISHING GROUP
北京师范大学出版社

图书在版编目（CIP）数据

心理学（公共课）/ 莫雷主编. —北京：北京师范大学出版社，2014.12（2020.11重印）

ISBN 978-7-303-16707-4

Ⅰ.①心… Ⅱ.①莫… Ⅲ.①心理学—高等学校—教材
Ⅳ.①B84

中国版本图书馆CIP数据核字(2013)第159375号

营销中心电话 010-57654738 57654736
北师大出版社职业教育分社网 http://zjfs.bnup.com
电子信箱 zhijiao@bnupg.com

出版发行：北京师范大学出版社 www.bnup.com
北京市西城区新街口外大街 12-3 号
邮政编码：100088

印　　刷：北京玺诚印务有限公司
经　　销：全国新华书店
开　　本：184mm × 260mm
印　　张：19
字　　数：362千字
版　　次：2014年12月第1版
印　　次：2020年11月第6次印刷
定　　价：35.00元

策划编辑：周雪梅　　责任编辑：何　琳
美术编辑：焦　丽　　装帧设计：焦　丽
责任校对：李　菡　　责任印制：马　洁

目 录

第一章 绪 论

美国著名心理学家科尔伯格经常遇到这样一个问题：你是研究品德心理的，你说说这小子品德怎么样？对此，老科总是无言以对。不少人初次听到“心理学”一词，往往好奇地认为“学了心理学就能知道别人心里想的是什么、就可以猜测别人的心理”，把心理学看得玄虚奥妙，深不可测，这是不了解心理学研究的对象与学科性质所引起的误会；有的人由于缺乏科学知识，往往把心理学与相面、测字、算命、看手相等迷信、巫术联系在一起，甚至有的人诬蔑心理学是“伪科学”，并把它列为“禁区”，这些都是对心理学的错误理解和歪曲。心理学是研究人的心理现象与规律的学科，心理学发展到现在，覆盖面广、分支众多，我们在社会实践领域、日常生活中的各种心理现象与规律都是心理学家关心的对象，心理学在日常生活、教育、生产、商业等领域中有着广泛的应用。可以说，凡是有人参与的地方，就有心理学。

第一节　心理学的研究对象、原则与方法

心理学是研究人类自身的科学之一。早在公元前四世纪古希腊思想家亚里士多德（Aristotle，公元前384—前322）就探讨过人类的心理现象。但在很长的历史时期内，心理学一直包含在哲学之中。直到1879年，德国哲学家、实验心理学的创始人冯特（W.Wundt，1832—1920）在德国的莱比锡大学建立第一个心理学实验室，才标志着心理学从哲学中分离出来，成为一门独立的科学。从这个意义上说，心理学是一门既古老又年轻的科学。随着心理学的兴盛和发展，越来越多的人对这门学科表现出关注和兴趣。

一、心理学的研究对象

心理学的英文是“psychology”，它由两个古希腊文字:“psyche”和“logos”组成。前者的含义是“心灵”“灵魂”，后者的含义是“讲述”或“解说”，两者合起来就是“对心灵或灵魂的解说”。这可以说是心理学的最早定义，但历史上心理学长期隶属于哲学，该定义只具有哲学意义，并没有对概念做出科学的解释。心理学成为一门独立的科学以后，其发展经历了一百多年，其研究内容和重点也几经演变。直到20世纪80年代，人们对心理学的界定才相对统一地定义为：心理学是研究人的行为与心理活动规律的科学。

心理学最主要的就是要研究人的心理现象，揭示心理现象及其变化发展的规律，并对它们进行科学的解释。人的心理现象是人们十分熟悉的现象，它是宇宙间最复杂而又奥妙的现象之一，恩格斯把它誉为“地球上最美的花朵”。心理现象不仅包括个体心理，还包括团体心理（见图1-1）。人是作为个体而存在的，个人所具有的心理现象称为个体心

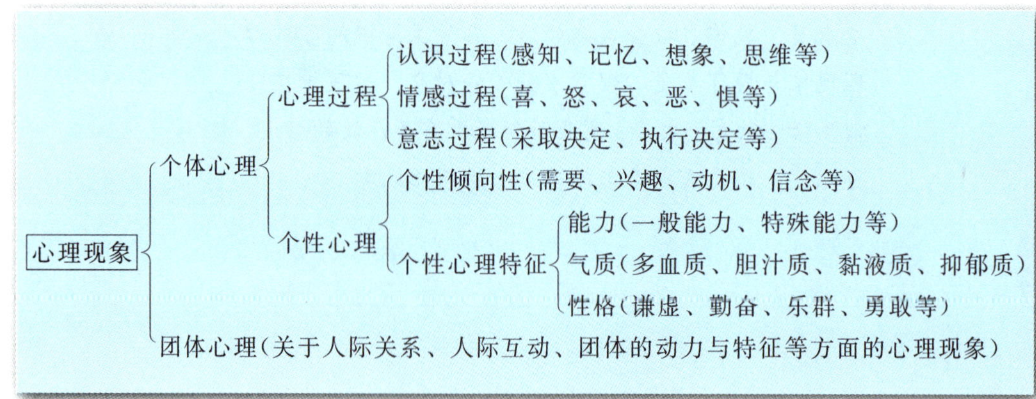

▲ 图 1-1　心理现象的构成

理。个体心理现象异常复杂，心理学家通常从两个方面进行研究：一是心理过程，即个体心理活动形成及其行为表现的一般过程；二是个性心理，即人与人之间在心理活动倾向性和稳定的心理活动特性上的状况。

心理过程包括认识过程、情感过程和意志过程三个方面。一个处在清醒状态的人，每时每刻总在感知着他周围的环境，有选择地记忆着他所经历过的事情，不时地提取记忆资料去理解和剖析发生的事情，必要时需开动脑筋思考问题，推测想象，以求得恰当的判断和结论。这里的感知、记忆、思维、想象等心理现象，属于人对周围环境由浅入深、由现象到本质的认识过程。人在认识客观事物时，总会对事物抱有一定的态度，从而产生一定的内心体验。例如，满意、愉快、痛苦、气愤、悲伤、绝望等，这些属于人的情绪、情感过程。人在认识客观事物时，不仅仅是认识它、感受它，还会对它采取一定的行动。一个人有意识地提出目标，制订计划，选择方式、方法，克服困难，以达到预期目的的内部心理活动过程即为意志过程。认识过程、情感过程和意志过程三者之间既有区别，又相互联系。在人的认识过程和意志过程中往往伴随着一定的情绪、情感活动；意志过程又总是以一定的认识活动为前提，而人的情感和意志活动又促进了人的认识的发展。因此，心理过程是个体心理的一个重要方面。

心理过程是人们共同具有的心理活动。但是，由于每个人的先天素质和后天环境不同，心理过程产生时又总是带有个人的特征，因此，心理学还要探讨人与人之间的差异，称之为个性心理，简称个性或人格（personality）。个性心理包括个性倾向性和个性心理特征。个性倾向性是指一个人所具有的意识倾向，也就是人对客观事物的稳定的态度。它是人从事活动的基本动力，决定着人的行为的方向，主要包括需要、动机、兴趣和自我意识等。个性心理特征是在一个人身上经常表现出来的本质的、稳定的心理特点。例如，有的人有数学才能，有的人擅长写作，有的人有音乐特长，这是能力上的差异。在行为表现方面，有人活泼好动，有人沉默寡言，有人热情友善，有人冷漠无情，这些是气质和性格方面的差异。能力、气质和性格统称为个性心理特征。个性心理是个体心理的另一个重要方面。

人的一般心理过程和个性心理是相互密切联系的。一方面，个性心理是通过心理过程形成的。如果没有对客观事物的认识，没有对客观事物产生的情绪和情感，没有对客观事物的积极改造的意志过程，个性心理就无法形成。另一方面，已经形成的个性心理又会制约心理过程的进行，并在心理活动过程中得到表现，从而对心理过程产生重要的影响，使之带有个人的色彩。无论对心理过程的研究，还是对个性心理的研究，都需要从一个人心理活动的整体性上加以考虑。

人的活动有自觉的，也有不自觉的。

自觉的活动叫做意识的活动，不自觉的活动叫做无意识的活动。意识是人所特有的心理活动，是人对现实的一种自觉的、有组织的心理发展的高级形式。人的意识使得人得以能动地认识世界、改造世界，尤其是人的自我意识使得人能够对自己的所作所为进行自我分析、自我评价和控制。意识对事物和活动的指向集中表现为注意，注意出现在人的各种认知活动和行为中。无意识的活动是指一个人在正常情况下觉察不到，或者不是自觉调节和控制的活动。人在梦境中产生的心理现象，主要是在无意识的情况下出现的。在人的正常生活中，大多数心理活动是在意识的支配下进行的，但也存在无意识现象，它对人的行为也有重要作用。因此，意识和无意识也都是心理学的重要研究对象。

人是社会的实体，人作为社会的成员，总是生活在各种社会团体中，并与其他人结成各种关系，如亲属关系、朋友关系、师生关系、民族关系、国家关系等，有关人际关系、人际互动、团体的动力与特征、个体社会化等方面的心理现象称为团体心理或社会心理。

团体心理或社会心理与个体心理的关系，是共性与个性的关系。团体心理是在团体的共同生活条件和环境中产生的，它是该团体内个体心理特征的典型表现，而不是个体心理特征的简单总和。团体心理不能离开个体心理，但它对个体来说，又是一种重要的社会现实，直接影响个体心理或个体意识的形成与发展。因此，团体心理及其与个体心理的关系，是心理学研究的另一个重要对象。

二、心理学的研究意义和基本任务

（一）心理学的研究意义

心理学既是一门理论科学，又是一门应用科学。它研究人的各种心理活动和个性心理是如何形成和发展变化的，心理现象对人的生活实践条件的依存性，心理活动与主体状态的关系，还要研究客观事物如何引起人脑的活动而产生心理现象，并应用这些规律为人类的实践活动服务。心理学研究不仅具有重大的理论意义，而且也具有广泛的应用价值。

心理学研究的理论作用在于探讨心理活动的发生、发展的规律，揭示客观现实与人的心理的关系，探索心理的起源，从而以最新的科学成就对辩证唯物主义的基本原理起到论证和充实作用。在物质与意识的关系上，心理学以其确凿可靠的研究成果表明，人的心理与物质世界相互依赖，心理是客观现实与人脑相互作用的结果，因而进一步具体地论证了物质与意识的关系、认识与实践的关系、感性认识与理性认识的关系。所以，列宁把心理学看作“构成认识论和辩证法的知识领域之一”。

心理学所提供的科学事实，对一切封建主义、宗教迷信思想是有力的打击。掌握心理学的科学认识，使人能正确地理解各种精神现象，有助于人们形成科学的世界观，是破除迷信、摒弃偏见的理论武器。列宁曾充分地肯定心理学在这方面的作用，他指出“心理学提供的一些原理已使人们不得不拒绝主观主义而接受唯物主义”。

心理学所提供的关于知、情、意活动的规律，关于个性形成的规律以及关于儿童、青少年心理特点的知识，成为教育学阐明教学原理和教育措施的重要理论依据，也是种种教学法的知识基础。心理学对于一些自然科学如控制论、仿生学、计算机科学、人工智能等都有重要作用，它是这些领域的基础学科之一。此外，心理学对邻近的社会科学如哲学、语言学、社会学、人类学、艺术、法学也有一定的理论意义。因为这些学科和心理学一样都要研究人，研究人的心理，只是研究的角度有所不同，心理学的知识必然有助于它们认识各自的对象。

（二）心理学的基本任务

1. 描述和测量人的心理

人的心理活动若不能够被描述和测量，就不能被理解和控制，有时甚至会被看成是完全任意的，主观自决的，不受因果规律支配的，绝对自由的。为此，心理学首要任务是描述和测量人类的心理现象，寻找其规律性。例如，心理学通过各种各样的测量，揭示人类遗忘的规律，注意的广度和稳定性，气质、性格的类型和特征，智商高低等，找出其规律性。心理学所使用的测量工具必须考虑两个方面的要求：一是可行性，即信度（reliability），指所测量的数据不应该在重复测验时有大的变化；二是有效性，即效度（validity），指这个测量工具必须能测量想要测量的东西。例如，通过用皮尺量头围来测量一个人的智商，尽管每次都得到相同的数据（信度），但是这种测量不能真正测出一个人的智力（缺乏效度），因为它与智力无关。

2. 理解和说明人的心理

理解和说明人的心理活动，实际上就是找出产生所观察到的心理现象的原因。例如，影响心理的因素很多，它包括环境因素、机体因素和心理因素等，而心理学研究就是要查明这些因素的变化与心理活动的确切关系。理解与说明还包括把已知事实组织起来以形成与事实相符的说明，也包括就事件之间的关系提出需要证明的假定。例如，有的小学生在上课期间，注意力经常不易集中。究其原因，并非是“多动症”或心理异常，而是符合心理学规律的。小学生的有意注意的稳定性，最长一般不超过20分钟，否则就会开小差。因此，教师在一节课内应该有准备地对待学生的这种心理状态。

3. 预测和控制人的心理

科学的重要作用在于预测和控制。预测是对一个特定行为将要发生的可能性和一种特定的关系将被发现的可能性的陈述。掌握了人的心理活动规律，就能根据客观现实的需要去预测心理活动。例如，心理学家根据学生的一般智力、学习策略和学习动机，就能够较准确地预测这个学生在学校学业成绩的表现。行为预测必然伴随行为的改变和控制，对许多心理学家来说，控制是核心的、最激励人心的目标。了解了影响心理活动的因素，就能够尽量消除不利因素，创造有利因素，改造和控制个体的行为，使活动效率提高。例如，假设心理学家能够描述和测量考试焦虑，根据这些测量对一个人发生考试焦虑的可能性做出预测，但这当然不够，心理学家希望能有办法改变具有考试焦虑的人的行为，从而帮助他，因此，心理学家还需要根据一定的行为矫正理论，干预和改变这个人的行为以防止考试焦虑发生。

三、心理学研究的基本原则

（一）客观性原则

所谓客观性原则，就是指研究者要尊重客观事实，按照事物的本来面貌来反映事物。对心理学研究来说，就是要从心理活动的产生所依存的客观条件及其表现和作用来揭示心理的发生、发展的规律。研究心理学时，严格遵循客观性原则有特别重要的意义。心理就其映象来说是主观存在的，但作为一种反映过程，是在外部条件与内部因素的制约下，在头脑中产生、变化、发展并以言行等方式表现于外的历程，它不以个人意志为转移而有规律可循，因此，完全可以作为科学的对象被人客观地加以研究。所以在心理学研究中坚持客观性原则，要求对人的任何心理活动的研究都必须依据别人可以观察并加以检验的客观事实。人的心理活动是由客观存在引起的，是通过一系列生理变化实现的，是表现在人的实践活动之中的，因此，必须从心理产生所依存的这些方面的物质过程中去揭示心理发生发展的规律。同时必须如实地记录对受试者的外部刺激，受试者的反应以及受试者主观体验的口头报告，切不可将自己的主观体验、主观感受来代替客观观察到的事实或附加在客观观察到的事实上面。在做结论时，要根据客观的资料和事实判断，切不能凭主观臆测来肯定或否定某种结论。

（二）发展性原则

所谓发展性原则，就是要在发展中研究心理现象和用发展变化的眼光去观察心理现象。辩证唯物主义认为，客观事物永远处于不断地运动和变化之中，作为人脑对客观事物的反映的心理活动，当然也不是固定的、静止的。人类的心理、意识从动物演化而来，是人类长期的历史发展的产物；个体从出生到成人，其心理活动也经历了从简单到复杂，从低级到高级的发展过程，这就要求我们把心理看作一个变化发展的过程，在发展中研究心理活动。如果没有发展的观点，而是以静止不变的眼光看待问题，就无法揭示心理现象的本来面目，发现其客观规律。

（三）系统性原则

所谓系统性原则，就是要求在对人的心理现象进行研究时，必须考虑各种内外因素相互之间的关系和制约作用，把某一心理现象放在多层次、多因素和多维度的系统中进行分析。这是因为人的心理是一个极其复杂、动态的系统，在它内部系统的各因素之间，心理系统与外部环境之间均存在着密切的联系，只有系统研究这些关系，才能真正把握心理现象的活动规律。

（四）伦理性原则

以人为对象进行心理学研究，和以物体或动物为对象的实验不同，在选择方法和程序时不能只考虑对所需要研究的问题是否有利，还要考虑所用的方法对人的身心是否会产生不良影响，是否侵犯了他的个人权力或人格。心理学历史上著名的“模拟监狱实验”就因对伦理性原则重视不足，造成被试心理紧张、情绪抑郁及野蛮粗暴等心理症状而受到各方面的批评。在科学性与伦理性相矛盾时，应首先保证伦理性。

四、心理学的研究方法

心理学研究的方法很多，最基本与最通用的方法是观察法和实验法。此外还有测验法和调查法等。

（一）观察法

在心理学研究中，观察法是指在自然情境中或预先设置的情境中对人或动物的行为进行直接观察、记录而后分析，以期获得其心理活动变化和发展规律的方法。观察法多被应用在对学校的教育和教学情境、儿童行为、社会团体活动以及动物行为的研究中。在实际应用观察法进行心理研究时，通常有两种方式：一种是参与观察，即观察者参与到被观察者的活动中进行观察；另一种是非参与观察，即观察者不参与被观察者的活动进行观察。无论采取哪种方式，原则上是不使被观察者发现自己的活动被他人观察，因为这样会影响他的行为表现。研究成年人的心理活动一般采用第一种方式，研究幼儿的心理活动则一般采用第二种方式。

观察法的主要优点是保持了人的心理活动的自然性和客观性，获得的资料比较真实，具有逼真性。但是，观察法也有不足之处，观察者往往处于被动的地位，带有被动性。这是因为这是在自然（非人为）的条件下进行的，要获得足以说明某些心理现象的表现材料往往需要长期的等待；加上心理现象的多因性与条件的难以控制，如果没有一定的分析经验与技能，要做出精确的判断是相当不易的。另外，观察法得到的结果有时可能是一种表面现象，不能精确地确定心理活动产生和变化的原因，不能达到解释“为什么”的目的，而只是说明现象“是什么”。但它是掌握原始资料的必要方法，通过观察现象发现问题，为进一步的研究开路，因此，有人把观察法比喻为科学研究的前门。为了克服观察法的弱点，研究人员开始有控制地观察，即实验法。

（二）实验法

实验法是指人为地有目的地控制或创设一定条件来引起某种心理现象以进行研究的方法，其主要特点是严格控制条件，主动引起所要研究的心理现象，对结果进行量的分析和反复验证。严格的实验法首先要按照随机取样的方法来选择被试，按照对等的条件来确定实验组和控制组。实验组是施加实验条件，以观察反应结果的小组；控制组是不施加实验条件，以便与实验组的结果作比较的小组。所谓实验，就是要寻求变量与变量之间的关系。实验可区分出三种变量：①自变量：实验过程通过呈现预定的刺激以引起被试的反应，这个刺激就是自变量。自变量是引起所需观察的心理行为反应的变量，是由研究者严格操纵的，自变量强度的大小，呈现的顺序、时间、数量都要事先设计好；②因变量：被试对实验所施刺激的反应就是因变量。它是实验研究的真正对象，要将它详细准确地记录下来，如被试者的反应时、正确率等；③无关变量：这些变量不是实验要研究的，但它会影响实验结果，要加以严格控制。实验法所谓严格控制条件，一是指控制自变量的实施，二是指控制无关变量的干扰。

实验法有两种形式：实验室实验法和自然实验法。实验室实验法是在实验室内借助于各种专门仪器设备进行心理实验的方法。通过实验室里严格的人为条件的控制，可以获得较精确的科学结果，并可对实验的结果进行反复验证。实验室实验法的缺点是，由于被试意识到正在接受实验，因此，易干扰实验结果的客观性。自然实验法是在自然情境下，由实验者创设或改变一些条件，以引起被试某些心理活动进行研究的方法。这种方法既在由实验者控制和改变某些条件下进行，又在实验过程中保持着正常的活动的自然条件，可使被试消除紧张情绪而处于自然状态中，因此，研究结果比较切合实际。自然实验法的不足之处是实验情境不易控制。总体而言，实验法比观察法有一定的优越性，它比较严密、可重复，研究者比较主动，能做出因果性的推论。

（三）测验法

测验法又称心理测验，是运用测量工具衡量心理、行为特征的方法。科学心理学的特征之一就是能对个体的行为进行量化研究，心理测验就是个体行为量化的工具，它们是经过一系列严格的选择和加工的科学程序即标准化过程编制而成的。心理测验主要有智力测验、成就测验、人格测验等。用于心理测验的测量工具称为量表，比如韦氏成人智力量表、明尼苏达多相人格量表等。一个标准的量表必须具有较高的信度和效度、标准计分法和可资比较的常模，才能用于实际研究。采用测验法来研究心理学问题，有两种方式：一是可以采用测验法来研究个体行为在某一层面的个别差异；二是可以采用测验法来研究被试两种或多种行为之间的关系。无论采用哪一种方式，测验的内容必须预先进行实验来确定其适用性和科学性。由于测验法是个体行为量化研究的工具，因此，这种方法的应用日益扩大。心理测验法的主要优点是能对心理进行定量化的分析，可以同时分析多个变量之间的相关程度，但缺点是难以从中推出因果性的结论。如我们采用智力测验和人格测验同时对某些学生进行测量时，发现学生智力与其好奇心、上进心、幸福感等人格特征呈正相关，但我们不能做出好奇心、上进心和幸福感等人格特征是智力高的原因的结论，因为其因果关系可能恰恰相反。

（四）调查法

调查法是通过被试对书面或口头问题的回答，了解其心理活动的方法，调查法不仅适用于个体，也适用于团体。调查法通常多采用问卷法和谈话法来收集调查资料。问卷法是采用预先拟定好的问答表进行，通过被试回答问题的情况，分析他的心理特点及有关对象的状态。问卷的问题形式有很多种，如自由记述法、选择法、等级法、评定量表法等，可根据调查目的组合使用上述形式。采用问卷法收集资料简便易行，又可使调查范围扩大，所以，这种方法被广泛采用。但问卷法也有突出的缺点：一是被调查者的合作不易控制，或者回答问题的态度不认真，或者对问题的理解不一致，影响了调查资料的可行性；二是问卷的回收率常常较低，影响取样效果。问卷法不是一种严密的科学方法，通过问卷法得来的资料只能作为对问题的初步了解，为进一步的研究提供线索。谈话法是通过和被试有目的地、有计划地面对面谈话，了解其某些心理特点的方法。它是收集第一手材料的可行方法，但研究对象只能限于少数人，花费时间较多，所以不易实施。而且，谈话法也易受主观、客观因素影响，有不真实的可能性，因此，只凭谈话法所取得的材料，对其心理状态下结论是不可靠的。故谈话法和问卷法都应与其他有关的方法结合进行，对所得材料相互补充和验证，才能做出较准确的结论。

除了上述常用的研究方法外，还有作品分析法、临床法、个案法、模拟法、日记法等。在从事研究时，应根据研究的课题和研究者的资源能力，选择某种方法，或综合运用几种方法。

链接

美国哈佛大学心理学博士岳晓东教授，曾谈起过他在学习心理学时遇到的烦恼，这些令人烦恼的事，显示了人们对心理学的种种误解。他在《大众心理学》中写道：

学心理学的第一个烦恼是必然要知道别人心里想的是什么。“哇！学心理学一定知道别人心里想什么啦！”这话真是过奖了。心理学不过是想琢磨人的意念形成过程，可从来没想弄清那意念是什么。心理学可以把人的思维发展、情绪转化、性格成长说得头头是道，但它没法道出人心里想的到底是什么。毕竟人心隔肚皮，我哪能知道你老兄心里算计着什么呢？

学心理学的第二个烦恼是常被人指着鼻子骂：“亏你还是学心理学的，连这点儿心理都不懂。”这话听起来让人苦笑，心理学又不是魔杖，岂能事事皆明，万事皆通。

学心理学的第三个烦恼是会被人怀疑自己有一些神经质。其实心理学以提示人类思维发展、情绪变化之奥妙为己任，以追求个人之最大自我实现为目标。它使人越发明智，更加了解自我，适应社会，怎么会误入歧途呢？

学心理学的另一个烦恼是时常会听到这样的一句话：“这家伙是学心理学的，防着点！”你是怕我猜透你的心思吗？唉！我哪有那本事？为什么要防着我们学心理学的，而不去防备学经济学的会坑你的钱或防备那些学生物的人会拿你做实验呢？

资料来源：岳晓东．谈学心理学的烦恼．大众心理学．1995（1）：28

第二节　心理学的发展与分支

一、心理学的历史

心理学是一门现代科学，但是心理学的渊源可以追溯到两千年前的古希腊和中国的先秦时代。人类很早就注意到了心理现象，许多闻名于世的古代学者的著述中都曾谈论到它。因此，心理学可以说是一门既古老又年轻的科学。说它古老，是因为从公元前四世纪古希腊亚里士多德的《论灵魂》和中国古代的

《论语》中，就有许多关于人的心理的论述。但在一个很长的时期内，心理学一直包括在哲学的母体中。也就是说，几千年来心理学一直是哲学的一部分。直到1879年，由于受自然科学的影响，德国哲学家冯特在莱比锡大学建立了世界上第一个心理实验室，把自然科学中所使用的方法应用于心理学的研究，从这开始，心理学才脱离哲学而成为一门独立的学科。心理学从此有了崭新的开端和长足的进步。但心理学迄今为止只有一百多年的历史，与其他学科相比（例如，物理学、化学、生物学等），它是一门很年轻的、正在发展中的学科。

在心理学的发展过程中，各种派别纷争对峙，新的派别不断兴起，可以说心理学每前进一步，都有新兴学派出现。早期学派纷纭，如官能心理学、联想心理学、构造主义、机能主义等。而对心理学发展最有影响的是20世纪初兴起的三个派别：行为主义学派、格式塔学派和精神分析学派。了解它们也就抓住了近现代心理学历史发展的线索。

（一）行为主义

行为主义学派是由美国心理学家华生（John Broadus Watson，1878—1958）于1913年创立的，是美国近代心理学的主要流派之一，也是对西方心理学影响最大的流派之一。行为主义体系的基本特点可归结为三点：第一，强调客观观察和测量记录人的行为。他们认为，意识是不能客观观察和测量记录的，所以意识不应该包括在心理学研究的范围内。第二，认为构成行为的基础是个体的反应，而某种反应的形成是要经历学习过程的。第三，认为个体的行为不是与生俱来的，不是遗传的，而是在生活环境中学习获得的。他曾经说过一段偏激的话：你给我一打儿童，在良好的、由我做主的环境中，不管他们的天资、能力、父母的职业和种族如何，我可以任意地把他们培养成医生、律师、艺术家、大商人，甚至乞丐或小偷。行为主义强调研究行为，强调从刺激与反应的关系上客观地研究行为，而不从主观上加以描述。这种研究方法上的客观原则，对当代心理学的发展产生了重大的影响。但是，由于它否定人的心理、意识的观点，以及分析人的行为的机械主义的错误，则对心理学的发展产生了消极的影响。

（二）格式塔学派

格式塔学派由德国心理学家韦特海默（Max Wertheimer，1880—1943）首创，代表人物有考夫卡（Kurt Koffka，1886—1941）、苛勒（Wolfgang Kohler，1887—1967）等人。“格式塔”是德文“gestalt”的译音，其含义是整体或完形。格式塔学派所研究的主要问题是有关知觉的过程。例如，当人看到几组竖线时，总是把临近的两条线看为一组，而实际上并没有任何东西决定把两个临近的东西看成一组，因此，这种情况不完全取决于外界，而是人脑中有一些力量把外界的东西组织起来了。格式塔学派深受物理学中的“场理论”的影响，认为人脑中也有一种“场”，“场”中的力量分布决定着人看外界东西是什么样的。格式塔学派认为个体的任何经验或行为的本身是不可分解的，每一种经验或活动都有其整体形态。格式塔学派用同型论来解释心理与脑的关系，认为脑内先验地存在一个与感知到的对象同型的格式塔，这个格式塔不受过去经验的影响。格式塔学派这种唯心主义倾向是不可取的，但它重视整体的观点，重视部分之间的联系，也有辩证法的因素。这对克服心理学中机械主义的观点（如构造主义、行为主义）是有贡献的，它的整体说的思想赢得了多数心理学家的赞同。格式塔心理学对知觉和学习进行了富有启发式的探索，并取得了大量研究成果，为以后知觉心理学和学习心理学的发展提供了重要的理论基础。

（三）精神分析学派

精神分析学派是由奥地利精神病医生弗洛伊德（Sigmund Freud，1856—1939）于19世纪末20世纪初创立。精神分析学派的理论基础是医学的临床经验，但其理论对以后的心理学的发展的影响却超过了其他各个学派，尤其是在关于人格以及心理治疗方面更为突出，故使之成为心理学的一个重要流派。精神分析学派理论的最主要特征是：第一，其理论根据并不是来自对一般人行为的观察或实验，而是根据对病患者诊断治疗的临床经验；第二，它不但研究个人的意识活动，而且，更进一步研究个人的潜意识活动；第三，不但研究个人当时的行为，而且还追溯其过去的历史，以探明目前行为构成的原因；第四，特别强调人类本能对以后行为发展的重要作用，而且把性冲动看作人类主要的本能。在精神分析学派发展过程中，弗洛伊德的学说也受到众多的批评，主要是他的泛性论。弗洛伊德把性的意义扩大了、泛化了，这也就违背了人类活动的现实，受到大多数心理学家的反对。原来追随弗洛伊德的心理学家不再坚持弗洛伊德的“一切行为决定于性本能发展”的泛性论观点，开始转向重视和研究人格发展过程中的社会文化因素的影响，这些观点和理论被称为“新精神分析理论”。人们对弗洛伊德的理论非议最多，而它的影响也最广泛。弗洛伊德毕竟提出了一些新鲜概念，拓宽了心理学的领域。直至现在，在心理与精神治疗方面，弗洛伊德的理论仍然有很大的影响。

行为主义学派、格式塔学派、精神分析学派是在欧美国家发展起来的学派，它们对西方心理学有着广泛的影响。第二次世界大战后，心理学的发展极其迅速，在发展方向上，各心理学派由对立趋于协调、互补，不再坚持用独家理论来解释所有的事实，而是博采众议，并放弃了追求普遍的大而全的理论，转向能解释某一方面心理活动的小型理论，通过小型理论逐渐扩大到统一的普遍理论。在这种形势下，心理学中学派之争不再明显，而是以范式、思潮、发展方向的方式去影响心理学的各个领域。

二、心理学的现状

自20世纪30年代以来，心理学进入了一个新的发展时期，这个时期的特点可以归纳为以下四点。

（一）派系融合，兼收并蓄

比如，新行为主义修正了行为主义的极端观点，正视意识、内部加工过程的存在，承认在刺激和反应之间存在“中间变量”，并将行为主义的公式S－R修正为S－O－R；后来的格式塔学者也承认了后天经验的作用，修正了格式塔主义者过分强调先天倾向的极端观点；新精神分析派的学者不像弗洛伊德那么强调先天倾向，不像弗洛伊德那么强调性欲望的动力作用，而更多重视社会文化因素的作用，强调环境与人的关系和影响。各派的棱角逐渐被新认识、新观点磨掉，派系之间的区别逐渐缩小，学派的特色开始消失。现在我们再也看不到一本像20世纪30年代前的“行为主义”或“格式塔心理学”之类的高举某个派系旗帜的书籍。现代的心理学教科书总是把行为主义、格式塔心理学、精神分析等各家各派的观点加以逐一介绍或分散到各章中去加以评价。尽管学派遗产继续流传，但是学派已成为历史的东西，而新的观点、新的发展则建立在兼收并蓄各派精华的基础之上。比如，20世纪50年代末以后兴起的认知心理学，就是吸收了各家之长，融为一体而蓬勃发展的。现代认知心理学既承认中间环节即经验的作用，也考虑认识的能动性，力图探明人类知识的获得、贮存、转换直至使用的完整规律。

由于心理学历史短暂，基础薄弱，加之研究对象的极端复杂性，现代心理学需要各学派的努力，排斥哪一个学派和哪一种方法，都会使这门科学的整体有所逊色。同时，心理学进一步发展需要它摆脱历史争论，求同存异，互相补充，互相增益，只有这样，心理学才能走上新的发展阶段。现代心理学正处在这个新的发展时期。

（二）学科融合，促进发展

心理学吸取了其他学科尤其是新兴学科的新成果、新技术，促进了自身内部的发展，拓宽了研究的范围并加深了研究深度。

计算机科学、信息论、系统论等新兴科学对现代心理学的发展产生了重大影响。计算机科学提供了机器模拟法，使探索内部心理过程和状态有了新的途径。现代认知心理学采取了在观察基础上提出对认知的内部加工过程和结构的概念化模型，根据这种模型进行假设，进行预测，然后再按验证结果调整模型本身。一直困扰心理学家的“黑箱”因此有了探索的新途径。信息论提供了信息、信息量、信息编码等有用的概念和测量信息量的数学方法，使研究人的认知过程可采用信息和信息量的概念来描述和说明，避免了笼统的刺激概念。控制论的反馈概念对说明人类行为的自我调节过程起了根本性的影响，使传统的反向弧概念变为反射环概念。计算机、脑电图技术、脑功能成像、录音、录像等现代化手段，各种现代心理仪器，使心理学的研究有了20世纪所不可能有的先进手段。随着现代科学的发展，心理学日益渗透到各个研究领域，心理学和其他学科结合，新兴的边缘学科陆续出现。比如，在认知心理学与计算机科学之间产生了人工智能；在语言学与认知心理学之间产生了心理语言学；在神经生理学与心理学之间产生了神经心理学……这种发展趋势，标志着心理学正朝纵深和横向发展。

（三）现代认知心理学与认知神经科学发展迅速

认知心理学出现在20世纪初，在50年代以后得到迅速发展。早期的认知心理学以瑞士著名心理学家皮亚杰（Jean Piaget，1896—1980）为代表。20世纪40年代末，由于各门科学的迅猛发展，产生了科学间横向联系的需要，这种需要推动了信息论、控制论和系统论的诞生。“三论”对现代心理学特别是认知心理学产生了深远的影响。20世纪50年代末60年代初，心理学界涌现出一股研究认知过程的潮流。在知觉、记忆、言语和问题解决等领域中，出现了一些新的理论。这些理论把人看成一种信息加工者，一种具有丰富的内在资源，并能利用这些资源与周围环境发生相互作用的、积极的有机体。1967年，美国心理学家奈塞尔（Neisser）出版了《认知心理学》一书。书中指出：“认知是指感觉输入受到转换、简约、加工、存储、提取和使用的全部过程。”这本书的出版标志着现代认知心理学的诞生。

现代认知心理学除了应用心理学的一般研究方法之外，还发展了自己特有的一些研究方法，如反应时记录法、口语报告法、计算机模拟法等。在认知心理学的早期发展中，计算机模拟采用得很普遍。使用这种方法的基本设想是：如果计算机和人在某种作业的操作模式上功能相等，那么用指导计算机的程序就能很好地解释人是怎样完成这一作业的。例如，如果用计算机解决了某个复杂的问题，那么计算机的解题程序就可能代表了人在解决同一问题时的思维过程；同样，如果用计算机将古汉语翻译成了现代汉语，那么这套翻译程序也可能代表了人的翻译过程。认知心理学家相信，应用这种方法不仅能客观地描述人的某些复杂的内部过程，因而促进心理学的发展，而且能推动人工智能的研究，从而促进计算机技术的进步。这种研究取向也叫计算机比喻（computer metaphor）。

近年来，认知心理学与神经科学的结合产生了认知神经科学（cognitive neuroscience），它主要研究认知功能的脑机制、认知与神经系统活动的关系、脑发育与认知功能的发展等。科学家们相信，只有揭示心理活动的脑机制，特别是认知功能的神经生物学机制，才能真正揭示脑的秘密，了解人的心理功能（如认知、情绪、意识和无意识等）的特点。在21世纪，认知神经科学的研究有望成为心理学发展的主流。

（四）注重应用，日益广泛

社会生产和社会生活的发展对心理学的需要日益迫切，这促使心理学从大学讲坛和研究机构的实验室里走出来，与实际生产、生活相结合。人们应用心理学为政府制定政策提供参考性的意见，比如欧洲共同体采用“消费者态度指数”作为预见商业周期转折的可靠指标，并用于制定经济规划。运用心理学作市场预测和政府政策的态度测量，取得人、财、物等多方面的资料，从而更准确地把握社会发展动向。比如，美国工业界对工业心理学十分重视，大公司一般都设有工业心理学研究机构，拥有现代化设备的实验室。美国电报电话公司有心理学家300多人，他们的工作在改进产品、协调人际关系、提高工效、防止事故、搞好人事管理、合理使用人力资源等方面，起了重大作用。保障人的心理卫生成为心理学实际应用的另一个重要方面。比如，应用心理治疗技术对精神病患者提供临床服务和对心理失调者提供咨询服务。在心理学比较发达的国家如西欧和北美的部分国家，日本和澳大利亚，心理学为劳动者提供职业选择和训练，提高对工作的适应能力，减少事故和工作环境中的紧张，帮助人们正确估价和改善工作的满意程度。应用心理学还为在校学生提供心理调节、心理健康服务。应用心理学也为社会人士提供戒毒、戒烟、戒酒等服务。以上从事临床心理学的人数在英美心理学家中占的比例最大。心理学在教育教学中的应用是最早开始的，在现代更有了迅速的发展，许多教学原则、教育方法都离不开心理学原理，在许多国家，心理学是教育工作者的必修课。

心理学的广泛应用促使心理学的新分支越来越多。工业管理和组织的需要产生工业心理学，商业流通的需要产生商业心理学，学校教育的需要产生学校心理学，太空探索的需要产生航天心理学等。各种应用性心理学的产生又进一步促进了心理学的实用性。现代心理学再也不是少数哲人的思考和言论，它和人们的社会生活关系越来越密切。

现代心理学正在向广度和深度进军。20世纪80年代末，据国际心理联合会的估计，全世界约有26万人受过职业训练的心理学家。不过分布很不均衡，仅美国就有心理学家10万之众。经济发达国家的高等学校中从事心理学专业的人数越来越多，如英国大学生中，数学专业的排第一位，心理学专业的排第二位。现代心理学呈现蓬勃兴旺的发展趋势。不过，客观地说，心理学不如数学、物理学、化学那样成熟，它还不是一门成熟的科学，还需要进行不断地探索，但是现代心理学的兴盛已属必然。

三、未来心理学的发展方向

（一）基础研究将更加深入

深入探索对心理学发展具有一般性或根本性意义的问题，是心理学家们都十分关注的。未来的心理学基础研究将更加深入，例如，临床神经心理学、文化心理学、脑科学研究将进一步发展，未来的心理学在基础研究方面可能会有新的研究取向出现，将会有多种研究取向综合地对心理学基本问题进行更深入的探索。另外，当今的心理学文献大多是以美国和欧洲人为被试所得出的研究成果，不能当作可以应用于全世界的一般原理，因此，我们应当谨慎地对待西方已有的研究成果，同时还应当加强中国文化传统对心理与行为影响的研究，只有这样，才能寻找出适合全世界所有人的心理与行为规律。

（二）应用研究将更多造福于人类

在未来的发展中，心理学将会在人类生活的各个领域发挥积极的作用，更多地造福于人类，实现理论与实践的紧密结合。如国家要强大，民族素质要提高，人民要幸福，都离不开教育事业的发展，全面实施素质教育，把培养德才兼备的高素质人才摆在更加突出的战略位置。因此，在未来的心理学中教育心理学、创造心理学将有大的进步空间。而且，随着社会和经济的发展，人民生活水平的提高，追求生活质量，提升健康水平，提高幸福指数，已越来越成为大众关注的焦点，因而，健康心理学、咨询心理学会有很大的用武之地。总之，未来的心理学将深入到我们生活的各个角落，并且将发挥越来越重要的作用。

四、心理学的分支

当今心理学是一个分支繁多的学科体系。在这个体系中，一些心理学分支担负理论上的任务，一些分支担负实际应用的任务。根据其担负任务性质的不同，大致可以把它们划分为两大领域：基础领域和应用领域。

（一）基础领域

1. 普通心理学（general psychology）

普通心理学是心理学的基础学科，它是以正常成人心理活动的规律为对象，研究人的心理过程和个性特征，阐明心理现象中各种最基本的事实与最一般的问题，探索心理现象的普遍规律。心理学的其他分支学科都要以它为基础，因此，普通心理学是学习心理学的入门学科。在普通心理学的范围内，还可以分出专门研究某种心理现象的分支，如知觉心理学、记忆心理学、思维心理学、情绪心理学、能力心理学、气质心理学、性格心理学等。

2. 实验心理学（experimental psychology）

实验心理学是心理学研究的方法学，通过科学的实验研究方法，研究人的各种行为及心理变化，其研究主要围绕科学心理学发展初期的那些传统课题，如感觉、知觉、学习、动机和情绪等方面的问题。所谓科学的实验方法，是指在严格的条件下用某种刺激引发所期望的行为，然后观察这些行为，并对结果进行统计分析。具体来说，它包括如何进行实验设计、如何进行观察和记录、如何进行资料分析等。实验心理学是心理学专业的基础课程。

3. 生理心理学（physiological psychology）

生理心理学研究个体行为及其心理过程与其身体及生理功能的关系，主要包括各种感官的机制、神经系统特别是脑的机制、内分泌系统对行为的调节机制、遗传在行为中的作用等。其具体的研究方法是在脑的各种不同形态和功能下观察人的行为或心理活动的变化，例如，损伤海马体会引起遗忘，刺激颞叶会使人回忆起童年的事情等；或者在人从事某种行为或心理活动时观察脑内的神经活动过程和方式，例如，看一个单词和说一个单词将引起大脑皮质不同区域的激活。

4. 认知心理学（cognitive psychology）

认知心理学是应用信息加工方法研究人的高级心理过程，如记忆、推理、信息加工、语言、问题解决、决策以及创造性活动等。它用科学实验的方法探讨内部心理活动规律。实验设计要求严格，与实验心理学相近。

5. 人格心理学（personality psychology）

人格心理学描述和了解个人独特的心理特征和个体行为的稳定性特征，同时也探讨人格形成的影响因素和对人格特征进行测量和评估。

6. 心理测量学（psychometrics）

心理测量学指对行为和能力的测量，通常用心理测验的方法进行，包括设计评估人格、智力和多种能力的测验，也与统计分析新技术的开发有关。

7. 发展心理学（developmental psychology）

发展心理学是研究人类个体不同年龄阶段的心理发生发展规律的一个心理学分支学科。按照人生发展的各个阶段，可分为婴幼儿心理学、儿童心理学、少年心理学、青年心理学、成年心理学和老年心理学。

（二）应用领域

1. 教育心理学（educational psychology）

教育心理学是应用心理学中出现最早的学科。它研究教育过程中的心理现象及其规律，探讨学生掌握知识、技能，形成道德品质的心理规律。它包括教学心理学、德育心理学、教师心理学等。教育心理学与发展心理学有密切联系，是教育工作者的必修学科。教育心理学的研究直接关系到教育的改革，人才的培养及选拔，因而在我国现代化建设中有重要意义。

2. 社会心理学（social psychology）

社会心理学是一门介于心理学和社会学之间的边缘学科。它研究在特定社会环境条件下人的心理活动的规律以及个体之间、群体之间、个体与群体之间的心理关系。典型的研究课题有社会认知、亲密关系、态度的形成和变化、偏见、顺从、攻击行为以及集体行为等。社会心理学的分支有教育社会心理学、人际关系心理学、宣传广播心理学等。

3. 工业心理学（industrial psychology）

工业心理学研究工作人员的士气、选拔训练与升迁、工作环境的改善、劳资双方的协调等。它包括工程心理学（engineering psychology）和管理心理学（management psychology）。其中工程心理学是心理学与现代技术科学相结合的产物，它研究人和机器之间的配置和机能协调，实现人、机器、环境系统的最好匹配，使人能在安全有效的条件下从事工作，这种研究有利于改善工人的劳动条件，保障生产的安全，发挥人在生产过程中的积极作用，提高产品的数量和质量。管理心理学以企业中的人际关系为研究对象，如企业中的群体、组织人事管理和产品经销中的心理学问题。这种研究对改善企业的管理工作具有重要意义。

4. 临床心理学（clinical psychology）

临床心理学是一门应用性很强的学科，它对具有心理障碍的人进行评估、诊断和治疗，同时也对轻度行为异常和情绪问题进行处理，主要工作方式包括与病人谈话、实施心理测验和提供集体或个人的心理治疗。在心理学发达的国家，心理诊所较普遍，从事临床心理学的人员占的比例最大。

5. 咨询心理学（counseling psychology）

咨询心理学帮助具有轻度心理异常和适应问题的人了解自己、认识环境、澄清观念、解除困惑，进而消除不良习惯，重建积极人生。对职业、家庭、教育等方面的问题也给予帮助。

6. 法律心理学（forensic psychology）

法律心理学探究与法律相关的各种心理问题，如犯罪动机、犯罪人格、审判心理等。

7. 消费心理学（consumer psychology）

消费心理学研究社会大众的消费行为，主要探究消费动机、购买行为、消费信息来源以及影响消费决策的因素等。

8. 环境心理学（environmental psychology）

环境心理学研究环境对行为的影响，包括热、声响、拥挤等对个人感受、行为甚至健康可能产生的影响。

9. 广告心理学（advertising psychology）

广告心理学研究如何将产品的信息提供给社会大众，引起消费者的购买意愿和行为。

该分支的心理学科还有很多，如商业心理学、司法心理学、运动心理学等。

链接

心理学的研究领域

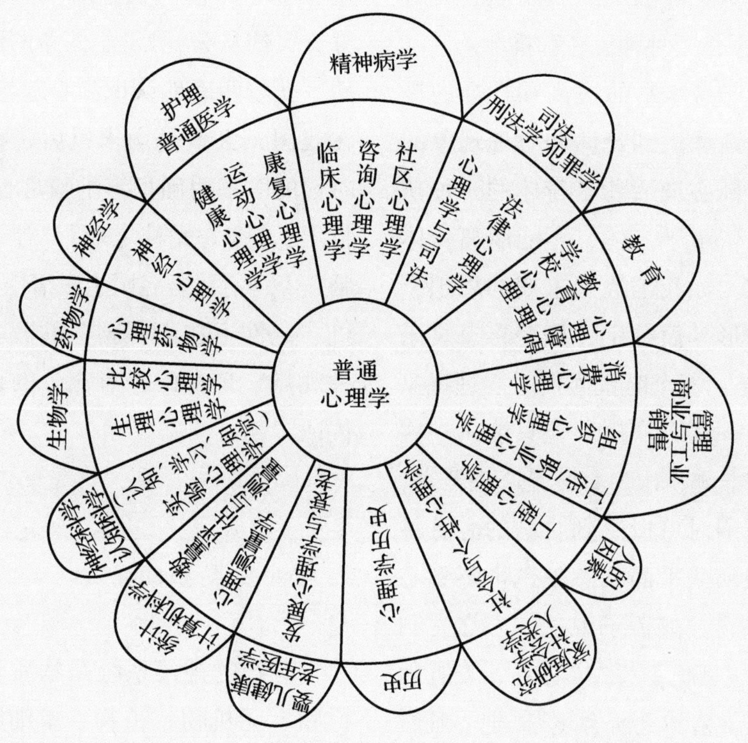

资料来源：全国十二所重点师范大学联合编写．心理学基础．北京：教育科学出版社，2002，13

第三节　科学的心理观

一、心理是脑的机能

人类对心理与脑关系问题的认识，经历了一个漫长的历史过程。在远古时代，人们不了解自己的结构和机能，人们对心理现象不能正确地解释，认为心理现象是可以脱离身体而存在的一种实体“灵魂”的作用，当人降生之后，它就进驻人体，控制着身体的活动，一旦“灵魂”永远离去，人就死亡。这种对灵魂的宗教态度在整个奴隶社会占据了统治地位，极大地影响了古代西方的心理学思想。古代西方许多伟大的哲学家、思想家如德谟克利特、柏拉图、亚里士多德，都曾对灵魂的本质和功能、灵魂与身体的关系作了种种思考和推测。

随着生产力水平的提高和社会的进步，人们逐渐认识到身体和心理现象的联系，认识到心理活动是身体的一种功能，心理须依附于身体，不能脱离身体而独立存在。如我国战国末期的思想家荀子提出“形具而神生，好恶喜怒哀乐藏焉”。但是，那个时代人们对心理现象由身体的哪一部分产生，还只能从一些表面现象去推测，认为心脏是心理器官，因为人在清醒时可以感到自己的心脏跳动，心情激动或平静状态下也可感到心脏活动的差异。如孟子说过“心之官则思”；《内经·灵杞》说，“心者，五脏六腑之人主也，精神之所舍也”。把心脏看作心理器官的误解也反映到汉字的结构中。《说文解字》里，与精神现象有关的字280个，全部由心旁组成。但随着人类认识经验的积累和医学科学的发展，人们逐渐纠正了这种错误认识，懂得产生心理的器官不是心脏而是脑。比如，人们观察到，在睁眼和醉酒时，心脏活动没有变异而精神状态却不大相同。在西方，大约从公元2世纪的希腊医生盖伦开始，就较明确地认识到心理与脑的关系。在我国，大概是南宋以后，特别是元明时代的医书明确肯定了脑是心理的器官，指出：“脑为元神之府”“神不在心而在脑”等；清代著名医生王清任也提出“灵机、记性不在心在脑”的著名论断。这种观点，现在已经有充分的科学事实作佐证。

（一）动物演化的研究表明，动物心理的发展和动物神经系统的发展相适应

动物的神经系统是物质长期发展的产物。无机物、植物、单细胞动物都没有神经系统，因而不可能有心理现象。经过漫长的适应环境的过程，动物发展到了腔肠动物阶段（如水螅），出现了最原始的网状神经系统（见图1-2A），与其相适应，腔肠动物只能对外界具有直接

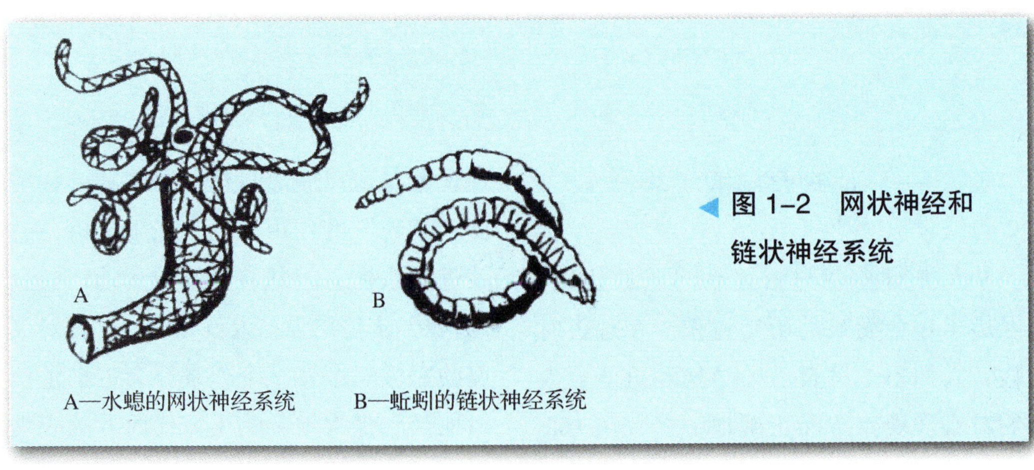

A—水螅的网状神经系统　B—蚯蚓的链状神经系统

图 1-2　网状神经和链状神经系统

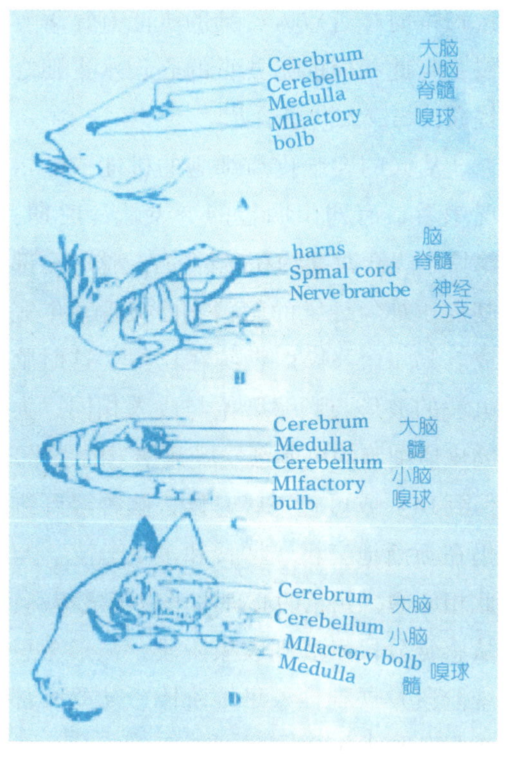

▲ 图 1–3 低等脊椎动物神经系统的发展
A. 鱼类 B. 两栖类
C. 爬行类 D. 哺乳类

生物学意义的刺激（如食物、伤害）进行反应，某一处受到刺激就全身收缩，其反应方式处于低级的感应性的水平，还只是心理的萌芽，一种未分化的感觉。动物发展到环节动物（如蚯蚓）和节肢动物（如蜜蜂、蚂蚁），出现了链状神经系统（见图1–2B），由于有了神经节和神经索，每一段神经节有相对独立的作用，并由神经索联系起来，构成中枢神经系统，头部的神经节更为宽大，因此，动物开始有了特定的、专门化的感觉，即最原始简单的心理现象。例如，昆虫有灵敏的触觉和视觉、嗅觉和味觉，因此，到了这级水平，动物不仅对同生物意义相关的刺激，而且对无直接关系、只有信号意义的刺激进行反应。如蜜蜂，不仅能对可充饥的花蜜做出反应，而且对花的颜色、气味、形状这些无生物学意义却与花蜜有联系的信号做出反应，当然，这种反应只是对刺激的个别属性做出的反应。动物继续演化，发展到了低等脊椎动物，如鱼类，有了脑泡，正式出现了脑；到了两栖类，有了脑皮质的萌芽；爬行类出现了脑质层；鸟类和低等哺乳类动物脑皮质就比较发达了（见图1–3）。同脑的这些发展水平相适应，动物心理也发展到知觉水平，这时动物能对一个完整刺激物的各种属性综合起来作为一个整体来反应，如鱼类能凭嗅觉、味觉、温觉、视觉、听觉等多种感觉综合起来捕获猎物。

动物继续发展到了灵长类，如猿、猴、猩的大脑皮质有了高度的发展，脑重明显地增加了，与此相适应，动物有了思维萌芽，达到动物心理发展的最高阶段。比如，和人类在一起生活的黑猩猩就很善于模仿人的举动，这在其他动物是不可能的（除少数鸟类可模仿人的说话），它们会用拖把擦地板，用扫帚扫地，用勺子舀水喝、用茶杯喝水，有的会学人抽烟，经过训练，它们还能给病人喂饭、端东西。美国学者卡特纳夫妇教会了一只名叫沃休的黑猩猩许多手势，它能应用这些手势与人进行简单的交际，并且能把学会的词迁移到类似的情境中。如学会开门的“开”的“手”势，它就能把“开”迁移到“开橱柜”“开皮包”“开水龙头”中去。

可见，动物神经系统的发展经历了一个极其漫长的、由低级到高级、由简单到复杂的发展过程，这是动物适应日趋复杂的生活条件的结果，它使动物心理由低级向高级发展。动物心理是动物在长期适应环境的过程中所形成的神经系统的机能，动物的心理活动是脑的机能，脑是其心理活动器官。

（二）个体发展史说明，心理的发生发展与脑的发育完善紧密联系

脑发育得越完善，心理发展所达到的水平就越高。儿童出生时，大脑的形态结构已接近成人，大脑皮质分六层，皮质神经细胞数与成人相近。但他们的皮质神经细胞比较简单，分支少，神经纤维未髓鞘化，皮质上的沟回比成人浅，皮质比成人薄，因此，脑重只有390克左右，约为成人的1/3。儿童出生后脑发育特别迅速，神经细胞在增大，神经纤维分支在加长增多，神经纤维髓鞘化过程急速进行，脑的重量也随之加大。儿童的脑重在9个月时达660克，相当于成人的1/2；到了3岁时则达到990~1000克，已相当于成人的2/3。此后，脑的发育仍不断进行，主要表现为神经纤维增长，分支加多加长，髓鞘化逐步完成，7岁时脑重1280克，达到成人的9/10。脑的发育到此仍未完成，在形态结构上脑的各部分在继续增长，特别是额叶迅速增大（这是现代人与类人猿的重大区别），脑的重量12岁时接近成人，脑的机能有显著发展，与此相应的是儿童的心理水平随之提高，与成人渐趋接近。

从人的大脑皮质细胞的机能成熟情况来看，有两个明显的“飞跃”时期：第一个飞跃时期约在6岁左右，这时全部脑皮质神经纤维的髓鞘化已接近基本完成。第二个飞跃时期约在13岁，这时脑电波的波形与频率开始与成人相同，大脑皮质细胞的机能已发展到相当的水平。但到14岁或再晚一些时候，脑神经纤维仍在渐渐地变粗、增长和多生分支。与此相应的，儿童的心理水平也随之提高：从感觉阶段发展到表象阶段，从形象思维阶段发展到抽象思维阶段，从受外部控制发展到自我内部控制。

（三）近代医学研究表明，心理现象与脑的活动有密切关系

没有脑就没有心理活动，脑不健全心理活动就发生障碍，脑处在不同的机能状态中就有不同的心理表现。医学文献记载，生来就没有大脑的婴儿，一直昏睡不醒，没有心理活动。临床上发现，当人的脑由于外伤或疾病遭受破坏时，他的心理活动就会全部或部分失调，如枕叶受损，就可能变盲；颞叶受损，就可能变聋；左半球额下回受损，病人便不能说话；大脑两半球患肿瘤会使人迅速进入痴呆状态。人的头脑受到剧烈的震荡，也会导致人的心理活动的异常，如产生幻觉、错觉、遗忘症等。人处在不同的心理活动状态下，大脑的电活动

不同，表现出不同的脑电图。

大量的科学事实表明：脑是心理的器官，心理是脑的机能，人脑这块物质正如列宁所指出的“是按特殊方式组成的物质”，高度发展的人的心理是以人脑为物质基础的。那么，人脑为什么能产生人的心理的机能？人脑是怎样产生心理的呢？

二、心理是客观现实的能动反映

（一）客观现实是心理的源泉

一切心理活动都是反射活动，都是对各种内外刺激的规律性反应。所有引起反射活动的内外刺激都属于客观现实。

客观现实是指独立于人的心理之外、不依赖于人的心理而存在的一切事物，包括自然条件、社会环境和人体自身及其内部的生理状态。无数的客观事物以各种不同的形式（形象的、语词的、单一的、复合的以及关系的等）直接或间接地作用于我们的各种感觉器官，引起了脑的活动，于是就产生了各种心理现象。如果没有客观现实的作用，心理也就成为无源之水、无本之木了。

最简单的心理现象，如感觉和知觉，它们的产生离不开客观现实。如颜色视觉是不同波长的光波作用的结果，味觉是溶于水中的物质分子作用的结果。复杂的心理现象，如思维和创造想象同样依存于客观现实。就拿学生理解数概念的思维活动来说，也是经历了先具体后抽象的过程。没有客观的具体事物和具体经验作基础，数概念无法形成。还有，人的创造性想象活动，如飞机和轮船的发明创造，也离不开飞鸟和鱼等原型的启发。甚至于离奇古怪的思想、幻觉、梦等，也是以现实为蓝本的。《西游记》中的孙悟空就是以机警敏捷的猴子作为原型创作出来的。梦无论多荒诞，也是经历过的事物、体验拼凑的结果。产生错觉或幻觉时，例如，有人把草绳当作毒蛇，也必须有外界的刺激和已有的心理状态、知识经验作基础。此外，个人的行为习惯、兴趣爱好、情感意志、能力和性格等，都是在客观现实的作用下不断发展起来的，无不烙下过去经历的烙印。总之，人的一切心理现象，不论多么玄妙，都可以从客观现实中找到根源。用列宁的话来说，我们的知觉、映象都是客观事物在脑中的“复写、摄影、摹写、镜像”。

（二）心理是客观现实的主观映象

人的心理虽然来自客观现实、反映客观现实，心理的内容也是客观的，但心理的表现形式却是主观的。如，客观现实存在的树作用于人脑，产生了树的映象（心理现象）。树本身和头脑中关于树的映象是有区别的，前者是客观的物理现象，后者是主观精神现象或是一种观念形式。客观存在的树，看得见、摸得着，可以用作燃料或建筑材料；头脑中的树则看不见、摸不着，也不能用作燃料或建筑材料，两者不能混为一谈，但我们也不能把它们绝对对立起来。在头脑中形成的树的映象虽然不是树本身，但同那棵树却是相似的、相符的。因此我们说，人的心理是客观事物的摹写、留影、副本。正因为如此，人们才能够认识客观现实的各种事物。

那么，为什么我们头脑中的客观事物的映象与客观事物只是相似、相符，而不是完全同一的、等同的呢？因为人对客观现实的反映总是在主体身上进行的，外界信息经过各种感觉通路进入人脑，大脑就像一个信息加工厂，经过筛选、组合，做出个体特有的反映。每个个体大脑的加工作用是不会一模一样的，这些差异主要表现在每个人过去的经验不相同。过去经验对当前的心理活动有重要的影响作用，如一个林木专家和一个普通人看同一棵树，虽然两人都看到这棵树的形象，但林木专家看到的细节要多得多。人的需要状态的差异，影响着个体对事物的态度，如艺术家和木材商对同一棵树木，会由于各自不同的需要而各具眼光，前者持美学欣赏的态度，后者持经济价值的观点。人的神经过程特点不相同，有的人神经兴奋性高，有的人神经抑制性强；有的人反应速度慢，有的人反应速度快；有的人灵活，有的人稳定；于是对同一刺激物，不同的人就表现出不同的反应特点。由于各人的经验积累、需要状态、神经特点各有差异，每个人对刺激的选择性也不相同（有的刺激容易引起反应，有的不容易引起反应，对某些刺激趋向，对某些刺激则回避，表现出个人的偏好、倾向），这些差异在每个人的生活实践中积累起来，构成了个人特有的内部主观世界。外界的刺激要转变为个人的心理映象，一定要经过这个内部主观世界的加工作用，客观事物经过大脑加工总是带有鲜明的个人特点。所以，人的心理可以说是客观现实的主观映象。

人心理的这种主观性（病理状态的除外）绝不是心理、认识的弱点，恰恰相反，正是由于人对当前事物的每一反映都有过去的知识经验、个性参与起作用，才保证了人对客观事物认识的不断深入。倘若人的心理只是机械地如同镜子照映物体那样，那么人的经验的积累、认识的深化、心理的丰富成为不可能了。

（三）人的心理在社会生活实践中产生和发展

心理活动依赖着人的大脑和客观现实。心理正是在这两者的相互作用过程中产生的，而这种相互作用的过程是在社会生活实践中进行的。

人类发展和意识起源的研究表明，人的心理是在社会生活实践中产生和发展的。

劳动创造了人，使动物心理转变为人的心理。远古时代，人类祖先被迫由树上生活改为地面生活。复杂的地面生活促使了直立行走和手脚分工的实现，使手成为劳动的器官。劳动是一种制造和使用工具的活动。正在形成的人在劳动中不断地发现事物的新属性。而且劳动总是集体的，集体劳动使正在形成的人产生了彼此交流的迫切需要，由此产生了有音节的语言。劳动和语言成为两个最主要的推动力，使动物的脑髓逐渐演化为人的脑髓，使动物的心理转变为人的心理。

人的心理与动物的心理的根本区别在于人有意识。意识是一种个体自觉的心理过程，它借助语言来实现。语言是一种概括化了的符号系统，它以词的形式把事物标志出来，以句子的形式把对事实之间关系的判断表达出来。由于有了语言，当人听到、看到客观事物的时候，就有可能把这些事物用语言（出声的或无声的）加以标志，这时个体就知道自己听到什么、看到什么。这样，就使人能够觉察、了解自己内心的感知、思想、情感等心理活动。因此，人就能主动地调节和控制自己的心理和行为。由于有了语言，人就可以进行抽象逻辑思维，深入认识事物内部的本质属性，认识事物的发展规律，从而预见事物的发展趋势和结果，以此计划自己的行动，使人的活动带有目的性。因此，意识具有能动性。人由于有了语言，便能通过交流获得间接的知识和经验，大大丰富了对客观事物的认识。这一切，使人不像动物那样只限于消极地适应环境，人还能按自己的目的去影响环境、改变环境。人类意识，是心理发展的最高阶段，是动物心理无法比拟的、本质上全新的心理形式。

当然，人的心理除有意识这种最高级、最主要的形式外，还有无意识的形式。比如做梦，是自己无法自觉调节和控制的；在不完全清醒状态下，人对自己的说话、动作的意识控制就很低，比如酒后多言；在激情状态下，人的意识控制会下降，常会做出冲动行为；人在不注意的状态下，意识性也会降低，如沉思时对迎面过来的熟人视而不见；在紧张状态下，会不自觉地做出一些手势、动作等。在人的心理现象中，存在着意识和无意识这两种反映形式以及这两种形式的相互转化，这在其他动物心理现象中是不存在的。

人类的高级心理机能是在人类社会环境中、在人类社会实践中发展起来的。一个有健全大脑的人，如果脱离了人类社会环境就不可能发展到人类所特有的心理机能的。到目前为止，世界范围内所发现的30多个野兽哺育的孩子，大多数是在两三岁时被野兽哺育，在动物世界中长大的。他们回到人类社会时都不会直立行走，不会讲话，具有野兽的习性。他们经过长期的训练，可以获得直立行走的能力，但与同龄儿童相比有很大差距，要获得语言能力就很困难。印度狼孩卡玛拉回到人类社会7年后，也只学会45个词，勉强学几句话，17岁时其智力只相当于4岁小孩的水平。对野孩子的研究认为，人区别于其他动物的心理、意识、语言、智慧和能力等重要特征都不是天生的，是在人类的社会生活和社会实践中逐步发生、发展和完善起来的。

从社会发展上看，在不同的历史阶段、不同的历史时期，由于社会生产力和科学技术发展水平不同，社会实践活动不同，人们的心理又具有不同的水平和特点。现代人的心理活动内容比以往任何一个社会历史发展阶段的人都更加丰富和深化。

现实生活中大量事实表明，人的实际生活过程不同，心理活动也就有所不同。音乐工作者由于经常接触音乐，对音的辨别就比一般人灵敏得多；印染工人的色彩辨别力也比一般人好。人的记忆、思维甚至能力、气质、性格都可能受所从事的实践活动的影响。如画家善于记忆景色、人物，善于形象思维；数学家可能善于记忆数据、公式，思维中更多地采用抽象逻辑思维；草原上的牧民性格豪放者居多，而科学工作者则更理智和沉静。由于社会生活无限丰富，人所从事的实践活动多种多样，不同的人也就形成了不同的个性。一个人如果从事社会实践的领域越广，更多地接触现实，他的心理生活就越丰富；反之，一个脱离现实的人，不可能有丰富的心理生活，而且容易形成怪癖。因此，人的心理是在社会生活实践中生产和发展的，离开了社会生活实践，无论人类心理还是人的个体心理都是不可能获得发展的。

人的心理不仅在实践活动中发生、发展，同时也在实践活动中表现出来。一个人的感知、记忆、思维水平通过他在工作、学习、处理问题的活动中表现出来；一个人的兴趣爱好、情绪、性格等，也是通过他的各种实际活动表现出来的。我们运用一定的方法，分析人们从事的实践活动，便能够间接地认识人的心理。我们不但通过实践了解人的心理，也以实践作为检验人对客观现实反映是否正确的标准。人的心理不仅发展于实践，同时还服务于实践、指导着实践，因此，人能不断地改造客观现实，创造出一个又一个奇迹，成为自然的主人。

链接

海豚的集体营救行为

海豚是人们熟知的一种高等脊椎动物。它具有发达的脑和神经系统，因而具有许多智慧的行为。下面是描述海豚集体营救行为的一段报道。

在小安的列斯群岛附近，一只幼小的海豚远远游到了同伴看不见的地方，突然遭到三条鲨鱼的袭击。它马上发出一系列尖锐的嘘嘘声，即海豚语言中的SOS信号（国际船舶呼救的信号）。短促的双嘘声好像紧急的报警器发出的声音，第一部分的音高猛升，第二部分突然降低，效果是异乎寻常的。20多只海豚用嘘嘘声、吱吱声、哼哼声、咯咯声、隆隆声和唧唧声予以热烈的响应，并立即停止“交谈”，就好像听到海上船只发出呼救信号时，绝对“无线电静寂”

一样。然后这些海豚以每小时约40英里的最快速度，像箭一样射向小海豚被袭击的地点。雄海豚不减速就猛击鲨鱼，一而再地攻击鲨鱼躯体的两侧，直到鲨鱼的软骨完全粉碎，沉入加勒比海底。

在战斗中，雌海豚则帮助受重伤的、无力浮出水面的小海豚。几只雌海豚并列在小海豚的两旁，把它们的鳍状肢伸到它下面，举起它，使它的鼻孔再次露出水面，能够呼吸。这种救死扶伤的灵巧动作是由嘘嘘声的信号交换仔细调节的，这些“担架员”不时换班。在另一种情况下，科学家还观察到这类救护活动不停顿地日日夜夜持续进行整整两周，直到受伤的小海豚康复为止。

资料来源：彭聃龄．普通心理学．北京：北京师范大学出版社，2004，44

第四节　脑与心理

“了解脑、保护脑、开发脑”的脑科学研究，已经成为当前国际研究的热点。学习和研究心理学必须了解神经系统，尤其是脑的结构与机能，了解心理、行为与脑的关系，从而能更好地保护大脑与开发大脑。

一、脑的结构与功能

人类的神经系统按照部位和功能的不同，可以分为中枢神经系统和周围神经系统。中枢神经系统包括脊髓和脑，是人类神经系统的主体，其中，脑（brain）是身体的掌控器官。脑的某些关键部分即使受到很小一点的损伤，就有可能使个体丧失意识，一定的大脑损伤也可能使个体的人格发生剧烈的变化。同时，有些人的脑的主要部分出现了重大损伤，如果施以恰当的治疗，他们还能恢复损伤发生之前的一切心理和生理能力。因此，人类个体又绝不是脑的一切复杂生理活动的简单总和。从心理学的角度讲，脑是个体身体的最重要的部分，要理解自己为什么这样思考、感受和活动，首先就要了解脑的结构与机能。

（一）脑的结构

脑是神经系统的高级部位，位于颅腔内，由脑膜所包裹，并悬浮于脑脊液中，它由大脑、小脑、脑干、间脑和边缘系统组成。

大脑是盘旋在顶上的（粥样的）巨大部分，可以分成左、右两个半球。大脑是高级心理过程的司令部，这些高级心理过程包括注意、感知、学习、记忆、思维、运动以及情绪等。

大脑后面小得很多而有点像球形或像两团羊毛球的部分是小脑，它俗称我们的“第二大脑”，又被谑称为脑的“自动导航员”，是脑结构中较为古老的部分。小脑的功能是协助大脑维持身体的平衡与协调动作。一些复杂的运动，如签名、走路、舞蹈等，一旦学会，似乎就编入小脑，并能自动进行。小脑损伤后会出现痉挛、运动失调，丧失简单的运动能力。

脑干是深藏在大脑下面的一个奇怪而显得很复杂的结构，它由延髓、脑桥、中脑组成，对于维持我们最基本的生命活动起着重要的作用。如在延髓、脑桥、中脑中有许多重要的神经中枢，具有调节呼吸、消化、血液循环等生理功能，这些中枢受到损伤将会危及生命，所以把它们叫做“生命中枢”。

间脑包括丘脑和下丘脑，丘脑是神经通路的“中转站”，由身体传入脑的信息和由脑传出到身体的信息都要经过这里；下丘脑是快乐、愤怒、害怕、沮丧和渴望的情感所在，还控制着摄食、饮水、体温、内分泌等活动，是内脏活动的调节中心。

边缘系统由下丘脑、一部分丘脑和大脑内侧的一些皮质结构所组成，包括杏仁核、海马体、边缘皮质等。边缘系统与记忆、动机、行为、情绪等有关。

（二）大脑的结构与功能

大脑分为左右两个半球，由大脑皮质及其覆盖着的边缘系统和基底神经节组成。大脑皮质覆盖于半球表面，褶皱层叠，外形很像完整而饱满的核桃仁。它从前到后分为额叶、顶叶、颞叶和枕叶四个区域（见图1–4）。

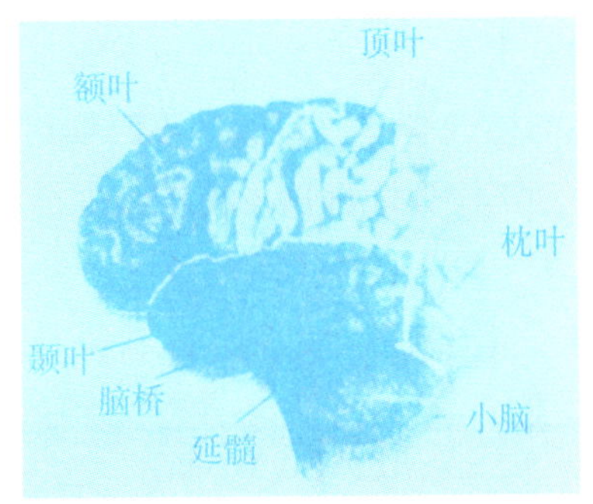

▲ **图 1–4　大脑的结构**

大脑皮质的不同部位与特定功能相连，揭开这一神秘面纱的是法国医生布洛卡（Paul Broca，1824—1880）。1861年他解剖尸体的发现，身体右侧瘫痪的人大脑左半球发生病变，同时患有不能说话的“失语症”，这证明脑的左半球包含言语中枢。其位于额叶的后下部，后来人们把这一区域称为“布洛卡区”（Broca’s area），又称运动性言语中枢。此外，威尔尼克区（Wernicke’s area）也是言语中枢，又称“听觉性言语中枢”，它位于颞叶的后下部。但这个区域的功能不同，前者用来形成句子，损害它会影响表达能力，但不影响理解；后者则用来理解语言，损害它时，人讲话虽流利却不能理解语言的意义。两者由被称作弓状纤维束的神经束连接起来，当弓状纤维束受损时，理解力不会受到损害且言语仍流利，但是不能把所理解到的讲出来。

大脑是神经活动的最高级部位，是神经活动的“最高司令部”。它的左右半球也存在着机能的分工，不同的活动由不同的半球支配。一般认为，言语、阅读、书写、数学运算和逻辑推理等活动由左半球负责；右半球则负责知觉物体的空间关系、情绪、欣赏音乐和艺术等活动。在实际操作中，左右半球的功能也不是截然分开的，它们既相互联系又相互制约。

大脑具有重新调整和代偿的功能。美国心理学家曾在费城建立了人脑潜力开发研究所，帮助那些因脑损伤而造成身体功能障碍的儿童。他们集中训练这些儿童的父母，教他们怎样更好地帮助孩子战胜残疾。这种做法使许多孩子学会了爬行和走路，使有些哑巴孩子开始说话，使许多孩子的智商分数戏剧性地增加，还使一个缺乏整个脑半球的孩子，训练后达到了同龄孩子的水平。

二、脑与心理活动

（一）脑与智力

大脑是智慧的藏府、灵感的源泉。既然脑是智慧的器官，智慧的差异是否由脑的不同而造成的呢？那些拥有高智慧的科学巨匠、文坛巨星是否都有着高人一等的脑结构？

心理学家对爱因斯坦的大脑进行的系统研究发现，爱因斯坦的脑的确在某些方面与常人有些不同。如他的脑左侧后下顶叶的神经胶质细胞比常人多，神经细胞与神经胶质细胞的比率比常人低。

1995年，《科学》杂志报道了一项有趣的研究。科学家选取了30名专业的音乐工作者和另外30名年龄、性别等相仿的非音乐工作者。然后，对两组人的脑进行了核磁共振成像研究。结果发现：音乐家颞横回的左边非常明显地大于右边，而颞横回正是人脑中处理听觉信息的区域；非音乐家颞横回的左边也大于右边，但差别较小，音乐家的这种差别是非音乐家的两倍。后来，《科学》杂志又报道了一项新的研究成果：经研究科学家发现，小提琴家开始训练的时间早晚不同，他们的脑结构也不同，与13岁以后才开始训练的小提琴手相比，之前开始训练的小提琴手的神经网络较为复杂。这一研究给我们一个重要的启示：学习和训练可能影响脑的发育，但训练也有敏感期的问题。

从上面的两项研究，我们可以推测，天才的脑与常人的脑不同可能是后天训练或学习引起的。但是，我们也不能否认，天才的脑与常人的脑在先天基础上就可能存在差异。而人们比较赞同的观点认为，脑的先天结构为天才超人的智慧提供了基本的前提和基础，离开这一前提，天才的智慧就成了无本之木；而后天的学习和训练又塑造和形成了天才独特的脑结构，是其智慧形成的直接物质基础。

人们通常推测：头越大的人可能越聪明。但是直到目前，还没有一项研究能够证实这一点，法国著名小说家法朗士的头和脑重量大大小于平常男人的，但并没有妨碍他成为卓有成就的才华横溢的作家。在人类中，脑的大小、轻重与聪明与否之间并不存在简单的正比关系。但有人推测脑效（完成单位任务时脑中消耗的能量的大小，消耗小则脑效高）也许比脑的大小和工作的速度更能反映个体智慧能力的差异。

（二）脑与创造

大脑有着惊人的创造能力，我们可以通过多种思维方式进行创造活动。语言和文字是我们进行思维的主要工具，很容易使我们养成线性的思维方式。然而生活中，我们的大脑还无时无刻不在接受着非线性的信息。科学家、艺术家的创造过程似乎并非完全由线性的思维来完成。所以，只要我们突破线性思维的控制，突破思维定势，就能够实现创造，从而拓宽大脑的空间。

我们智慧的大脑还能以“直觉的方式”瞬间理解事物各部分的关系。也就是说，我们的大脑具有直接把握事物整体和透过现象抓本质的功能。科学史上凭借直觉做出重大发现的事例不胜枚举：古希腊的阿基米德在洗浴时顿悟了浮力原理；文艺复兴时代的达·芬奇凭借物理直觉，预见到惯性原理；17、18世纪之交的牛顿在目击苹果坠地时领悟到万有引力；20世纪伟大的科学家爱因斯坦依靠直觉创立了相对论……苏联哲学家凯德洛夫曾断言：任何创造活动都离不开直觉。直觉是在大脑功能处于最佳状态的时候，形成大脑皮质的优势兴奋中心，使出现的种种自然联想顺利而迅速地接通。我们应该争取把握稍纵即逝的灵感或直觉，以期获得成功。

（三）脑与情绪

心理学与生理学的研究表明，中枢神经系统的许多部分都涉及情绪，如：前额叶、扣带回、海马体等新旧皮质；以杏仁核为核心的基底神经节；背侧丘脑和下丘脑；中脑的中央灰质；延髓、脑桥中的自主神经中枢；脊髓的自主神经等。这些神经结构既调节情绪的面部表现（表情），又使内脏相应改变。以海马体为核心的神经环路，是一个负责情绪的神经框架，以后扩展为边缘系统，又称内脏脑。以杏仁核为中心的杏仁复合体则与攻击行为、恐惧感密切相关。

人的大脑调控着人的情绪活动，不但如此，强烈的情绪活动对身体会起制约作用，使大脑处于空白状态，甚至还会引起大脑的死亡。在极端情绪状态下，人们会出现“大脑空白”的现象，就是情绪对脑反作用的一种表现。“大脑空白”就是在短促、强烈的情绪状态下脑活动受到抑制引起的思维停滞、精神衰竭现象。例如，听到亲人或最心爱的人去世后，有些人会刹那间精神衰竭、发呆、晕倒、不省人事；在过马路时如果迎面冲来一辆汽车，有人可能会傻了一样呆立在马路中间，一动都不能动，事后还会心有余悸地讲：“吓死了，当时我什么都不知道了！”有的考生一进入考场便面如土色，什么也想不起来，大脑一片空白。所有这些现象都与人体自主神经系统和皮质神经活动有关。

1954年，研究者通过实验发现，老鼠的下丘脑存在“快乐中枢”，并且用同样的方法还找到了“痛苦中枢”。这一实验结果一出现，便在社会上引起了强烈的反应，人们开始思考：“人的下丘脑中是否也有快乐和痛苦中枢呢？”20世纪60年代，美国两位医生用电极刺激病人下丘脑的有关部位时，惊讶地看到，被刺激的病人面带微笑，表示感觉良好。这说明在人的下丘脑部位似乎也存在“快乐中枢”，这一发现引起了人们对情绪的脑机制进行更深入的研究。如研究者德尔加多将一个电极插在一头特别易怒、好斗的公牛的下丘脑中，当被激怒的公牛拼命向他冲过来时，他从容不迫地接通电极，公牛立刻变得出乎意料地驯服，并停止了冲撞。

（四）脑与人格

随着科学的发展，人们逐渐将注意力投向人体中最神秘、解释人格真正物质根源的地方——大脑。许多研究发现，无论儿童还是成人，面临不同类型的情感刺激时，额叶的脑电活动表现出不同的特点。有人推测，害羞、焦虑的人与活泼、开朗的人在额叶电活动的特点上会有所不同。实验结果表明：右额叶电活动较多的人更容易表现出害羞、忧郁等抑制性特点，左额叶电活动较多的人更容易表现出高兴、好奇等非抑制的特点。还有研究发现，罪犯的大脑皮质及皮质下的某些部位的葡萄糖代谢率比正常人低，说明在某些脑区其活动水平低于常人。这些部位包括：双侧前额叶、顶叶后部、胼胝体。此外，还发现罪犯的左半球杏仁核、丘脑和海马体的活动水平低于右半球。具有上述脑活动特点的人情感体验比较迟钝，缺乏同情心，自制力不足，富于攻击性，比较容易出现犯罪行为。

盖奇在经历了脑损伤以后，脾气、秉性、为人处世的风格等都发生了巨大的变化，与从前判若两人。从其身上，科学家们掌握了一些有关人格与脑功能之间的关系的知识。

盖奇事件发生后，引起科学家对脑与人格关系的强烈关注，进行了有关这一方面的大量研究，取得了一些令人信服的成果。

首先，人们发现，大脑内与人格最为密切的部位是额叶。额叶受到损伤，人的感知能力虽不会发生多大的变化，但是，人的脾气、秉性、待人接物的方式、看待周围事物的态度等都会发生巨大的变化，也就是人的性格会发生巨大的变化。

其次，额叶受到损伤后，病人一般无法对将来做出计划和安排，很难完成有组织、有目的的复杂任务，难以对自己做出正确的评价，常表现固执己见和行为不合时宜，有时甚至饮食结构也会发生变化。

再次，额叶损伤的病人通常表现为两类极端的人格。一种是情绪多变、易怒、异常兴奋、难以控制自己的冲动，表现为极强的攻击性。另一种人则表现为极度的冷漠，对什么事都漠不关心，毫无兴趣，不在乎自己的衣着、举止，做事马马虎虎，生活近乎一片空白。

从上面我们可以看出，人们千姿百态的人格与大脑是息息相关的。先天的神经类型特点为人的生活描绘了一种色彩背景，为人的生活风格定下了一种基调；以后，脑的各部位各司其职，又互相协作，共同谱写人格的交响曲，指挥着人们生动鲜活的性格与秉性。

三、脑的保护与潜能开发

美国汉诺威保险公司总裁比尔·奥伯莱恩（O'Brien，1997）曾说："世界上最大的未开发疆域，是我们两耳之间的空间"。要使人脑最有效地发展，就要经常使用它。简单的饮食调整就能帮助个体提高脑的能力，特别是记忆和学习能力。

1. 保证脑的营养供应是开发脑潜能的基础

根据我国的生活习惯，要合理地使用和开发人脑，个体应当养成良好的饮食习惯，保证一日三餐，注意饮食卫生，保证人脑发挥正常的机能所需要依靠的氧气和葡萄糖、钠和钾等营养成分，从某种意义上说，个体吃什么就决定了他成为怎样的人。知道供给大脑正确的"大脑食物"，是科学使用和开发大脑、提高学习能力的基本条件。当然，个体大脑的潜力将远远大于调整饮食的效果。

2. 使脑处于有利于使用和开发的良好状态

使用和开发脑的潜能，应当遵循脑活动的科学原理，恰当、合理地用脑，特别是注意高效用脑，避免低效甚至无效地用脑；注意劳逸结合，注意各种心理活动之间的灵活转换，不能过度地使用和开发大脑。例如，个体可以培养多种兴趣，接受各种感觉通道的刺激，使脑的更多部分得到使用和开发。个体可以学习将信息分类，还应当学习使用自己的潜意识。

3. 注意日常活动的计划性

在日常生活中，个体应当学会对各种活动进行合理规划，凡事要及时着手去做，不能总是事到临头才匆忙应对。过多的心理应激状态会对人脑造成重复性的暂时超负荷使用，易使人脑的兴奋—抑制过程失调，特别是抑制功能受到影响。此外，个体还应当养成良好的日常习惯。

链接

盖奇事件

25岁的盖奇原来是铁路建筑工程队的一名领班，1848年9月13日，一次意外的爆炸使一根钢钎穿过他的头骨。该钢钎从他的左颧骨下方穿入头部，然后从头顶飞出，落在身后二十几米的地方。当他被钢钎击倒后，尽管颅骨的左前部几乎完全被损坏了，但他并未失去知觉，甚至在接受治疗前，自己还走了一段很长的楼梯。几周后伤口愈合了，此后，他的体力逐渐恢复，又可以工作了。

盖奇的幸存是一个奇迹，他仍然可以说话、走路，严重的脑损伤似乎对他没有什么影响。但不久之后，人们发现盖奇的脾气与从前大不相同了。他本是一个非常有能力、有效率的领班，思维机敏、灵活，对人和气、彬彬有礼。但这次事故后，他变得粗俗无礼，对事情缺乏耐心，既顽固、任性，又反复无常、优柔寡断。他似乎总是无法计划和安排自己将要做的事情。正如他的朋友所说，“他不再是盖奇了”。

资料来源：董奇，陶沙等. 脑与行为——21世纪的科学前沿. 北京：北京师范大学出版社，2000，72~73

本章复习与摘要

1. 心理学是研究心理现象与心理规律的科学。个体心理包括心理过程与个性心理两大方面，其中心理过程又包括认识过程、情感过程和意志过程三方面；个性心理包括个性倾向性与个性心理特征两方面。

2. 心理学的主要任务是：描述和测量人的心理；理解和说明人的心理；预测和控制人的心理。

3. 心理学研究的基本原则是：客观性原则、发展性原则、系统性原则、伦理性原则。

4. 心理学研究的方法很多，最基本与最通用的方法是观察法和实验法。此外还有测验法和调查法等。

5. 心理学在发展过程中，出现各种不同的派别纷争，早期学派如官能心理学、联想心理学、构造主义、机能主义等，而对心理学发展最有影响的是20世纪初兴起的三个派别：行为主义学派、格式塔学派和精神分析学派。现代心理学发展表现为以下三个特点：派系融合，兼收并蓄；学科融合，促进发展；注重应用，日益广泛。未来心理学的发展：一方面基础研究将更加深入；另一方面应用研究将更多造福于人类。

6. 心理学近百年来已经高度分化，形成了100多个分支学科。根据其担负任务性质的不同，大致可以把它们划分为两大领域：基础领域和应用领域。

7. 辩证唯物主义科学的心理观认为：心理是脑的机能；心理是客观现实的反映。第一方面，脑是心理的器官，心理是脑的机能。这种观点现已有充分的科学事实作佐证：(1)动物演化的研究表明，动物心理的发展和动物神经系统的发展相适应，动物的神经系统是物质长期发展的产物；(2)个体发展史说明，心理的发生发展与脑的发育完善紧密联系；(3)近代医学研究表明，心理现象与脑的活动有密切关系。第二方面，心理是客观现实的反映。辩证唯物论认为，客观现实是心理的源泉，心理是客观现实的主观映象。人的心理在社会生活实践中产生和发展。

8. 任何心理活动都有其相应的神经生理、脑内过程。脑是神经系统的高级部位，由大脑、小脑、脑干、间脑和边缘系统组成。大脑是脑的最主要部分，它存在一些沟回。中央沟将大脑分成左右两个半球，两个半球之间由胼胝体相连。大脑皮质分为额叶、顶叶、枕叶和颞叶。

9. 脑与人的心理活动密切相关，如脑与创造、脑与情绪、脑与智商、脑与人格等都有密切关系。

10. 脑的保护与潜能开发要注意三方面，即保证脑的营养供应是开发脑潜能的基础；使脑处于有利于使用和开发的良好状态；注意日常活动的计划性。

第二章 认知过程

我们如何感受凡·高作品中耀眼的色彩，如何获得并理解其作品的含义，又如何在大脑中保留作品的架构和细节，这些都和一个人的感觉、知觉、注意、记忆、思维等认知过程密切相关。

“认知”一词有广义和狭义之分。广义的认知即认识，现代认知心理学中的认知主要是指人脑反映客观事物的特性和联系，并揭示事物对于人的意义与作用的心理活动，包括感觉、知觉、注意、记忆、思维等。

认知与知识、智力等人类在自然界中生存的问题紧密相关。人类能够征服和改造自然、认识大千世界的千变万化，这都与人的感觉、知觉、记忆和思维分不开。我们可以对宇宙、人生、社会进行思考，可以将过去、现在、未来纳入自己的精神世界，这些都依靠我们灵活的认知系统。在本章中，我们将分别讨论感觉与知觉、注意、记忆、思维等人类最基本的认识过程。

第一节　感觉与知觉

一、感觉的概念及分类

感觉是人脑对直接作用于感觉器官的刺激物的个别属性的反映。例如，有一只苹果摆在前面，眼睛看到了苹果的外观，鼻子闻到了苹果的香味，手触摸到了苹果的光滑的果皮。物体的这些个别属性通过感官作用于人脑，在人脑中引起心理活动的过程就是感觉。感觉除获得外界的信息外，还反映有机体内部器官的工作状况。通过感觉，我们能够了解自身各部分的状态，获得自身的位置、运动、姿势、饥饱、劳逸、心跳等种种信息。

感觉的产生，依赖两个条件：首先，刺激物必须是某种感觉器官的适宜刺激物。比如，光波是视觉的适宜刺激物，声波是听觉的适宜刺激物等。同时，刺激物必须达到一定的强度，才能激活感觉器官的神经细胞。比如人走路时，我们可以听到脚步声，蚂蚁爬行的任何声响，我们就听不到。其次，人本身必须有健全的分析器。分析器是一种复杂的神经结构，由感受器、内导神经、神经中枢三个部分组成。

感觉是一种简单的心理活动，但却十分重要。首先感觉向大脑提供了内外环境的信息。通过感觉可以了解外界事物的各种属性，保证机体与环境的平衡。对于每一个正常人来说，没有感觉的生活是不可忍受的。这一问题已由“感觉剥夺”实验所证实。其次，感觉是一切较高级、较复杂的心理活动的基础。人的复杂的认识活动都须借助感觉提供的材料才能得以顺利进行。但是，不论哪一种感觉信息，它反映的只是事物的个别属性。然而，在成人的日常生活中，事物的个别属性都是作为一个方面与整个事物同时被反映的。例如“红色”，它或者是红旗的红，或者是红花的红。所以，感觉信息一经感觉器官传达到脑，知觉也就随之而产生。

二、感觉的种类

感觉按照刺激物的来源和承受刺激的感受器分布的位置不同可分为三大类：①外部感觉：它们是对身体外部的刺激物的感觉，感受器位于体表。视觉、听觉、味觉、触觉、皮肤的痛觉等属于外部感觉；②内部感觉：它们是对身体内部的状态的感觉，感受器位于体内。饥觉、渴觉、内脏的痛觉等属于内部感觉；③本体感觉：它们是对自身的运动和位置状态的感觉，感受器位于肌肉、韧带和耳内。动觉、平衡觉属于本体感觉。

二、知觉的概念、种类

（一）什么是知觉

知觉是人脑对直接作用于感觉器官的客观事物的整体的反映。所谓事物的整体是指该事物所具有的各个部分、各种属性按一定关系构成的复合体。例如，一朵鲜花，就是一个事物的整体，它是由花瓣、花蕊、枝干等部分和形、色、气味等属性，按这种花的品种所特有的生长构造而组成的复合体。对事物整体的反映，就是对事物的各部分、各属性加以整合，并对事物整体加以解释，说明它是什么。因此，知觉过程是从感觉开始的，刺激物各种特性分别刺激各感受器，大脑皮质对获得的各种特性以及它们之间的关系进行整合，并运用记忆系统中已有的经验对当前的刺激物进行辨别、认同、解释，从而得出对刺激物整体的反映。

知觉常常是几种分析器协同活动的结果。比如视知觉，除了有知觉分析器活动之外，还有眼球的动觉分析器活动，才能获得视知觉。知觉的产生，必须是以各种形式的感觉的存在为前提，并且与感觉同时进行。但是，不能把知觉单纯地归结为感觉的总和，因为知觉除了以各种感觉为基础外，还要借助于人过去的知识和经验。

知觉属于认识过程的感性阶段，是对事物的直接反映。知觉建立在感觉之上，除了刺激物的特点和个体神经过程的特点影响知觉过程之外，还受到个体其他心理因素的影响，如经验、语言、情绪、需要、兴趣等。个人先前的经验对当前的知觉有很大影响，知觉事物时的辨别、认同、解释，离不开已有的经验、思维和言语活动等。此外，个体的情绪状态、需要、兴趣会影响知觉的积极性、指向性、清晰性。

（二）知觉的种类

知觉是由多种分析器联合活动的结果。在多种分析器的联合活动中，总有一种分析器的活动起主导作用。根据知觉中起主导作用的分析器的活动，可以把知觉分为视知觉、听知觉、味知觉、嗅知觉、触摸知觉等。

根据知觉对象的不同，又可以把知觉区分为物体知觉和社会知觉。物体知觉是我们对物或事的知觉。任何物或事都具有空间特性、时间特性以及运动变化。因此，物体知觉包括空间知觉、时间知觉和运动知觉。社会知觉是我们对人的知觉。它包括对个人的知觉、人际知觉和自我知觉。对个人的知觉是通过对一个人的外表和言语来认识这个人的心理特点和品性；人际知觉是对人与人之间关系的知觉，人们在相互感知时彼此所形成的态度、情感等。自我知觉是通过观察自己的言行来认识自己。

此外，根据知觉映象是否符合客观实际，又可以把知觉区分为正确的知觉和错觉。知觉的主观映象有的是符合客观实际的，有的则不符合。不符合客观实际的知觉称为错觉。物体知觉中的错觉很多，例如，当我们坐在车厢里，从窗外看见邻近的火车开动时，便觉得自己所坐的火车在动，这是运动错觉。在社会知觉中，“以貌取人”容易犯错误，这是大家都熟悉的。纠正错误的有效方法是实践。错觉产生的原因，有些是生理性的，有些是心理性的，还有些是经验习惯性的，情况比较复杂。但是错觉的原理在实际应用中起着重要的作用。例如，错觉原理运用于服装、工艺、布景、建筑等方面的设计以及军事上的伪装等。因此，不能认为错觉是消极的东西，有时需要防止错觉的产生，有时需要制造错觉，能动地利用错觉。

三、感知觉的特性与规律

（一）感觉的特性与规律

1. 感受性与感觉阈限

感觉的主要规律之一是感受性变化的规律。各种感觉器官对适定的刺激都有感受能力，这种感受能力称为感受性。但并不是任何强度的刺激都能引起我们的感觉。过弱的刺激，例如，落在皮肤上的尘埃，我们感觉不到；过强的刺激，我们也可能感觉不到，例如，频率高于20 000赫兹的声音，我们就听不到，感受性用感觉阈限的大小来度量。感觉阈限是指引起感觉的持续一定时间的刺激量（强度）。感受性和感觉阈限存在着反比的关系，在特定的范围内，阈限越小，则感受性越高。感受性可分为绝对感受性和差别感受性，感觉阈限也相应地分为绝对阈限和差别阈限。能觉察出最小刺激量的感觉能力，称为绝对感受性。刚能引起感觉的最小刺激量，称为感觉的绝对阈限，也叫感觉的下限。例如，刚能引起听觉的声音强度是0分贝，0分贝就是听觉的绝对阈限。各种感觉的绝对阈限不相同，不同的人对同一种感觉的感受性也不相同。能觉察出两个刺激量之间的最小判别的感觉能力，称为差别感受性。刚能引起感觉差别的最小刺激量称为感觉的差别阈限。比如，一般人不能感受100克重物和101克重物之间的差别，但当两物的重量差异增加到3克，就可以感觉出来。一般情况下，感觉的强度由刺激物的强度决定。刺激强度越大，感觉越强。然而强度超过了一定的限度，感觉不但不再增大，还会产生压痛的感觉。那种能引起压痛感觉的刺激量称为感觉的压痛阈限或感觉的上限。超过这一阈限的刺激强度会使感觉器官受到损伤。

2. 感受性的变化规律

感受性并不是固定不变的，它会随着内部或外部的条件变化而变化。感受性变化存在着一定的规律。

（1）适应现象

在刺激物持续作用下，感受器的感受性发生变化的现象叫适应。适应是较普遍的感觉现象。古人云：“入芝兰之室，久而不闻其香，入鲍鱼之肆，久而不闻其臭。”说的就是嗅觉的适应现象。适应可引起感受性的提高，也可以引起感受的降低。这在视觉的适应中表现特别明显。乍入暗室，初时不辨五指，稍后便能一目了然，这是一种感受性提高、锐化的过程，我们称为暗适应。走出暗室到光亮处特别是在强光下，最初一瞬间会感到光线刺眼发眩，几乎看不清外界物体，几秒钟后逐渐看清物体，这是一种感受性降低、钝化的过程，我们称之为明适应。各种感觉的适应速度和程度是不同的。触觉不仅具有高度的适应性，而且会很快适应。例如，穿在身上的衣服很快就感觉不到接触了。视觉的适应比较慢（暗适应需要几十分钟），但也有高度的适应性。嗅觉、温觉的适应性也较明显。在人的所有感觉中，唯独痛觉不能适应。人们有时感觉不到痛或痛得轻一些，不是由于适应的缘故，而是由于注意力转移的缘故。痛觉的不适应具有重要的生物学意义，痛觉是身体伤害或病变的信号，它提醒人不要记忆危险。

（2）感觉的相互作用

同一类感觉之间或不同感觉之间由于刺激的相互影响而使感受性发生变化，这种现象叫感觉的相互作用。比如黑与白、红与绿同时出现，看起来就觉得黑的更黑、白的更白，对两种颜色的感受性都提高了，这种感觉的相互作用叫感觉的同时对比现象。如果两者先后出现，则对后者的感受性或者提高或者降低，比如先吃甜点，紧跟着吃酸果，会觉得更酸，这种相互作用现象叫感觉的相继对比。不同类感觉之间的相互作用表现在，某种弱的感觉刺激可以提高另一种感觉的感受性；相反，某种强的感觉刺激可以降低另一种感觉的感受性。例如，微弱的听觉刺激可以提高视觉的感受性，强烈的听觉刺激则会降低视觉的感受性；在强光刺激下，听觉感觉会下降；在弱光刺激下，听觉感受性会上升；强的声音刺激可以降低痛觉的感受性。因此，在视觉作品展览厅，应该保持安静，而要想人们欣赏音乐，就不应有强烈的闪动的灯光。

（3）感受性的练习

人的感受性可以通过练习而提高。由于职业训练而使感受性提高的现象是十分常见的。比如，职业品酒员的味觉和嗅觉比一般人要灵敏得多；染色专家可区分40~60种颜色色调；机修工人可根据敲击机器的声音听出机器毛病所在；有经验的面粉工人凭触觉能正确地评定面粉的品质，甚至认出面粉的小麦产地，残疾人某种感官丧失，而其他感官则会比普通人灵敏得多。例如，有的盲人可以通过自己的脚步或拐杖击地声的回响来辨别附近的建筑物、河流、旷野等地形，可以通过触摸觉阅读盲文。他们这种感觉的补偿作用也是练习和训练的结果。感受性因练习而提高的事实说明：只要感觉器官健全，我们的各种感觉都有很大发展的可能性。实际上，人们的各种感觉通常并未达到发展的应有高度。可见，积极进行有目的的训练，对通常能力的发展是很重要的。

（二）知觉的基本特性

1．知觉的选择性

在日常生活中，有许多事物同时

作用于我们的感官，但我们不可能同时知觉所有作用于我们的刺激物，而只能对其中少数刺激物做出反应。人的这种对外来信息进行选择而作进一步加工的特性称为知觉的选择性。被知觉的刺激物称为知觉的对象，其余的事物则成为对象的背景。对象和背景是相对的，它们可以相互转化（如图2-1）。当把白色图形作为知觉对象时，黑色部分便作为背景，此图被知觉为一个高脚杯；当把黑色图形作为知觉对象，白色部分便

▲ 图 2-1 对象和背景转换相关图

成为背景，此图被知觉为两个相同的面孔。有许多因素影响知觉的选择性，从刺激物方面来看，刺激物大小、强度、明度、色调、活动性、位置，特别是对象与背景的差别，对知觉的选择性有很大影响。明度和强度大的刺激物，颜色鲜艳的、活动变化的刺激物，对象与背景差别大的事物，都容易被首先选择出来成为知觉的对象。从主体方面看，刺激物对人的意义，主体的经验、兴趣、情绪等，对知觉的选择性也有重要影响。

2. 知觉的整体性

人的知觉是一个主动加工处理感觉信息的过程。在直接作用于感官的刺激不完备的情况下，人根据自己的知识经验，对刺激进行加工处理，使知觉仍保持完备性，这种特性称为知觉的整体性。客观事物不仅具有多种属性，而且是由不同部分组成的。当客观事物作为刺激物对人发生作用时，它的部分或属性是分别作用或先后作用于人的感觉感官的，有时甚至只有其中的一部分对人发生作用。尽管它们在客观上是不完备的，但人能根据以前的经验而获得对该事物的全面的知觉。比如根据熟人的背影，就可以获得对他的整体知觉，从而知觉他为某人。又如对图2-2中图形的知觉。虽然它是分散的三个角，但根据过去经验，人们很自然地把它们知觉为一个整体。这种在客观上并没有，而在主观上却认为有“白”三角形的情况，叫做主观轮廓。人的知觉之所以能把当前客观刺激物中缺少的东西在主观上进行补充，是因为客观事物的各个部分和它的各种属性是作为一个整体对人发生作用的，也就是说，客观事物对人是一个复合的刺激物，事物的各个部分和属性分别作用于感觉器官，它们之间形成了固定的联系，使人

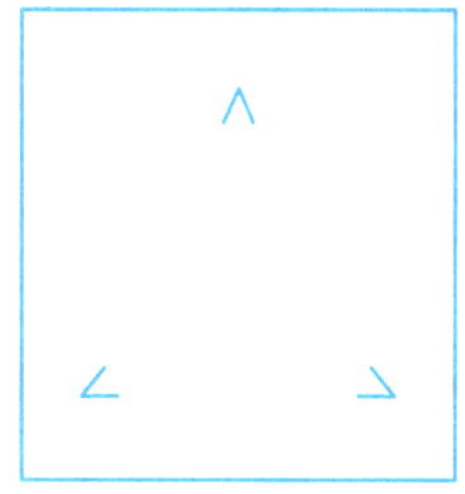

▲ 图 2-2 主观轮廓图

能在大脑中把这种联系保存下来，当客观事物作用于人的感官时，大脑会对来自感觉的信息进行加工处理，客观刺激中缺少的东西，能用头脑中曾经有过这些刺激所留下的痕迹进行弥补，即通过主观上的补充、删略、替代或改组等这些心理上的加工活动，使人对客观事物产生完整的知觉。当我们感知的对象是没有经验过的，知觉就会更多地依赖于感觉，并以感知对象的特点为转移。那些在时间或空间上接近的刺激物，性质相似的刺激物，具有连续性和趋向封闭的刺激物，我们都容易把它们知觉为一个整体。

3. 知觉的恒常性

知觉的条件在一定范围内发生变化，但知觉的映象保持相对稳定，这是知觉的恒常性。在对象的颜色、形状、大小等视知觉中，恒常性最为明显。例如一面鲜红的旗子，在白昼时分和黄昏时分尽管它的明度发生了很大的变化，但人对颜色的知觉映象没明显变化，同样知觉为红色的旗子；从不同角度或不同距离观察同一物体时，物体落在视网膜上的像会发生变化，但人在知觉这一物体时的映象仍然相当稳定。譬如，我们没有把离我们5米远的人同10米远的人知觉为大小相差一倍，而是差不多。可见，人的知觉与客观刺激的关系并不是完全服从于物理学的规律。这是因为人的知觉恒常性。知觉的恒常性也是由于经验的参与作用。知觉的恒常性使知觉在一定条件下带有一定的稳定性，在不同情况下始终按事物的真实面貌来反映事物，从而有效地适应环境。

4. 知觉理解性

人对当前所知觉的对象，总是以个人的过去经验加以认同、解释，这就是知觉理解性。当知觉的是熟悉的对象时，人往往根据记忆经验，把它认出来，这体现了知觉的理解性。当知觉的是未知的对象时，也会力图从记忆中搜寻与此相似的经验，并把知觉对象归入已知的相类似的事物中，帮助理解，以便更好地知觉这个陌生对象，这也体现了知觉的理解性。可见，人的知觉同记忆和思维有密切联系，知觉理解性是以知识经验为基础的。例如，我们观察图2–3，对末尾一图又可以理解为一只老鼠。对它之所以能产生不同的知觉，乃是因为以先前知识经验去解释当前的对象，并把它进行归类而造成的。

知觉理解性的基本特征是用词语把事物标志出来，词语对人的知觉具有指导作用，可以帮助并加快理解。例如，在知觉斑点图形时（图2–4），如果有人用语言提示一下，哪怕只讲一个“狗”字，人们就会很容易理解为这是狗的侧影图。此外，个人的需要、情绪、兴趣等对知觉的理解性也有重要的影响。

▲ 图 2-3　人或鼠

▲ 图 2-4　斑点知觉图形

链接

感觉剥夺实验

1954年，心理学家贝克斯顿等（Bexton，Heron & Scott）进行了首例感觉剥夺实验研究。每个被试每天可得到20美元的报酬，要求被试安静地躺在一张舒适的帆布床上，室内非常安静，听不到一点声音；一片漆黑，看不见任何东西；两只手戴上手套，并用纸卡卡住。吃喝都由主试事先安排好，不用移动手脚。实验开始，被试还能安静地躺着，但两三天后，志愿者们就纷纷退出。他们说，他们感到非常难受，根本不能进行清晰的思考，哪怕是在很短的时间内注意力都无法集中，思维活动似乎总是“跳来跳去”。更为可怕的是，50%的人出现了幻觉。这就是心理学上著名的“感觉剥夺”实验。实验证明丰富的、多变的环境刺激是人生存的必要条件，在被剥夺感觉后，人会产生难以忍受的痛苦，各种心理功能将受到不同程度的损伤。

资料来源：Bexton W. H.，Heron W.，Scott T. H. Effects of Decreased Variation in the Sensory Environment. Canadian Journal of Psychology，1954（8）：70 ~76

第二节　注　意

一、注意的概念

注意是心理活动对一定对象的指向和集中。人处在注意状态时，他的心理活动总是指向一定的对象，有选择地反映一定的对象，这就是注意的指向性。当人们选择了认识的对象后，注意使认识在一定时间内始终集中到该对象上，而抑制与此无关甚至有碍的活动，从而有利于认识的顺利进行，这就是注意的集中性。指向性和集中性是注意的两个特征。

注意的对象可以是外部世界的对象或现象，这种注意我们称为外部注意，外部注意在探究外部世界中起着重要作用。注意的对象也可以是内部的，如对自己的思想、情感和体验的注意，这种注意我们称为内部注意。人类的外部注意和内部注意的划分是相对的，它们密切联系，相互影响。

注意是心理活动的重要组成部分，但注意本身不是一种独立的心理过程，而是感觉、知觉、记忆、思维和想象等心理过程的一种共同特性，也就是说它不能脱离多种心理过程而独立存在，它总是和心理过程联系着。

二、注意的分类

根据注意的产生和保持有无目的性及需要意志努力程度的不同，可以把注意分为无意注意、有意注意和有意后注意。

（一）无意注意

无意注意是事先没有预定目的，不需要作意志努力的注意。它不是由意识控制的，所以也叫不随意注意。例如，学生正在听课，突然有人推门进来，大家都会不由自主地转头去看他。无意注意的产生和维持，不是依靠意志努力，而是人们自然而然地对那些强烈的、运动的、新颖的、感兴趣的事物所表现的心理活动的指向和集中。由于无意注意不需要做意志努力，耗能较少，不容易引起疲劳。

（二）有意注意

有意注意是指事前有预定目的，需要一定意志努力的注意。它是由人有意识地控制的，所以也叫随意注意。比如上课时使自己集中精神，不受干扰，专心听课，就是有意注意。有意注意是人所特有的心理现象，是在人类社会实践中发展起来的。有意注意是人们完成学习、工作、劳动的必要条件。人主要通过语言来控制和调节自己的有意注意。有意注意需要意志努力，耗能较多，容易引起疲劳。

（三）有意后注意

有意后注意是指事前有预定的目的，但不需要意志努力的注意。有意后注意是注意的一种特殊形式。它是介于有意注意与无意注意之间的注意，它一方面类似于有意注意，因为它有自觉的目的和特定的任务联系着；另一方面它类似于无意注意，不需要人的意志努力。例如，一个人学习外语，最先感到枯燥难学，用很大努力才能聚精会神地学，这是有意注意；后来通过克服困难，取得成绩，对学习本身产生兴趣，学习起来不费劲，能稳定地注意学习，这种注意就是有意后注意。可见，有意后注意是由有意注意转化而来，是在有意注意之后产生的。有意后注意是一种高级类型的注意，它具有高度的稳定性，是人类从事创造性活动的必要条件。一切有成就的科学家都会高度专注于自己的事业，“废寝忘食”地为科学事业做出创造性的贡献。

三、注意的品质

一个人注意力的好坏，可以从注意的品质上进行衡量。注意的品质主要有四个方面，即注意的广度、注意的稳定性、注意的分配和注意的转移。

（一）注意的广度

注意的广度也称注意的范围，是指一个人在同一时间内能清楚地观察到对象的数量。最早进行注意广度实验的是哈密尔顿（Hamilton，1859）。他在地上撒一把石弹子让被试即刻辨认，结果发现被试很难立刻看到6个以上的弹子，如果把石弹子以2个、3个或5个放成一堆，被试能掌握的堆数和一个个石弹子数一样多。以后，心理学家用速示器在0.1秒的时间内呈现彼此不相联系的数字、图形、字母或汉字，研究结果表明，成人注意的平均广度是：黑色圆点8~9个，外文字母4~6个，几何图形3~4个，汉字3~4个。人的注意范围的大小，受到注意对象的特点、人的主体方面的特点以及与实践活动的关系等多种条件的制约。

（二）注意的稳定性

注意的稳定性是指注意保持在某一对象或某一活动上。这是注意在时间上的特征。注意的稳定性并不等于静止性，注意是有起伏现象的。注意短时间内周期性地不随意跳跃现象称为注意的起伏（或注意的动摇）（图2–5）。注视该图，会觉得小方形时而凸起（位于大方形之前），时而下陷（大方形凸到前面），在不长的时间内，两个方形的相互位置会跳跃式地变更。注意的起伏周期一般为2~3秒至12秒。虽然，我们不能长时间地使注意力集中在一个对象上，但我们却能长时

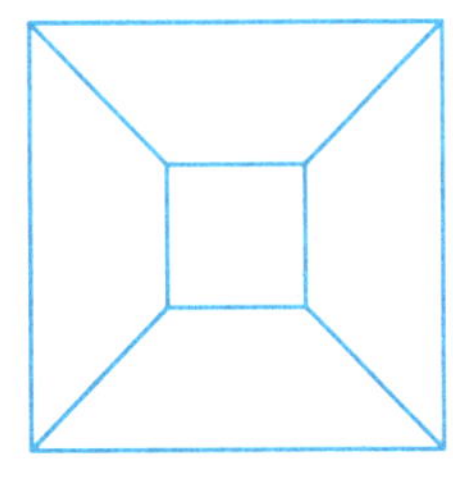

▲ 图2–5　在知觉两可图形时注意的起伏

间地集中注意于一定的工作，并能完成该项工作。因此，广义的注意稳定性是指注意保持在对一定活动的总的指向上，而行动所接触的对象和行动本身可以发生变化。例如，学生在完成作业的过程中，可能要看教科书，要写字或演算，虽然他所接触的课文、所写的字句或数字时刻在变化着，但是他的注意仍集中于完成作业这一项总的任务上。这时，他的注意是稳定的。

注意的稳定性与注意对象的特点有关。如果注意的对象是单调的、静止的，注意就很难稳定；如果注意的对象是复杂的、变化的、活动的，注意就容易稳定。注意的稳定性更重要的是与人的积极性有关。如果人对所从事的活动持积极的态度、有浓厚的兴趣、并借助有关动作维持知觉或思想进程，或从各种不同的角度进行观察和思考，那么注意就容易稳定、持久；相反，如果人对所从事的活动持消极态度，缺乏兴趣，注意就容易分散。

注意不稳定表现为注意分散（也叫分心）。注意分散是指注意不自觉地离开当前应当完成的活动而被无关刺激所吸引。注意分散的原因，主要是由于无关刺激的干扰，或单调刺激长时间作用的结果。无关刺激对注意的干扰，既可以是外部的无关刺激，也可以是内部的无关刺激。那些与当前活动任务无关的、突然的、意外的附加刺激，以及与个体情绪有关联的干扰都能引起注意的分散。研究表明，与注意对象相类似的刺激，比不同种类的刺激干扰作用大；同样的干扰刺激对思维活动的影响大，对知觉的影响小；在知觉过程中，听觉受附加刺激而分心的现象比视觉所受的影响更明显。

（三）注意的分配

注意的分配是指人在进行两种或多种活动时能把注意指向不同对象的现象。它常表现在同时进行的两种以上有关的活动中，例如，教师一边讲课，一边观察学生听课的情况；汽车司机在双手操纵方向盘的同时，两眼还要注意道路上的行人、车辆、灯光信号等。这些都是注意分配的实例，它们说明注意的分配对人的实践活动是必要的，也是可能的。

注意的分配是有条件的。同时进行的几种活动的复杂程度、熟悉程度和自动化程度都会影响注意的分配。同时进行的几种活动愈是复杂、愈不熟悉、愈不习惯，注意分配就愈困难；相反，注意分配就容易一些。既进行智力活动又进行动作操作，智力活动的效率可能比动作操作的效率有明显的降低。同时进行两种生疏的复杂的智力活动是无法完成的。注意分配的最重要条件是，在同时进行的几种活动中，必须每一种活动是相当熟悉的，其中一种是自动化了的或部分自动化了的。人对于自动化了或部分自动化了的活动，不需要更多的注意，因而能把注意主要指向较不熟悉的活动上。这样，同时输入的两种信息才不会超过人脑的信息加工容量，因而对之都能进行反应活动。其次，同时进行的几种活动如果建立起联系形成了某种反应系统，这样注意分配也就能够实现。例如，司机驾驶汽车的复杂动作，通过训练后形成一定的反应系统，就可以不费力气地完成各种驾驶动作，并且把注意分配到其他与驾驶有关的事情上。

（四）注意的转移

注意的转移是指人有意地把注意从一个对象转移到另一个对象上，或从一种活动转移到另一种活动上。例如，前两节是语文课，后两节是数学课，我们能根据新的任务把注意从语文课转移到数学课上，这就是注意的转移。

注意的转移与注意的分散是根本不同的，前者是有意识地根据活动任务的需要把注意从一个对象转向另一个对象；而后者则是在需要注意稳定的时候，不随意地改变注意的对象。

注意转移的快慢和难易，依赖于原来注意的强度。原来注意强度越大，注意的转移就越困难、越缓慢；反之，注意的转移就比较容易。有的教师喜欢一上课就测验或发试卷，然后进入新课，这样做教学效果往往不好，其主要原因是学生对测验或试卷上的分数十分注意，以致很难把注意力转移到新课上来。

注意转移的快慢和难易，还依赖于新注意的对象的特点。新注意的对象越符合人的需要和兴趣，注意的转移越容易。反之，注意的转移就越困难。

四、注意的规律

注意的引起、发生和保持都有一定的规律性。下面着重从无意注意发生的条件（即原因）和有意注意的引起、保持的条件来探究其规律性。

（一）无意注意产生的条件

任何心理现象的发生都有其条件。无意注意也一样，它的发生也有条件，也有其规律性。引起无意注意的条件有二：一是刺激物本身的特点，二是人本身的状态。

1. 刺激物本身的特点

具有以下特点的刺激物容易引起人的无意注意。

（1）刺激物的强度。刺激物强度的大小是引起无意注意的重要原因。任何强烈的刺激，例如，一声巨响、一道强光、一种浓烈的气味，都会不由自主地引起人们的注意。不仅刺激物的绝对强度对注意有重要意义，而且刺激物的相对强度也有巨大作用。所谓相对强度，即刺激强度与周围物体强度的对比。例如，在喧闹的大街上，大声说话不会引起人们的注意，但在寂静的夜晚，轻微的耳语声也可能引起人们的注意。

（2）刺激物的活动和变化。活动的、变化的刺激物比起不活动的、无变化的刺激物容易引起人们的注意。例如，大街上闪动的霓虹灯，很容易引起行人的注意。

（3）刺激物之间的对比关系。刺激物的强度、形状、大小、颜色和持续时间等方面的判别特别显著，特别突出，就容易引起人们的无意注意。例如，“万绿丛中一点红”“鹤立鸡群”，就是对比的作用。马路上的交通标志采用红白、黑白相间；许多断续而短促的声音中的一个长声音，都容易引起人们的注意。

（4）刺激物的新异性。任何新奇的东西都容易成为注意的对象，而刻板的、千篇一律的习惯性刺激就不易引起人们的注意。例如，对从来没见过的东西，当其出现时特别容易引起人们的注意。所谓好奇心，就是指对这种新奇刺激的注意。因此，对经常来往的大街上突然出现一幅新广告，常见面的同事或同班同学突然穿了一件时装，就很容易引起人的注意。

2. 人本身的状态

虽然无意注意可由外界刺激物引起，但人本身的状态也是引起无意注意的主要原因。

（1）需要和兴趣。凡是能够满足人的需要和符合人兴趣的事都会使人产生期待的心情和积极的态度，从而引起无意注意。如球迷容易注意有关球赛的消息，失业的人则特别注意报刊的招聘广告，母亲对婴儿哭声特别敏感。

（2）心境和情绪。一个人当时的心境和情绪，在很大程度上影响着一个人的注意。如果一个人心境开朗，心情愉快，平时不大容易引起注意的事物，这时也容易引起他的注意。

（3）精神状态。人在精力充沛、精神很好时，最容易对新鲜事物发生注意，而且注意力也容易集中和持久。相反，人处于疲劳或困倦时，是很难集中注意的。实验证明，工作时出现的差错数量，在工作日快结束时就会增加，这是由于疲劳状态使注意难以集中所造成的。

（二）引起和保持有意注意的条件

1. 加深对任务的理解，不断组织自己的活动

因为有意注意是有预定目的的注意，所以对活动的目的、任务的重大意义理解得越清楚、越深刻，完成任务的愿望越强烈，那么，为完成这项任务所必需的一切就越能引起有意注意。在明确了活动任务所要达到的目的，具有了实现活动任务的决心和愿望之后，还要善于组织自己的活动，才能保证和坚持有意注意。如向自己提出“必须注意”“不能分心”的要求，这种及时的提醒，可以起到组织注意的作用。

2. 培养间接兴趣

兴趣是一种动力，当人们对某一事物发生兴趣时，它就会推动人们去注意该事物。兴趣可分为直接兴趣和间接兴趣，前者是对活动本身感兴趣，后者是对活动结果感兴趣。直接兴趣是引起无意注意的条件，而间接兴趣则对有意注意有巨大影响。人的间接兴趣，即关于结果的兴趣，几乎存在于自觉进行的每件工作中。间接兴趣越稳定，就越能对活动的对象保持有意注意。例如，一个

决心学好外语的人，对掌握外语后能更好地吸取外国先进科学技术感兴趣，这会支持他去认真记忆枯燥乏味的单词，理解繁杂艰难的语法，把学习坚持下去。

3. 用坚强的意志克服内外干扰

有意注意能否坚持，还要看是否有克服内外干扰的意志努力。对注意的干扰可能是外界的刺激物，如行人的脚步声、邻居的谈话声、汽车喇叭声等分散注意的无关声音和光线等；也可能是机体的某些状态，如疾病、疲倦等；或者是一些无关的思想情绪等。要用坚强的意志与这些干扰作斗争。此外，还可采取一定措施排除干扰。例如，保持环境的安静，降低干扰声音的强度，准备好工作需要的一切用具，都有助于注意的保持。

链接

双耳分听实验

在一项实验中，彻里（Cherry，1953）给被试的两耳同时呈现两种材料，让被试大声追随从一个耳朵听到的材料，并检查被试从另一耳朵所获得的信息。前者称为追随耳，后者称为非追随耳。结果发现，被试从非追随耳得到的信息很少，能分辨是男音还是女音，并且当原来使用的英文材料改用法文或德文呈现时，或者将课文颠倒时，被试也很少能够发现。这个实验说明，从追随耳进入的信息，由于受到注意，因而得到进一步加工、处理，而从非追随耳进入的信息，由于没有受到注意，因此，没有被人们所接受。这成为了注意的单通道模型的依据。

1960年，格雷（Gray）等人在一项实验中，通过耳机给被试两耳依次分别呈现一些字母音节和数字，左耳：ob-2-tive；右耳：6-jec-9。要求被试追随一个耳朵听到的声音，并在刺激呈现之后进行报告。结果发现，被试的报告既不是ob-2-tive和6-jec-9，也不是ob-6，2-jec，tive-9，而是objective。格雷的实验证明，来自非追随耳的部分信息仍然受到了加工。

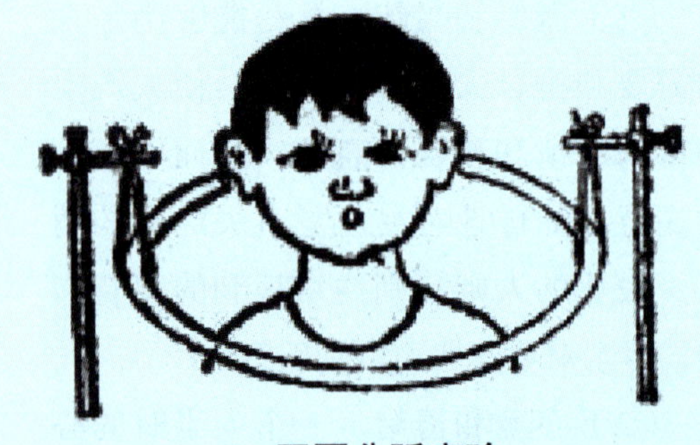

▲ 双耳分听实验

资料来源：Cherry E. C. Some Experiments on the Recognition of Speech，with One or Two Ears. The Journal of the Acoustical Society of America，1953 (25): 975~979

Gray J. A.，Wedderburn A. A. Grouping Strategies with Simultaneous Stimuli. Quarterly Journal of Experimental Psychology，1960 (12): 180~184

第三节　记　忆

一、什么是记忆

记忆是过去经验在人脑中的反映。人们在生活实践中感知过去的事物、思考的问题、练习过的动作、体验过的情感，不同程度地保留在头脑中，以后在类似条件的影响下重新得到恢复。这种在人脑中对过去经验的保留和恢复的过程就是记忆。从信息加工的观点来看，记忆就是一个对信息的编码、储存和提取的过程。从各方面获得的信息，经过加工后就以各种形式储存在记忆库中，以后需要有关信息时，又能把它提取出来，亦即把它回忆出来。

记忆的重要性是人所皆知的。人对客观事物的知识，虽然是从感知觉开始的，但是如果没有记忆的参与，就不能把其感知的一切保留下来，不能积累知识和经验，不能形成概念进行判断和推理，也就不能适应不断变化的环境。没有记忆，就没有人的整个智慧的发展，人就会始终处于婴儿的蒙昧状态。因此，从某种意义上说，没有记忆就没有知识经验的积累，也就没有个体心理的发展。

人具有惊人的记忆力，人的记忆容量十分巨大，人脑可储存1015比特信息，脑的容量是目前世界上任何计算机所不可比拟的。因此，人脑有巨大的记忆潜力，如何开发这一巨大的潜力，是心理学家长期致力研究的问题。

二、记忆的分类

（一）瞬时记忆、短时记忆和长时记忆

根据储存信息的久暂，我们可以把记忆分为瞬时记忆、短时记忆和长时记忆三种。

1. 瞬时记忆

瞬时记忆也叫感觉记忆。一切输入记忆系统的信息，首先要通过感觉器官的录入或登记。当引起感知觉的刺激物

不再继续呈现时，其信息仍能在感受器中继续保持一个极短暂的时间。这种短暂信息保持就是感觉记忆，它的持续时间仅约2秒钟。瞬时记忆的特点是：信息保存具有鲜明形象性，信息保持的时间很短暂，保持量大，感觉记忆痕迹容易衰退，只有当被登记了的信息受到特别注意，该信息才被转入短时记忆，否则就会很快消失。瞬时记忆最明显的例子是视觉后像。电影就是由于视觉后像这种瞬间记忆才使一系列断续的画面被看成是不断连续的画面的。

2. 短时记忆

短时记忆是处于瞬时记忆和长时记忆之间的一个记忆阶段。短时记忆，是指保持信息在1分钟以内的记忆。短时记忆属于非感觉记忆，属于操作性的。例如，抄写或临摹字画活动，凭借对范本的短时记忆来进行操作。又如，打电话时查对电话号码，凭着对电话号码的短时记忆来拨号，拨完了，也就忘了。这就是短时记忆。

3. 长时记忆

长时记忆指永久性的信息存贮，一般能保持多年甚至终身。它的信息主要来自短时记忆阶段加以复述的内容，也有由于印象深刻而一次形成的。长时记忆的容量似乎是无限的，它的信息是以有组织的状态被贮存起来的。

（二）形象记忆、语词—逻辑记忆、情绪记忆和运动记忆

根据记忆的内容，我们可以把记忆分成形象记忆、语词-逻辑记忆、情绪记忆和运动记忆四种。

1. 形象记忆

它是以感知过的事物的形象为内容的记忆。这种记忆所保持的是事物的具体形象，它可以是视觉的、听觉的、嗅觉的或味觉的……在现实生活中，有人对事物的外部特征具体形象记得快、保持牢，当回忆某一事物时，头脑中则会显现出该事物的鲜明形象，这种形象就叫记忆表象。形象记忆与感知密切联系，可以说形象记忆是感知结果的记忆。

2. 语词—逻辑记忆

它是以概念、判断、推理等形式，对事物的关系以及事物本身的意义和性质等为内容的记忆。属于这种记忆类型的人，最善于记忆语词材料、抽象概念和逻辑规则，即使在观察直观材料时也是如此。语词—逻辑记忆与思维有密切联系，它是在实践活动中，随着抽象思维能力的发展而发展的，也可以说它是对思维结果的记忆。

3. 情绪记忆

它是以个体体验过的某种情绪或情感为内容的记忆。每一个人都具有一定的情绪记忆能力，很多人对于曾经唤起自己某种强烈情感的事物，以及对这种情感体验本身常常能够终身不忘。因此，情绪记忆的映象往往比其他记忆的映象表现得更为持久。

4. 运动记忆

它是对活动的动作及动作顺序的记忆。例如，记住技能操作的各个动作及顺

序，是运动记忆。运动记忆与操作活动密切联系，它是对操作活动结果的记忆。

三、记忆的过程及规律

记忆是一个复杂的过程，它包括识记、保持与遗忘、回忆（再认和重现）三个基本环节，三者密切联系，构成统一的完整的记忆过程。

（一）识记

识记是把经历过的事物的印象记住，“铭刻在脑里”，它是记忆的第一步。识记的材料一般以两种形式储存在头脑中：一种是记忆表象。所谓记忆表象指人感知过或想象过，或体验过，或操作过的事物在脑中留下的印象。另一种是语词，词是人在长久的社会历史实践中固定下来，为全体成员共同理解的一种信号。语词具有很高的概括性。经历过的事件，思考的观念、想法，都可以用语词的形式储存下来，头脑中的表象也常常和词结合在一起加以储存。由于词的概括性，可以把记忆内容连成系统，因而极大地扩充了人的记忆容量。

下面我们从影响识记效果的条件了解识记的规律。影响识记的条件主要如下。

1. 目的任务对识记的影响

识记可以事先没有预定目的，不需要意志努力。自然而然记住，这种识记叫无意识记（又称不随意识记）。在日常生活中，那些对个人生活有重要意义的事物，与人的需要、兴趣密切联系的事物，引起人较强的情绪反应的事物，都容易使人不知不觉地记住。无意识记是一种被动的、自发的识记，靠无意识记来学习，只能掌握比较零碎片断的知识，不能迅速获得系统的知识经验。如识记时事先有预定目的，并经过一定的意志努力，这种识记就叫做有意识记（又称随意识记）。在现实生活中，有意识记比无意识记显得更重要。有意识记是一种主动的、自觉的识记，是提高识记效果的重要手段。心理学家的实验证明，在条件相同的情况下，有意识记的效果比无意识记的效果好。

在识记中，确定识记任务对识记效果起关键性的作用。由于任务明确，全部识记活动都集中于这个任务，就能引起人的更为复杂的智力活动和调动更大的积极性。例如，实验要求被试“丝毫不差地”识记完整的故事，结果被试能逐字逐句地回忆出该故事的35%；而如果只要求被试“用自己的话”来识记这个相同的故事时，他们则只能回忆出该故事的24%。可见识记的目的、任务对识记的影响很大。要把学习、工作搞好，就要培养良好的有意识记能力。

2. 识记方法对识记的影响

在进行有意识记时，需要选择一定的方法。识记方法有很多，从根本上说，可以分为两类：一类是意义识记，另一类是机械识记。实验证明意义识记比机械识记效果好。当原有的知识经验很少，对新材料不易理解时，常会使用机械识记，儿童就常如此；当识记的材料本身没有什么意义联系时，如车牌号码、电话号码、人名地名等，也常要依靠机械识记。但是，机械识记费时费力，效果较差。因此，进行系统的学习光靠机械识记，效果不好，而且影响进一步深入学习。要提高学习效果，应主要使用意义识记，识记时弄懂、弄通材料之间的关系、意义。总之，机械识记和意义识记这两种基本方法，应要相辅相成，互相补充。

3. 识记材料的性质和数量对识记的影响

识记的效果受识记材料的性质、难易和其他属性制约。一般来说，识记直观的、形象的材料比识记抽象的词要好些；识记视觉的材料要比识记听觉材料的效果要好。但成人对文字材料识记较好，而儿童对直观材料的识记常优于文字材料。材料的数量对识记效果的影响也很大。一般来说，要达到同样的水平，材料愈多，识记所用的平均时间和次数也就愈多。另外，难易不同的材料的识记过程是不同的。识记容易的材料一般开始时进展较快，后来逐步缓慢，为一个减速度曲线；识记较难的材料，常是开始时进展较慢，后来逐步加快，呈现一个加速度曲线。

（二）保持与遗忘

保持是记忆过程的中心环节。记忆的基本特点在于保持，没有保持就没有所谓记忆。保持的反面就是遗忘。

1. 保持

保持是过去经历过的事物的映象在头脑中得到巩固的过程。从信息论的观点看，保持就是对信息编码、储存的过程。经验的保持并不是简单地存贮，而是包含了对识记材料的进一步加工。这种保持像在保险柜或冷藏库中保存物品那样，记忆中的信息随着时间的推移，在质量和数量上也会发生某些变化。在数量上，随着时间的进展，保持量呈减少趋势，也就是说人对其所经历的事物总是要忘掉一些的。在质量上储存在记忆中的信息也会发生某些变化。密克尔用识记图形做实验，把回忆的图形与识记的图形相对照，发现在质量方面的变化有如下一些特点：回忆的图形比识记的图形更概括简要；有的更完整、更合理；有的更详细、更具体；有的某些部分突出等（见图2–6）。

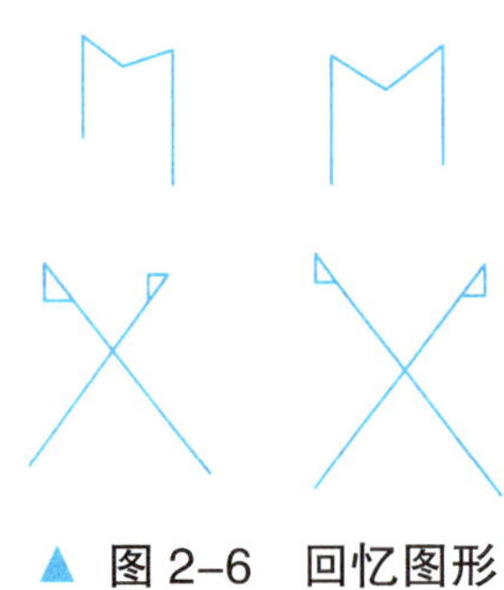

▲ 图 2–6 回忆图形的变化

巴特莱特让许多被试阅读一篇关于印第安人和鬼打仗的故事，过段时间让他们把故事回忆出来。结果，经常阅读鬼怪故事的被试对鬼怪故事增加了许多细节，而有博物学和逻辑学训练的被试则大大删减了鬼怪故事的内容，把故事编得更合乎逻辑。这说明保持这种记忆环节，并不是信息在脑中的被动的、简单的停留，而是主动的、复杂的加工过程。不过，这些变化有的可能有积极意义，有的则具有消极的意义，例如，能简略地表达原文，这种变化可能具有积极意义；而歪曲了原来的内容则具有消极的作用。因此，防止遗忘，不仅要注意防止信息的遗漏，还需要注意信息可能被歪曲。

2. 遗忘

对于识记过的东西，不能再认或重现，或者错误地再认或重现，叫做遗忘。遗忘有各种表现，有部分遗忘（指不能重现，但还能再认），有完全遗忘（指既不能重现，也不能再认），有暂时性遗忘（指由于受到干扰，识记材料暂时不能重现，但在适当条件下还可以重现），有永久性遗忘（指不经过重新学习就再也不能重现）。

（1）遗忘的原因。一是记忆痕迹的“消退”，即以前学过的东西由于长期没有复习，知识没有得到使用（生理学上称之记忆痕迹没有得到强化），使记忆痕迹逐渐减弱，以至于最后消退，于是产生遗忘。二是记忆痕迹受到“干扰”而发生抑制。记忆的痕迹因受到干扰而发生的抑制有两种：一种叫前摄抑制，另一种叫倒摄抑制。前摄抑制是先学习的材料对识记和回忆后学习的材料的干扰作用。倒摄抑制是后学习的材料对保持或回忆先学习的材料的干扰作用。三是大脑产生了“超限抑制”，即大脑的神经细胞长期工作后由于过度疲劳引起的超负荷而产生保护性抑制，这种抑制也会使记住的东西遗忘掉。在休息以后，神经细胞的工作能力恢复了，于是暂时遗忘的东西又可以重新回忆起来。

（2）遗忘的规律。心理学的研究证明，遗忘是有规律的。德国心理学家艾宾浩斯（Ebbinghaus）率先对遗忘现象作了系统的研究，他用无意义音节作为记忆的材料，发现遗忘的进程不是均衡的，在识记后短时间内遗忘发展较快，以后遗忘的速度下降，到后来遗忘停在一定水平上不再发展，遗忘的进程是“先快后慢”。他根据研究结果描绘出一条遗忘曲线（或称保持曲线），称艾宾浩斯遗忘曲线（图2-7），以后许多人做了类似的实验，大体上证明了艾宾浩斯的实验结果。

各种实验材料所得的遗忘曲线形式上有一定差异，如记忆有意义的材料如诗歌、散文，遗忘发展得较慢，但遗忘的进程还是“先快后慢”（见图2-8）

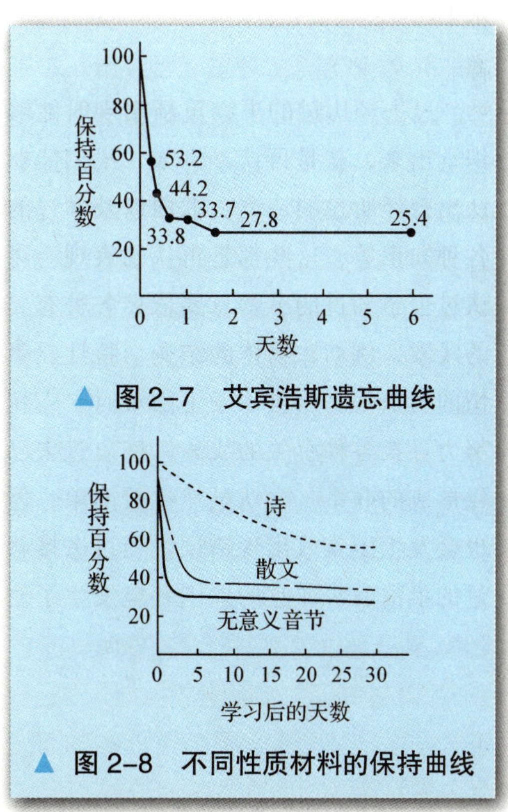

▲ 图 2-7　艾宾浩斯遗忘曲线

▲ 图 2-8　不同性质材料的保持曲线

遗忘的进程是受很多因素制约的。例如，识记材料的性质、识记材料的数量、熟记的程度以及识记的方法，等等。同时也受个人因素的影响。在工作和学习中，人们要努力防止遗忘，但遗忘不都是消极的，有时得临时把某些事情忘记，才能专心致志地工作和学习；那些令人过分悲痛的事件，极大地影响正常生活，人们也希望能够将之忘却。遗忘对知识经验也起着过滤的作用，经过遗忘的筛选，记忆中保留下来的多是重要的、最有用的经验。

（三）再认和重现

记忆的最终环节是回忆，即信息的提取，再认与重现是回忆的两种不同水平。

1. 再认

过去经历过的事物重新出现时能够识别出来，就是再认。例如，我们能够认出曾经听过的诗篇、歌曲以及学过的各种知识等，这些都是再认的表现。再认过去感知过的事物总要依靠各种有关的线索，例如，物体的结构、特性、事情的情节等。当再认发生困难时，人就努力寻找各种有关的线索，恢复过去已经形成的联系。再认虽然比较简单，但也会发生困难或出现错误。当过去接触过的事情本身或它的周围环境发生了变化，以及要求对某些事物的精细部分进行辨别时，再认常常会发生困难。错认主要是由联系的泛化所致，有时由于粗心也会认错。

2. 重现

经历过的事物并没有出现，而能够把它回忆出来，叫做重现。重现可以分为无意的和有意的。无意重现是没有预定目的，只是在某种情景下，自然而然地想起某些旧经历。例如，一件往事偶然涌上心头，“触景生情”等，都是无意重现。有意重现是有目的地、自觉地回忆以往的某些经历。例如，学生在考试时回忆以往学过的有关知识等。重现，不论是有意的或无意的都不是先前经历过的事物映象的简单重复，它是随着活动的任务、人的兴趣和情绪状态等有选择地再现或映象加工的过程。所以，重现并不都是一种消极的过程，而且常是一种积极的过程。有意重现有时比较容易，不需要太大的意志努力就可以实现；但有时则需要较大地努力，经过一番思索才能回忆起来，这种情况叫追忆。显然，重现是比再认水平更高的一种回忆。教学中可通过再认和重现了解、检查学生掌握知识巩固的程度。考试中的是非题、选择题可检查学生的再认，填空题、问答题可检查学生的重现。

链接

目击者证词——法律中的记忆问题

在法庭对案件的审判中，许多情况下法官和陪审团都是依照目击证人的证词来进行判断的。大家普遍相信目击证人的证词是正确和可靠的。但是有关研究发现，目击者对事件的回忆会因为提问方式的不同而有很大的差异。例如，在一项研究（Loftus & Ketcham，1991）中，让被试看一部关于一起撞车事故的影片，然后要求被试对事故中车辆的行驶速度做出判断。结果发现，当问题是“车辆在冲撞时的速度是多少”时，被试对车速的判断超过65千米/小时；而当问题是“车辆在接触时的速度是多少”时，被试对车速的判断只有50千米/小时。一周之后，主试要求被试回忆在事故中车窗玻璃是否被撞碎了，而事实上在影片中的车窗玻璃并没有被撞碎。结果是，以“冲撞”字眼被提问的被试中有33%的人回忆说车窗玻璃被撞碎了，而在“接触”字眼被提问的被试中，比例只有14%。显然，在提问时不同的字眼改变了被试对目击事件的记忆。

在心理学家看来，这个研究可以帮助我们进一步深入地了解人类的行为；而在司法人员看来，它会对目击证人证词的法律效力提出疑问，并进而对司法公正问题产生深远的影响。

资料来源：彭聃龄．普通心理学．北京：北京师范大学出版社，2004，231~232

第四节　思　维

一、思维概述

（一）思维的概念和特点

思维（thinking）是以人已有的知识为中介，对客观事物的概括、间接的反映。它借助语言、表象或动作实现，是认知活动的高级形式。例如，下午放学回到家，你一进门，闻到厨房里飘出香喷喷的饭菜香味，就会知道妈妈已经回家了，把饭做好了。这个时候，你并没有看到妈妈，也没有看到她做饭，只是运用你头脑里已经有的知识经验（家里总是由妈妈做饭）对直接输入的感觉信息（饭菜香味）进行了加工、处理，提出假设，检验假设，做出推理和判断，这个过程就是思维。

思维具有间接性与概括性的特点。

1. 间接性

思维和感觉、知觉不同，它是建立在过去的知识经验上的对客观事物的反映，因此，具有间接性。例如，闻到饭菜香味，推断妈妈在厨房；根据手边的各种资料推测火星上的状况。正是由于思维的间接性，人们才可能超越了感觉、知觉提供的信息，认识那些没有直接作用于人的感官的事物的属性，从而揭示事物的本质和规律，实现对未来的预测。

2. 概括性

在大量的感性材料的基础上，把一类事物的共同特征和规律抽离出来加以认识，这就是思维的概括性。例如，把轮船、飞机、自行车、小汽车等一类事物概括为交通工具，使人的认识活动摆脱了对具体事物的局限性和对事物的直接依赖性，扩大了人们认识的范围和深度。概括性的水平反映着思维的水平，它也是人们形成概念的前提，是思维活动得以进行的基础。

（二）思维的分类

1. 直觉动作思维、具体形象思维和抽象逻辑思维

根据思维过程所凭借的中介的不同，可以把思维划分为直觉动作思维、具体形象思维和抽象逻辑思维。

直觉动作思维指依据实际行动来解决具体问题的思维过程。例如，3岁前的幼儿只能在动作中思考，幼儿利用掰手指来数数，就是典型的直觉动作思维。

具体形象思维指人们利用头脑中的具体形象（表象）来解决问题的思维过程。例如，解几何题时，在头脑中设想出一张图，并试想做了辅助线之后会如何，这样的思维就是形象思维。这种思维形式主要表现在3~7岁的学龄前儿童身上。艺术家、作家、导演、设计师等的形象思维也非常发达。

抽象逻辑思维是指运用言语符号形成的概念来进行判断、推理，以解决问题的思维过程。例如，科学家进行科学推理，学生学习科学文化知识等，都需要运用抽象逻辑思维，它是人类思维的典型形式。

2. 聚合思维和发散思维

根据思维活动探索目标的不同方向，将思维划分为聚合思维和发散思维。聚合思维（convergent thinking）是指人们根据已知的信息，利用熟悉的规则解决问题，也就是从给予的信息中产生逻辑的结论，是一种有方向、有范围、有条理的思维方式。发散思维（divergent thinking）是指人们根据当前问题给定的信息和记忆系统中存储的信息，沿着不同的方向和角度思考，从多方面寻求多样性答案的一种思维活动。

3. 常规思维和创造性思维

常规思维是指人们根据已有的知识经验，按现成的方案和程序直接解决问题，如学生运用已学会的公式解决同一类型的问题。创造性思维是重新组织已

有的知识经验，提出新的方案或程序，并创造出新的思维成果的思维活动。创造性思维是多种思维的综合表现，是发散思维与聚合思维的结合，既包括理论思维，又离不开创造想象。

二、概念形成与掌握

概念的形成与掌握是人类最主要的、最基本的思维活动。概念（concept）是人脑反映客观事物本质属性的思维形式。每一个概念都有它的内涵和外延。所谓“内涵”是指概念的含义，即概念所反映的事物的本质属性；所谓“外延”则是指概念的范围，概念外延的大小是由它的内涵决定的。一个概念的内涵越多，它的外延就越小；概念的内涵越少，它的外延就越大。

概念是人们认识客观世界的历史产物。它是在人们长期实践活动中形成的，也随着社会发展、科学水平的提高而不断发展变化。自然科学的概念是这样，社会科学的概念也同样如此。

（一）概念的形成与掌握

概念的掌握是指个体在发展过程中获得和运用人类已经积累起来的、现成的经验。掌握概念不是一个简单的传递过程，而是一个主动的、复杂的、在头脑中进行分析、综合的过程。概念形成亦称概念学习，是指个人掌握概念的过程。

掌握概念的途径主要有两条。一条途径是不经过专门教学，而直接通过日常交际和积累个人经验获得概念，这类概念称为日常概念或前科学概念。由于这类概念往往受到狭隘的知识范围的限制，因此常有错误和曲解。在这类概念的内涵中有时包括了非本质的特征，有时忽略了本质特征，概念与概念的关系与区别也纠缠不清。另一条途径是在教学过程中有计划地使学生熟悉有关概念内涵从而掌握概念，这样掌握的概念称为科学概念。日常概念对掌握科学概念有重大影响，这种影响可能是积极的，也可能是消极的，取决于日常概念的含义与科学概念的含义是否一致。

布鲁纳等提出的假设考验说认为，人在概念形成过程中，需要利用现在获得的和已存贮的信息来主动提出一些可能的假设，即设想所要掌握的概念可能是什么。在概念形成的过程中，对任何一个刺激做出反应之前，被试必须从他的假设库中，取出一个或几个假设并据此做出反应，亦即对所应用的假设进行考验。如果做出的这个反应是正确的，这个假设就将继续使用下去，否则，就把它送回假设库，并取出其他的假设进行比较。这个过程如此继续下去，直到获得某个正确的假设，即形成某个概念。这种假设考验的过程也就是概念形成的过程。

（二）概念的形成策略

布鲁纳等人发现，人们在概念形成中连续做出的选择或决定不是任意的或杂乱无章的，而是有着一定的顺序，这种顺序总是包含一定的目的，如获得最大限度的信息等。人们总是按照一定的策略来做出选择，并由此确定了四种通用的假设考验的策略或概念形成的策略，即同时性扫描、继时性扫描、保守性聚焦、博弈性聚焦。

1. 同时性扫描（simultaneous scanning）

人可以根据肯定事例的部分属性来形成多个部分假设。他可以同时记住几个假设，在依照这些假设进行某种行为以后，与行为引发的事实进行比较，看究竟哪个假设是正确的，以使获得有用的信息。这种策略称为同时性扫描，它会给记忆带来很大负担。

2. 继时性扫描（successive scanning）

这个策略也要应用部分假设，它与同时性扫描的区别在于一次只考验一个假设。如果被试现在运用的假设被证实为正确的，就可以继续使用，否则就采用另一个假设，再对它进行考验。由于一次只考验一个假设，而且是连续地进行，因而称它为继时性扫描。这个策略给记忆带来的压力较小，但以前被排除的假设很可能要被再次应用，显得很不经济。

3. 保守性聚焦（conservative focusing）

这个策略运用于总体假设的考验。所谓保守性聚焦就是以某一事例的全部属性作为焦点，被试在对事例相继做出概念的判断时都对准这个焦点。保守性聚焦大大减轻记忆负担，被试不需要记住他选择的所有事例及其性质，只需记住当前的假设就行了，在应用保守性聚焦策略时，只改变焦点的一个属性。在应用这个策略时，被试的每一次选择都有明确的目的，并且每次都可得到确定的信息，从而使整个作业过程变得简捷而又具体。相对而言，保守性聚焦是一个更有系统性和更有效的策略。

4. 博弈性聚焦（focus gambling）

这个策略也应用于总体假设的考验。它和保守性聚焦非常相似，不同的是它一次改变假设概念两个及以上的属性，人们的这种做法就像博弈一样，是冒着风险的，他的冒险可能碰巧成功了，但也可能失败，博弈性聚焦的弱点就在于此，它的长处是人们可能只需作较少选择就可以很快地成功掌握概念。

布鲁纳等人发现，在他们的被试（研究生）中，多数人采用总体假设，少数人应用部分假设；在采用总体假设的被试中，又以应用保守性聚焦策略者居多；而在采用部分假设的被试中，继时性扫描策略得到较多的应用，同时性扫描和博弈性聚焦均很少被采用。但是，被试在实验过程中，也会偏离某个策略。但不管怎样，概念形成总是要应用一定策略的。

三、问题解决

问题解决（problem solving）可以被看作思维活动的最普遍的形式，它突出地表明心理活动的智慧性和创造性。所谓问题实际上包含了三个基本成分：一是给定条件，即问题起始状态；二是问题的目标状态，即问题的答案；三是障碍，即找到答案必须经历的思维活动。从信息加工的观点看，问题解决实际上是对问题空间的搜索。问题空间也就是问题解决者对一个问题所达到的全部认识状态。

（一）问题解决的过程和策略

问题解决的过程可以分为四个阶段，这四个阶段可以说明问题解决的一般过程，但是与创造性解决问题的阶段有所不同，这四个阶段分别是提出问题、分析问题、提出假设和验证假设。如果以信息加工的观点来说明问题解决的过程，同样可以区分为四个阶段，即问题表征、选择算子、应用算子和评价当前状态。这种区分比传统的区分方法具有一定的可操作性。

问题解决的策略是多种多样的，一个问题往往可以用不同的策略来解决。人们的问题解决策略可以分为两类，包括算法和启发法。

1. 算法

算法策略就是在问题空间中随机搜索所有可能解决问题的方法，直至选择一种有效的方法解决问题。简言之，算法策略就是把解决问题的方法一一进行尝试，最终找到解决问题的答案。此种策略往往费时、费力、缺乏效率。

2.. 启发法

启发法是根据一定的经验，在问题空间内通过较少的搜索就可以解决问题的一种方法。启发法不能完全保证问题解决的成功，但用这种方法解决问题较省时省力。下面是几种常用的启发式策略。

（1）手段—目的分析。手段—目的分析的核心思想是要发现问题的当前状态与目标状态之间的差异，同时应用一定的算子，也就是某种操作方式来减少两者之间的差异。在分析的过程中，将问题的目标状态或者总目标分成若干子目标，通过实现一系列的子目标最终实现总目标。如河内塔问题。

（2）爬山法。爬山法是指经过评价当前的问题状态，限于条件，不是去缩小而是要增加这一状态与目标状态的差异，经过迂回前进，最终达到解决问题的总目标，就如同爬山一样。可以说，爬山法是一种“以退为进”的方法，往往具有“退一步进两步”的作用。

（3）逆向工作法。逆向工作法就是从问题的目标状态开始搜索直至找到通往初始状态的通路或方法。例如，人们要去城市的某个地方，往往是在地图上先找到目的地，然后再查找一条从目的地退回到出发点的路线。

（二）影响问题解决的因素

心理学家发现有一些情况经常会阻碍人们解决问题，如问题表征的方式对无关信息的注意、功能固着性、定势和动机强度等。下面我们分析一下这些经常出现的不利因素，以帮助提高我们的解题能力。

1. 问题表征的方式

解决问题首先要对问题加以理解。所谓理解问题，用认知心理学的术语来讲，就是要以最佳的方式对问题加以表征。表征是指客观事物在头脑中的呈现方式。同一事物或问题由于表征的方式不同，在理解上会出现很大的差异。以下面的问题解决为例，图2–9显示的是一个残缺的国际象棋棋盘，它有两个角被切掉了，现只剩下62个正方形。假若你有31张骨牌，每一张恰好可以遮盖棋盘上两个正方形，你是否能够用骨牌把这个棋盘上的所有部分盖住呢？请用几分钟时间试试看。

▲ 图 2–9　一个残缺的国际象棋棋盘

研究证明，绝大多数的人，对于这个国际象棋棋盘问题，会用很长时间在头脑中尝试着去摆，但总找不到答案。可是，如果你不是用视觉形象方法去考虑，而改用推理的方法：明确每一张骨牌都必须盖住一个白格子和一个黑格子，而去掉的是两个白格子，那么你马上可以发现，既然剩下的是32个黑格子和30个白格子，显然无法用31张骨牌全部盖住图中的棋盘，这个问题原来是无解的。

2. 无关信息的干扰

看下面两个问题：

A. 小王家兄弟五个，都未婚，他们每个人都有一个姐妹，如果把王妈妈也算在内，试问他们家有几个女人？

B. 某城市有15%的人不把电话号码放入电话簿上，如果你从该城市的电话簿上随机抽取200个号码，问其中有多少人是不把电话号码放入号码簿上的？

这是两个很简单的问题，但你是否都能很快地得出了答案？在A题中，答案是两个女人，兄弟的数目是无关信息，但它却使多数人费了许多思考。在B题中，人们倾向于注意15%和200个人数，而实际上这两个数字都是无关信息，因为所有200个人都取自电话簿，答案应该是0。研究发现人们经常错误地假定：问题中所给出的条件或数字在解题中都有用，因此，总是想办法去利用这些信息。了解了这个普遍倾向，我们在解题时就应该先注意考虑一下哪些信息有用、哪些没用。

3. 功能固着性

另一个常见的解题障碍是格式塔学派研究知觉时发现的，即人们在知觉一个物体时，倾向于只从它的一般性功能上认识它，称为功能固着性（functional fixedness）。例如，图2–10显示的问题是利用给定的工具将两根悬挂在天花板上的绳子接在一起。对于这个问题，唯一的解决方法是把桌上的钳子拿起来，捆

▲ 图 2-10　功能固着问题

在一根绳子的尾端，像钟摆似的使之晃动，然后再抓着另一根绳子，走到房间中间，等捆着钳子的绳子晃到眼前，再将它抓住，这样就可以将两根绳子接在一起了。曾有人用这个问题进行实验，发现只有39%的被试可以在10分钟内找到答案。问题的症结就在于被试只把钳子视为一种功能固定的技术工具，没有想到钳子也可以因它的重量被当作“钟摆”使用。导致上述问题不能顺利解决的关键，都是因为被试在表征物体时总是按照物体的传统功能，不会变通，在问题解决时不能用新的方式来表征问题情境。这种功能固着现象有时会限制人们的思维和解决问题的能力。

4. 定势

定势，也叫心向，是指心理活动的一种准备状态，它使人对刺激情境以某种习惯的方式进行反应。定势有时有助于问题的解决，有时会妨碍问题的解决。

定势对问题解决的妨碍作用可以从卢钦斯的实验中看到。该实验的设计是，以设想用杯子量水的方式，用三个不同容量的杯子，量出一定量的水（如表2-1所示）。实验将被试分为两组，实验组从第1题做到第8题，控制组只做6、7、8题。结果实验组在解第6、7题时大多数仍沿用解1~5题所用的B－A－2C的方法，不少被试在解第8题时遇到很大的困难。而控制组在解第6、7、8题时，都采用A－C或A＋C的简便方法。这说明实验组在做第6~8题时，受到了先前活动所形

表 2-1　卢钦斯的一个定势实验

题　号	水罐容量			所求水量
	A	B	C	D
1	21	127	3	100
2	14	163	25	99
3	18	43	10	5
4	9	42	6	21
5	20	59	4	31
6	23	49	3	20
7	15	39	3	18
8	28	59	3	25

成的心理准备状态即定势的影响。

5. 动机强度

动机是影响问题解决的重要因素，它是促使人解决问题的内部推动力。人对活动的态度、责任心和认识兴趣等都能成为发现问题和解决问题的动机。动机强度与解决问题的效果的关系，并不是直线关系，而是呈倒U型曲线关系（见图2-11）。也就是说，动机过弱，便不能激起解决问题的积极性，容易被无关因素干扰，解决问题的效率低。动机过强又会使人情绪过分紧张，反而降低解决问题的效率。只有中等强度的动机才是解决问题的最佳水平，在这种动机状态下，人们的思维活动才有较大的灵活性，才能较好地解决问题。所以，要提高解决问题的效率，问题解决者既要积极振奋，又需镇静从容。

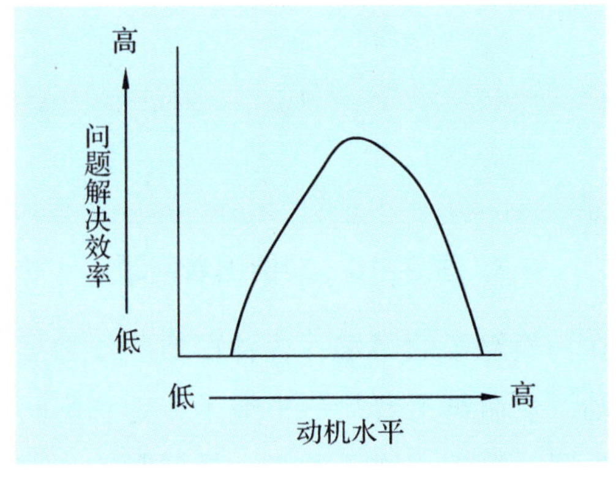

▲ 图 2-11　动机水平与问题解决效率

链接

和尚难题

一天早晨，在日出的时候，一个和尚开始沿着一条狭窄的山路爬一座高山，目标是山顶上闪闪发光的寺庙。他以变化的速度攀登，沿途多次停下来休息，吃干粮。日落前不久他到达了寺庙。几天的寺内修行之后，他沿着同一条山路返回。仍然是日出时启程，以变化的速度行走，沿途多次停下来休息，吃干粮。当然，他的平均下山速度大于平均上山速度。

请你证明：是否沿着山路有一个地点，和尚上山和下山的旅途中，可以恰好在同一个时间到达。

如果“证明”这个词让你联想到某些数学上的东西，那么，你可能不会有什么进展。考虑这个问题的方法是，想象有两个和尚，一个从山顶出发，向下走，一个从山脚出发，向上爬，所以，很明显他们会在山路上的某个位置相遇。

资料来源：Adams，J. L. Conceptual Blockbusting（3rd ed.）. New York：Norton，1986

本章复习与摘要

1. 感觉是人脑对事物的个别属性的认识。感觉提供了内外环境的信息，保证了机体与环境的信息平衡，是一切较高级、较复杂的心理现象的基础。感觉是体内外刺激影响感觉器官而引起的。感觉的主要规律之一是感受性变化的规律。感受性并不是固定不变的，它会随着内部或外部的条件变化而变化。感受性变化存在着一定的规律，如适应现象、感觉的相互作用，可以通过练习而提高。

2. 人们通过感官得到了外部世界的信息，经过头脑加工（综合和解释）这些信息，产生了对事物整体的认识，就是知觉。知觉以感觉为基础，但它不是个别感觉信息的简单总和，而是按一定方式来整合个别的感觉信息，形成一定的结构，并根据个体的经验来解释由感觉提供的信息，它比个别感觉的简单相加要复杂得多。知觉具有选择性、理解性、整体性和恒常性等特性。

3. 注意是心理活动对一定对象的指向和集中。注意的基本功能是对信息进行选择，另外，注意也是完成信息处理过程的重要心理条件，保证了对事物更清晰的认识、更准确的反应和更有序可控的行为。

4. 记忆是过去经验在人脑中的反映。记忆是一个复杂的过程，它包括识记、保持、再认和重现四个基本环节，四者是彼此密切联系统一的完整的过程。

5. 思维是借助于语言、表象或动作实现对客观事物概括的和间接的反映，是认识的高级形式。它能提示事物的本质特征和内部联系，并主要表现在概念形成和问题解决的活动中。

第三章　学习心理

导盲犬是工作犬的一种。可帮助盲人去学校、商店、洗衣店、街心花园等。它们习惯于颈圈、导盲牵引带和其他配件的约束，懂得很多口令，可以带领盲人安全地走路，当遇到障碍和需要拐弯时，会引导主人停下以免发生危险。导盲犬具有自然平和的心态，会适时站立、拒食、帮助盲人乘车、传递物品，对路人的干扰不予理睬，同时也不会对他们进行攻击。导盲犬的才能不是天生就有的，而是艰苦训练和学习的结果。这样的情况对我们每个人来说都是适用的，我们所有人都是通过学习来获得技能的。

什么是学习呢？学习是指个体由于经验或练习的原因，使行为或行为倾向发生较为持久变化的过程，即获取知识和掌握技能的过程。学习是人之为人的基本需要，是人的生命的本性。古人云："学而时习之，不亦说乎"，"玉不琢，不成器，人不学，不知义"。我们正处在从"学历社会"向"学习社会"转化的时代，学习将成为贯穿人们一生的重要活动。如何激励、指导、促进学生的学习已成为现代教育的核心问题之一，教师只有科学地了解学生的"学"，才能更有效地"教"。

第一节　学习与学习理论

一、学习概述

（一）学习的含义

“活到老，学到老”，学习是我们最为熟悉的概念。在学生的眼里，学习就是看书、听课、做作业，而这些学习在心理学家看来只是狭义的学习，只是人类学习的一种形式。不但人类需要学习，动物也需要学习，马戏团里的猴子会算数，狮子会滚绣球，狗熊会骑自行车，都是学习的结果。所以，广义的学习包括人类与动物的学习，狭义的学习则专指学生的学习。

为了认识学习的本质，许多心理学家根据自己的观察做出了不同的解释，较为流行的观点是把学习定义为“学习是指学习者因经验而引起的行为、能力和心理倾向的比较持久的变化”。这个定义说明：

①学习是学习者通过获得经验而产生了某种稳定的变化。从不知到知，从不会到会，从不懂到懂，就是变化过程。这种变化可以是知识、技能、能力的获得，也可以是兴趣、信仰、价值观的形成，还可以是情感、态度、人格的养成。

②学习是学习者适应环境的生命活动。我们常感叹说，不学习就会被时代所淘汰，表达的就是学习与适应的关系。人只有通过学习产生积极的心理变化才能适应不断变化的现实世界，实现与环境的动态平衡。

人类的学习不同于动物的学习。人类的学习是人在社会生活实践活动中，以语言为媒介，自觉地、积极主动地掌握社会的、个体的经验的过程。

学生的学习是人类学习的特殊形式。学生的学习主要是在教育情境中、在教师的指导下，自主而策略地获取间接经验的过程。

（二）学习的分类

学习的种类多种多样，为了对不同类型的学习进行有效的指导，心理学家们依据不同的标准对学习进行了分类。

1. 依据学习内容

美国著名教育心理学家布卢姆（B.S.Bloom，1913—1999）认为，根据学生学习的内容或目标，可以将学习分为认知学习、情感学习和动作技能学习三大领域。认知学习由低到高分为六级：①知识。指学习具体的知识，能记住先前学过的知识。②领会。指对所学习的内容的最低水平的理解。③应用。指在特殊和实际情况下应用概念和原理，应用反映了较高水平的理解。④分析。指对事物的内部结构进行区别，并能了解它们之间的关系。⑤综合。指能把已有经验中的各部分或各要素组合成新的整体。⑥评价。指对所学的材料能根据内在标准和外部证据做出判断。

我国学者一般根据教育工作的实际需要，将学习分为：知识的学习、动作技能的学习、智力技能的学习和社会行为规范的学习。

2. 依据学习方式

奥苏伯尔（D. P. Ausubel，1918—2008）认为，根据学习方式的不同可以将学习分为：①接受学习。指学生通过教师的讲授现成地获得结论、概念、原理等。②发现学习。指学生独立地通过自己的探索获得问题的答案。根据学习材料与学习者的原有知识的关系又可将学习分为：①机械学习。指学习者没有理解材料的意义，只是死记硬背。②意义学习。指通过理解学习材料的意义进而掌握学习的内容。将以上这两个维度相结合，可以将学习分为机械的接受学习、机械的发现学习、有意义的发现学习与有意义的接受学习。

3. 依据学习结果

加涅（R. M. Gagne，1916—2002）认为，学习所得到的结果或形成的能力可以分为四类：①言语信息，即我们通常所称的“知识”。学习理解言语信息的能力和陈述观念的能力，帮助学生解决“是什么”的问题。②智慧技能，即能力。指学生应用概念、符号与环境相互作用的能力，是学习解决“怎么做”的问题。如运用运算规则解答习题，使动词和句子的主语一致等。③认知策略，即学会如何学习。是学生在学习过程中调节和支配自己的注意、记忆和思维技能，是学习者用以“管理”自己的学习过程的方式。④态度，即品行。是指影响个人行为选择的内部状态或倾向。⑤动作技能，即技能。是获得平稳、精确、灵活而适时的操作能力。

二、学习理论与应用

学习理论是对学习的实质及其形成机制、条件和规律的系统阐述，其根本目的是要为人们提供对学习的基本理解，从而为形成自己的教育、教学观奠定较为科学的基础。在20世纪，人们对学习的看法发生了几次重大的变化，每一次变化都对教学实践产生了重大的影响。20世纪上半叶，行为主义的学习理论占据主导地位，20世纪60年代后，认知主义的观点逐渐取代了行为主义，而到了20世纪末，建构主义成为学习理论发展的新方向，使人们又开始以新的眼光看待学习。

（一）行为主义的学习理论

作为现代心理学的重要流派之一，行为主义对学习的解释是强调可观察行为的获得，个体学到什么，怎么学习都是由环境刺激决定的。当环境刺激与个体的行为反应的联系巩固下来时，相应的行为习惯就形成了，这就是学习。在众多的行为主义心理学家中，斯金纳和班杜拉的学习理论对现代教育影响最大。

1. 斯金纳的操作性条件作用理论

斯金纳（B.F.Skinner，1904—1990）认为，行为可以分为两种，像学生听到上课铃声后迅速安静地坐好的行为叫应答性行为，而书写、讨论、演讲等具有自发性的行为是操作性行为。这种操作性行为的形成过程就是学习，其关键是强化的作用。斯金纳通过对动物学习的实验研究，来探讨操作性行为的学习过程。他用来实验的装置叫斯金纳箱。在这个箱中有一个小杠杆，这个小杠杆和传递食丸的一种机械装置相连。只要一按压杠杆，一粒食丸就会掉进食盘。把饥饿的大白鼠放进箱内，它会做出多种多样的行为反应，某次偶然按压杠杆，有一粒食丸掉下。食丸对白鼠压杠杆的行为反应是一种强化，白鼠得到食丸后更倾向于去按压杠杆。经过多次尝试，白鼠会不断按压杠杆获得食丸，直至吃饱为止。在白鼠形成按压杠杆的操作性行为过程中，关键的变量是强化。斯金纳全面研究了不同的强化在塑造和改变行为中的作用。根据对动物学习的研究结果，斯金纳进一步创立了“程序教学法”，直接将强化与行为塑造的理论用在课堂的教学中。斯金纳的许多观点至今对教学仍有重要的价值。

2. 班杜拉的社会学习理论

作为新行为主义学派在当今的代言人，班杜拉（A.Bandura，1925— ）并不同意斯金纳的观点。他认为个体并不是都要通过操作性程序才能形成行为，个体完全可以通过观察他人的行为而学到新的行为反应。强化也不是增强了行为出现的频率，而是为个体提供了信息或诱因，使他认识到什么样的行为会导致什么样的后果。例如，李某看到某位同学因乐于助人而得到老师的表扬，他就知道助人行为是可以模仿的、有价值的行为；而见到另一位同学因欺骗别人被老师批评，就懂得了这种欺骗行为是错误的、不能学习的行为。因此，班杜拉的社会学习理论强调的是“观察学习”和“替代性强化”。

班杜拉相信观察是最基本的学习过程。人们可以通过观察他人行为及其结果而学习，并不需要出了车祸才知道要遵守交通规则，也没必要因为偷窃被惩罚了才懂得这是违法的行为。孩子不会游泳，但通过观察模仿他人也可以学会游泳；初上讲台的新教师，完全可以通过观察优秀教师成功的课堂教学行为来改善自己的教学。

（二）认知主义的学习理论

作为当代心理学的主流，认知主义强调学习是获得知识、形成认知结构的过程。学习的基础是学习者知识结构的形成、重组和使用，而不是通过练习与强化形成的反应习惯。学生学习效果的差异制约于自身的内部心理机制的差异。当代认知主义的学习理论主要有布鲁纳（J. S. Bruner，1915— ）和奥苏伯尔所代表的认知结构学习论，以及加涅所代表的信息加工学习论。

1. 布鲁纳的认知结构学习论

在行为主义学习理论影响美国教育界几十年后，由于苏联率先发射人造卫星而引起了全美教育界对教育问题的反思，教育改革的呼声迅速升温。布鲁纳生逢其时，以强调知识结构的掌握和倡导发现学习等理论成了这场教改运动的领袖。

布鲁纳认为，学习的实质是学生主动地通过感知、领会和推理，促进类目及其编码系统的形成。学生的认知学习就是获得知识结构的过程。他说："不论我们选教什么学科，务必使学生理解该学科的基本结构。"所谓基本结构就是某一学科领域的基本观念，类似于我们平时所说的三基，即"基本概念、基本知识、基本原理"。主要区别在于，基本结构不仅指一般原理的学习，还包括学习的态度和方法。如何去获得学科的基本结构呢？布鲁纳认为应采用发现的方式学习，所谓发现是指用自己的头脑亲自获得知识的一切形式。他说："教师不能把学生教成一个活动的书橱，而是教学生如何思维；教他如何像历史学家研究史料那样，从求知过程中去组织属于他自己的知识。"发现学习强调的是学生的主动探索；教师的任务不是讲解和灌输现成的知识，而是创造条件，鼓励学生独立思考、积极探究，自行去发现材料的意义，从而自主地获得基本原理或规则。例如，代数中的交换律是代数这门学科的基本结构，如何通过发现来学习？布鲁纳根据学生玩跷跷板的经验设计了一个天平，让学生来调节砝码数量和砝码离支点的距离。他先让学生动手，然后通过想象，最后用数学来表示，从而掌握了乘法交换律。布鲁纳认为，通过发现的方式学习有利于学生直觉思维、批判性思维、创造性思维的发挥；有利于使外在动机转化为内在动机，提高学习的积极性；有利于学会发现的最优方法和策略；有利于信息的保持和检索。

2. 奥苏伯尔的认知同化学习论

虽然奥苏伯尔与布鲁纳一样都认为学习是一个认知过程，是认知结构的组织和重新组织，强调已有的知识经验的作用（即原有的认知结构的作用），但奥苏伯尔对布鲁纳认为发现是主要的学习方式的观点持强烈的批评态度，他认为接受学习才是学生主要的学习方式。学生主要是把教师讲授的内容整合进入自己的认知结构中，以便将来能够提取或应用。他认为把接受学习等同于机械的，把发现学习等同于意义的是错误的。学习是否有意义不取决于学习的方式是发现的还是接受的，而是取决于意义学习的两个先决条件，只要符合这两个条件就是意义学习。第一，学习内容对学生具有潜在意义，即能够与学生已有知识结构联系起来。这种"联系"应该是实质性和非人为的，也就是说，这种联系不能是一种牵强附会或靠机械背诵的。例如，学生认知结构中已经有了"哺乳动物"的概念，再学习"鲸"这一新概念时，"鲸"这一概念与"哺乳动物"概念之间就有逻辑上的关系，这种关系不是人为的，是符合一般与特殊的关系的，因此，这种联系就是实质的、非人为的。第二，学习者必须具有意义学习的“心向”。这里的心向是指学生积极主动地把新学习的内容与认知结构中已有的知识加以联系的倾向性，使新旧知识发生相互作用，导致新旧知识的意义的同化，结果，学生的旧知识得以改造，新知识获得了新的意义。

奥苏伯尔认为，学生的意义学习才是有价值的学习。所以，他强调的是意义的接受学习，学校应主要采用意义接受学习。现在，人们普遍认为奥苏伯尔的贡献不是强调了接受学习，而是深刻地描述了意义学习。

3. 加涅的信息加工论

学习的信息加工的观点是一种计算机模拟的思想，是把人的学习过程比喻为计算机的加工过程。加涅无疑是这种学习观的主角。他所提出的学习的信息加工模式理论已成为广泛引用的经典性观点，如图3-1。

这一模型表明，当学生注意环境中某一特定的刺激时，来自环境的刺激信息经感受器在感觉登记器上作短暂的寄存，此时贮存的是原先刺激的某些主要特征。然后通过选择性知觉进入短时记忆。能保持的信息项目可能要经过内心默默复述。在随后的阶段，信息经过语义编码的重要转换而进入长时记忆，即进入长时记忆的信息根据其意义来贮存。当学生做出反应时，需要对这些已贮存的信息进行搜索和提取，然后通过反应发生器将它们转变成行动。“执行控制”选择和启动认知策略对信息流程予以监控和修正。“预期”是学生对达到目标的期望，即动机系统对信息加工的影响。这就是信息从一个结构到另一个结构的完整流程。根据这一流程，学生学习的内部加工过程可以分为八个阶段。图3-2展示了学习流程图中包含的八个学习阶段之间的关系，以及这些阶段所暗指的教学事件。

（三）建构主义的学习观

认知主义学习理论发展到20世纪末出现了一个崭新的方向，即现代建构思

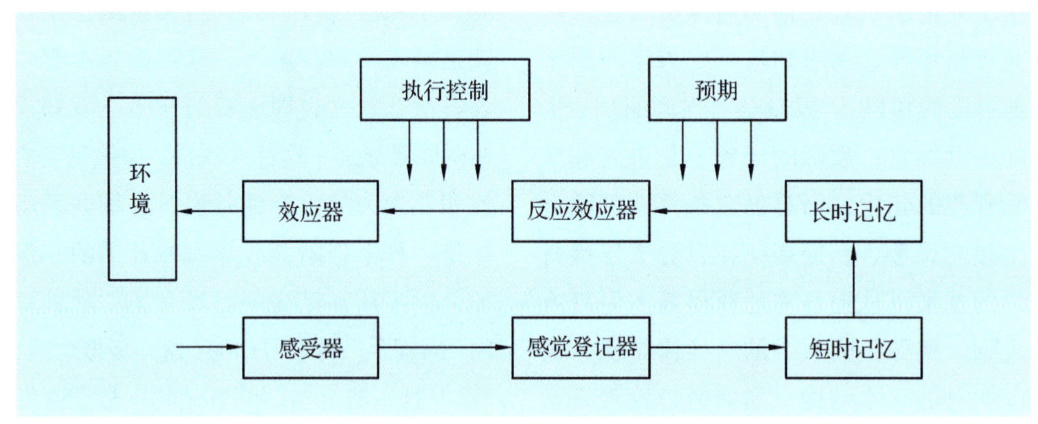

▲ 图 3-1　由学习与记忆理论所假设的信息加工模型

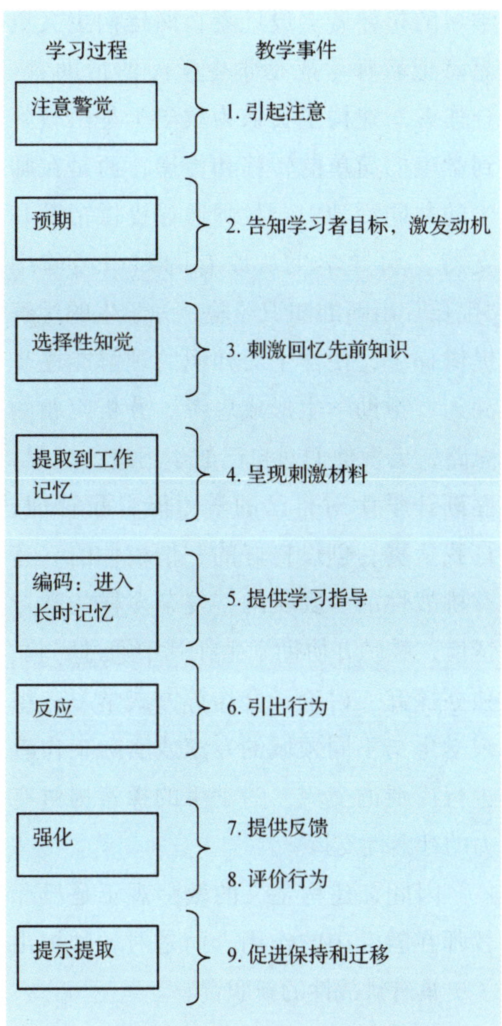

▲ **图 3–2　学习阶段与教学事件的关系**

想。建构主义认为，学习是学习者主动建构知识的意义的过程，对知识的理解只能由个体学习者在自己经验背景的基础上建构起来。建构一方面是对新信息的意义的建构，同时又包含对原有经验的改造和重组，是新旧经验之间的双向的相互作用过程。这种思想被认为是当代教学和课程改革的基础，成为今天合作学习、情境学习、研究性学习、基于问题的学习、锚式学习、交互学习等新的学习方式的理论来源。那么它到底新在哪里？从以下几个方面我们或许可以得到答案。

1. 知识观

对知识的意义，认知主义强调的是知识对现实世界描述的客观性，而建构主义强调的是人类知识的主观性。建构主义认为，人类的知识只是对客观世界的一种解释、一种假设，并不是对现实的准确表征，它不是最终的答案，而是会随着人类认识的进步而不断地被新的解释和新的假设所推翻、所取代。牛顿的物理学说已被爱因斯坦更好的解释所代替，爱因斯坦的学说也必定会被更完善的理论所取代，人类的知识具有高度的不确定性、相对性。学生学习的书本知识就是一种对现实世界较为可靠的假设，而不是最可靠的解释。对知识的应用，认知主义强调的是应用的普遍性，而建构主义强调的是应用的情境性。建构主义认为，知识不可能放之四海而皆准，不可能适用于所有的情境。人们面临现实问题时，不可能仅靠提取已有的知识就能解决好问题，而是需要针对具体问题对已有知识进行改组、重建和创造。知识就是参与实践的能力，知识的高度主观性和情境性决定了学习是终生的活动，决定了学生的学习更重要的是对知识的猜测、质疑、检验和批判。

2. 学生观

认知主义把学生看成是信息的主动吸纳者，建构主义则认为学生是信息意义的主动建构者。“学习是建构内在的心理表征的过程，学习者并不是把知识从外界搬到记忆中，而是以已有的经验为基础，通过与外界的相互作用来建构新的理解。”（古宁汉，D. J. Cunningham，1991）学生在学习新知识时并不是一个经验的无产者，而是能够在已有知识经验的基础上，通过新旧知识经验间反复的、双向的相互作用过程建构起新的意义，从而充实和改造了自己的知识经验，他们是自己知识的建构者。因此，学习不是简单的信息输入、贮存和提取的过程，不是简单的信息累积，而是在已有经验、心理结构和信念基础上形成新知识的意义，实现新旧知识的综合和概括，形成新的假设和推论；是在应用中加深对知识的理解。这种学生观更进一步强调了学生学习的主动性、自主性、探索性，确保了“以学生为中心”的教学观的落实。

3. 教师观

认知主义更多地把教师看成是学生学习的指导者、设计者，而建构主义更愿意把教师看成是学生学习的帮助者、合作者。建构主义认为教学不是由教师到学生的简单的转移和传递，而是在师生的共同活动中，教师通过提供帮助和支持，引导学生从原有的知识经验中“生长”出新的知识经验，为学生的理解提供梯子，使学生对知识的理解能逐步深入；帮助学生形成思考、分析问题的思路，启发他们对自己的学习进行反思，逐渐让学生对自己的学习能自我管理、自我负责；创设良好的、情境性的、富有挑战性的、真实的、复杂多样的学习情境，鼓励并协助学生在其中通过实验、独立探究、讨论、合作等方式学习；组织学生与不同领域的专家或实际工作者进行广泛的交流，为学生的探索提供有力的社会性支持。

因此，建构主义的教师观不是排斥教师在教学中的作用，而是对教师提出了更具有挑战性的新职责。

链接

“充气娃娃”模仿实验

班杜拉将3~6岁的儿童分成三组，先让他们观看一个成年男子（榜样人物）对一个像成人那么大小的充气娃娃做出种种攻击性行为，如大声吼叫和拳打脚踢。然后，让一组儿童看到这个“榜样人物”受到另一成年人的表扬和奖励（果汁与糖果）；让另一组儿童看到这个“榜样人物”受到另一成年人的责打（打一耳光）和训斥（斥之为暴徒）；第三组为控制组，只看到“榜样人物”的攻击性行为。然后把这些儿童一个个单独领到一个房间里去。房间里放着各种玩具，其中包括洋娃娃。在十分钟里，观察并记录他们的行为。结果表明，看到“榜样人物”的攻击性行为受惩罚的一组儿童，同控制组儿童相比，在他们玩洋娃娃时，攻击性行为显著减少。反之，看到“榜样人物”攻击性行为受到奖励的一组儿童，在自由玩充气娃娃时模仿攻击性行为的现象相当严重。在后续的实验中，班杜拉以糖果为奖励，鼓励这三组孩子尽可能模仿那个成人榜样的行为，结果这三组儿童在模仿攻击性行为方面与原来没有任何区别。

实验证明，人的许多行为模式是通过观察榜样的行为以及这些行为对这些人产生的后果而获得的。这正印证了一句老话“榜样的力量是无穷的”。

资料来源：Bandura A., Ross D., & Ross S. A., Imitation of Film-mediated Aggressive Models. Journal of Abnormal and Social Psychology, 1963 (66): 3~11

第二节　学习策略

“学会学习”，使学生成为一个聪明的学习者，已成为重要的教育目标。“教育应该较少地致力于传递和储存知识（尽管我们要留心，不要过于夸大这一点），而应该更努力寻求获得知识的方法（学会怎样学习）”。“这种学习（指学会怎样学习——引注者）更多的是为了掌握认识的手段，而不是获得经过分类的系统化知识”。现代心理学认为，学会学习的关键是学习策略的获得和改进，学生只有掌握了有效的学习策略，才真正找到了学习的金钥匙，才是一个“会学”的学习者。

一、学习策略概述

（一）学习策略的含义

学习策略作为一个完整的概念，是布鲁纳1965年提出“认知策略”以后出现的。但时至今日，学习策略仍然没有一个公认的定义。现有的理论可归纳为四种观点：①学习策略是学习的程序、方法及规则。②学习策略是学习的信息加工活动过程。③学习策略是学习监控和学习方法的结合。④学习策略就是具体的学习方法或技能。本书认为，所谓学习策略是指学习者为了提高学习的效果和效率，用以调节个人学习行为和认知活动的一种抽象的、一般的方法。

首先，凡是有助于提高学习效果和效率的程序、规则、方法、技巧及调控方式均属于学习策略范畴。其次，学习策略不等于具体的学习方法，是学习方法的选择、组织和加工。许多学习策略具有高度的一般性。但学习策略又不能与具体的学习方法截然分开，要借助具体的学习方法表现出来。再次，学习策略是调节如何学习、如何思考的高级认知能力，是衡量个体学习能力的重要尺度，是会不会学的标志。

当代认知心理学把知识分为三类：①陈述性知识：是关于世界的事实性知识，主要用来回答事物是什么、为什么的问题。如中国位于亚洲，我国国土面积约有960万平方公里等。②程序性知识：是个人在特定条件下可以使用的一系列操作步骤或算法，主要用来解决怎么做的问题。如在计算四则混合运算时，要按照“先乘除后加减”的运算法则进行计算。③策略性知识：是关于如何学习和如何思维的知识，是关于如何使用前两种知识去学习、组织、解决问题的一般方法。例如，学习时如何有效组织、写作时如何拟定提纲、解决问题时如何明确思维等。当代的知识观重视的是策略性知识的获得，因为只有在策略性知识的指导下，陈述性知识和程序性知识才能更有效地被感知、理解、组织，才能更有效地用来解决问题。诺曼（Norman）指出：“我们仍需要总结出关于怎样学习、怎样组织、怎样解决问题的一般原则，然后设置一些传授这些一般原则的应用性课程，最后把这些一般性原则渗入到学生的各门学科中。”

（二）学习策略分类

了解学习策略的类型，有助于我们帮助学生更好地掌握和运用学习策略。目前，具有代表性的观点主要有以下几种。

（1）单瑟洛（Dansereau，1985）的二分法。单瑟洛把学习策略分为基本策略（primary strategy）和支持策略（support strategy）。基本策略是指用来直接操作学习材料的各种学习策略，主要包括信息获得、贮存、信息检索和应用的策略，如记忆、组织、回忆等。支持策略主要用来帮助学习者维持良好的学习心态，主要包括计划和时间安排、注意的集中和自我监控。

（2）迈克卡（Mckeachie，1990）的三分法。迈克卡将学习策略概括为认知策略、元认知策略、资源管理策略。每种策略又包含一些具体成分。

（3）温斯坦（Weinstein，1985）的四分法。温斯坦认为学习策略包括：①认知信息加工策略，如精细加工策略；②积极学习策略，如应试策略；③辅助性策略，如处理焦虑；④元认知策略，如监控新信息的获得。她与同事们所编制的学习策略量表包括这样十个分量表：信息加工、选择要点、应试策略、态度、动机、时间管理、专心、焦虑、学习辅助手段和自我测查。

关于学习策略的分类虽然有不同的观点，但多数人基本倾向将它分为认知策略与元认知策略。

二、认知策略

加涅认为：“认知策略是内部组织化的技能，其功能是调节和控制概念与规则的应用。”即它是个体对认知过程进行调节与控制的能力。认知策略与学习策略的关系是包含与被包含的关系，学习策略比认知策略所包含的范围更广。认知策略在学习策略中起着核心的作用，认知策略的改进是学习策略改进的原因。

从学习的角度，可以将信息加工过程分为“选择”“获得”“构建”与“综合”四个阶段，理解和保持知识的认知策略主要包括复述策略、精制策略和组织策略。复述策略作用于认知过程的初始阶段，即“选择”“获得”阶段；精制策略主要作用于“选择”“获得”与“构建”“综合”之间的过渡阶段；组织策略作用于“构建”“综合”阶段，即认知过程的深加工阶段。

（一）复述策略

复述策略是为了在工作记忆中保持信息而对信息进行反复识记的策略。复述策略是对具体复述方法的选择、运用和调整，可根据“遗忘规律”来组织复述，使新学材料保持在长时记忆中。

（二）精制策略

精制即“精心制作”（elaboration），主要使人们更好地记忆正在学习的东西而做充实意义的添加、构建或者发生。小学教师告诉学生：“人”（单人旁）累了，就靠在“树（木）”上“休息”，对“休息”的“休”字的处理，就是采用了精制策略。精制策略作为一种深加工策略，是将新学习材料与头脑中已有知识联系起来的策略，可以十分有效地提高记忆效果。辨别是否是精制有两个标准：①精制必须是学生自己产生的；②精制必须与教学内容相关联。

（三）组织策略

组织策略的目的在于建构新知识点之间的内在联系，是将分散的、孤立的知识集合成一个整体并表示出它们之间关系的方法。例如网络法，是指以树状连线方式来表示材料种属关系的一种组织方法。因此，使用组织策略可以使原本比较杂乱无章的学习材料变得逻辑清晰，这样就便于理解和记忆。

三、元认知策略

元认知（metacognition）是弗拉维尔（Flavell，1928—　）最早在1976年提出来的。他的所谓元认知是以认知过程本身的活动为对象，就是对认知的认知，即个体对自己的认知过程和结果的意识与控制。近年来人们越来越关注元认知在学习和学会学习中的作用，如何培养和发展学生的元认知能力已成为学习策略研究和应用的重要内容。

（一）元认知结构

根据弗拉维尔的观点，元认知由三个成分所组成，即元认知知识、元认知体验和元认知监控。

1. 元认知知识

“我知道自己逻辑思维能力比其他同

学强”，“我懂得及时复习的效果好”等认识都属于元认知知识。所以，元认知知识是个体通过经验积累起来的关于认知的一般性知识。它包括三个方面的知识：一是知人方面的知识，指对自己和他人认知能力与特点的认识，即所谓“知己知彼”，如对自己的智力、兴趣、记忆特点等的认识，对他人的长处与不足的认识等。二是知事方面的知识，是指对认知对象的特点的认识，例如，学生对不同课程内容的性质（图形的、文字的）、对学习材料的结构、逻辑性以及材料的呈现方式（视觉的、听觉的）的认识。三是知法方面的知识，是指对完成认知活动中所需的策略知识的认识，例如，对不同的学习材料应选用哪些有效的策略，对新知识的学习和复习旧知识可采用哪些不同的方法等。

2. 元认知体验

元认知体验是指在从事认知活动时所产生的情感体验。它可能被清晰地意识到，也可能是处于下意识的状态；在内容上可简单，也可复杂；可以是对知的体验，也可以是对不知的体验；可发生在认知活动开始之前，也可发生在认知活动的过程中或认知活动结束之后。例如，预感考试失败后产生焦虑，预感学业成功后产生愉悦；从成功的经验中获得心得，从失败经验中吸取教训，因此产生信心等。元认知体验直接影响着认知任务的完成情况，积极的元认知体验会激发人的认知热情，调动人的认知潜能，从而提高认知加工的速度和有效性。

3. 元认知监控

元认知监控是指主体在进行认知活动的过程中，将自己正在进行的认知活动作为意识对象，不断地对其进行积极而自觉的监视、控制和调节的过程。包括：制订计划、执行控制、检查结果、采取补救措施等四个基本环节。

在学习过程中，元认知对整个学习活动起着控制和协调的作用，监视和指导着策略的选用和使用。对一个学习者来说，如果只拥有众多的策略性知识，而缺乏元认知策略来帮助自己决定在哪种情况下使用哪种策略，或改变策略，那么他就不可能成为一个成功的学习者。元认知水平高的学生由于善于选择策略，从而表现出目的明确、计划性好、自控能力强、灵活性高的良好的学习能力。

（二）元认知能力

元认知理论的提出使人们意识到，我们不但要了解学生在学习中学到什么和怎样学，而且要了解学生是如何控制和调节自己的学习的，即元认知能力问题。

1. 元认知能力的实质

元认知能力的核心是自我监控。自我监控是指学生对其所从事的学习活动进行自我调节与控制的能力。它包括学习过程中确定目标、制订计划、选择方法、管理时间、调节努力程度、执行计划、反馈与分析效果、采取补救措施等能力，是学生学习能力的一个重要方面。能否进行有效的自我调节和控制，是关系到知识和技能获得效率的重要问题。

自我监控的学习正是学生积极地调节与控制自己的思维、情绪与行为以有效地获取知识与技能的过程。就具体的学习过程而言，它既包括学习活动前，根据学习任务的要求和自己的认知活动状况制订切实可行的计划；又包括学习活动中，随时监控、调节以保证学习活动过程顺利进行；还包括学习活动结束后对学习结果的了解和评价，检查自己的学习行为是否达到了预定的目的，做出正确的归因，以便提出补救措施。

2. 元认知能力的提高

应采用哪些教学措施来促进学生元认知能力的提高，使学生能够积极主动地激励自己使用各种不同的学习策略来促进自己的学习，我国有的学者结合国外的研究提出了以下措施。

（1）让学生每天记学习日记。学习日记的内容可包括：今日学习的主要及重要内容（以某学科为例）；列出有关知识点及各知识点之间的联系；列出经自己反复思考仍不清楚的问题；将一些容易混淆的概念列表对照、鉴别，并自己举例说明之。

要求学生记学习日记的目的在于：①促使学生反思自己的学习过程，理清思路，澄清混乱，思考并提出有价值的问题；②促使学生学会学习，自己教自己，并在此过程中产生重要的顿悟；③将学习的注意力从学习结果转移到自己的认知过程，有助于学生主动地控制自己的学习。

（2）增强学生对他人及自己认识过程的意识。教师可通过语言将自己对某问题的思维过程展现给学生。例如，叙述自己在解决某个新问题时，想到哪些策略，什么是首选策略，哪些是补救策略，自己是怎样调整、转换这些策略的。教师也可促使学生注意某些同学对其思维过程的认知过程，如，要求某学生描述自己的思维过程，并引导其他同学对其思维过程进行评价。教师还可向全体学生呈现一个新的学习任务，让同学评价这一任务的难度，阐述自己准备解决这一问题的一系列步骤与方法，并进行相互评价。

（3）指导学生进行自我质疑。有些学生，特别是低年级学生往往不假思索地迅速完成作业，而这些作业通常是错误百出，究其原因，这些学生往往缺乏学习的责任感，而且也没有反思自己的思维过程的习惯。要求学生自我质疑，能使学生逐步形成自我控制、自我检查的能力。如要求学生经常自我提问：“我知道做些什么吗？”“我对作业的要求清楚吗？”“这样做是否正确？我有把握吗？”“能否稳操胜券？”

（4）指导学生监控、评估自己的理解能力。要求学生在开始作业前，认清作业的要求，并要求学生在阅读或解决问题的过程中，经常给自己提一些问题，如：“这一点我理解得对吗？”“这里的叙述与前面的叙述有矛盾吗？”“这句话除了字面上的意思外，还有什么深层次的含义吗？”教师可用列表的形式提供对某一问题理解程度的判别标准，从而使学生能对照检查自己的理解能力。

（5）向学生提供练习与反馈的机会。教师必须向学生提供运用知识的机会。如，让学生在实践中运用他们已学过的知识；代替教师向其他同学提供信息；让学生相互复述有关知识内容；向他人表述自己的理解等。

（6）要求学生意识到与学习效果有关的四个因素。这四个因素是：①所学材料的性质特点；②学习者当前的知识与技能水平；③学习者当前的心理状态；④检验学习效果的标准与形式。让学生认识到这些因素会影响自己的学习过程及结果，可使他们做出有效的决策。及时回顾这些因素，还可获得必要的信息，为修正、改变已用的策略提供依据。

（7）指导学生按以下步骤进行反思。

①等一等：我对现学的内容是否理解并记住了？我能向他人清楚地描述这一问题吗？

②想一想：产生这一问题大致是由什么原因引起的？是不是自己对有关知识没有掌握？或许缺乏想象力？缺乏解决这一问题的技能技巧？

③找一找：解决这一问题可采用哪些方法？寻找、阅读哪些有关材料？向别人请教？做相关难度略低的练习？

④看一看：检查一下，采取相应的解决措施后，原先的问题是否得到部分解决或完全解决。

⑤做一做：记录解决问题的经过，并决定以后怎样做。

链接

精制策略

有研究者引用加涅等人（1984）设计的要求对精制（E）与非精制（NE）进行辨别练习，我们选其中的几个例子来分析讨论。

例一，一个学生读到“哥伦布1492年发现美洲”时，他认为应该记住，就在心里一遍又一遍重复“哥伦布1492年发现美洲”。

分析：这不是精制。因为他并没有进行精制，而只是简单的复述。

例二，小明读到“哥伦布是西班牙人，1492年航海到了美洲”，他想记住此事，于是便想：“哥伦布很可能是由东而西到美洲的，因为这是从西班牙到美洲的最短航线。”

分析：这是精制。这是由学生自己产生的，并将其原有的地理知识与这一新知识联系起来了。

例三，小斌读到“哥伦布1492年发现美洲，他是西班牙人”，而后又想：“哥伦布平时爱吃什么呢？”

分析：这显然不是精制。尽管它是由学生自己产生的，但与教学内容毫无关联。

例四，小红听见算术老师讲：“做分数除法，先颠倒除数的分子和分母，然后再相乘。”

然后又听老师说：“记住，除数就是用来除的那个数。”

分析：这不是小红的精制，而是老师的精制。

例五，小强听见算术老师说：“做分数除法，先颠倒除数的分子和分母，然后再相乘。”他想：“这又是一个做分数运算题的法则，在分数乘法里，不颠倒乘数，相乘就行了。”

分析：这是精制。它不仅与教学内容有关，而且学生应用已有的分数乘法知识来学习分数除法的内容。

例六，一个学生听见物理老师说：“分子在气体中比在液体中相隔更远，所以气体比液体轻。”该学生就想到：“这好像编织疏松毛织物要比用同样毛线编织密实的衣物来得轻。”

分析：这是精制。它与教学内容有关，并且该学生将自己已有的生活经验与这一教学内容联系起来了。

资料来源：杜晓新等．元认知与学习策略．北京：人民教育出版社，1999，32~34

第三节　学习迁移

我们常感叹聪明人能做到“闻一知十”，好学生可以“举一反三”“触类旁通”，这里说的就是迁移现象。在教学过程中有效地促进学习的正向迁移，尤其是促进学生将知识从课堂情境向实践情境的迁移，这是现代教育追求的重要目标之一。

一、学习迁移概述

（一）迁移的含义

一般认为，学习迁移是一种学习对另

一种学习的影响。由于学习既包括知识、技能、能力的学习，也包括情感、态度、行为方式的学习，所以，具体地说，迁移是指“在一种情境中获得的技能、知识或态度对另一种情境中获得的技能、知识或态度的影响”（M. S. James）。

迁移是学习的普遍特征，任何学习都存在迁移现象。学习一种外语有助于学习同一语系的另一种外语，是知识的迁移；会骑自行车的人比不会骑自行车的人更快学会骑摩托车，是技能的迁移；在学习中养成了爱整洁的习惯，有助于在生活中形成爱整洁的习惯，是行为方式的迁移。所以，如何促进有效迁移的大量发生，对提高学习效率具有重要的意义。积极的迁移不但意味着学生学得更快、更好，而且更重要的是能将学到的东西有效地应用于当前问题的解决，这种迁移是解决问题能力的一种体现。正是在这基础上，“为迁移而教”成为教师们共同努力的目标。

（二）迁移的种类

迁移是普遍的，迁移的表现形式是多种多样的，根据不同的标准可以对迁移作多种分类。

（1）根据迁移的影响效果，可分为正迁移与负迁移。迁移产生积极的影响即正迁移，产生消极的影响即负迁移。阅读技能的掌握有利于写作技能的学习是正迁移，而汉语拼音的学习干扰对英语音标的学习是负迁移。所以，正迁移是学习者在另一种学习上具有了良好的心理准备状态，提高了学习效率，或更好地解决了所面临的问题。而负迁移则反之。

（2）根据迁移的影响方向，可分为顺向迁移和逆向迁移。如果先前的学习对后继学习产生的影响是顺向迁移；那么后继学习对先前学习产生的影响就是逆向迁移。逆向迁移通常发生在学习者学习新知识或解决新问题时，需对原有的知识进行补充、改组或修正，使原有的知识结构发生一定的变化的过程中。

（3）根据迁移发生的水平，可分为横向迁移和纵向迁移。横向迁移是指难度和复杂性相当的知识或技能的迁移。如婴儿学会称呼邻居家的男性为“叔叔”后，他可能会对所遇到的任何陌生男性均称呼为“叔叔”。纵向迁移是指低水平的知识、技能的掌握向高水平的知识、技能学习的迁移。如运用三角形的面积公式来推导梯形的面积公式，小学生掌握了算术运算中的加、减、乘法，使得他能够较为顺利地学习和掌握除法。

（4）根据迁移的内容，可分为一般迁移和特殊迁移。一般迁移是基本原理、规则、方法、策略和态度的迁移。布鲁纳认为一般迁移是十分重要的，因为基本的原理、规则、方法、策略和态度具有广泛迁移的可能性。特殊迁移是指某一具体的、特定的知识经验的掌握对另一具体的、特定的知识经验学习的影响。

除了以上几种主要的迁移分类外，还有的根据迁移的范围将迁移分为近迁移与远迁移；有的根据发生迁移的学习领域，将迁移分为认知领域的、运动技能的和情感态度的迁移。不论何种迁移都有积极的和消极的，即正迁移与负迁移。平时我们讲的“迁移”主要指的是正迁移，促进学生迁移的发生，就是要促进正迁移的大量产生。

二、当代学习迁移理论及应用

迁移是如何发生的？发生的原因、条件和规律是什么？对这些问题的解释即迁移理论。对迁移现象的解释，主要有形式训练说、共同要素说、概括说、关系说、认知结构说和建构说。

形式训练说：认为迁移是心理官能（指注意、记忆、思维、想象等）得到训练而提高的结果。任何一种心理官能都能进行训练，就像对肌肉的训练一样，可以使该官能的能力得到提高。例如，记忆的官能通过记忆的训练而得到增强，并且能在新的学习中产生迁移。

共同要素说：1903年，美国杰出的教育心理学家桑代克（Edward Thorndike，1874—1949）以大学生为被试者，首先训练大学生对平行四边形的面积进行估计，然后对他们进行两种测验。结果表明，被试对矩形面积的判断成绩提高了，但对三角形、圆形和不规则图形的判断成绩并没有提高。据此，他认为，学习中训练某一官能未必能使它的所有方面都得到改善。他认为两种学习之间具有共同因素时，才会发生迁移，由于骑自行车与骑摩托车在协调和操作方式上有相同因素，所以迁移就发生了。

概括说：美国心理学家贾德（Judd）在1908年设计了水下击靶的实验研究，结果发现，迁移不是因为两种学习之间具有相同要素，而是因为学习者在学习过程中获得了一般原理和原则。学习者对原理掌握得越好，越有可能在新情境中产生迁移。

关系说：德国心理学家苛勒（Wolfgang Kohler，1887—1967）在1919年通过“小鸡（或幼儿）觅食”的实验进一步发展了概括说，他认为迁移的发生是由于学习者顿悟了两种学习情境中的要素之间或原理之间的关系，特别是手段—目的之间的关系，这才是实现迁移的根本条件。

认知结构说：当代认知心理学家都十分重视认知结构在迁移中的重要作用，其中奥苏伯尔的观点最具有代表性。他认为学生已有的认知结构对新知识的学习发生影响，这就是迁移，所以，认知结构是知识学习发生迁移的重要原因。

一切有意义的学习都是在已有学习的基础上进行的，不受学习者原有认知结构影响的新学习是不存在的。认知结构就是学生头脑中的知识结构，它是学生头脑中全部观念的内容和组织。个人认知结构在内容和组织方面的特征，称为认知结构变量，主要包括可利用性、可辨别性和稳定性。原有的认知结构就是通过这三个变量对新知识的学习产生影响的。

认知结构的可利用性：指面对新知识的学习时，学习者原有认知结构中是否具有用来同化新知识的适当观念。

认知结构的可辨别性：指面对新知识的学习时，学习者能否清晰分辨新旧知识间的异同。

认知结构的稳定性：指面对新知识的学习时，用来同化新知识的原有知识是否已被牢固掌握。

如果学生在某一领域的认知结构越具有可利用性、可辨别性和稳定性，那么就越容易产生迁移。

建构说：建构主义认为，所谓学习迁移，实际上就是认知结构在新条件下的重新建构。

建构性的学习强调使学习者形成对知识的深刻理解。由于对知识意义的理解主要反映在对知识的应用上，因此，知识的“意义情境”主要是指知识的“使用情境”。例如，在日常语言中，我们对语言的理解实际上往往就是要理解该语言在特定情境下的使用。“我让她走”这句话，我们只能从情境中获得意义。因此，对知识的理解取决于学习时的使用情境，要使学生达到对知识深刻理解的目标，就要把知识置于真实的、复杂的情境中，通过知识的应用来达到对知识的深层理解，从而使学习能适应不同的问题情境，在实际生活中能有更广泛的迁移。这样，学习迁移就是在新的情境中应用知识，在新条件下对知识进一步学习，对知识深入理解。

三、为促进正迁移而教

通过教学来促进学生学习的正迁移，就必须根据迁移原理来有效地组织教学。

1. 改善心智的功能

根据形式训练说，我们如果能找到改善心智的新的教学材料，就能提高学生的迁移能力。一些学者提出了一种新的教学措施，即通过学习诸如LOGO这样的计算机语言，来促进学生一般认知能力的发展（S. PaPert. Mindstorms：Children，Computers and Powerful Ideas，Basic Books ，New York，1980）。他们认为，当儿童通过发现学习，知道如何用LOGO语言来给计算机下命令时，“他们的智慧能力也就得到了有效的发展”。虽然这项研究并没有取得满意的结果，但仍不失为一个有益的尝试。

2. 传授基本知识

根据共同要素说，应该把教学内容的重点放在基本知识的传授上，把那些具有广泛迁移价值的学习材料作为教学的基本内容，而每一门学科中的基本知识（包括基本概念、基本原理、基本技能等）具有广泛的适应性，其迁移价值较大。同时，在教授基本知识时应配有典型代表性的事例，不能脱离事实材料空谈概念、原理。

3. 有效的指导

根据概括说，教师应有意识地引导学生去寻找不同知识之间的共同要素，培养学生的辨别能力，启发学生对知识进行概括归纳，从而提高学生的迁移能力。

4. 提高迁移的意识性

根据关系说，意识到学习材料之间的关系是迁移的关键。因此，可以运用发现学习的方法，指导学生发现规则和原理，发现各种学习之间的相互关系。同时，为使学生能正确理解知识之间的关系，注意帮助学生形成良好的心理准备状态，防止消极心态促成消极迁移。

5. 合理安排教学内容

根据认知结构的迁移观，在已有的学习基础上形成的知识结构的特征是影响新学习的关键，教学中就要充分利用教学材料中的内在联系。教学内容的组织要注重各种要素之间科学的、合理的逻辑联系，能体现事物的各种内在关系，如上下、并列、交叉等关系，使已有的知识能很好地同化新知识。对缺乏内在联系的教学内容，可以用“先行组织者”（指在学习新材料之前呈现给学生的一种引导性学习材料，它以通俗的语言概括说明将要学习的新材料与认知结构中原有知识的联系，为学生在已有知识和新知识之间架起一座桥梁）策略，使新知识与原有知识建立联系而获得意义。

6. 设计情境教学

根据建构主义的迁移观，迁移即应用，促进迁移的关键就在于发展学生灵活的知识应用能力。为此，教学应使学习在与现实情境相类似的真实情境中发生，着眼于解决生活中的现实问题，通过知识的应用实现知识的迁移。

链接

小鸡觅食实验

格式塔心理学家从理解事物关系的角度对经验类化的迁移理论进行了重新解释，代表人物是苛勒（W. Kohler）。苛勒在1919年所做的“小鸡（幼儿）觅食”实验是支持关系转换说的经典实验。他让小鸡在深、浅不同的两种灰色的纸下面寻找食物。食物总是放在深灰色的纸下面，然后，变换实验情境，保留原来的深灰色纸，用黑色纸取代浅灰色纸。现在的问题是：如果小鸡仍然到深灰色纸下面寻找食物，那就证明迁移是由于相同要素的作用；如果小鸡是到两张纸中颜色更深的那张（即黑色纸）下面寻找食物，那就证明迁移是对关系做出的反应。实验表明，小鸡对新刺激（黑色纸）的反应为70%，对原来的刺激（深灰色纸）的反应是30%；而幼儿在做同样的实验时始终对黑色纸的刺激做出反应。他认为这结果证明，被试把在前一种情境中学会的关系即“食物总是在颜色较深的纸下面”迁移到后一种情境中，从而做出了正确的反应。

资料来源：Kohler W Gestalt Psychology. New York：Liveright，1947

第四节 学习风格

因材施教是古今中外教育家都赞成的教学原则，而这个“材”，过去我们考虑比较多的是学生在智力、性格、兴趣和知识基础等方面的差异。近些年来，心理学家们发现由于学习风格直接影响学习活动，学生在学习风格方面的差异对学习的影响是更为重要的。

一、学习风格的含义

“学习风格”（learning style）这一概念最早是由塞伦（H.Thelen）提出的。时至今日，尽管学者们给出的定义各不相同，但其核心是相同的，即学习风格是指学习者所具有或偏爱的学习方式以及表现出来的相应的学习特征。例如，在获取知识时，有的学生善于通过读（看）来学习，有的则善于通过听来学习；在回答问题时，有的反应快，有的反应慢；在做作业时，有的喜欢安静的环境，有的在嘈杂和喧闹的环境中也能完成。学生在学习时所表现出来的这种习惯性的特征，一般不会随学习环境、学习内容的变化而变化，因而学习风格成了学生个别差异的重要内容之一。

每个教师面对的都不可能是两个发展完全相同的学生，学生都是独特的，他们在各个方面都存在差异。当教师们思考为什么有的学生学得又快又好，而有的则学得又慢又差时，许多教师更愿意从智力因素上去分析，而较少从学习风格这个角度去考虑。实际上，如果我们能对学生的学习风格做出准确的诊断，以此帮助教师调整教学策略，促进教与学的相互适应，就更有利于帮助每个学生充分发挥他们的学习潜能，提高学习效果。

智力相同的两个学生可以在长期的学习过程中逐渐形成不同的学习风格，而学习风格一经形成，就具有持久性和稳定性的特点。它们与智力或能力不同，智力或能力可以有高低、好差之分，而学习风格则无高低、好差之分。任何一种学习风格都有其优势与不足。根据学生在学习风格上的差异进行因材施教，就是要采取相应的教学方法和策略去“扬长”和“补短”，真正做到个别化教学。邓恩（Dunn，1978）发现，当一个学生的学习风格与教师的教学风格及学习环境中的其他因素较好地吻合在一起的时候，这个学生的成绩会更好。我国学者的研究也发现，场独立型的学生更适合于集中识字，而场依存型的学生更适合于分散识字。这一研究很好地解决了我国识字教学中长期争论的是集中好还是分散好的问题。

二、认知风格与学习

认知风格（cognitive style）一般被认为是个体组织和加工信息时所习惯采用的方式。由于认知风格可以用来很好地解释学生在学习活动中所表现的习惯性的个别差异，所以学习风格的研究几乎等同于认知风格的研究。研究最多的是以下五种认知风格的特点以及对学习的影响。

（一）场依存型—场独立型

由威特金（H. Witkin）提出的场依存与场独立是最著名的，它反映了个体在认知过程中倾向性的差异。它们具有以下几个特征。

（1）场依存型—场独立型是认知过程变量而不是认知内容变量。它们指向的是认知过程，而不是认知的内容，也就是说，两者都可以达到对内容的掌握，只是过程不同。

（2）普遍性。场依存型—场独立型认知风格不仅存在于知觉领域，而且存在于记忆、思维、问题解决以及人格领域。在这些领域，相对场独立型的人表现出较大的独立性和较少受暗示性（相对场依存型的人则相反），对于那些需要找出问题的关键成分并重新组织材料的任务，容易完成。在社会行为上，相对场依存型的人喜欢并善于社交，较容易受他人影响，社会工作能力较强，他们是社会定向（social orientation）的；相对场独立型的人较不善于社交，较独立自主，对抽象和理论的东西更感兴趣，他们是非社会定向（nonsocial orientation）的。

（3）稳定性。个体在场依存型—场独立型上往往是稳定的，不因时间而发生太大的变化。为了证明场依存型与场独立型认知风格在学生学业发展中所起的稳定作用，威特金（Witkin，1977）进行了为期十年的追踪研究。他们以某大学的1584名学生（男女各半）为研究对象，在入学时对他们进行个体镶嵌图形测验，以确定每个学生的认知风格，并一直追踪他们进入研究院或专业学院毕业直至工作。结果发现：在大学入学初选中、最后的大学选科中以及在研究院中，相对场独立型的学生往往偏爱需要认知改组技能的、与人无关的学科领域（如各种自然科学），相对场依存型的学生往往倾向于不重视这种技能而重视反映人与人间关系的学科领域（如初等教育）。大学入学选科与认知风格不符合的学生，在大学毕业或进入研究院后，往往会转到与其认知风格比较一致的学科领域学习，而学科符合其认知风格的学生，则往往一直留在原来所选择的学科领域。此外还发现，学生在与他们认知风格一致的学科领域中学习能取得较好的成绩。

（4）中性，即无高低、好坏之分。场依存型—场独立型是一个连续体，这个连续体是两极性的。比如，依存于场的人在社会敏感性和社会技能方面得分高，但在认知改组和人格自主上却表现较低，反之亦然。这个特点使连续体在价值上是中性的，不能说位于某一端就好，位于另一端就不好。每端的特征都对环境的某些方面有适应的价值。

场依存型—场独立型与学习有着密切的关系。研究结果表明：场独立型学习者偏爱自然科学，数学成绩较好，两者呈显著的正相关，他们的学习动机以内在动机为主；而场依存型学习者则偏爱社会性学科，他们的学习更多地依赖外在反馈，对人比对事物更感兴趣。场独立型者善于运用分析的知觉方式，而场依存型者则偏爱非分析的、笼统的或整体的知觉方式。此外，场独立型者更倾向于冲动、冒险，凡事由个人的意志决定，场依存型者则表现得较为谨慎，不愿冒险。场独立型的学生更喜欢独立的学习活动，有自我定义的学习目标，能对内在的强化做出反应，喜欢对自己的学习进行规划和重新构造，他们更愿意发展出他们自己的学习策略；而场依存型的学生倾向于进行小组学习，即频繁地与同伴和教师进行交互作用，他们需要高水平的外在强化指导，需要在他们的学习活动中有明确的目标和结构。

一些研究还分析了教师和学生在场依存或场独立匹配或不匹配的情况下对学习的影响。当教师与学生的认知风格类型完全匹配时，学生的学习适应性（指学习成绩、学习态度、师生关系等）最好；不匹配的学生组，其学习适应性较差；部分匹配组学生的适应性居中。

（二）沉思型—冲动型

由卡根（Kagan）等人提出的沉思型—冲动型认知风格，反映个体信息加工、形成假设和解决问题过程的速度和准确性。沉思型学习者在进行反应前进行深思熟虑的思考，仔细考虑所有的可能性，被称为“认知沉思型”。冲动型学习者在简短地考察各种可能性后迅速地做出决定，因而常常出错，被称为“认知冲动型”。

沉思型学习者往往更易自发地或在外界要求下对自己的答案及理由做出解释，而冲动型学习者则不易自发地做出解释，即使在外界要求下必须做出解释时，往往也是不周全、不合逻辑的。这是因为沉思者不急于作答，而是对问题中的各要素及其相互关系做出深入思考后才会给出答案，他们对解题过程、环节及其依据较为清晰；而冲动者急于作答，对题中各要素及其相互关系把握不深、不全，往往以直觉式的、顿悟式的方式在脑中冒出一个答案，缺乏严密的推理和论证过程，因此，他们难以对答案做出较为合理的解释。

研究表明，如果问题有一定难度，沉思型认知风格有助于问题的解决，而冲动型认知风格则会掩盖学习者解决问题的实际能力，使它们不能很好地发挥出来。当然，如果问题难度很小，无须多加思考就能予以解决，沉思型学习者也能快速地做出反应，这时，两种风格类型的差异就不那么明显了。

根据冲动型学习者的学习特点，在感知、记忆、思维、解决问题时，需要教师安排充裕的时间，并随时提醒他们作仔细、深入、严密、全面的逻辑分析，鼓励他们注重答案的准确性，而非作答速度。而对沉思型学习者，则应鼓励快速思维，长此以往，将使他们获益匪浅。

（三）齐平化型—尖锐化型

豪斯迈和加德纳（Holzman & Gardner）首先用齐平化—尖锐化来描述在将信息“吸收”到记忆中时个体表现出的差异。

具有齐平化风格的个体倾向于将相似的记忆内容混淆起来，倾向于将知觉到的对象，或从先前的经验中得出的相似事件联合起来，记忆对象中的差异往往被丢失，或被弄得模糊不清，难以精确回忆。与此相对，具有尖锐化风格的个体倾向于不易混淆记忆中相似的事件，甚至可能夸大相似记忆内容之间的较小差异，能觉察出新旧信息的细微不同和变化，从而能精确地回忆。齐平化—尖锐化的风格特性来自观察，它们在个人身上具有一致性。

齐平化与尖锐化两种记忆倾向，反映了学习者精细地或模糊地记忆并保持所接触的信息的能力。记忆能力较强的人，即尖锐化者，最初对新旧学习材料进行了精细分化，并用合理的方式进行了识记，他们比记忆能力弱的人更易检索已学材料并使自己更有自信。而记忆能力弱的人，即齐平化者，不能对新旧材料精确分化，只对材料进行笼统地记忆。学生在学校获得成绩的好坏，与能否精确地记忆有紧密的关系。

豪斯迈和加德纳的研究表明，在完成对原有信息做出回忆等任务时，尖锐化者优于齐平化者，因为前者能清晰地把握事物间的细微差别，而后者则缩小新旧信息之间的差别，并倾向于将新的信息同化于原有经验之中。尖锐化者能较好地回忆新旧学习材料，而齐平化者则将新旧东西不加严格区分地混杂在一起，使新旧知识的可分离程度低于可利用阈限，从而无法回忆出来。还有人将齐平化和尖锐化看作一种个体发展现象。他发现齐平化较多的是年幼学生的特征，而尖锐化较多的是年长学生的特征。这意味着那些仍带有齐平化特征的年长学生，其记忆力可能没有得到有效地发展，应通过有效的训练加以改进。

（四）整体型—序列型

由帕斯克（Pask）提出的整体型—序列型认知风格，反映了个体在知觉功能上的差异，与个性有重叠。

帕斯克发现，当向学生提供自由学习情境时，序列型学生努力探索具体明确的材料，倾向于考察较少的材料，利用逐步的方法来证实或否定他们的假设；整体型的学生倾向于去检验较大的特征或假设，喜欢搜集大量的材料，努力探索某种方式和关系。序列型学习者在学习、记忆和概括一组信息方面，常根据简单的关系将信息联系起来，即信息之间呈现的是低序列的关系，因为序列型学习者习惯于吸收冗长的序列型的数据，不能容忍不相关的信息；而整体型学习者的表现与此相反，学习、记忆和概括时将信息作为一个整体对待，他们倾向于把握“高层次的关系”。

采取整体型风格的学生在从事学习任务时，往往倾向于对整个问题将涉及的各个子问题的层次结构，以及自己将来采取的方式进行预测，而且，他们的视野比较宽，能把一系列子问题组合起来，而不是一碰到问题就立即着手一步一步地解决。采取序列型风格的学生，一般把重点放在解决一系列子问题上。他们在把这些子问题联系在一起时，十分注重其逻辑顺序。由于他们通常都按顺序一步一步地前进，所以，只是在学习过程快结束时，才对所学的内容形成一种比较完整的看法。如果他们要使用类比或图解等方法，也是比较谨慎的。

帕斯克发现，这两组学生在学习任务结束时，都能达到同样的理解水平，尽管他们达到这种理解水平时所采取的方式是完全不同的。

对于教育工作者来说，帕斯克各项实验中最重要的一项，也许是他对学习材料与学生习惯采取的风格匹配与否的实验。帕斯克先根据前面实验的结果，确定哪些学生倾向于采取整体型风格，哪些学生倾向于采取序列型风格。接着，他要求所有学生学习一组程序学习的材料，然后进行测验，以检验他们学到了多少内容。这组学习材料有两个版本，一个版本旨在适合于采取整体型风格的学生，材料中有许多类推和图解；另一个版本是按逻辑顺序一步一步地呈现内容，不穿插任何其他类比或说明材料，以适合于采取序列型风格的学生。帕斯克把采取整体型风格的学生分成两组，一组学习第一个版本（在匹配条件下学习）；另一组学习第二个版本（在不匹配条件下学习）。同样，习惯采用序列型风格的学生也被分为两组，一组学习第一个版本（在不匹配条件下学习）；另一组学习第二个版本（在匹配条件下学习）。实验结果发现，在匹配条件下学习的学生，都能够回答有关他们学习过的内容的绝大多数问题；而在不匹配条件下学习的学生一般都不及格。

这一研究对于教学实践具有重要意义，因为它表明：教师需要为学生提供一种适合学生自己偏好的学习方式来学习的机会。如果教师采取某种比较极端的教学方法（也许这种方法本身反映了教师自己习惯采取的风格），那么，必然会有一些学生感到这种教学方法与自己学习风格相距甚远，从而影响这些学生的学习。但这并不是说教师没有一种途径可以促进所有学生的学习。在帕斯克看来，在教学前先要给学生提供一定的信息，使这些信息与学生已有的认知结构相互作用，以激发学生对学习意义的理解。

（五）聚合型—发散型

由吉尔福特（Guilford）提出的聚合型—发散型认知风格，是其智力模型的一部分。

这种认知风格最初是用来区分两类

人：一类是在处理具有常规答案的问题时表现出较强的能力，答案可以从给定的条件中推导出来；另一类人在处理具有不同答案的可能性问题时表现出高度的熟练性。聚合思维者在智力测验中的表现要比在开放式测验中（open-ended）好，而发散思维者恰好相反。换一种说法，前一类思维者不擅长辨别没有进行明确区分的信息。和其他的认知风格相对照，聚合发散型的思维和心理活动的其他侧面相重合。赫德森（Hudson）发现，发散思维者更具有冲动性、广阔性，热情、兴趣较广，可靠性差，女人气质明显，想象力丰富。聚合思维者则倾向于谨慎、情绪冷淡，兴趣不广，可靠性强，想象力不够丰富，男人气质明显。发散型思维者的兴趣超出课程内容，他们喜欢阅读了解流行的事物和艺术；而聚合型的思维者则对汽车、广播、模型制造、爬山野营和自然有兴趣。

赫德森发现，大多数聚合型思维者喜欢选择自然科学尤其是物理作为自己的专业或职业；而发散型思维者喜欢选择人文科学尤其是现代文学、现代语言作为自己的专业或职业。他认为，学生表现出来的这种兴趣以及与之相联系的认知能力，与他们接受的早期教育有关。聚合型思维者做出的反应，可能与他们小时候接受家长的指令太多，情绪上受过压抑有关。

链接

转屋测验

在第二次世界大战时，飞行员由于在云雾中机身翻滚而失去方位感，经常造成飞机失事。为了减少这类事故的发生，在飞行员的选拔和培训时，如何测试应征者对空间方位的知觉判断能力就成为需要探讨的问题。威特金就设计了一个转屋（RRT）测验对个体的知觉过程进行系统研究。

在实验中，被试坐在一个可调整倾斜度的房间中，椅子可以通过转动把手与房间同向或逆向倾斜，这样就构成类似飞机在空中翻滚的情境。主试要求被试做出上下方位的判断，并说出其身体与标准垂直线的角度。结果发现，有些被试在离垂直线差35度的情况下，仍坚持认为自己是完全坐直的；而有些被试则能在椅子与倾斜的房间看上去角度明显不正的情况下，仍能使椅子非常接近于垂直状态。

威特金用认知风格的差异解释了这一实验结果。他认为，有些人知觉时较多地受他所得到的外部信息的影响，有些人则较多地受来自身体内部的线索的影响。他把受环境因素影响大者称为场依存型，把不受环境因素影响者称为场独立型。场依存型是“外部定向者”，场独立型是“内部定向者”。

资料来源：莫雷等．现代心理学．广州：暨南大学出版社，2006，147

本章复习与摘要

1. 学习是指学习者因经验而引起的行为、能力和心理倾向的比较持久的变化。可以依据学习内容、学习方式和学习结果对学习进行不同的分类。行为主义认为学习是可观察行为的获得，代表性的观点有斯金纳和班杜拉的学习观。认知主义强调学习是获得知识、形成认知结构的过程，代表性的观点有布鲁纳、奥苏伯尔和加涅的学习观。建构主义认为学习是学习者主动建构知识的意义的过程，其知识观、学生观和教师观是认知主义的学习理论在当代的最新发展。

2. 学习策略是指学习者为了提高学习的效果和效率，用以调节个人学习行为和认知活动的一种抽象的、一般的方法。目前学习策略的分类主要有单瑟洛的二分法、迈克卡的三分法和温斯坦的四分法。

3. 根据作用于信息加工过程的不同阶段，理解和保持知识的认知策略主要包括复述策略、精制策略和组织策略。元认知由三个成分所组成，即元认知知识、元认知体验和元认知监控。元认知能力的核心是自我监控，指学生对其所从事的学习活动进行自我调节与控制的能力。

4. 学习迁移是一种学习对另一种学习的影响。这种影响可以是积极的或消极的；可以是顺向的或逆向的；可以是横向的或纵向的；可以是一般的或特殊的。对迁移现象的解释，早期有形式训练说、共同要素说、概括说和关系说。当代以心理学为基础的迁移观有奥苏伯尔的认知结构说和建构主义的理论，前者强调认知结构变量的作用，后者认为是认知结构在新条件下的重新建构。

5. 学习风格是指学习者所具有或偏爱的学习方式以及表现出来的相应的学习特征。研究最多的是场依存型—场独立型、沉思型—冲动型、齐平化型—尖锐化型、整体型—序列型、聚合型—发散型这五种认知风格的特点以及与学习的关系。

第四章 智力与创造力

克里斯·伯克患有唐氏综合征。在他刚出生时，医生就预言他不会跟正常孩子一样，并建议其父母尽快把孩子送到专门机构接受训练。克里斯的父母没有采纳医生的建议，而是像抚养其他孩子一样抚养克里斯。这一决定改变了克里斯的人生，而且他后来对社会做出了巨大的贡献。现在他经常代表有发展性障碍的人群发言，与人合作写书，频繁出现在各种电视节目上。

维诺是大家眼中公认的具有天赋的孩子。维诺在5岁时就阅读了大约100本图书，在7岁时就掌握了七年级的数学知识，8岁时就开始了大学代数课程的学习，13岁时参加了美国大学入学考试（即“学业评估测验”，SAT），在该次考试中维诺的数学和口语都得了800分的高分，他用成绩证明了自己的天赋。

这是两个完全不同的人，他们的智力基础和条件完全不同。但是，从根本上说，克里斯和维诺都具有人类的共同特点，因此，可以认为智力的后天发展使他们变得更加相似而不是更为不同。

对人类智力和创造力的研究由来已久，它们一直是心理学家倍感兴趣的领域。培养学生的智力和创造力，也是我们重要的教育目标。

第一节　智力与创造力概述

一、智力概述

（一）智力的含义

在心理学中，智力（intelligence）是一个既非常重要、又存在颇多争议的概念。在20世纪初期，心理学家大都认为，智力由思维、推理和问题解决能力构成，这些内容大体上就是传统智力测验所反映的东西。但是自20世纪70年代以来，越来越多的研究表明，传统的智力概念只涉及了智力的极小部分，由智力测验所获得的智商几乎不能决定一个人事业是否成功、生活是否圆满。因此，有人甚至认为，智力概念是没有价值的。但更多的心理学家认为，我们应当重新认识智力的内涵，它包含着一些意义更为广泛的认知和理解能力。传统智力测验所反映的结果只是一个人复杂智力结构中的一小部分，也是非常不重要的一部分，美国心理学家斯腾伯格将其称为“呆滞的智力”（inert intelligence）。“呆滞”（inert）在这里的意思是“不能移动和活动，不能对其他事物做出反应”。虽然“呆滞的智力”可以反映个体学业方面的潜质，但它不能导致个体以目标为导向而采取相应的行动。高智商者，可能取得出色的学习成绩，可以对书本中的知识倒背如流，也会用这些知识进行推理分析，但却不一定知道如何运用这些知识，如何给别人和自己一点新意。现在，尽管究竟什么是智力尚缺乏一个确定而统一的定义，但总的趋势是把智力的含义加以扩大，比如，著名心理学家斯腾伯格就把智力定义为“是分析性能力、创造性能力和实践性能力之间所达成的一种平衡”。另一位著名心理学家加德纳（Howard Gardner）则认为智力“是解决问题或制造产品的能力，这些能力对于特定文化和社会环境是很有价值的”。近年来有关智力的其他定义还有：“智力包括有目的地适应环境和改造环境的能力。”“智力是认识关系，以及运用这些关系解决问题的能力。”

由此可见，智力具有多种属性，可以从不同角度或方面予以界定。但我们认为，智力在本质上仍然是一种认知能力，而不是兴趣、爱好、动机等非认知领域的心理特性，不能任意扩大智力的内涵和外延。大多数心理学家仍然把智力看成是人的一种一般性综合认知能力，即认知活动中最一般、最基本的能力，包括抽象推理能力、学习能力、适应能力等。

（二）主要智力理论

在心理学中，对智力的看法有一个不断深化和扩展的过程。早期的智力理论偏重于语言、数理逻辑等方面，现在的智力理论则扩大了智力的内涵，像生活中为人处世的能力也被认为是智力的一部分。下面选择几种在不同阶段具有代表性的智力理论加以介绍。

1. 智力因素说

（1）二因素论。二因素论由英国心理学家斯皮尔曼（Charles Spearman，1863—1945）于1904年提出。斯皮尔曼认为，人的智力由一般因素（G因素）和特殊因素（S因素）构成，个体完成任何一种作业都需要这两种因素的参与。每个人的一般因素和特殊因素都不相同，即使具有同样一种特殊因素，在程度上也会有差异。一般因素和特殊因素互相联系，其中，一般因素是智力结构的关键和基础。

（2）群因素论。群因素论由美国心理学家瑟斯顿（Louis Thurston）于1938年提出。他认为智力的核心不是单一的G因素，而是由言语理解能力、言语流畅性、归纳推理能力、空间知觉、计算能力、记忆能力和知觉速度等七种因素构成，这七种因素称为七种基本心理能力，这些基本心理能力的不同搭配，便构成每个个体独特的智力结构（能力群）。

（3）多元智力理论。多元智力理论是美国心理学家加德纳提出的一种智力理论。他认为，智力是在特定的文化背景下或社会中，解决问题或制造产品的能力。人的智力结构中存在着七种相对独立的能力：

①语言智力：包括说话、阅读、书写的能力。作家、演说家是语言智力高的人。

②数理智力：包括数字运算与逻辑思考的能力。数学家的数理智力很高。

③空间智力：包括认识环境、辨别方向的能力。画家、雕塑家、建筑师大多空间智力发达。

④音乐智力：包括感知并创造音调和旋律的能力。加德纳认为这种能力多是天赋。

⑤运动智力：包括支配肢体以完成精密作业的能力。出色的舞蹈家、运动员、外科医生的运动能力特别强。

⑥人际智力：包括与人交往且和睦相处的能力。推销员、教师、心理咨询医生、政治家的人际智力很高。

⑦自知智力：包括认识自己并选择自己生活方向的能力。

加德纳的多元智力理论一经提出，就对教育实践产生了重大影响。他不仅认为智力是多元化的，而且还指出，每个人在不同领域的智力发展水平是不同步的，而现实生活中人们可以根据自己的智力结构将各种智力有机地结合在一起从事工作。加德纳认为，学校教育的宗旨应该是开发多种智能并帮助学生发现适合其智能特点的职业和业余爱好。这对于我们承认人的各种智力并发现和培养人的各种智力都有着积极的意义。

2. 智力结构说——三维智力结构理论

三维智力结构理论由美国心理学家吉尔福特（J. P. Guilford）于1977年提出。他认为，智力结构应从操作、产物和内容三个维度来考虑。

智力的第一个维度是操作，即心理活动或过程。操作分为五种：认知、记忆、发散思维、集中思维（聚合思维）和评价。智力的第二个维度是内容，即活动对象和信息材料的类型。内容有五种：视觉、听觉、符号、语义和行为。智力的第三个维度是产物，即运用上述智力操作所得的结果。这些结果可以按单位计算，可以分类处理，也可以表现为关系、转换、系统和应用。见图4–1。

吉尔福特的三维智力结构理论对智力结构提出了一种动态的看法，同时考虑信息加工的内容、操作和产物，有助于智力测验研究工作的深入。

3. 信息加工说——三元智力理论

在多元智力理论中，各种不同形式的智力是相互独立的，而美国耶鲁大学的心理学家斯腾伯格所提出的三元智力理论却关注于将各种智力成分组合起来。按三元智力理论的设想，个体之所以有智力高低的差异，是因为在面对刺激情境时个人信息处理的方式不同。斯腾伯格认为，一个适当的智力理论应该考虑智力与内在世界、外在世界以及人的经验的关系。由此，他提出人的智力是由三部分控制的理论，即组合性智力、经验性智力和情境性智力。

组合性智力是指个体在问题情境中，运用知识分析资料、通过思考、判断、推理达到问题解决的能力。经验性智力是指个体运用既有经验处理新问题时，整合不同观念而形成的顿悟或创造力的能力。情境性智力是指个体在日常生活

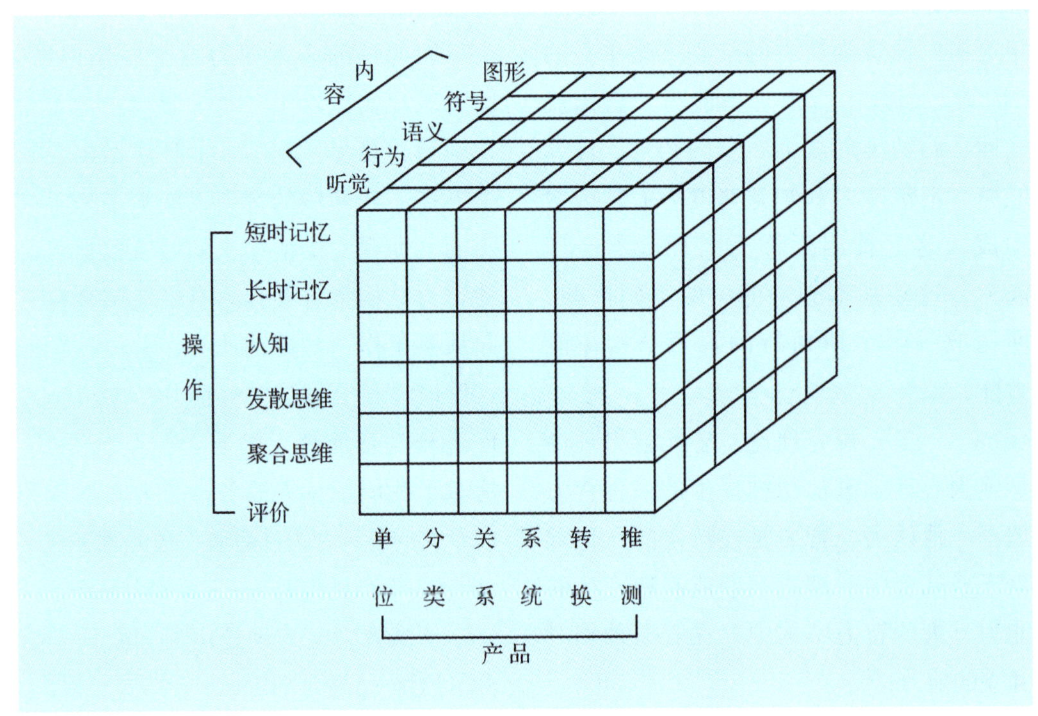

▲ 4–1 吉尔福特的智力三维结构模型

中，运用学得的知识经验处理日常事务的能力。

三元智力理论对智力提出了新的解释，并系统地探讨了内部心理过程如何与文化因素及外部环境相互作用而产生有效的智力。但三元理论没有对三者相互作用的过程和结构进行详细的阐述，这是它的不足之处。

（三）智力测验

智力测验是在一定的智力理论和测量理论指导下，通过测验的方法来衡量人的智力水平高低的一种科学方法。需要说明的是，现行的智力测验所依据的理论基础仍然主要是传统的智力因素理论，它偏重于个体的语言能力、数理逻辑能力和空间关系等方面，其结果一般反映的是人的分析能力，或者说只是一种和学业成就有关的智力，对此我们必须加以注意。

1. 个体智力测验

（1）斯坦福—比纳量表

世界上第一个智力测验量表是比纳（A. Binet）和西蒙（T. Simon）于1905年编制的，其最初目的是为了鉴别低能儿，该量表被称为比纳—西蒙量表。1916年美国斯坦福大学推孟（L. M. Terman）发表了经过修订的比纳—西蒙量表，并将其称为斯坦福—比纳量表。该量表在1937年、1960年和1972进行过多次修订，同时也被英、德、日、意等国的心理学家翻译成本国文字，并结合自己的国情加以修订。我国学者也曾对该量表进行过多次修订，使之适合于中国人的使用。1982年由吴天敏修订的《中国比纳测验》共51题，适用于2~18岁人群。

智力测验的结果最初是用智力年龄或心理年龄来表示的，即儿童最高能通过几岁组的项目就表示他的智力年龄是几岁。为了便于不同年龄儿童智力的比较，有学者提出了心理商数的概念，这一概念被推孟使用并改称智商（Intelligence Quotient，简称IQ）。斯坦福—比纳智力测验中的智商是智力年龄与实足年龄之比，也称比率智商，计算公式为：

IQ（智商）=MA（智力年龄）/CA（实足年龄）× 100（乘100是为了消除小数）

IQ作为智力年龄与实足年龄的比值，当其值为100的时候，就表示一个人的智力处于中等水平。智商120以上表明优秀。

（2）韦克斯勒量表

韦克斯勒（D. Wechsler）智力量表分为三种：韦氏成人智力量表（WAIS），评定16岁以上成人的智力；韦氏儿童智力量表（WISC），评定6 ~ 16岁儿童的智力；韦氏学前儿童智力量表（WPPSI），用以评定4 ~ 6岁半儿童的智力。

韦氏智力量表的重要特点是，它废除了智力年龄的概念，保留了智商的概念。但在韦氏量表中的智商已经不是传统意义上的那种比率智商了，而是离差智商。离差智商以智力的正态分布曲线为基础，将人们的智商看作平均数为100、标准差为15的正态分布，它表明被试的分数相对地处于同年龄标准化样组的均数之上或之下有多远，即以离差大小表明智力高低，离差大、且为正数者智商高，离差小、且为负数者智商低。其计算公式为：

离差智商=100+15Z

其中Z=（X $-\overline{X}$）/SD

公式中的Z代表标准分，X代表被试测验得分，X代表团体的平均分数，SD代表团体分数的标准差。

离差智商克服了比率智商的不足，即不会再由于一个人的智力年龄和实足年龄的不同步增长，而出现年龄越大智商越低的现象。

目前，斯坦福—比纳量表与韦克斯勒量表都是成熟的、且影响很大的量表。不过两者都属于个别测验，个别测验费时较多，不适合于大规模的测试，所以后来又编制出团体智力测验。

2. 常用的团体智力测验

（1）美国陆军测验。第一次世界大战期间，美国心理学会主席耶基斯和桑代克、推孟等许多著名心理学家提出用测验召募和选拔士兵。但面对短时间内动员数百万兵员的任务，采用个别施测的智力测验显然无法完成任务。于是在推孟的学生奥蒂斯（A. S. Otis）编制的团体智力测验的基础上，产生了陆军甲种测验，后来又针对不识英文的或有阅读障碍的人编写了陆军乙种测验。从1917年9月到1919年1月，受测者总数达170多万人。

陆军甲种测验由8个分测验组成，包括指使测验（照令行事测验）、算术测验、常识测验、异同测验（区别同义词和反义词）、字句重组测验、填数测验、类比推理测验和理解测验。陆军乙种测验属于非文字测验，它由7个分测验组成，包括迷津、立方体分析、补足数列、译码、数字校对、图画补缺和几何形分析。

（2）瑞文推理测验。瑞文推理测验是由英国心理学家瑞文（C. Raven）编制的一种团体智力测验，它是非文字型的图形测验，题目由两种形式组成。一种题目形式是从一个完整图形中挖掉一块，另一种是在一个图形矩阵中缺少一个图形，要求被试从提供的几个备选答案中，选择出一个能够完成图形或符合一定结构排列规律的图案。

瑞文测验的优点在于测验对象不受文化、种族与语言等条件的限制，适用的年龄范围也很宽，从5岁半直至老年，而且不排除一些生理缺陷者。测验既可单独进行，又可团体实施，使用方便，省时省力，结果以百分等级常模解释，直观易懂，因而该测验在世界各国广泛使用。瑞文标准推理测验中国城市版的修订工作是由我国心理学家张厚粲在1985年主持进行的。

除上述测验外，在美国，还有两个应用非常广泛的团体测验，一个是1994年版的学业能力测验（SAT），另一个是1989年版的美国院校测验（ACT），它们都是针对大年龄学生的。美国的大多数高等教育机构都要求其申请者通过一个或另一个测验，以此作为不同学校之间的测验标准。在我国，由上海教育科学研究院编制的《学生团体智力测验》适用于小学三年级至初二的儿童，在实践中也有着较广泛的应用。

二、创造力概述

（一）创造力的本质

1. 什么是创造力

创造力（creativity）是根据一定的目的和任务，产生出某种新颖、独特、具有社会或个人价值的产品的能力，创造性思维是其核心和基础。这一定义主要是根据结果来界定创造力的，其判断标准有两个：一是产品必须新颖或独特，要么相对于历史而言是前所未有的，要么相对于他人而言是别出心裁的。二是产品要么具有社会价值，要么具有个人价值。“有社会价值”是指对人类、国家和社会的进步具有意义，如科学家发现新的定律、作家创作一部新作品、工程师发明一种新工艺等。“有个人价值”是指对个体的发展具有意义。例如，学生发现一种独特的解题方法，也许不具有多少社会价值，但却是具有个人价值的。创造力不是天才和伟人所独有，不是“全有”或“全无”的品质，而是所有人都共同具有的一种能力品质，只不过在层次和程度上不同而已。画家创作一幅伟大的作品无疑是创造，小孩子涂鸦也有创造的成分。

2. 创造力与发散思维

发散思维这个概念是武德沃斯1918年提出来的，后来被吉尔福特纳入智力三维结构中，并被视为创造力的核心成分。长久以来，发散思维被认为是创造性思维的核心，有的人甚至将二者等同。实际上，发散思维只是创造性思维的一个组成部分。西方一些研究报告表明，发散思维的分数不能展现创造力的真实面目，至少聚合思维对创造力同样重要。能够写出很多“砖的用途”的学生可能在现实生活中不能解决一个具体的问题。他可能有很多稀奇古怪的设想，却不能有效地选择、评价和综合，不能很好地把设想与现实情境相联系。

3. 一般创造力与应用创造力

究竟有没有一种超越领域的一般创造力存在？如果有，那么一般创造力高的人应该在各个具体领域（如科技、艺术、言语等）也表现出高创造力。但事实并非如此。一般创造力并不对各个领域的创造力具有决定作用。一个经过测试被定为具有高创造力的人可能在具体工作中表现平庸。虽然有的高创造力者可以在几个领域都做出创造性贡献，但他也不可能在所有领域的创造力都高。那么一般创造力到底能决定哪些领域的创造力呢？这个问题如果得不到解决，一般创造力的存在便没有意义。

于是，有人提出了创造力的特殊任务观。这种观点认为创造力只有与具体任务相联系才具有实际意义，一般创造力是没有多大价值的，甚至可能是不存在的。一些学者提出了应用创造力的概念。所谓应用创造力是和一般创造力相对而言的，指创造力在各个方面的实际应用，如科学技术、言语理解、音乐感受、书法绘画等。

（二）创造力的结构及创造过程

1. 创造力的结构

美国心理学家艾曼贝尔（T.Amabile）认为个体的创造力包括三个成分：有关领域的技能、有关创造性的技能和工作动机，具体如图4–2所示。

吉尔福特把创造力分解为六个成分：①敏感性（sensitivity），即容易发现新事物，接受新问题；②流畅性（fluency），即思维敏捷，反应迅速，对特定的问题情境能顺利产生多种反应或提出多种答案；③灵活性（flexibility），即具有较强的应变能力和适应性，能及时改变方向和进行自由联想；④独创性（originality），即产生新的非凡思想的能力；⑤再定义性（redefinition），即善于发现特定事物的多种使用方法；⑥洞察性（penetration），即能够通过事物的表面现象，认清其内在含义、特性或多样性，能进行意义的变换。

2. 创造过程

关于创造过程的研究，主要来自对科学家、艺术家创作时思维活动过程的分析，以及对他们的日记、传记的研究。在这一研究中，英国心理学家华莱士（G.Wallas，1926）的四阶段论最具有代表性。他认为无论科学发明或艺术创造，大体都经历以下四个阶段。

① 准备阶段。在这个阶段，创造主体围绕所要解决的问题，积累有关知识经验，搜集有关资料，以及前人对同类问题的研究成果，在此基础上，形成自己的知识，了解问题的性质，抓住问题的关键，同时开始尝试和寻找初步的解决办法。

1 有关领域的技能	2 有关创造性技能	3 工作动机
包括: ①关于领域的知识 ②所需的专门技能 ③有关领域的特殊“天赋” 依赖: ①先天的认知能力 ②先天的理解和运动技能 ③正式和非正式的教育	包括: ①适当的认知风格 ②意识中或潜意识中诱发产生新颖观念的知识 ③有效的工作方式 依赖: ①训练 ②观念产生的经验 ③个性特征	包括: ①工作态度 ②对自己所能接受的工作的理解 依赖: ①对工作的内部动机初始水平 ②社会环境中明显外部压力的存在和缺乏 ③个体在认知上将外部压力降至最低限度的能力

▲ 图 4–2　创造力的成分

②酝酿阶段。在积累一定的知识经验的基础上，人们对问题和资料开始进行深入探索和思考。在思考过程中，如果思路阻塞，可将问题暂时搁置，这时人的思路似乎中断，主体并没有做什么有意识的工作，但实际上仍在潜意识中继续进行思考，因此，这一阶段的最大特点是潜意识的参与。

③豁朗阶段。它是新思想、新观念、新形象产生的时期。这一时期具有豁然开朗、突然出现的特点，所以又叫灵感期、顿悟期。创造主体突然间被特定情境下的某一特定启发唤醒，以前的困扰顿时化解，问题顺利解决。这一阶段伴随强烈的情绪体验，给创造主体极大的快感。灵感有时产生在其他活动中，甚至产生在半睡眠的模糊状态下。例如，阿基米德发现浮力定律的时机，就是坐在澡盆里，看到水溢出澡盆的那一刹那。

④验证阶段。这是对新思想或新观念进行验证、补充和修正使其趋于完善的时期。可以采取逻辑推理的方式验证，也可以通过实验或活动进行验证。如果解决方法被验证是正确的，问题便解决了；如果经不起验证，则上述过程必须全部或部分重新进行。

（三）创造力测验

迄今为止，创造力测验大多以发散思维为指标，从流畅性、变通性、独特性等几方面评分。著名的测验有：建立于吉尔福特三维智力模型理论基础上的南加利福尼亚大学发散思维测验；托兰斯创造性思维测验；盖策尔斯和杰克森编制的芝加哥大学创造力测验等。

1. 南加利福尼亚大学测验

吉尔福特认为发散思维是创造力的核心，于是编制了一套以测量发散思维为主的创造力测验。该测验为初中水平以上的被试设计，包括10个言语测验和4个非言语测验，从流畅性、变通性和独特性三方面记分。以后在此基础上又编制了一套相似的儿童创造力测验，包括5个言语分测验和5个图形分测验。下面我们介绍一下南加利福尼亚大学测验的14个分测验。

言语测验包括：

①字词流畅：迅速列举包含一个指定字母的单词，如包含“o”的单词。

②观念流畅：迅速列举某一种类的事物名称，如“能燃烧的液体”——汽油、煤油、酒精……

③联想流畅：迅速列举某个词的近义词。

④表达流畅：写出每个字均以指定字母开头的四词句，如“K—U—Y—I”——Keep up your interest……

⑤多种用途：列举一个物体各种不寻常的用途。

⑥解释比喻：给出包含比喻的一些不完整句子，要求用不同方式完成，如“一个女人的美丽就像秋天，它……”

⑦效用测验：尽可能多地列举事物的用途。

⑧故事命题：对一篇小故事进行多种命题。

⑨推断结果：列举某一假设事件发生后的各种可能后果，如“假如人们不再需要睡眠，会出现什么情况”。

⑩职业象征：给出一个符号或物体，要求尽量列举出与之相关或所象征的职业，如“灯泡”——电气工程师、灯泡制造商……

图形测验包括：

① 作图：给定一组图形，要求用这组图形画出各种实物，各图形的运用次数不限，如图4–3所示。

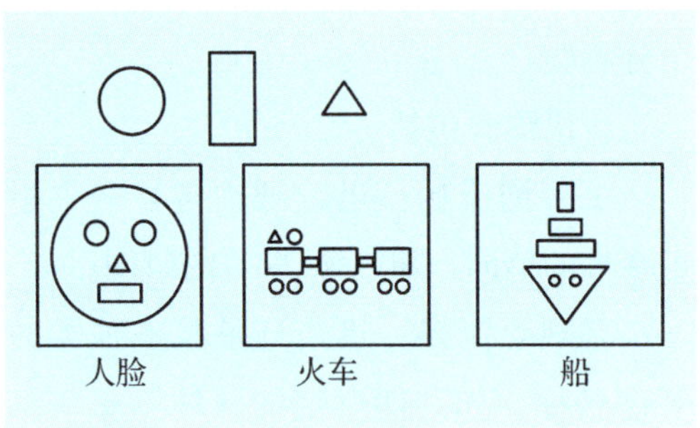

▲ 图 4–3　作图问题：用所给图形拼成实物

②略图：把一简单问题复杂化，组成尽可能多的可辨认物体的略图。

③火柴问题：移动指定数量的火柴棍，使剩下的图形达到指定的要求。

④装饰：以尽可能多的不同设计装饰一般物体的轮廓图。

2. 托兰斯创造性思维测验

该测验由美国心理学家托兰斯在1966年编制，是目前影响最大、应用最广泛的创造力测验，从幼儿园到研究生院都适用。测验由言语创造思维测验、图画创造思维测验、声音和象声词的创造思维测验三套构成，共12个分测验。

言语测验从流畅性、变通性和独特性三方面记分，包含7个分测验。前3个分测验是根据一张图画（画中有一个小精灵正在看溪水里他的影子）推演而来。7个分测验分别是：①提问题：列出由图画内容所想到的一切问题；②猜原因：列出图画事件的各种可能原因；③猜后果：列出图画事件的各种可能后果；④产品改造：对一个玩具图形列出所有可能的改造方法；⑤非常用途：列出一件普通物品的非寻常用途；⑥非常问题：对同一物体提出尽可能多的不同寻常的问题；⑦推断测验：推断一种不可能发生的事情一旦发生会出现什么结果。

图画测验从流畅性、变通性、独特性和精致性四方面记分，包含3个分测验，都是呈现未完成的或抽象的图案，要求被试完成，使其具有一定意义。3个分测验分别是：①图画构造：呈现一个蛋形彩图，让被试以此为基础构造富有想象的图画；②未完成图画：向被试提供10个简单线条勾出的抽象图形，让他们完成这些图形并加以命名，如图4–4所示；③圆圈（或平行线）测验：包括30个

▲ 图 4–4　托兰斯完成图画测验

圆或30对平行线，要求被试尽可能多地画出不同的图。

声音测验只从独特性方面记分，包含2个分测验，分别是：①音响想象：采用4个被试熟悉和不熟悉的音响系列，各呈现三次，让被试写出所联想到的物体或活动；②象声词联想：用10个模仿自然声响的象声词各呈现三次，要求被试写出所联想到的事物。

3. 芝加哥大学创造力测验

该测验是由美国芝加哥大学的心理学家盖策尔斯和杰克森（J.W.Getzels & P. W. Jackson）根据吉尔福特的理论，在20世纪60年代初编制的，适用于小学高年级至高中阶段的学生。该测验包含5个分测验：

①词语联想：要求被试对“螺丝”“口袋”一类普通词汇尽可能多地下定义。

②物体用途：要求被试对“砖块”一类的普通物品说出尽可能多的不同用途。

③隐蔽图形：从复杂图形中找出隐蔽在其中的一个给定的简单图形。

④完成寓言：呈现几个没有结尾的短寓言，要求被试给每个寓言续上3种不同的结尾——“道德的”“幽默的”和“悲伤的”。

⑤组成问题：呈现几段复杂的短文，内容是关于买房子、建游泳池等有关数学的问题，要求被试根据所给的材料，尽可能多地组成从文中能找到答案的数学问题。

测验对上述结果从反应数量、新奇性和多样性（对应于吉尔福特提出的流畅性、独特性和变通性）三方面记分。

链接

人的智商越来越高

在各个国家的研究中，智力测验成绩一直都是上升的，下图是用韦氏智力量表和斯坦福—比纳智力量表在1918~1989年间对美国人测试的结果。在英国，测验分数从1942年开始已上升了27分。

这种普遍存在的现象被称为弗林效应（Flynn effect），用以纪念新西兰研究者詹姆斯•弗林，他第一次计算出了该效应的大小。

资料来源：［美］戴维•迈尔斯著．黄希庭等译．心理学精要．北京：人民邮电出版社，2009，269

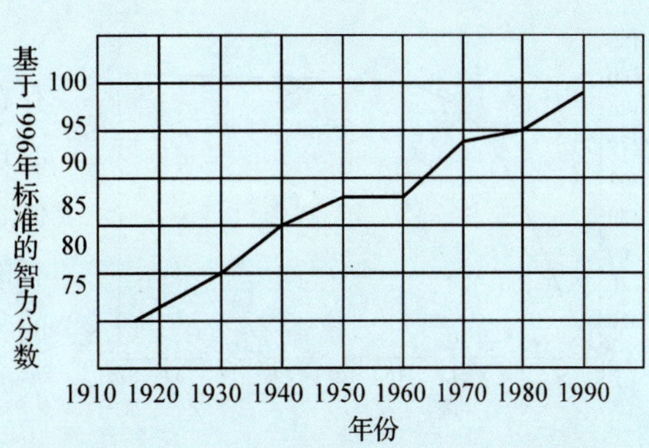

▲ 图 4–5　美国人智力分数变化图

第二节　智力的发展与培养

一、智力的发展与差异

（一）智力发展的特征

智力水平随着个体年龄的增长而发生变化。一般来说，智力的发展可以分为三个阶段：增长阶段、稳定阶段和衰退阶段。

从出生到15岁左右，智力水平随年龄的增长而直线上升，一般到18~25岁之间，智力的发展达到高峰。个体从出生到四五岁，是智力增长最快的阶段。瑞士心理学家皮亚杰（J. Piaget）认为，从出生到4岁，是人类智力发展的决定性时期。如果把17岁所达到的普通水平看作100%，那么从出生到4岁就获得了50%的智力，4~8岁就可获得30%，最后的20%智力则在8~17岁时获得。

在成人期，智力发展进入一个较长时间的稳定阶段，可以持续到60岁左右。进入60岁以后，智力的发展进入衰退阶段。

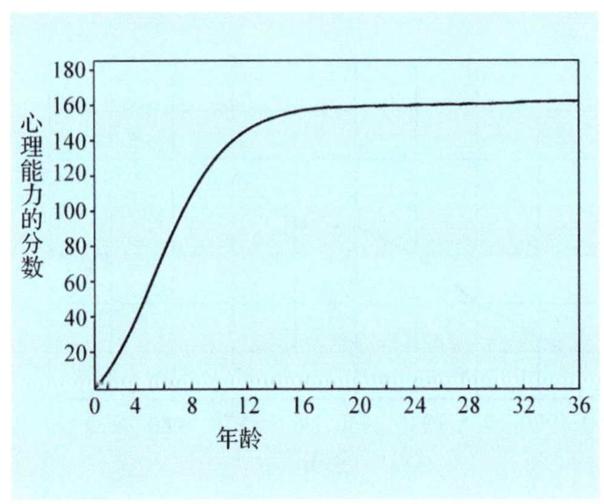

▲ 图4-6　智力发展曲线（贝利，1970）

（二）智力发展的差异

1. 智力发展的个体差异

由于人们在先天的遗传素质和后天的环境教育上都不尽相同，因此，个体之间在智力上也存在着很大的差异。智力发展的个体差异主要表现在智力的水平、智力的结构和智力表现的早晚等几个方面。

首先，在智力发展的水平上，个体之间有高有低。智力发展水平的差异可以直接反映在智商上。研究表明，人类的智力分布基本上呈两头小、中间大的正态分布形式。推孟和梅里尔（L.M. Terman & M. A. Merrill）对2904个2~18岁的被试进行测验，得到了如表4-1所示的智商在人口中的分布表。可见，智力非常优秀的和智力落后的在人口中都只占很小的比例，将近一半的人属于智力中等。

其次，在智力的结构上，个体之间存在差异。如前所述，智力并非单一的心理品质，而是由多种成分构成的综合体，每个人在结构上会有不同。例如，有的人记忆力好，有的人观察敏锐；有的人擅长音乐，有的人擅长绘画；有的人空间能力强，有的人言语表达能力突出。这些都属于结构上的差异。单一的智商分数可能掩盖这些差异。

表 4–1 智商在人口中的分布

智商	级别	占总人数的百分比（%）
140 以上	非常优秀	1.3
120 ～ 139	优秀	11.3
110 ～ 119	中上	18.1
90 ～ 109	中等	46.3
80 ～ 89	中下	14.5
70 ～ 79	临界	5.6
70 以下	智力落后	2.9

最后，在智力成熟的时间上，个体之间有早有晚。在人的一生中，大多数人的智力稳定发展，但也有的人成熟较早，有的人则大器晚成。例如，唐朝诗人王勃14岁写成《滕王阁序》，以“落霞与孤鹜齐飞，秋水共长天一色”的名句而流传千古；齐白石40岁才表现出他的绘画才能。

2. 智力发展的团体差异

关于智力发展的团体差异，研究最多的是性别差异。究竟是男性聪明还是女性聪明，这是人们很关心的话题。研究表明，男性和女性的智力在总体上没有明显差异，但存在分布差异、阶段差异和局部差异。“分布差异论”认为，尽管男性和女性的智力分布都符合正态分布，但男性智力分布的范围较广，智力较高和较低的人数都多于女性，而女性智力分布多集中在中间部分。“阶段差异论”认为，男女智力的发展变化与年龄特征有密切关系，两性之间的差异表现出明显的阶段性。例如，普瑞森（L.W. Pressey）的研究表明，在智力发展上，14岁以前女优于男，16岁以后男优于女。多项研究都得到了类似的结果。这种差异与男女两性生理成熟情况不同有关。“局部差异论”认为，男女两性在智力总体上没有差异，但在构成智力结构的某些方面存在差异。例如，男性在空间能力、数学能力方面优于女性，而女性在言语能力上具有优势。

除了性别差异之外，不同职业、种族之间在智商上也存在差异，这种差异主要是由后天的环境和教育不同而造成的。同时，智力测验本身的文化不公平性也是造成不同团体间智商存在差异的重要原因，大多数智力测验是依据某一团体的生活经验而编制的，符合该团体的语言、思维和文化习惯，用它来测验其他团体的智商，就有可能造成不公平。例如，用符合美国白人语言和文化习惯的量表去测试黑人，测得黑人智商低，然后就说黑人比白人愚蠢，这是不公平的。在使用智力测验的时候，我们要充分注意这一点。

二、国内外智力开发的主要模式

（一）波诺的方案

英国剑桥大学的波诺（Edward de Bono）教授从培养横向思维入手，进行智力开发的训练。波诺认为，智力的高低不是由学习的好坏来决定的。智力只是一种潜在的能力，它必须加上头脑的思考能力，即思考的技巧才能发挥出来，横向思维就是关于思考技巧的思维形式。

所谓横向思维，波诺认为有三个特点：①横向思维是与创造紧密联系的；②横向思维与新观念的生成相联系；③横向思维也是与打破旧观念的束缚相联系的。

波诺设计了由六个部分组成的智力开发计划，每部分都是针对思维的某一方面，每个部分又由10课组成。这六个部分是：

①广度，主要是帮助个体发展一些能用来广泛考察思维情境的工具和习惯。

②组织，主要是教个体如何有组织、有系统地处理思维情境。

③相互关系，关于有争议和引起讨论的情境的。

④创造力，和创造性思维有关，包括横向思维的几个要素。

⑤信息和感觉，关于思维中信息和感觉的安置。

⑥行动，有关执行行动的计划或构想，这个计划是把前面所讲的训练内容融合成一套有效的思维步骤。

波诺教授开发智力的横向思维训练方法，最早在委内瑞拉的小学四、五、六年级中进行了实施，效果非常显著。近年来，这一方法被推广到美国、澳大利亚、新西兰、加拿大等国的5000多所学校，其效果受到了教育界的普遍肯定。

（二）符尔斯坦的工具强化训练

工具强化（instrumental enrichment）训练是由以色列心理学家符尔斯坦（R.Feuerstein）于1980年提出，后来由他和美国心理学家兰德、霍夫兰、米勒和詹森等加以推广。此项目主要用以矫正青少年的认知功能缺陷，培养他们的思维能力，旨在把成就低下者从消极和依赖的认知类型者改变为自发和独立的认知类型者。实践证明，此项目普遍提高了练习者在能力测验上的得分，也提高了他们的学业成绩，同时，对于练习者的内部动机、自信心和自尊心等都具有积极的促进作用。工具强化训练包括三大部分13个项目：

第一部分是非言语的个别实施工具，包括：

①组织圆点：根据所给图形，从一组圆点中选出合适的点连接成图形。如图4-6。

②知觉分析：选择简单或局部图形，组合成给定的复杂图形。

③图解：拿出一组随机排列的图片，要学生观察，经过头脑加工后，正确排列并理解深层含义。

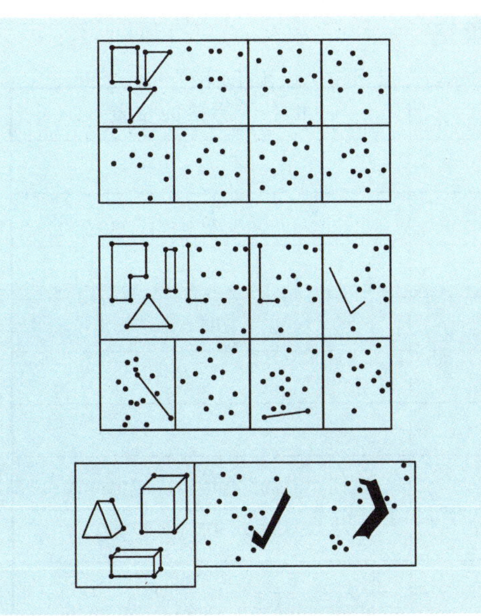

▲ 图 4–7　组织圆点练习

第二部分是由教师读题，师生间有语言交流的工具。包括：

① 空间定向：让学生学会正确把握空间方位之间的关系，包括三个工具。如图4–7、表4–2所示，根据空间定向图及男孩的位置填空。

②比较：对物体色、形、大小、方向等方面的比较。

③家庭关系：将家庭的纵、横和层次关系告诉个体，按家族中的地位和角色进行分类或再分类。

④数列：根据列出的一排数字找出规律，延续数字串。

⑤演绎推理：以高度严密的形式逻辑推理为基础，以抽象的符号代替语词。

第三部分是由学生自己完成的工具。包括：

① 归类：对给出的几种事物或词进行分类。

②指导：根据教师的要求，学生加以理解后完成任务。

③时间关系分析：向学生提供时间概念和参照系，让他们逐步理解时间既可以看成是间隙的连续，又可以看成是一个维度，是不可逆转的流逝。

④关系转化：对大于、小于、等于等关系概念的转换。

⑤表征图案设计：让学生运用有颜色、形状、大小的图案在心理上重新构成一个图案。

▲ 图 4–8　空间定向图及男孩子位置

表 4-2 填空

位置	物体	相对于男孩的位置
1	树	
4		右
2		后
	房子	前
3	椅子	
2	房子	
	树	左
4		后
	椅子	
		左
3		后
4	树	
		右

（三）应用智力培养方案

斯腾伯格以其智力三元论为基础，设计了适用于中学生和大学生的应用智力培养方案。该方案重点训练成分智力，同时也训练经验智力和情境智力。培养方案包括学生教材和教师手册两套材料，前者主要是一些叙述性的材料和练习，后者主要是教材使用的方法指导，帮助教师更好地发挥方案的效用。培养方案的前几个单元主要介绍一些智力理论和其他一些智力培养方案，使教师和学生全面掌握信息，更好地理解方案的内容、做法及效用。

在随后的单元中，该方案重点训练“成分智力”，包括元成分、操作成分和知识获得成分。其中，元成分是方案最核心的训练内容。在训练某种成分之初，先引入一个与该成分相关的问题，再围绕该问题进行讨论。例如，为了引入元成分的概念，教师先讲述一个故事：“我的一个朋友必须从康涅狄格到纽约市去乘飞机。他想先去汽车站，因为那儿有发往机场的班车，但由于堵车，他没能按时赶往汽车站，因而错过了班车，结果误了飞机。”教师根据这个例子，启发学生讨论元成分的本质和它对解决问题的重要意义。通过这个例子帮助学生认识到，从有利于解决问题的角度来给问题下定义是非常重要的。在故事中，主人公一直把他的问题定义为：按时到达轿车的始发站，以便去机场。但是，如果他把问题定义为“利用合适的交通工具，以便准时到达机场”，他就可能不会误飞机了。因为他可能考虑其他交通方式，如自己开车去机场，或把车开到下一个班车站等。

应用智力培养方案实例丰富，这些实例起到了引出理论、说明概念、提供练习等作用。教学形式主要是提出问题和集体讨论，每一单元的教学形式都是类似的。每一单元结束后，教师要布置和本单元内容相配套的练习，练习内容广泛，既有心理学中的经典问题，也有日常生活中的问题。

应用智力培养方案强调对学生元认知的培养，是元认知训练的重要模式之一。实践证明，该方案效果较为理想。

（四）PIFS方案

PIFS方案就是“学校中的实用智力”（Practical Intelligence for School）训练方案。PIFS方案由美国哈佛大学的加德纳在综合采用了多元智力理论和三元智力模型的基础上所提出。PIFS方案首先从三方面了解学生：①个人：了解个人智力侧面图、学习风格与学习策略，即一个人的知己能力；②学业：了解个人的学业状况和学业能力，即一个人的学业智能；③环境：了解个人在学校情境中的适应情况，相当于多元智力理论中的“知人能力”和三元智力理论中的“环境能力”。

PIFS方案的基本假设是，学生在校的学习成绩和知己能力、学业能力及知人或环境能力的统合有关，个体课业任务的完成情况依赖于这三种能力的大小。PIFS为训练这三种能力采取的策略是：①在“知己”方面，使用深度晤谈，着重于三个方面：反应的精致性、对策略及资源的知觉，对学习的认同；②在“课业”方面，使用灌输课程（infusion curriculum），包括让学生了解不同领域间的关系，指导学生对各科学习做自我监控等；③在“环境”方面，使用统合策略，包括在实际活动中分析和澄清困难，指导学生将知识学习和个人学习相结合，将知识应用于学术情境和实际情境中，并以自我监控促进自我责任等。经评价，PIFS方案成效甚佳，其主要效果是，提高学生的学业成就，提高学生的学习热忱，提高学生自我教育的责任感。

链接

早期干预效应

在伊朗一家贫穷的孤儿院里，由于条件不具备，这里的婴儿得到的照顾少得可怜，他们的哭闹或者其他行为都得不到任何回应，有的2岁儿童自己无法独立坐起来，还有的4岁孩子不会走路。美国心理学家亨特因此开展了一个项目，他训练照看者和婴儿进行口头游戏。他们首先模仿婴儿的咿呀学语，然后，引导婴儿口头上跟着学，从一个熟悉的声音转到另一个声音。接下来，他们开始教波斯语的发音。到这些婴儿22个月大时，接受这种语言促进训练的11名婴儿全都能说出50多种事物和身体部位的名字。这些婴儿变得非常可爱，大多数都被收养了。

1961年，亨特发表了《智力与经验》一书，总结了他对动物和住在孤儿院婴儿的研究。他发现在婴儿期，一个孩子如果受了感情的剥夺，对以后智力的发展，会有不可逆转的影响。反之，如果有良好的环境与教育，也会保持到永久。他还认为后一阶段的智力来源于前一阶段的智力，这样一段一段可以推到早期。孩子年龄愈大，智力也就愈固定，所以要重视儿童早期的智力培育和智力开发。

资料来源：[美]戴维·迈尔斯著. 黄希庭等译. 心理学精要. 北京：人民邮电出版社，2009，273

第三节　创造力的发展与培养

一、创造力发展的影响因素

（一）生理因素

神经系统尤其是大脑是创造力的物质基础，为创造力的发展提供了可能性。神经系统中神经元的构造和功能对创造力水平的高低具有重要影响。克拉克1983年的研究认为，创造力高的人在神经活动中表现出如下特征：①突触活动快；②神经元化学成分丰富；③更多地运用前额皮层的功能；④脑电波活动的α波段能更快地输入和更持久地保持信息；⑤脑节律的一致性和共时性有助于专心和深入探究。

（二）年龄与性别

随着年龄的增长，个体的创造力也在不断发展。幼儿就有创造力的萌芽，小学阶段已有明显的创造性表现，而青少年的创造力有了更多的现实性、主动性和有意性。但创造力的发展同个体的整体发展一样是一个有限的扩展系统，不会一直随着年龄的增长而增长，发展到一定程度和一定年龄后，就开始逐渐减弱。根据研究表明，虽然在不同方面，创造力的最佳年龄不尽相同，但从总体上看，35±4岁为多数创造者的创造高峰。

创造力发展中也表现出明显的性别差异。古今中外富有创造力的科学家、发明家、思想家、政治家、企业家中，绝大多数是男性。这既有生理方面的原因，更有社会与文化的原因。许多跨文化的研究表明，在主张男女平等的民主开放的文化环境中，儿童的创造力普遍发展较好，男女差异也较小；在男女地位悬殊的封闭式社会条件下，男女差异较大。社会文化极大地影响了人们性别角色的形成，在现有的社会文化中，人们普遍认为男性应该更积极、独立、坚强、自信、理智、富于竞争；而女性应该更温柔、服从、柔弱、依赖性强、易受暗示等，这些固有的观念和刻板印象加剧了创造力发展中的性别差异。

（三）知识与智力

知识是创造的基础和前提，离开必要的知识，就根本谈不上创造。但具有知识不一定具有创造力，对待知识一定要有变通性和灵活性，僵死、混乱的知识不仅不利于创造，反而会阻碍创造力的发展。

智力和创造力的关系是人们一直关心的问题。目前比较一致的看法是：智力是创造力的必要条件，智力低的人难以有高创造力，而智力高的人未必都有高创造力。在一定的智商分数之下，二者有显著的正相关；在此之上，二者的相关性不显著（见图4–8）。需要注意的是，上述结论的得出是建立在传统智力理论和智力测验的基础之上，如果以现代智力观来衡量，则智力与创造力的关系也需重新进行考察。

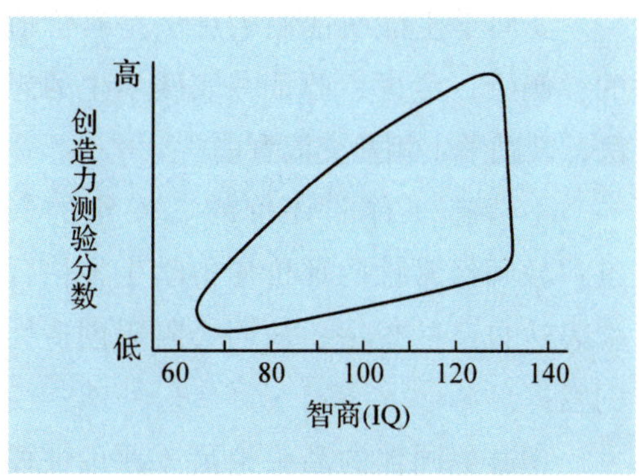

▲ 图 4–9　智力与创造力的关系

（四）动机与个性

创造性活动需要创造动机的维持和激发。从动力来源上看，动机有内部动机和外部动机之分。许多经验和心理学研究都证明，内部动机更有利于创造力的发挥和发展。当人们被完成工作本身所获得的满足感和挑战感激发，而不是被外在的压力所激发时，才表现得最有创造力。

个性特征虽然不对创造活动起直接的决定作用，但它为创造力的发挥提供心理状态和背景，对创造活动具有极大的制约作用。高创造力的人究竟具有什么样的个性特征呢？尽管许多研究结果不尽相同，但综合来看，仍然表现出某些典型的个性特征，如强烈的好奇心、独立自信、坚持不懈、情感丰富、有幽默感等。

有研究者对已有的创造个性研究进行了元分析，提出创造个性包括以下12个方面：

①智力属于中上等，但并不一定超常；②观察力：对周围的事物感受很敏

锐，能发现常人所不注意的现象；③流畅性：思路流畅，新思路、新观念不断涌现；④变通性：能举一反三；⑤独创性：常常发表超出常人的见解，用特异的方法解决问题；⑥精致性：常提出设想，并在此基础上进一步深思熟虑，加以改善；⑦怀疑：对世事抱怀疑态度，超脱世俗；⑧持久性：不怕困难，坚持始终；⑨智力的游戏性，表现出天真的赤子之心；⑩幽默感；⑪独立性；⑫自信心。

（五）环境因素

1. 家庭

家庭环境、父母的教养方式、家庭气氛、家庭成员的榜样等都对儿童创造力的发展起着重要作用。研究发现（查子秀，1993），有利于个体创造力发展的家庭因素包括：①家庭比较民主，父母对孩子不专制；②家长对孩子好奇、探求精神和行动给予积极鼓励和支持；③父母信任孩子的能力，给予引导并提供独立锻炼的机会；④孩子在家里与父母之间无拘束，不怕犯错误，有安全感；⑤父母具有独立性和创造性，孩子在家受到父母思想行为潜移默化的影响。

2. 学校

学校教育对学生创造力的发展具有重要作用，教师的态度、课堂气氛、课程设置、教学模式、学校环境等无不对学生具有深刻的影响。而在所有这些因素中，最核心的因素就是教师，其他因素最终都是通过教师而起作用的。教师的个性、行为、知识结构、教学方法等都直接影响学生创造力的发展。一般来说，民主开放型的教师有利于学生创造力的发展，而专制型和放任型的教师均不利于学生创造力的提高。

除了学校和家庭之外，社会文化环境也对创造力的发展具有影响作用。研究表明，在倡导独立、自主的民主开放型社会文化环境中，儿童创造力普遍发展较好；而在强调专制、服从的封闭式社会条件下，儿童的创造力则比较贫乏。

二、创造力的培养与训练

（一）创造力培养的环境与条件

托兰斯提出了创造力培养的九点建议：

①为创造力提供大量机会：安排新颖性的工作，提出要求创造性思维才能解决的问题，采用专门用以改善创造力的策略。

②重视独特的问题、想法和解决办法：创造性的学生会觉察教师所忽视的关系，教师应对他们的答案予以反应，而不是轻率地忽略。

③向学生证明他们的想法是有价值的：倾听、考虑、验证并实践学生的想法，鼓励学生相互交流看法。

④营造一种非评价的、安全的气氛：教师经常性的评价使得学生害怕冒险表达自己的想法，从而会阻碍创造性的发挥。

⑤避免同伴的品头论足（评论性评价）：让学生提出其他的可能性，而不是

其缺点，鼓励创造性或富于建设性的同伴评价。

⑥提供感受环境刺激的经验：让学生描述通过视、闻、触摸、尝和嗅获得的感觉经验。

⑦避免提供限制思维的例子或模式：给定的模型或例子常会造成学生们难以打破的心理定势，他们可能认为模型是“正确”的作品，不敢再创新。

⑧偶尔根据能力分组：与混合能力水平的小组比，能力水平均一的小组表现出更少的混乱和更多的合作行为。

⑨允许实践和课程安排的灵活性：过分迷信在规定时间内完成规定的课程内容，将会妨碍教师利用学生们自然而然的想法。

（二）创造力培养的主要内容

1. 培养好奇心，激发求知欲

好奇心和求知欲是激励人们探究客观事物奥秘的一种内部动力，它们是创造的萌芽，是创造动机的核心成分。因此，好奇心和求知欲的激发对培养创造力是十分必要的。为了培养学生的好奇心和求知欲，可以不断给学生创造变化的、能激起新异感的学习环境，组织或引导学生多接触大自然或考察社会生活，引导他们在观察或考察中发现各种问题，经常强化他们的问题意识并启发他们自己去寻找答案，对他们的想法适时地加以鼓励。

在教学中，创设问题情境是激发学生求知欲和好奇心的有效方法，要经常结合教学向学生提出一些难度适宜、具有启发性、新颖有趣、与学生的真实生活情境联系密切的问题。问题情境所产生的矛盾、疑惑、惊讶最能引起求知欲和好奇心，产生学习和创造的愿望。例如，有一个老师在教自然课《摩擦起电》时，在课堂开始安排了一个游戏“彩蝶纷飞”——用毛皮摩擦过的橡胶棒吸引不同颜色的纸屑。在带电物体的作用下，彩色纸屑上下跳动，就好像彩蝶在空中飞舞。奇特的现象很快把学生带入一个奇妙的世界。为什么会这样？学生一下子产生了强烈的好奇心。

2. 创造性思维的训练

创造性思维是指有创见的思维，是从事创造活动和取得创造成果的关键。它既有一般思维的共同特点，又有不同于一般思维的独到之处。吉尔福特在研究智力结构时，通过因素分析发现了发散思维和集中思维两种思维类型，并认为发散思维能代表人的创造性思维。但现在人们越来越倾向于认为创造性思维是多种思维的有机结合，它是发散思维与集中思维的统一，是分析思维与直觉思维的统一，是语词思维与形象思维的统一。但在我们的教育中，对集中思维、分析思维、语词思维培养较多，而对发散思维、直觉思维、形象思维相对忽视，因此，我们重点来分析一下这三个方面的培养。

（1）训练发散思维。发散思维训练是国内外创造性思维训练的一种最常用的方法。吉尔福特认为发散思维主要具有流畅性、变通性和独特性三个特征。发散思维的训练应当有意识地从培养思维的独创性、灵活性和流畅性入手，给学生提供开展发散思维的机会，安排一些刺激学生发散思维的环境，逐渐养成学生多面向、多角度认识事物，解决问题的习惯。如可以通过“一题多解”和“一题多变”的练习，培养学生思维的灵活性和变通性；可通过学生自编应用题，以发展思维的独特性和新颖性；可以通过班级集体讨论的方式寻找问题的多种答案。

（2）培养直觉思维。直觉思维是不经过逐步的分析和推理，而迅速对问题的答案做出合理的猜测和设想的思维形式，它对应于逻辑思维或分析思维。直觉思维在创造中具有重要作用，许多重大的科学发现或科技发明都来自于直觉。直觉的创造功能主要表现在对事物的直观判断、猜测和预感上，它是以丰富的知识经验为基础的。一个人的经验越丰富，他的直觉就会越准确。直觉思维训练是创造性思维训练的重要组成部分，而我国现行的教育忽视了直觉思维的培养，妨碍了学生创造力的发展。

那么，如何培养学生的直觉思维呢？主要方法有：第一，教师进行直觉思维示范，提高学生对直觉的敏感性。第二，鼓励学生大胆猜测，大胆假设。教师不要总是把明确的答案给学生，而应经常有意识地给予一定程度的模糊度，给学生猜测和假设的机会。即使学生猜测错误，也绝不能讽刺和嘲笑。第三，加大思维的“前进跨度”，提倡大步骤思维。无论教师讲课还是学生学习，一旦具备了相应的知识基础或已达到一定的熟练程度，就可以大步骤思维，培养思维的跳跃能力。例如，在作业时无须要求学生每次都写详细步骤。第四，加大思维的“联想跨度”，培养学生把不同事物联系起来的能力，特别是建立看上去不相干的事物之间的联系。第五，教给学生捕捉直觉的方法，善于抓住“一闪之念”。例如，要及时记下一些偶然出现的新奇想法；在艰苦的思考过程中给自己意识放松的机会，因为灵感、直觉在放松的时候容易出现。

（3）发展形象思维。形象思维是利用头脑中的具体形象来解决问题的思维过程，它在创造性思维中具有重要作用，许多创造过程是依靠形象思维来实现的。如何训练形象思维呢？要引导学生学会观察，获得感性经验，不断发展学生的表象系统。表象是形象思维的基础，表象贫乏，形象思维也会枯竭。为了丰富学生的表象，可以让学生到大自然中去，多接触大自然中的各种事物，也可以在教学中恰当使用各种直观教具。

3. 创造个性的培养

如前所述，创造力的发展不仅与智力因素有关，而且和人的个性特征有密切关系。真正有作为的创造者，多半有许多良好的个性心理品质。一般来说，培养独立、勤奋、自信、有恒、谦虚、细致、进取等性格，是有利于创造力发展的。而怯懦、自卑、骄傲、粗心、安于现状、墨守成规等消极的性格，则会抑制创造力的发展。

（三）实用创造技法及训练

创造技法是人们通过长期研究与总结得出的创造发明活动的规律，经过提炼而成的程序化的创造技巧和科学方法。通过这些创造技法的训练与运用，可以大大提高创造的速度和效率，产生事半功倍的效果。目前已经研究出的成熟的创造技法有400种以上，下面介绍几种最具有代表性的技法。

1. 缺点列举法

缺点列举法是有意识地列举现有事物的缺点，分析原因并进行改进，从而创造出新事物的方法。训练时按照以下程序：决定主题——列举主题的缺点——选出所列举的主要缺点——提出对主要缺点的改进措施。

【例】列举圆珠笔的缺点：书写后字迹易消失；有时会溢出油墨；放着不用会写不出字；笔套容易丢失；油墨染在衣服上很难洗掉；字体粗细不能变换；笔套容易从笔杆上脱落；最后油墨难以使用完；颜色品种少；写字时下面的纸上留有笔痕；字迹不易擦掉；笔尖上积有油墨容易弄脏纸张……

2. 希望点列举法

希望点列举法是把各种各样的希望、梦想、愿望等都列举出来的方法。列举的希望点，就是有待创造的方向或目标。训练时按照以下程序：决定主题——列举主题的希望点——选出所列举的主要希望点——根据选出的希望点来考虑改善的方法。

【例1】列举对钢笔的希望：出水流畅；绝对不会漏水；绝对不会划破纸张；能写出不同颜色；无论任何方向都可以流利地书写；书写时笔尖可以粗细自如；笔尖不会磨损；最好能省去笔套；不需要注入墨水；落地时笔尖不会折断或弯曲……

【例2】什么样的电风扇才理想：可以遥控；能自动调节快慢；有安全保护装置；便于携带；可以折叠，便于存放；散发香味；节约能源；可以使用太阳能；能驱赶蚊子；冷热两用；可以声控感应；有催眠作用……

3. 特征点列举法

特征点列举法是对对象的特征进行分析，并一一列出，然后探讨能否改革以及怎样实现改革的方法。在创造发明的过程中，有时研究对象比较复杂，如果从整体上考虑往往难以找到改进的突破点。但如果把问题进行分解，就容易得出解决的方案。例如，要革新一辆汽车，因为构成复杂，很难一下子把握。如果将汽车分成各个部分，然后逐一进行讨论，相对来说就容易很多。

我们可以把一般事物的特征分为三个方面：①名词特征：采用名词来表达的特征，如事物的全体、部分、材料、制造方法等；②形容词特征：采用形容词来表达的特征，主要指事物的性质，如颜色、形状、大小等；③动词特征：采用动词来表达的特征，主要指事物的功能，包括在使用时所涉及的所有动作。

使用特征点列举法时，按照名词特征、形容词特征和动词特征的顺序，详细列举出创造对象的特征，然后依次针对所列出的各个特征，通过提问，诱发出创造性设想。

【例】利用特征点列举法革新水壶。首先，列举水壶的特征点。

水壶的名词特征。结构：壶柄、壶盖、壶身、壶底、壶口、蒸汽孔；材料：铝质、不锈钢、搪瓷；制造方法：焊接法、冲压法、模具法。

形容词特征。颜色：白色、银灰色、金黄色、古铜色；形状：圆形、椭圆形、圆柱形；性质：轻、重、大、小等。

动词特征。功能：装水、烧水、倒水、保温等。

依据所列特征，利用发散思维依次提出创意。例如，针对名词特征可提出：

壶口的长度要不要改变？

壶柄能否改用其他材料，以免烫手？

壶身的颜色能否改变？

水壶的形状能否改变？

……

4. 头脑风暴法

头脑风暴法（brainstorming）为著名创造学家奥斯本在1939年所创，是一种集体操作型的创造技法。它是一种极为有效的创造技法，也是世界上最早付诸实施的创造技法。

头脑风暴法围绕一个主题，召集10个左右的有关人员进行讨论，通过成员之间的相互启发、相互激励、相互补充，产生“共振效应”，最终获得创造性设想。运用此法需遵循四个基本原则：第一，自由思考原则：要求与会者自由地、尽可能多地提出自己的想法，不用顾虑自己的想法是否荒唐可笑，特别鼓励求新、求异，与众不同；第二，延迟评判原则：对提出的任何设想或方案暂不作任何评价判断，荒唐的不应指责，实用的也不应当场夸奖；第三，以量求质原则：以获得想法的数量而非质量为目标，因为想法的数量越多，就越有可能获得有价值的创意；第四，结合改善原则：鼓励与会者改进或组合他人的设想。

【例】利用头脑风暴法成功清除电线上的积雪。

有一年，美国北方格外严寒，大雪纷飞，电线上积满冰雪，大跨度的电线常被积雪压断，严重影响通信。过去，许多人试图解决这一问题，但都未能如愿。后来，电信公司经理应用奥斯本发明的头脑风暴法，尝试解决这一难题。他召开了一种能让头脑卷起风暴的座谈会，参加会议的是不同专业的技术人员，要求他们必须遵守以下原则。

第一，自由思考。即要求与会者尽可能解放思想，无拘无束地思考问题并畅所欲言，不必顾虑自己的想法或说法是否“离经叛道”或“荒唐可笑”。

第二，延迟评判。即要求与会者在会上不要对他人的设想评头论足，不要发表“这主意好极了！”“这种想法太离谱了！”之类的“捧杀句”或“扼杀句”。至于对设想的评判，留在会后组织专人考虑。

第三，以量求质。即鼓励与会者尽可能多而广地提出设想，以大量的设想来保证质量较高的设想的存在。

第四，结合改善。即鼓励与会者积极进行智力互补，在增加自己提出设想的同时，注意思考如何把两个或更多的设想结合成另一个更完善的设想。

按照这种会议规则，大家七嘴八舌地议论开来。有人提出设计一种专用的电线清雪机；有人想到用电热来化解冰雪；也有人建议用振荡技术来清除积雪；还有人提出能否带上几把大扫帚，乘坐直升机去扫电线上的积雪。对于这种“坐飞机扫雪”的设想，大家心里尽管觉得滑稽可笑，但在会上也无人提出批评。相反，有一工程师在百思不得其解时，听到用飞机扫雪的想法后，大脑突然受到冲击，一种简单可行且高效率的清雪方法冒了出来。他想，每当大雪过后，出动直升机沿积雪严重的电线飞行，依靠高速旋转的螺旋桨即可将电线上的积雪迅速扇落。他马上提出“用直升机扇雪”的新设想，顿时又引起其他与会者的联想，有关用飞机除雪的主意一下子又多了七八条。不到一小时，与会的10名技术人员共提出90多条新设想。

会后，公司组织专家对设想进行分类论证。专家们认为设计专用清雪机，采用电热或电磁振荡等方法清除电线上的积雪，在技术上虽然可行，但研制费用大，周期长，一时难以见效。那种因“坐飞机扫雪”激发出来的几种设想，倒是一种大胆的新方案，如果可行，将是一种既简单又高效的好办法。经过现场试验，发现用直升机扇雪真能奏效，一个久悬未决的难题，终于在头脑风暴会中得到了巧妙的解决。

5. 移植法

移植法是将某一学科的理论、概念或者某一领域的技术发明和方法应用于其他学科和领域，以期取得新发明或创造新事物的方法。移植法可分为原理移植、结构移植、方法移植、材料移植等类型。

【例】超导技术具有能提高强磁场、大电流、无热耗的独特功能，可以移植到许多领域：移植到计算机领域可以研制成无功耗的超导计算机，移植到交通领域可研制磁悬浮列车，移植到航海领域可制成超导轮船，移植到医疗领域可制成核磁共振扫描仪等。

6. 联想法

联想发明是通过积极的有一定目的的联想，使思维跳出现有的圈子，突破常规获得创造发明的构思。联想发明是主动有意的创造技法，与偶尔在外界触发事件下的联想有一定区别。这种联想包括接近联想、相似联想、对比联想、包容联想和因果联想。对创造性思维过程的研究发现，奇妙的设想往往是把差距较大的两种事物联系起来得到的。

【例】四川农民姚若松只有小学文化

程度，因看到两只屎壳郎拱动土块而展开联想，按照这一松动土壤的天然原型原理进行耕作机设计，发明了推着走的履带式微型耕作机。

7. 组合法

组合是将已知的若干事物合并成一个新的事物，使之具有新的结构、功能和价值。人类的许多创造成果都源自于组合。美国阿波罗登月总指挥韦伯（Waybur）说："阿波罗计划中没有一项新技术，都是现成技术，关键在于综合。"

组合法主要有以下几种：①主体附加：以某事物为主体，再添加另一附属事物，如在电风扇中添加香水盒；②异类组合：将两种或两种以上的不同种类的事物组合，如收音机和录音机的组合成为收录机；③同物自组：将若干相同的事物进行组合，如把三支风格相同颜色不同的牙刷包装在一起销售，称为"全家乐"牙刷；④重组组合：改变事物内部结构要素的次序，并按照新的方式进行重新组合，从而使事物的功能和性能发生变化。如螺旋桨飞机一开始是螺旋桨在前，尾部安装稳定翼。美国著名飞机设计专家卡里格·卡图按照空气的浮力和气流推动原理，设计出螺旋桨在机尾，稳定翼在机头的头尾倒置的飞机，结果提高了速度和安全性。

【例】瑞士军刀——最精彩的组合发明

被世界各国视为珍品的瑞士军刀，是最精彩的组合发明之一，其中被称为"瑞士冠军"的款式最为难得，它由大刀、小刀、木塞拔、开罐器、螺丝刀、开瓶器、电线剥离器、钻孔锥、剪刀、钩子、木锯、鱼鳞刮、凿子、钳子、放大镜、圆珠笔等31种工具组合而成。携一把刀等于带了一个工具箱，但整件长只有9厘米，重185克，完美得令人难以置信。正因为如此，素以苛求著称的美国现代艺术博物馆也收藏了一把。

链接

谢皮罗教授的新发现

美国麻省理工学院的谢皮罗教授发现，放洗澡水时，水流出浴池总是形成逆时针方向的旋涡。这是什么原因呢？专家告诉他，旋向与地球自转有关，由于地球是自西向东不停地旋转，所以北半球的洗澡水总是逆时针方向流出浴池。在明白了浴池水流旋向的道理后，谢皮罗教授想到了台风的旋向问题，并进行了因果推理，他认为北半球的台风同样是逆时针方向旋转的，其道理与洗澡水流出的旋向是类似的。他还断言，如果在南半球，情况则恰恰相反。谢皮罗有关台风旋向的科研论文发表后，引起世界各国科学家的极大兴趣。他们纷纷进行观察和实验，其结果与谢皮罗的论断完全相符。谢皮罗教授正是根据因果类比，创造性地取得了科研上的重大成果。

资料来源：莫雷等．现代心理学．广州：暨南大学出版社，2006，229

本章复习与摘要

1. 智力具有多种属性，可以从不同角度或方面予以界定。大多数心理学家把智力看成是人的一种一般性综合认知能力，即认知活动中最一般、最基本的能力，包括抽象推理能力、学习能力、适应能力等。智力理论主要包括二因素论、群因素论、多元智力理论、三维智力结构理论、三元智力理论。

2. 智商简称IQ，是个体智力水平的数量化，用以衡量智力水平的高低。科学的智力测验需要良好的信度和效度。信度即测验的可靠性，是指测量结果的稳定性程度。效度即测验的有效性，是指一个测验实际能测出的所要测量的心理特质的程度。常用智力量表有斯坦福—比纳量表与韦克斯勒量表等。

3. 创造力是根据一定的目的和任务，产生出某种新颖、独特、具有社会或个人价值的产品的能力，创造性思维是其核心和基础。

4. 创造力的评定可以以发散思维为指标、以创造个性为指标和以创造成果为指标。其中，以发散思维为指标的创造力测验是运用最多的一种形式，著名测验有南加利福尼亚大学测验、托兰斯创造性思维测验、芝加哥大学创造力测验等。

5. 智力水平随着个体年龄的增长而发生变化。一般来说，智力的发展可以分为三个阶段：增长阶段、稳定阶段和衰退阶段。智力发展的个体差异主要表现在智力的水平、智力的结构和智力成熟的时间等方面；智力发展的团体差异表现在性别、年龄、种族、职业等方面，其中性别差异最受关注。

6. 智力的培养主要有两种模式，一种是智力开发的教学模式，另一种是智力开发的训练模式，如波诺的方案、福尔斯坦的工具强化训练、斯腾伯格应用智力培养方案、PIFS方案等。

7. 影响创造力发展的因素包括生物因素、年龄与性别、知识与智力、动机与个性及环境因素。创造力的培养包括：培养好奇心，激发求知欲；创造性思维的训练，重点加强发散思维、直觉思维、形象思维的训练；创造个性的培养。

8．创造技法是人们通过长期研究与总结得出的创造发明活动的规律，是经过提炼形成的程序化的创造技巧和科学方法。常用的创造技法有缺点列举法、希望点列举法、特征点列举法、头脑风暴法、移植法、类比法、组合法、分解法等。

第五章 社会心理

某同学经常吹口哨，那么我们如何确定他是一个真正乐观的人还是一个轻浮的人？台球冠军丁俊晖在一场比赛中意外失利，这是什么原因造成的呢？在校园里我们穿牛仔裤，在正式场合我们则要穿正装，这又是为什么呢？某品牌制造商想推出新款手机，那么，人们是更看重手机的款式还是更看重功能？这些都是社会心理学要涉及的内容。社会心理学是一门研究人的思维、情感和行为如何受到他人影响的科学。比如，社会对我们的态度、信念、决策和行为的巨大影响；人们认识他人的方式和方法；如何说服他人改变其态度或价值观……

第一节 群体心理概述

一、群体的定义与特征

（一）群体的定义

什么是群体？彼得罗夫斯基在《集体社会心理学》（卢盛忠译，1985）中引述了两位著名社会心理学家对群体的定义。

贝尔斯的定义是："这是一定数量的人们，他们通过直接的接触或一系列接触发生相互作用，在这种接触中，群体的每一位成员都得到对另一位成员的观念或印象，以便他在当时或在以后被问到的时候，能以某种方式对其他每一位成员做出反应，甚至只是为了回忆起另一个也在场。"

谢里夫（Sherif）的定义是："小群体是一种社会形态，他由一定数量的人所组成，他们彼此之间处在相互作用之中，站在彼此不同的某种立场上，扮演着各种角色，并且具有一定的价值和规范系统，而这种价值和规范系统至少在对该群体的重要方面调节着各成员的行为。"

肖（1984）指出，所有群体都有一个共同特征，即群体成员间有着彼此的互动，因此认为群体由两个或更多相互作用和相互影响的人所组成。群体的存在是有原因的，例如，为了满足隶属的需要，为了达到目标，为了得到社会支持等。

根据上述定义，可以把群体的定义概括为：群体是人们为了共同的目标结合在一起，彼此之间存在相互作用，心理上有相互依存关系和情感联系的人群。

（二）群体的特征

从群体的定义可以发现，它与一般偶然聚集的人不同，这种不同主要表现在群体的三个特征上。

1. 群体目标

群体成员之间具有一定的共同目标，都要为实现目标开展共同的活动，并在活动中形成群体的规范，以保证群体目标的实现。

2. 群体结构

群体把人组织在一起，为了实现共同的目标，需要分工与合作，于是每个人都要在群体中占有一定的位置，扮演不同的角色，担负不同的任务，形成一定的层次结构。

3. 群体的意识与情感

在群体的共同活动中，人们发生相互作用，就会逐渐产生一种心理上的依存关系，每一个人都会意识到自己是群体的一员，意识到其他成员的存在，形成一种"我们"的意识。

偶然聚集的人群是没有共同目标，没有角色分工，没有共同的意识与情感的。如平时在广场上的人群，活动的目标显然是不同的，有的是陪孩子嬉戏，有的是为了纳凉，有的仅仅是匆匆过客，他们互不相识，没有共同活动，也无法形成共同的情感与意识。当然在一些特定的情况下，这种偶聚的人群也可能成为一个临时的群体。如广场上的人群中有人突然发生了急病，为了救护病人，周围的人群就可能自发地组织起来，形成一个临时群体展开积极的救护活动。

二、群体的分类

根据不同的标准，群体可以分为不同的种类。

（一）大型群体与小型群体

根据群体规模的大小可以把群体分为大型群体与小型群体。但是，大与小是相对的，一个学院对于教研室而言是大的，但对于一所拥有数十个学院的大学来说就很小了。因此，这种习惯的分类标准就显得很模糊。现在社会心理学家提出的大小群体的划分标准是群体成员之间有无直接的、面对面的接触与联系。

（1）大型群体：是指群体成员之间只是以间接的方式如群体的目标、组织机构等联系在一起的群体。国家、民族、社区、大型的企事业单位等的成员都构成大型群体。

（2）小型群体：是指群体成员彼此之间有直接的、面对面的接触与联系的群体。其规模不能少于2人，但一般不超过30~40人。家庭、班组、运动队都属于小型群体。

目前小群体的研究成果较多，在社会心理学群体心理成果的介绍中大多为小群体心理研究。大群体的研究由于现实的需要正引起广大社会心理学工作者的重视，是今后一段时间内社会心理学研究的重点之一。

（二）正式群体与非正式群体

根据群体构成的原则与方式的不同，可以把群体分为正式群体与非正式群体。

（1）正式群体：是按照组织设计正式组织起来的群体。它有明确的群体目标、组织形式、编制与职责分工，群体成员也有明确的权利与义务。如学校中的班组、各级党团组织等。社会心理学中群体心理研究的多是发生在正式组织中的心理现象。

（2）非正式群体：是未经官方规定而自发形成的群体。它建立在个体情感的需要、兴趣的一致、观点的接近、个体的威望的基础之上。如同乡会、摄影兴趣小组等。非正式群体最早是由梅奥（Mayo，1931）在霍桑实验中发现并提出的。梅奥的研究表明，在大规模生产的条件下，非正式群体的产生是不可避免的。但对非正式群体与正式群体的关系必须要有正确的认识。当非正式群体与正式群体的目标一致或非正式群体的目标并不妨碍正式群体的目标时，只要正式群体对它加以鼓励或引导，非正式群体不仅不会涣散正式群体反而会促使其更加巩固并完成任务。当非正式群体与正式群体的目标冲突时，才需要对其加以限制与改造，特别是对于一些具有反社会倾向的非正式群体必须对其进行打击与瓦解。

（三）实属群体与参照群体

根据个体与群体之间的隶属关系，可以把群体分为实属群体与参照群体。

（1）实属群体：是个体实际归属的群体。作为一个学生，自己所在的班组就是自己的实属群体。当然个体的实属群体也许有多个。如某学生在某高校外语系三年级读书，是团员、校足球队中锋、校报记者。那么他的实属群体至少有四个。

（2）参照群体：也称榜样群体或标准群体，它是人们心目中所向往的群体。个人把该群体的目标、规范、价值作为自己的行动指南，并以此来鼓励和约束自己。个体参照群体的社会性质并不相同。多数人能以社会赞同的先进集体为参照，努力赶超，不断进取。但也有一些青少年由于或不被家庭接纳，或在学校被忽视，或有某些其他方面的原因，把一些具有黑社会性质的团伙作为自己的参照群体，他们把那些团伙中的“大哥”“大姐大”的打架斗殴、胡作非为视为英雄的勇敢行为加以模仿，直到陷入犯罪的深渊。因此，引导青少年正确选择参照群体是教育与社会工作者的一项重要工作。

（四）松散群体、联合群体和集体

根据群体的发展水平和群体成员间的联系紧密程度，可以把群体分为松散群体、联合群体和集体。

（1）松散群体：是指个人间的关系较为松散，不像以共同活动的目的、内容、意义与价值为中介的共同体。从前面的群体定义上看，松散群体只是在同一时间聚集在同一场合的一群人，还不是真正意义上的群体。如影剧院看剧的观众、学校刚报到的新生。

（2）联合群体：是松散群体与集体之间的过渡阶段。群体成员有共同的活动目标，但这种共同活动只具有个人意义，群体活动的成败与个人的利益密切相关。如各种运动队、企业的联谊会、行业的协会。群体的稳固更多地依赖个人之间的情感联系。

（3）集体：是群体的高级发展阶段。集体中个人间的关系以具有个人意义与社会意义的活动为基础，即群体成员不仅认识到群体活动的个人与集体利益，而且还认识整个社会的意义。集体的形成具有以下特征：对达到有社会意义目标的指向性；与上述指向性相结合的凝聚性；在交往中的官本位主义与同志关系；保卫集体利益的组织性与纪律性。

三、群体对个体的影响

个体生活在群体之中，个体的心理与行为必然受到群体中其他人及群体本身特征的影响，从而使个体的心理与行为发生微妙的变化。社会助长作用、社会惰化作用、去个性化就是群体对个体心理与行为产生影响的典型表现。

（一）社会助长作用

1. 社会助长作用的概念

社会助长作用是指在他人在场或与他人一道工作时，可以促进个体活动效率提高的现象。与社会助长作用相反，个体在他人在场或与他人一道工作时，导致了其活动效率的下降，就被称为社会干扰作用。

大量的社会心理实验证明，社会助长作用与社会干扰作用都是客观存在的现象。特利普里特（Triplett，1897）最早揭示了社会助长作用。他让被试在三种情况下骑行25英里，一为单独骑行；二为在一人跑步陪同下骑行；三为与其他骑车人竞赛。结果显示，单独骑行时每小时速度为24英里，有人跑步陪同时时速为31英里，众人骑车竞争时的时速为32.5英里。特利普里特还发现儿童在有人陪同的情况下，进行绕线、跳跃、计数时活动速度都有明显提高。这种现象被社会心理学家称为“结伴效应”。此后，学者们又发现了“观众效应”，即如果有人在场观看一个人从事某种活动，这个人也会感受到一种刺激作用，从而提高活动效率。

从1916年到1919年，奥尔波特做了连锁联想、删去元音、转换透视、乘法运算、判断、写批驳文章等一系列社会助长实验。结果表明，在前五种活动中，被试在结伴条件下取得了比单独活动更优异的成绩；但在写批驳文章的活动时，单独活动的效果更好。奥尔波特的实验证明，他人在场既可对个体的活动产生促进作用，又可产生抑制作用。

2. 社会助长作用产生的条件与机制

他人在场既可对个体的活动产生促进作用，又可产生抑制作用。那么在什么条件下产生促进作用？在什么条件下产生抑制作用呢？这个问题曾使许多研究者大惑不解，直到扎荣克（Zajonc，1965）提出了优势反应强化说才得到较好的解释。

扎荣克指出，在有他人在场的情况下，一个人的内驱力水平将会提高，因此，他的优势反应能够轻易地表现出来，而较弱的反应将会受到抑制。所谓优势反应是指那些已经学习和掌握得相当熟练，不假思索就可以表现出来的动作。如一位杰出的钢琴家可能由于观众在场而激发他发挥出更高水平；一位新手可能由于怯场而使自己手指发抖。根据扎荣克的理论，奥尔波特的实验就可以得到很好的解释。因为连锁联想等五项活动都是熟练活动，因此，他人在场会提高活动成绩；而写批驳文章则是较复杂的、不熟练的活动，他人在场则会降低活动的成绩。许多研究为扎荣克的理论提供了支持。如施密特等人（Schmitt，et al.，1986）要求大学生分别在单独、主试在场、戴着眼罩和耳罩的其他被试在场三种情况下，顺着把自己的名字（简单工作）与倒着把自己的名字（困难、陌生的工作）输入计算机。实验结果得出了同样的结论。

弗里德曼等人（Freedman，etal.，

1981）进一步解释了他人在场引起个体内驱力增加的原因。他认为，他人在场唤起了人的竞争意识。人在社会化的过程中已经习惯通过战胜别人来赢得自尊，当有他人在场时，人就会有意无意地感受到由社会比较引发的竞争压力，从而使个体行为的内驱力增强。其二，他人在场唤起了对别人评价自己的认知，这是产生社会促进作用的更为重要的原因。在被评价的情境下，人们期望得到积极评价的动机被激发，从而使行为的效率明显提高。尤其是在场的人是一位领导者或是一位专家，或是在场的人表现出严肃认真的神色时，被试感受到的被评价的意识也就越强烈，这种促进作用也会越明显。当然，一个人如果并不关心他人对自己的评价，只是聚精会神于自己的工作，对在场的人视而不见，那么也就不会产生促进作用。其三，他人在场和由其产生的种种干扰作用，也可能导致人的精力不集中，进而对需要冷静思维的工作产生消极影响，这也是他人在场的条件下，对复杂的思维工作会产生抑制作用的原因。

（二）社会惰化作用

社会惰化作用指的是群体成员一道工作，个人付出的努力比单独完成偏少的现象。它与社会抑制作用不同，它发生在很多人在一起为一个目标而合作，个人的成绩又不能单独计算的情况下。

法国的一位工程师瑞琼曼（Ringelman，1993）测量了拔河比赛中每个人的用力水平。结果发现，个人单独参加比赛平均拉力可达63千克；两人一起拔河时，每人平均用力59千克；3人时，人均用力53.5千克；8人时仅为31千克。也就是说多人共同完成一项活动时，随着人数的增加，平均每个人所作的努力就会变小。

拉塔内（B.Latane，1979）等人同样证明了社会惰化现象的存在。在一项研究中，他让大学生以欢呼或鼓掌的方式尽可能地制造噪音，每个人分别在独自、2人、4人和6人一组的情况下进行。结果表明，每个人所制造的噪音随团体人数的增加而下降（见图5-1）。参与的人越多，个人所付出的努力就越少。

迈尔斯（Myers，1983）指出，社会惰化现象在社会现实生活中是广泛存在的。例如在苏联，集体农庄的农民自己私有的耕地仅占全国耕地总面积的1%，却生产了全国农产品的27%；匈牙利农民则以13%的自有耕地生产了全国农产品的1/3；拉塔内等人还发现，社会惰化并不是西方个人主义文化的产物，在强调集体主义的亚洲国家，包括日本、中国、印度、马来西亚也同样存在。

社会心理学的研究表明，社会惰化现象的出现是与个人在群体中活动时，被评价的意识减弱，责任感降低，从而活动的内驱力下降密切相关的。如果让被试相信，他的行为效率可以被单独鉴别出来，或可以单独进行测量，则即使群体在一起完成一项活动，也不会出现社会惰化现象。从中可以得出降低惰化

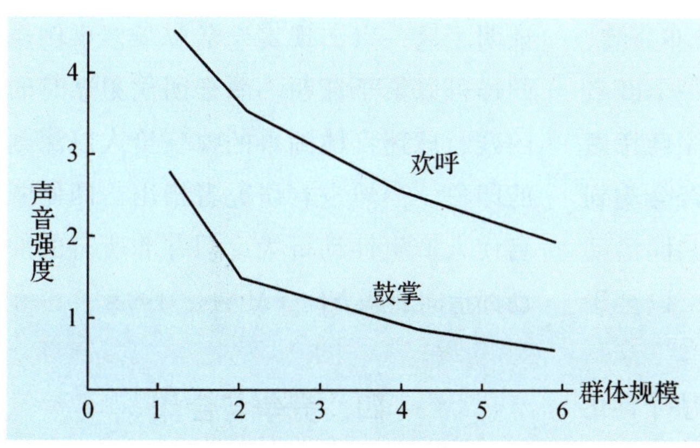

▲ **图 5-1　个体制造的噪音与团体大小的关系**

作用的一条途径是，在群体活动时，不仅应定期公布整个群体的生产率，而且应定期公布每个群体成员的生产率，让他们与标准水平进行比较，激发他们的自我意识与责任感，那么群体中社会惰化作用出现的可能性就会大大降低。

（三）去个性化

1．去个性化的概念

去个性化是指个体在群体中活动时，对群体的认同淹没了自己的身份，使其失去了通常的个性感。去个性化是一个过程，在这个过程中人们知觉自己与他人的一系列社会条件似乎都发生了变化，人们降低了约束自己行为的能力，常常摆脱正常的社会行为规范，表现出冲动的、情绪化的，甚至是破坏性的行为。如在一些球迷的骚乱中，骚乱者也有不少在平时看来是规规矩矩的人，但在那种特定的场合受特定群体氛围的影响，产生了强烈的攻击性与破坏性的行为。

去个性化现象最早是由费斯廷格等人（Festinger，et al.，1952）发现的。他们让大学生被试分组进行讨论，内容是要求这些大学生说说是憎恨自己的父亲，还是憎恨自己的母亲。一部分小组的讨论在明亮的教室中进行，每个成员都有较高的可辨认性；另一部分小组的讨论在昏暗的教室里进行，每个成员还穿上布袋装，只露出鼻孔与眼睛，具有较低的可辨认性（去个性化）。研究人员预计，去个性化被试将会更猛烈地抨击自己的父母。实验结果证实了这种推测，还发现去个性化群体对个体具有更大的吸引力。

2．去个性化产生的心理机制

为什么在去个性化过程中，人似乎变得失去理智，变得更疯狂呢？社会心理学家通过研究提出了一些很有价值的看法。

（1）匿名性和责任分散。津巴多（Zimbardo，1970）指出，去个性化现象有两个主要特征：匿名性与责任分散。他以女大学生为被试，四人分为一组，告诉她们将进行一项人类移情的实验，要求她们对隔壁房内的女生实施电击，她们可以从单向镜中看到该女生被电击哭喊的情形（其实是假电击，被电击者的哭喊也是假装的）。一些小组在明亮的房间里，胸佩名签，具有高可辨性；另一些小组处在昏暗的房间里，身着布袋装，不佩名签，可辨性较低。结果证实，和没去个性化的被试相比，去个性化的被试电击受害者的时间延长了一倍。津巴多分析实验认为，实验中身着布袋装、不佩名签的被试会觉得自己是一个匿名者。一个人在单独活动时，往往会考虑自己的活动是否合乎道义，是否会遭到谴责，而个人和群体其他成员共同活动时，责任会分散到每个人身上，以至于责任弱化，更加为所欲为。

里帕（Lippa，1990）指出，去个性化尤其可能出现在大机构的群体中，例如，精神病医院、监狱、集中营，因为在这些机构中的人穿着统一的制服，有的还被编上号码以代表他们的名字，个人的身份感被淡化，自我意识模糊，个性特征丧失，容易产生无克制的反社会行为。

（2）注意转移与自觉性减弱。迪纳（Diener，1980）等学者指出，去个性化的部分原因是个体注意力的转移。在激励性的、过激性的群体状态中，个体注意力集中于他们周围发生的戏剧性事件，而不是他们内在的价值标准与态度。因此，他们失去了注意力的方向，无法以内在的标准来支配自己的行为。其他一些研究又表明，在去个性化过程中个体的自觉性会减弱。彭蒂斯顿等人（Prentice—Dunn & Rogers，1980）让去个性化的大学生对一个实验对象施以电击，然后要求他们把自己在实验中的体验说出来。结果这些大学生认为自己的情绪稳定，但自觉性不够。

由于在去个性化的过程中，个体被匿名，责任感削弱，注意力外指，自觉性降低，从而个体在行为中往往表现出冲动性、无约束性与破坏性。实验一再证明了这一点，现实生活中很多事例也同样可以给予证明。暴徒团伙犯罪时的凶残、球迷群体闹事的疯狂给人以深刻的印象。当然也有研究者指出，即使匿名使人产生冲动行为，但并非所有的冲动都指向邪恶方向（Myers，1993）。

四、竞争与合作

竞争是不同的个体或群体为了同一个目标展开争夺，不顾他人利益以期获得最大个体利益或自己所属群体的利益的行为。

竞争就是争胜，就是要压倒对方。竞争的结果是以一方的胜利，另一方的失败而告终。体育比赛是典型的竞争，在比赛场上，冠军只有一个，其他都是失败者。尽管有的失败者也感受到自己的进步与希望，也可以宣称比赛的过程重于结果，但观众的目光永远指向成功者。这种社会的价值取向，也是鼓励人去竞争的动力之源。现实生活中处处充满有形和无形的竞争，各种形式的竞赛、竞聘、评比是有形的竞争，而为了给人留下一个好印象，为了显得更优秀而暗自的努力却是可以意会不可言传的无形的竞争。我们面对的是一个竞争的世界，人不能回避竞争，因此，人必须学会竞争，正确把握竞争的度，正确地看待竞争的成功与失败。

合作是不同的个体与群体为了共同的目标，相互支持，协同活动，促使某种有利于双方的结果得以实现的行为。合作是人生存的一种基本技能。原始人因合作而增强了自身抵御敌害的能力，才能在恶劣的自然环境中顽强地生存下来。今天，人的潜力得到了极大的开发，然而人的生存却越来越依赖于同他人的合作，人的衣、食、住、行所需物质都来自他人的劳动，社会需要分工与合作。科学发展的难度越来越大，靠单干解决重大科技问题几乎是一种幻想，科学发展呼唤合作。甚至世界的安全也需要各国的合作，没有各国政府的合作，就没有一个和平、安宁的世界。林格伦（Lindgren，1976）指出："合作的技巧在今日的世界比起竞争的技巧，对大局更有举足轻重的意义。在文明世界中生活的人们，真正需要学会的本领是富有成效地与他人合作，以及教会他人也这样做的本领。"

谢里夫（Sherif，1961）进行了一项著名的社会心理学研究，该研究完整地揭示了群体间竞争与合作形成的条件及其产生的心理影响。这一实验利用暑期夏令营活动进行，对象是来自不同学校、不同街区互不相识的一些12岁男孩，整个实验进行了三个星期，分为三个阶段。

谢里夫的实验可以给人很多启示：以争胜为目的的活动必然导致竞争。竞争能激发争胜的动机，更大地发挥人的潜能；竞争也能增强小团体意识或自我意识，增强群体内部的团结。但竞争必然导致人与人或团体与团体之间的矛盾与冲突，导致对他人或其他团体的歧视与敌对。这种歧视与敌对产生的心理压力，对双方的心身健康都是不利的。合作有利于建立人与人之间的亲密情感，一些重大的活动缺少不了人们之间的合作。目标的共同性、活动的相互依存性是合作的必要条件。

竞争有利于效率的提高，还是合作有利于效率的提高？这是一个令人关注的问题。经过心理学家的不断深入研究，得出结论：

（1）工作任务简单，群体成员又能独立完成全部工作时，竞争的效率优于合作；相反，工作任务复杂，有的成员不能独立完成全部工作时，合作优于竞争。

（2）群体成员的态度与情感属于群体定向，又有明确群体目标时，合作优于竞争；相反，群体成员的态度与情感属于个人定向，且对工作缺乏兴趣时，竞争优于合作。

（3）群体之间的竞争与合作，应以竞争为主；群体内部的竞争与合作，应以合作为主。

在日常生活中人们对竞争与合作的选择倾向如何呢？许多实验研究得出了一个倾向性结论：与合作相比较，在没有特别引导的前提下，人们更倾向于选择竞争的行为方式。其中最经典的实验有鲁斯（R. Luce & H. Raiffa，1957）的"囚犯困境实验"、弗里德曼的"赌博游戏实验"、米纳斯等人（J.S.Minas，et al.，1960）的"鼓励合作实验"、多伊奇（M.Deutsch & R. Krauss，1960）的"卡车运输实验"等。

链接

多伊奇的"卡车运输实验"

这是关于合作与竞争研究的又一经典实验。实验中被试两人一组，分别充当甲、乙两运输公司的经理，两人的任务是使自己的车辆以最快的速度从起点到达终点，速度越快，分数越高。每人都有两条道路可以选择（见图5-2），一条是备用路线，是个人专用的，但路程较远；一条是近道，但其中一段为两人共用，路很窄，是单行道。使用这段单行道的唯一方法，就是双方交替使用。任何时候，只要有车驶入单行道，对方就只有等待。如双方都使用，必须有一方倒回去。实验者为双方在接近起点的地方设计了控制单行道的电门，如果被试不想让对方通过，可以关上大门。在这种情况下，双方就只能启用自己的备用路线。尽管被试都知道交替使用单行道可以为自己赢得更多的分数，实验也没有要求被试的分数要超过对方，但在大多数情况下，两位被试都不愿意合作，双方都试图抢先通过，结果中途相遇，互不相让。最后，其中一人会先倒退车子，并关闭自己控制的大门，迫使对方也倒退回去，然后双方都使用备用路线，表现出强烈的竞争心理。

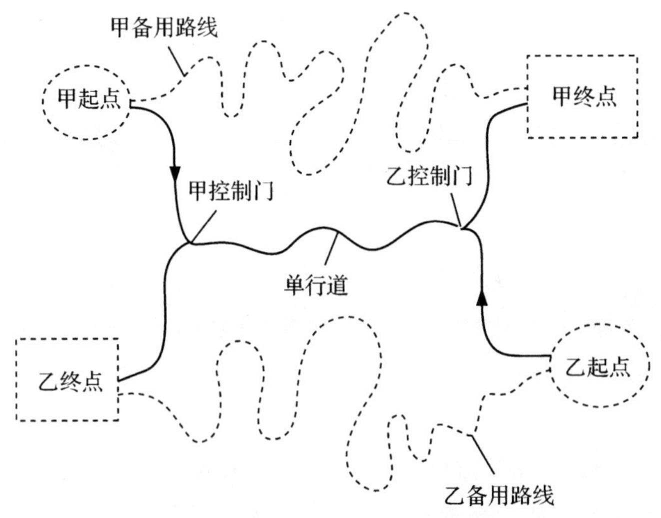

▲ 图 5-2　卡车运输路线图

资料来源：臭雷等．现代心理学．广州：暨南大学出版社：2006，381~382

第二节　社会态度

一、态度的定义与功能

（一）态度的定义

人们对于自然现象（如日出、月落）和社会现象（如攻击、竞争）都会有各种各样的态度。社会心理学研究的一个主要内容是人们对社会现象的态度，称为社会态度（social attitude），简称态度。

态度（attitude）是指个体对人、对事、对周围世界所持有的一种持久、一致的倾向。简单地说，态度就是对人、客体或观念积极或消极的评价。它包含认知、情感和行为倾向三个成分，在社会交往过程中具有特别重要的作用。人们几乎对所有事物都持有态度，但这种态度不是与生俱来的，而是后天习得的。

（二）态度的功能

态度对人们具有多方面的功能。卡茨（Katz，1961）总结出态度的四大功能。

①认知功能。态度能帮助人们组织和吸收外界复杂的信息，从而为个体的行为反应提供具体信息。

②动机功能。态度能帮助人们获得奖励，避免惩罚，故态度具有动机作用，态度将驱使人们趋向或逃离某些事物。

③价值观表达功能。态度能表达人们深层的价值观，它既来自价值观又能表达价值观，这是态度性质中最主要的一点。这就是说，价值观是态度的核心。

④自我防卫功能。态度能帮助人们避免自己内心的焦虑，以维护自己的心理健康。比如，一位教师受到了某位家长的无礼辱骂，内心十分气愤，但为了保持教师形象，尽量克制自己，多方解释，免失教师身份。

二、社会态度的理论

态度的形成过程与个体社会化过程基本同步。婴儿出生的时候只是一个生物体，一个自然人，只有得到成人的照料后，才能发育成长，成为一个社会人。他在成长过程中逐渐对周围世界形成了种种态度，并逐渐掌握了一套稳定的价值观。随着周围环境的变化，他对事物的态度也会发生相应的转变，从而成为符合社会要求的社会成员。因此，态度的形成与转变的过程也就是社会化的过程。

态度的形成过程通常涉及三个阶段：首先是服从或顺从，人们为了获得物质与精神的报酬或避免惩罚而采取的表面服从行为；然后是同化，人们并不是被迫而是自愿地接受他人的观点、信念，使自己的态度与他人要求相一致；最后是内化，这时人们真正从内心深入相信并接受他人的观点，彻底改变自己的态度，因为是真正相信新的观点和思想，就意味着人们已经把这些观点与思想纳入了自己的价值体系之内，成为自己态度体系中的一个组成部分。

对于社会态度的形成与转变，社会心理学家提出了一系列的理论，其中最主要的有学习论、诱因论、认知平衡理论。

（一）学习论

学习论通常也被称作条件作用论。主要代表人物是耶鲁大学的霍夫兰德（Carl Iver Hovland，1912—1961），他认为，人的态度同其他习惯一样，是在后天养成的。人们在获得信息和事实的同时，也认识到与这些事实相联系的情感和价值。斯塔茨（1990）做了一个实验，给被试呈现一些中性词的人名，当出示“汤姆”一词时，说出一些肯定性的形容词，如漂亮、有才华等；当出示“比尔”一词时，则说出一些否定性的形容词，如丑陋、愚蠢等。随后要求被试对汤姆、比尔等人进行评价，说明自己的喜欢程度。结果发现，被试对于与肯定性形容词相联系的人名感到愉快，产生积极的态度，这就是通过学习而形成的态度。

具体而言，人们的态度主要是通过联想、强化和模仿三种学习方式逐步养成并得到发展的。以联想这一学习方式为例，联想是两个或多个观念之间构成联结通道，由一个观念引起另一个观念的活动表现，比如，“直销”原本是一个中性商业词语，但是若媒体多次将其与“金字塔式的传销骗局”联系在一起时，就使人们逐渐形成“直销就是骗局”的基本印象，进而产生否定的态度。由此，有学者（伯克维茨，张德译，1990）认为，孩子的许多偏见，尤其是种族偏见，未必是成人故意教的，而是当孩子看到某一个种族成员时，孩子周围的重要他人说出一些不愉快的词来，使孩子把这一种族同那些不愉快的词所引起的不愉快的感情、态度联系起来，于是孩子讨厌这一种族的态度就形成了。

（二）诱因论

诱因论是从趋近因素和回避因素的冲突来看待态度问题的，即将态度的形成看作在权衡利弊之后做出抉择的过程。在很多情况下，人们对于一件事物既有一些趋近的理由，也有一些回避的理由。比如，对于家长来说，让不让孩子玩电脑游戏就有着明显的趋避理由，按照诱因论，家长的最终态度是由趋近和回避两种因素的相对强度来决定的，当孩子玩电脑游戏利大于弊时，就可以让他玩。

诱因论与学习论的区别在于，诱因论强调人不是被动接受条件作用的环境反应论者，而是主动、积极地对诱因冲突进行周密计算后做出选择的决策者。

（三）认知平衡理论

认知平衡理论是解释态度形成与变化的一个重要理论。该理论认为，人们的信念或态度如果与其他观点、自身行为发生矛盾，就会产生一种内在力量推动其进行自我调整，以达到或恢复认知上的一致。认知平衡论主要有三种模型，它们都是假设社会态度的形成起因于个人的社会认知不平衡。

1. 平衡理论

平衡理论是由海德于1958年提出的。这种理论认为，认知的平衡状态是一种理想的或令人满意的状态。如果认知上出现了不平衡，就会产生心理上的紧张、焦虑和不舒适、不愉快。为了从不平衡状态恢复到平衡状态，需要改变现有的某个认知或添加一种新的认知。

2. 认知失调理论

认知失调理论是费斯廷格1957年提出的。他认为，任何人都拥有许多认知因素，如关于自我、自己的行为以及环境方面的信念、看法等，这些认知因素之间存在三种情况：相互一致或协调，如“我喜欢运动”与“运动有益于身体健康”；相互冲突和不协调，如“我喜欢运动”和“父亲不准我参加体育活动”；相互无关，如“今天要下雨”和“我抽烟很厉害”。当两个认知因素处于第二种情况，即相互冲突和不协调时，人们就会不由自主地驱使自己去减少这种矛盾和冲突，力求恢复和保持认知因素之间的相对平衡和一致。例如，有人抽烟很厉害，已经成瘾，抽烟之后感到心情舒畅，若不抽烟则感到心情烦躁，但又有“抽烟可能生肺癌，肺癌会危及生命”的认知，这两种认知是冲突的，其解除的方法有：第一，戒烟，今后自己不再抽烟；第二，对于“抽烟会致肺癌”的认知因素加以否定，不认为两者有内在联系，认为“不抽烟的人也会生肺癌”；第三，添加新的协调的认知因素。如改抽过滤嘴香烟或者获得关于香烟的新信息，听说最近的香烟很少含尼古丁，听说肺癌只要早期发现，早期治疗，则无生命危险等。

3. 认知—情感相符理论

认知—情感相符理论认为，人们总是试图使其认知与情感相符。换句话说，人们的信念或认识在相当程度上受其感情所支配。例如，一个高考考生的家长在考场外焦急等待时，竟拨打110请求民警爬到树上赶走那些恼人的知了，因为她认为知了的鸣叫声严重影响了儿子考试的发挥。另外，父母有时候会因为对子女的偏爱而不能很好地识别子女的缺点，甚至对子女的弥天大谎也会信以为真。这些例子就是情感支配认知与信念的典型事例。

三、社会态度转变的因素

态度转变的过程也就是被说服的过程，而态度转变的难易程度取决于许多因素。

霍弗兰和韦斯（Havland & Weiss，1959）曾经提出一项态度转变的模式，这是美国社会心理学界公认为有效的模式。他们指出，影响态度转变的因素有四个，即信息的传播者变量、信息变量、渠道变量、信息接受者变量，不仅每种变量可以影响态度的转变，而且各个变量之间亦有相互作用。

（一）信息的传播者变量

信息的传播者，即传递或传播说服性信息的个人，其可信性、吸引力等特征会对信息效果产生主要的影响。通常情况下，具有身体吸引力或社会吸引力的传播者比缺乏吸引力的传播者更容易引起他人态度的转变，例如明星的广告随处可见，而且，可信赖的传播者和专家形象与信息的影响力密切联系，比如，牙膏广告的代言人通常都是医生形象（Hovland，Janis，& Kelley，1953；Ziegler，Diehl，& Ruther，2002）。

霍弗兰发现，信息传播者的可信性影响在信息刚刚传递后的效果最大，时间一久，就逐渐变小，然而，原来低可信性的信息传播者的效果却随时间的推移而上升。这种现象称之为睡眠者效应（或事后效应）（sleeper effect）。最近，学者们研究了影响睡眠者效应的一些因素，发现当信息传播者所提供的信息伴有含糊性的暗示时，或者有强烈暗示影响人们更快、更好地记忆信息内容时，睡眠者效应就容易产生（Greenwald & Ardner，1988）。

（二）信息变量

信息本身的内容及组织对于宣传说服及态度转变均有重要影响。一般而言，包含正、反两方面观点的信息比只具有单方面观点的信息更具有说服力。因为正、反两方面观点的信息给人们一种客观、公正的感觉，尤其是当听众与劝说者的观点不一致，而听众又比较熟悉该论题时，这种正、反两方面的论述效果最佳。此外，当恐惧诉求信息（“如果性行为中不采取安全措施，就容易患艾滋病”）能够提供给听众一种减少恐惧的方法时，这种诉求通常会很有效。但如果唤起的恐惧感太过强烈，这些信息就会激起人们的防御机制而被忽略掉（Rosenthal，1997; Perloff，2003）。

（三）渠道变量

宣传说服有许多渠道，包括个人对个人的一级大众传播媒介，如报纸、杂志、无线电、电视、录像等。其实，没有绝对的最好渠道，各种渠道各有优点，适合于不同的目标和目的。印刷品如报纸、杂志、书面材料等所阐述的内容有助于人们更好地理解，尤其是当信息内容非常复杂时，这一优点更为明显，它允许人们反复阅读，避免遗漏或误解信息。如果信息简单的话，那么视听效果更好。还有研究表明，信息传播者若具有吸引力，则他在录音、录像中更具说服力；若无吸引力，则他在书面信息中较具说服力。

（四）信息接受者变量

一旦传播者发出信息，其目标受众的特征就会决定这一信息是否会被接受。比如，聪慧的人比愚钝的人对他人的说服有更强的抵制力。而且，在说服过程中，认知需要低的人更容易接受他人的说服。另外，信息传播者的信息能否被对方接受，和其与信息接受者原有的态度的距离有关。在一定范围内，距离越大可能态度改变也越大，但超过一定的范围可能效果甚微。

同时，受众对说服信息的接受与他们所采用的信息加工类型有关。社会心理学家已经找到两种基本的信息加工途径：中央途径和边缘途径。当受众仔细思考说服过程中所涉及的观点和论题时，就产生中央途径信息加工（central route processing）。与之相对，当受众注意到那些与说服信息的内容和本质无关的其他信息时，就会产生边缘途径信息加工（peripheral route processing）。也就是说，一些与问题无关的或问题外部的因素，诸如信息的提供者、信息传播的背景等都会影响说服过程。

一般来说，高卷入和高动机的人会使用中央途径加工来理解信息。如果我们没有卷入到事件中去，或者没有被激发，或者处于厌烦以及注意分散的状态时，信息的本质就变得不重要了，而信息以外的因素就显得至关重要（见图5-3）。虽然中央途径和边缘途径加工都会导致态度的改变，但中央途径加工通常导致更强烈、更持久的态度变化。

四、态度与行为

（一）态度影响行为

态度和行为之间的关系十分复杂，许多学者提出了自己的看法。态度可以影响行为，但是态度和行为之间不是一一对应的关系，因为行为除了受态度的影响之外，还受其他因素的影响，特别是受当时情境的影响。可以说，态度与行为的不一致主要取决于当时的情境。例如，人们往往不愿意和他不喜欢的人坐在一起，但他长途旅行时，发现车上只有一个座位空着，旁边坐了他所不喜欢的人，于是他不得不在空位上坐下来。这一行为与他的态度是不一致的，但当时的情境迫使他这样做。逢场作戏的抽烟也是如此，一个人不喜欢抽烟，也无抽烟习惯，父母也不赞成他抽烟，但在大家都抽烟的情境下，他也可能抽烟，这就是情境使他的态度与行为发生不一致。

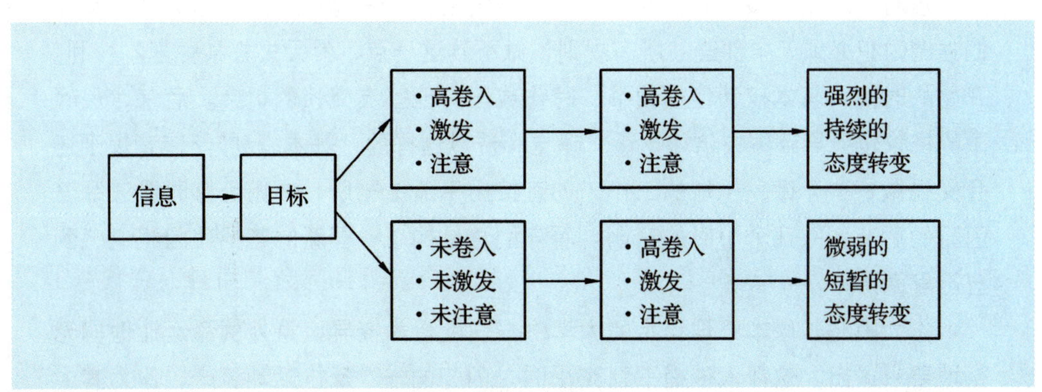

▲ 图 5-3　态度改变的机制

（二）行为影响态度

态度在特定情况下会影响人的行为，同时，人们也倾向于相信他们已经支持的东西，即态度会服从于行为，也就是说行为会影响一个人的态度。如对人进行“思想控制”的一个关键因素就是有效利用登门槛技术，当人们先接受一个小的要求后，就更可能在后来接受一个更大的要求。这种行为与态度相互推进的“鸡与蛋”式的螺旋会使人们的行为逐步升级。一个无关紧要的行为使得下一个行为变得更为容易。屈从于一个诱惑后，你会发现下一个诱惑更难抵制。

链接

斯坦福监狱实验

美国加州夏季的一个周日，一阵警笛声打破了大学生汤米·怀特洛平静的早晨。一辆警车在他家门口急促地停下。几分钟之内，汤米因为一种严重的罪名而被捕。有人宣读了宪法赋予他的权利，经过搜身，并带上了手铐。经过登记和留下指纹，汤米被蒙上眼睛，押送入斯坦福监狱。在监狱里，他被脱光衣服，喷洒了消毒剂，穿上工作服一样的制服，制服前后都有一个表示身份的数字，汤米变成了647号囚犯。另外八名大学生也这样被捕并被指定了不同的号码。

汤米和他同牢房的室友都是志愿者，他们看到报纸广告后应征而来，同意参加研究，体验一段为期两周的监狱生活。通过随机掷硬币的方式，有些志愿者被分配担当囚犯的角色，其他人则成为看守。所有人选都经过了很多心理测试、面试，是从大量的学生志愿者当中挑选出来的，他们被确认为遵纪守法、情绪稳定、身体健康的普普通通的平常人。囚犯整天待在监狱里，看守则八小时轮值上班。

这些学生一旦接受了随机分派给他们的角色之后会发生什么情况？处于看守角色时，原本温文尔雅的大学生变得盛气凌人——有时甚至残酷成性。看守们强调囚犯必须无条件遵守所有规则，做不到这一点，就会失去某种基本权利。开始的时候，基本权利包括读书、写作或与其他室友交谈的机会。后来，最轻微的抗议也会导致失去诸如吃饭、睡觉和洗漱这样的“基本权利”。违背规则还会受罚做一些卑微、机械的工作，如直接用手清洁厕所，做俯卧撑时看守踩着囚犯的后背，关几个小时的禁闭。看守们总是构思一些新的花招让囚犯们感到自己卑微无力。

作为囚犯，原本心理稳定的大学生很快就行为怪异，意外的命运让他们无奈地要求退出。这帮人被捕不到36小时，囚犯的一次反抗活动流产，作为其中的一个小头目，8412号囚犯早晨醒来开始失声痛哭。他变得有些情绪激动、思维混乱，而且严重抑郁。第二天，又有三名囚犯出现类似的应激症状。还有一名囚犯，当假释委员会拒绝他的假释请求后，他全身都起了同心身因素有关的皮疹。

因为这五名囚犯的过度的应激反应，主试提前“释放”了他们，而且在实验进行到第六天的时候，主试便不得不终止原定时间为两周的实验。由于这些志愿者的贡献，社会心理学家们得以发现：在模拟的监狱情境之中，在作为看守人和囚犯的志愿者的心里产生了一种全新的社会现实——真实的监狱。

资料来源：［美］理查德·格里格，菲利普·津巴多著．王垒，王甦等译．心理学与生活，北京：人民邮电出版社，2003：481~482

第三节 社会影响

一、社会影响的定义

在新学期开始，你正准备去上选修课的第一次课。当教授走进教室，同学们立刻起身，向教授鞠躬，然后静静地站着，双手背在身后。而你从来没有遇见过这种情况，同时你也不了解这种行为。那么，此时此刻，你是否会和其他同学一样迅速站起来，或者是稳坐不动？研究结果显示，绝大多数人会选择第一种答案。这就是社会影响的作用。社会影响（social influence），就是通过个体或群体的行为影响他人行为的过程。

人们常常会说“人在江湖，身不由己！”这表明，人们的行为并不只是自己意愿的表现，或多或少要受他人的影响。在本节中我们将重点介绍人们的行为是如何受社会影响的。本节主要阐述社会影响的几个方面，即群体思维与群体极化现象、从众行为、依从行为、服从行为。

二、群体思维与群体极化

在20世纪六七十年代，一批心理学家关注群体决策的研究，提出了一些令人深思的问题。他们发现群体决策时，当一个群体的凝聚力很强而领导者又竭力要推行自己喜爱的方案时，往往方案得不到充分的讨论，而一些脱离实际的决策得以通过。在群体的讨论与决议时，个体的心理与决策行为受到很大的影响，使个人的决策更具极端性。这就是下面将要讨论的群体思维与群体极化现象，它们严重影响决策的质量与客观性，值得认真地加以思考。

（一）群体思维

1．群体思维的概念

贾尼斯（Janis，1972）在研究群体决策时，提出了一个著名的概念——群体思维。他指出，群体思维是“团结得很紧密的、凝聚力很高的一个群体，或者一个小组，由于群体压力等这样那样的原因，会作出脱离实际的决议，违背道德标准，造成不良后果”。群体思维的实质就是一种群体偏见，是在一个凝聚力很高的群体决策时，常采取的一种迅速而简单的思维方式。

贾尼斯在研究群体思维时，回顾了美国历史，分析了美国高层决策失误的几个重大政治事件。他列举了四个例子：一是罗斯福总统执政期间的珍珠港被袭事件；二是肯尼迪政府策划的猪湾入侵事件；三是杜鲁门政府的侵朝战争；四是约翰逊政府的侵越战争。这四个事件均铸成大错。他认为群体思维是这四个重大政治与军事决策失误的重要原因。如猪湾入侵，就在于肯尼迪对古巴政局估计错误，而内阁成员表示忠诚肯尼迪，没有展开讨论，结果表面上一致通过，最终导致入侵古巴的雇佣军被全歼，美国政府大失脸面。

2．群体思维的条件、表现及后果

贾尼斯提出了一个理论分析模型，概括地分析了群体思维的条件、表现及后果（见图5–4）。

一般来说，群体思维比较容易发生在有强有力的领导带领的群体和凝聚力

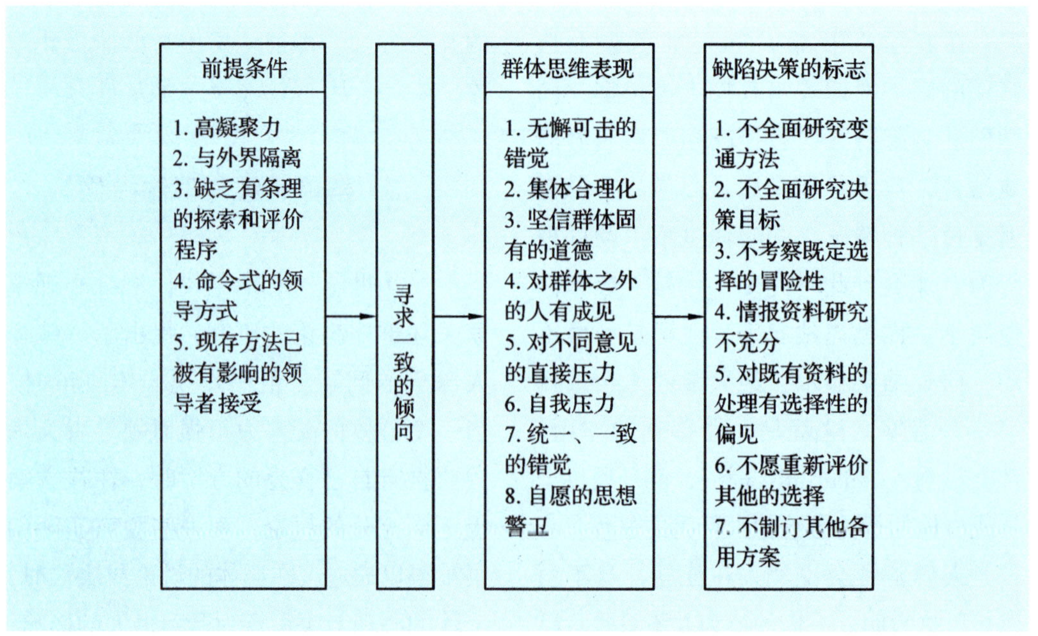

▲ 图 5–4　态度改变的机制

极高的团体中，具体来说有五个前提条件。正是因为这些因素，使得群体成员强烈希望群体内部保持一致，从而导致群体思维的产生，最终导致群体做出错误决策。

贾尼斯认为导致群体决策失误的群体思维具有以下8种表现。

（1）无懈可击的错觉。大部分成员具有严重的错觉，过于自信，过于乐观，看不到决策的风险性，进而把一个极具冒险性的决策视作无懈可击。

（2）合理化。群体将自己做出的决议合理化，对已做出的决议不愿再审察、再思考，而是努力地文过饰非，诿过于人。

（3）对群体的道德深信不疑。盲目坚持自定的道德标准，不顾决策所承担的道德后果，不理会外界提出的道德上的质询与挑战。

（4）对对手的看法刻板化。即群体思维时往往对对手抱有成见，认为对手愚蠢、软弱，不堪一击，或是认为对手是恶魔，不愿或不屑与之谈判。

（5）从众压力。群体的意见一旦获得多数人赞成，就会对少数持不同意见者造成压力。如果少数人坚持自己的意见，就会受到劝说、嘲笑乃至被群体隔离，这些人不得不屈从于群体压力，与群体的意见保持一致。

（6）自我压抑。持不同意见的成员，为了与群体意见保持一致，往往避免提出自己的意见，压抑自己的意见，保持沉默，并进而检查自己的异议观点，自己搞通自己的想法。

（7）统一错觉。即在群体思维的作用下，往往会产生群体决议表面上“一致通过”的错觉，这是由于在自我压抑和从众压力的作用下，不少人放弃或压抑了自己的意见，因此，群体成员在观察他人的行为时，都容易被表面上的一致所迷惑。

（8）思想警卫。当遇到不同观点时，群体成员会成为群体观点的捍卫者。他们都坚持群体意见，会采用遁词抵制不同意见，甚至采取扣留不利于群体意见的信息与资料，限制不同意见的发表等手段来竭力保护群体意见的合法性与影响力。

3. 群体思维的防止方法

群体决策时容易产生群体思维，但这不是必然的。贾尼斯举了两个例子来说明，如果群体决策能避免群体思维，也可以得到很好的决议。如马歇尔的欧洲复兴计划，肯尼迪政府的加勒比海事件的决策。这两项重大决策都是在决策过程中反复争论、比较、筛选，最后才做出的决定，因此获得良好的效果。心理学家希尔（Hill，1982）的研究也证明了群体决策并不一定带来群体思维的不良影响，在很多情况下群体决策比个人决策好。在日常生活中，由于社会事件的复杂性、技术发展的专业性、一个人知识的有限性，现代人越来越依赖于群体的智慧，但群体决策时，如何避免出现群体思维的消极影响，仍是一个十分重要的问题。在这方面，贾尼斯也作了深入的研究。他在其《群体决策》一书中提出了防止群体思维发生的十种方法。

（1）使群体成员懂得群体思维现象，及其产生的原因与后果。

（2）领导者不要迫使群体采纳自己喜爱的方案，在将问题交付群体讨论时，不要在一开始就表达自己的倾向性意见。

（3）领导者应经常使群体成员成为一个评论者，对任何意见都展开坦率的评论。应真心实意地欢迎不同的意见，要支持和保护持异议者。

（4）可以有意识地指定一位或多位成员充当反对者角色，专门提出反对意见。

（5）应将群体分为若干小组各自对问题进行讨论，然后再交全体会议交流意见。

（6）如果问题涉及与对手群体的关系，则应花时间充分研究一切警告性信息，并确认对方会采取的各种可能的行动。

（7）在一个重大问题的决策快要形成决议时，不要匆忙地做出决议，要让大家有再一次深思熟虑的“第二次机会”。

（8）除了确实需要保密的问题以外，应广泛征求各方面的意见，还可以请群体之外的专家参加讨论，提出意见。

（9）每个群体成员都应向可依赖的有关人士就群体意向交流意见，并将它们反馈回群体。

（10）采用几个不同的相互独立的小组，分别同时就有关问题进行决策。

（二）群体极化

1. 群体极化的概念

群体极化是指群体讨论与决议时，个体的观点、态度得到加强，导致观点、态度更极端化的现象。按照群体极化的研究，通常是群体讨论中多数人同意的意见得到加强，使原来赞同这一观点者更加坚信自己意见的正确性；而原来群体反对的意见，讨论后反对的态度也更坚决。

斯托纳（Stoner，1961）曾让被试做一份“两难问卷”。问题是：某位工程师有两份工作可供选择，一份是在薪水一般的一家大公司工作，这家公司能提供很好的医疗保险；另一份工作是在一家新开的、冒险性较高的公司从事一项需要创造性的工作。如果公司成功，他就会有美好的未来，否则就要失业。这新公司成功的可能性为1/10，3/10，5/10……甚至到10/10。问你会在多大可能性成功的情况下支持他去新公司工作？斯托纳让被试做出单独选择，然后让其在群体中讨论后做出选择。结果发现，经群体讨论后，被试的选择都趋向于更冒险。这一现象即是冒险性转移。在柯根等人（Kogan&Wallach，1967）的一项风险投资的类似实验中得出，个人决策时倾向于需要70%的成功率才能进行投资，而群体决策时只要有50%的成功率就敢投资，说明在群体讨论与决策的情境下，个体会接受冒险性高得多的决定。

虽然在大多数两难问题上，群体讨论使个体趋向做出更冒险的决定。但柯根等人也指出，在一小部分问题中也存在趋向于更保守的决定。事实上，群体讨论不是必然产生更冒险的决定，而是导致更极端的决定，即所谓群体极化。

群体极化不仅表现在做决定方面，也表现在群体讨论对个体的态度与判断的影响方面。莫斯科维奇等人（Moscovici et al.，1969）实验发现，群体讨论后，法国学生对戴高乐将军的态度更为积极，对美国人的态度更为消极。其他研究也指出，群体讨论可能使无成见的人更无成见，有成见的人成见更深（Myers & Bishop，1970）。

2. 群体极化的原因

（1）信息的影响。信息的影响又表现在两个方面，一是当人们对群体中其他人的立场不明确时，听到新奇的说服性意见后，表现出极化效应（Burnstein & Vinokur，1973，1977）；二是群体中的一种意见得到最好的支持解释时，会使其他成员被说服，从而改变观点，使该观点在群体中被极化。辛茨等人（Hinsz & Davis，1984）认为，论据是态度在群体中被极化的主要原因。

（2）社会比较的影响。有研究指出，当人们了解到其他人的立场，但并没有听到他们的支持性理由时，仍同样表现出极化效应，这一现象明确表现了社会比较的影响（Sanders & Baron，1977；Goeth & Zanna，1979）。群体讨论时，会形成占主导地位的群体的意见与态度，群体成员会自觉与不自觉地与群体的意见与态度比较，与群体的意见与态度趋向一致。

（3）文化价值取向的影响。为什么在多数情况下，群体极化表现为冒险性增加？很重要的原因就是在日常生活中，人们倾向于对高冒险的人有高的评价。斗牛、飞车、孤身涉险者被人视为英雄，被媒体广泛报道，从而使人趋向于更为冒险的活动。

三、从众行为

（一）定义

从众（conformity）是指在任何形式的群体压力下，个体放弃自己的观点、态度和行为，采取与大多数人一致的观点、态度和行为的现象。所谓“随波逐流”“人云亦云”就是从众的最好写照，它在日常生活中是非常普遍的现象。

（二）影响从众行为的因素

自阿希的开拓性研究之后，已有数以百计的研究对从众行为进行了细致地研究，发现从众行为依存于许多因素。

1. 群体因素

一是群体规模，从众行为与群体规模密切相关。群体规模越大，赞成某一观点或采取某一行为的人数越多，则群体对个人的压力就越大，个人很容易采取从众态度。反之，群体规模小，则容易产生抵制行为。二是群体凝聚力，群体的凝聚力越强，说明群体对其成员的吸引力越大，则产生从众行为的可能性就越大。而且，一个人在群体中所处的地位越低，群体对其行为的影响力越大。三是群体意见的一致性，研究表明，那些一致支持某种立场的群体所表现出的从众压力最明显。但是，当群体中出现一个“反从众者”时，则其他人的从众行为大大减少。

2. 情境因素

一是任务特征，人们在面对模棱两可的任务或问题时，或者没有清晰的答案时，更容易感觉到社会压力。例如，让一个人预测明年服装的流行趋势时，他更可能屈服于从众的压力。二是权威人士的影响力，在群体中人们往往听从权威者的意见，而忽视一般成员的观点，如果个体完成某任务的能力比群体中其他成员低，那么他在完成该任务时更可能从众。例如，电脑初学者置身于电脑高手之中，自然会感到压力而服从有关电脑操作的意见。三是从众行为的公开性，如果人们必须在公共场所而不是在私下做出反应，那么从众的可能性就更大。

3. 个人因素

一是人格特征，个人的智力、自信心、自尊心以及社会赞誉需要等个人心理特征与从众行为密切相关。智力低下、自信心不足、社会赞誉需要较高的人容易表现出从众行为。二是文化差异，不同民族、国家的从众倾向有其文化特性。米尔格拉姆（Milgrom，1961）研究发现，挪威学生比法国学生更从众，人们认为可能是由于法国社会传统上强调个人，而挪威社会则重视社会责任。同时，文化是个动态的且发生变化的概念。在巴西、加拿大和美国，多次重复阿希的实验，发现从众比例比20年前有所降低（Nicholson，1985；Lalacette & Standing，1990; Larson，1990）。

四、依从行为

依从（compliance）也称社会依从、顺从，即一个人对他人的意愿或行为的遵从，但往往内心并不情愿，只是迫于社会压力而答应别人，它是社会影响的一种类型。

从众通常是一种社会压力很微妙或间接的现象。但是，在一些情况下，社会压力非常明显，有直接的、外显的压力迫使人们按照某一特定观点或某一特定方式去行动。这种产生于直接社会压力的行为类型就是依从。

有一些特殊的销售策略表明了形成依从的方法。

（1）登门槛技术（foot-in-the-door technique）。一位销售人员来到你家门前，请你接受一个小小的样品。如果你接受了，那么之后，对方提出一个较大的请求，由于你已经接受了第一个请求，因此，你就很难再拒绝对方了。社会心理学家把这种策略称之为登门槛技术。根据这一技术，你首先可以请他人先答应一个小请求，随后再请他答应一个更为重要的请求。结果显示，如果这个人先接受了第一个小恩惠，那么他对后面更重要的请求的依从会明显提高。

（2）留面子技术（door-in-the-face technique）。一个募捐者希望得到你500块钱的捐款。你笑着拒绝了，并告诉他这个数目远远超出了你的能力。然后他请求你捐出10块钱。你会怎么做呢？如果你和大多数人一样，那么你很可能愿意依从，但是，如果他事先没有向你要一大笔捐款，你则可能不会依从。这就是“留面子技术”，即某人先提出一个大的请求，并希望遭到拒绝，然后再提出一个较小的请求。这种技术和登门槛技术相反，但是也非常有效，并被广泛运用，如编剧们通常会在剧本中添加一些明知道要被删掉的过分暴露的情节，以期保留一些其他的重要内容（Cialdini，2000）。

（3）折扣技术（that's -not-all technique）。当销售人员使用这种技术时，他会先给你报一个虚高的价格。在最初报价后，销售人员会立即提供一份奖品、折扣或奖金以促成这笔买卖。虽然听起来这种技巧很容易被识破，但是在实际生活中这一技巧非常有效。在一项研究中，实验者搭起一个售货摊，销售杯形蛋糕，每个7毛。在第一种情况下，实验者直接告诉消费者蛋糕的价格是7毛钱。但在第二种情况下，实验者告诉消费者，蛋糕原价是1块钱，但现在降到7毛。结果显示，有更多的消费者购买了“降价”的杯形蛋糕（Burger，1986）。

五、服从行为

服从（obedience）是指个体遵守规则或屈从于权威组织、权威人士发出的明确的指示、命令而行动的行为。服从行为一般在两种不同的情况下产生，一种是在有一定的组织的群体规范影响下的服从，如遵纪守法、维护社会秩序等；另一种是对权威人物命令的服从，如一切行动听指挥、下级服从上级等。

关于服从行为的经典研究之一是米尔格拉姆（Milgram，1963）进行的对于权威命令服从的实验研究。米尔格拉姆首先在报纸上刊登广告，公开招聘受试者，每次实验付给4.5美元的酬金，结果有40位市民应聘参加实验，他们当中有教师、工程师、邮局职员、工人和商人，年龄在25~50岁之间。实验时，主试告诉这些应聘者，他们将参加一项研究惩罚对学生学习的影响的实验。两人一组，一人当学生，一人当老师。谁当学生谁当教师，用抽签的方式决定。教师的任务是朗读配对的关联词，学生则必须记住这些词，然后教师呈现某个词，学生在给定的四个词中选择一个正确的答案。如果选错，教师就按电钮给学生施以电击作为惩罚。

由于事先的安排，实际上每组中的教师是真被试，学生是实验者的助手（假被试）。听过这一实验描述的大多数人都认为，任何参与者都不可能给出最高电压的电击，甚至不会给出任何程度的电击。但是，实验结果与人们的预测并不相符。大约65%的参与者最终使用了电击发生器的最强电压“450伏特”来电击学习者。甚至当个别学习者在实验开始的时候提到他的心脏有问题，并要求停止实验的时候，大多数参与者仍然会继续施加电击。

在实验结束后，实验者对参与者进行了广泛的访问，参与者说，他们服从的主要原因在于，他们认为实验者会对任何潜在的负面影响负责任，即“责任转移”。除此之外，还有研究发现“合法权力”也是人们产生服从的原因之一。目前，大量研究表明，影响服从的因素主要涉及三个方面：

（1）命令的发出者，尤其是他的权威性、他对命令执行者是否关心、爱护以及他是否监督命令执行的全过程等因素都会影响到执行者的服从。

（2）命令的执行者，他的道德水平、人格特征、执行类似命令的经历以及文化背景等因素也会影响到他对命令的服从程度。

（3）情境因素，例如，执行者的拒绝行为是否得到了他人支持、是否有榜样行为、奖励机制以及拒绝或执行命令的行为反馈情况等因素，都会影响到个体的服从行为。

链接

从众压力实验

社会心理学关于从众行为的实验研究很多，其中一个经典实验是阿希（Asch，1951）进行的一系列研究，获得了一系列重要的研究结果。典型的实验材料是18套卡片，每套两张，一张画有标准线段，另一张画有比较线段。在一次实验中，共有7名被试，其中6人是实验者的助手（即假被试），只有一人是真正的被试，而且总是安排在倒数第二个回答。几个被试围桌而坐，面对两张卡片，依次比较判断1、2、3三条线段中哪一条与标准线段等长（见图5–5）。实验要求被试大声说出他所选择的线段。18套卡片共呈现18次，前几次判断，大家都做出了正确的选择，从第7次开始，假被试故意做出错误的选择，实验者观察被试的选择是独立的还是从众的。实验结果表明，在大约1/3的测试中，被试服从了一致但是答案错误的小组，所有被试中有大约75%的人至少服从过一次。然而，他

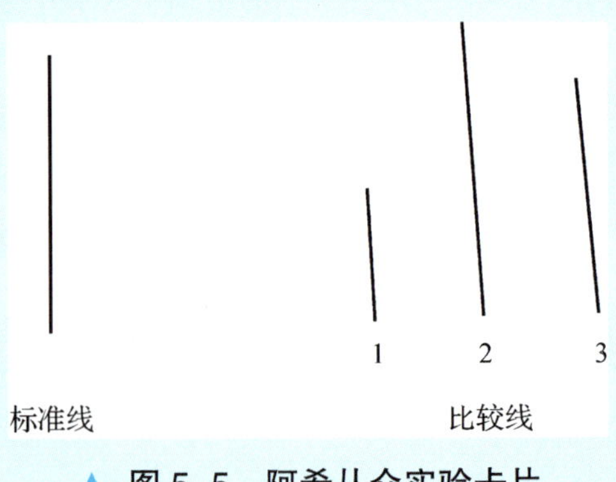

▲ 图 5–5　阿希从众实验卡片

发现了很强的个体差异，一些人几乎每次都服从，而一些人从来都不服从。

资料来源：Asch S.E. Effects of Group Pressure Upon the Modification and Distortion of Judgments. In H. Guetzkow (Ed.), Groups, Leadership, and Men. Pittsburgh：Carnegie Press，1951

本章复习与摘要

1. 群体是人们为了共同的目标结合在一起，彼此之间存在相互作用，心理上有相互依存关系和情感联系的人群。群体的特征表现在群体目标、群体结构、群体的意识与情感三个方面。根据分类的目的与标准的不同，群体可以分为大型群体与小型群体；正式群体与非正式群体；实属群体与参照群体；松散群体、联合群体和集体。

2. 社会助长作用是指个体在他人在场或与他人一道工作时，可以促进其活动效率提高的现象。与社会助长作用相反，个体在他人在场或与他人一道工作时，导致了其活动效率的下降，就被称为社会干扰作用。

3. 社会惰化作用指的是群体成员一道工作时个人付出的努力比单独完成时偏少的现象。

4. 去个性化是指个体在群体中活动时，对群体的认同淹没了个人的身份，使其失去了通常的个性感。去个性化产生的心理机制是匿名性和责任分散、注意转移与自觉性减弱。

5. 竞争是不同的个体或群体为了同一个目标展开争夺，不顾他人利益以期获得最大个体利益或自己所属群体的利益的行为。合作是不同的个体与群体为了共同的目标，相互支持，协同活动，促使某种有利于双方的结果得以实现的行为。竞争、合作与效率的关系复杂。

6. 社会态度是人们对人、对事、对己的一种喜欢或不喜欢的评价，包含认知、情感和行为倾向三个成分，在社会交往过程中具有特别重要的作用。

7. 对于社会态度的形成与转变，社会心理学家提出了一系列的理论，其中最主要的有学习论、诱因论、认知平衡理论。

8. 霍弗兰等人提出了一项态度转变的模式，此模式被许多学者公认为有效的与合理的。此模式包括四种变量，即信息的传播者变量、信息变量、渠道变量、信息接受者变量。

9. 群体思维的实质就是一种群体偏见，是在一个凝聚力很高的群体决策时，常采取的一种迅速而简单的思维方式。

10. 群体极化是指群体讨论与决议时，使个体的观点、态度得到加强，导致观点、态度更极端化的现象。群体极化现象的原因有信息、社会比较、文化价值取向等的影响。

11. 从众是指在任何形式的群体压力下，个体放弃自己的观点、态度和行为，采取与大多数人一致的观点、态度和行为的现象。

12. 依从也称社会依从、顺从，即一个人对他人的意愿或行为的遵从，但往往内心并不情愿，只是迫于社会压力而答应别人，它是社会影响的一种类型。一些特殊的销售策略表明了行为依从的方法，如登门槛技术、留面子技术、折扣技术。

13. 服从是指个体遵守规则或屈从于权威组织、权威人士发出的明确的指示、命令而行动的行为。影响服从行为的因素主要涉及三个方面，即命令发出者方面有无权威性、有无监督等；命令执行者本人的道德水平、人格特征、文化背景等；情境因素如是否有榜样行为等。

第六章 人格与测量

在生活中我们可以看到人与人之间的差异，也能看到人与人之间的相似性。人们面对同样一种情境时会有许多不相同的反应。2001年9月11日恐怖分子劫持了4架民航客机撞击美国纽约世界贸易中心和华盛顿五角大楼，包括美国纽约地标性建筑世界贸易中心双塔在内的6座建筑被完全摧毁，其他23座高层建筑遭到破坏，美国国防部总部所在的五角大楼也遭到袭击。这一恐怖事件给当地人的生活带来了不可估量的影响。在这些事件发生的时候，人们都有着相似的心理反应，震惊、愤怒、悲伤、恐惧。但是当这些事件渐渐过去时，人们身上所表现出来的情绪又有所不同。一些人向别人倾诉他们的情感，一些人则把他们的情绪藏在心中。很多人从他们的宗教那里寻求心灵的安慰。一些幸存者在一年后与他们的社区联系更紧密；另一些人则决定撤离此地。有人每天关注调查的进程，有人则故意回避听新闻。所有这些不同的心理特征都反映出个体不同的人格特点。

第一节　人格概述

一、人格的定义与特征

（一）人格的定义

人格“personality”一词，最初源于古希腊语“persona”，此词的原意是指希腊戏剧中演员戴的面具，面具随人物角色的不同而变换，体现了角色的特点和人物性格。就如同我国戏剧中的脸谱一样。心理学沿用面具的含义，转意为人格，其中包含了两个意思：一是指一个人在人生舞台上所表现出来的种种言行，即人遵从社会文化习俗的要求而做出的反应。人格所具有的“外壳”，就像舞台上根据角色要求所戴的面具，表现出一个人外在的人格品质；二是指一个人由于某种原因不愿展现的人格成分，即面具后的真实自我，这是内在的人格品质。

“人格”这个词在我们日常生活中用得非常频繁，如“他具有健全的人格”“他的人格高尚”“他出卖了自己的人格”……这些描述包含了人格的多重含义，有法律意义上的人格，有道德意义上的人格，有文学意义上的人格，也有社会学意义上的人格。在心理学中人格的准确含义是什么呢？

人格是心理学中探讨完整个体与个体差异的一个领域。到目前为止，由于各自的研究取向不同，心理学家对人格的看法有很大差异。综合各家的看法，可以这样定义人格：人格是个体在遗传素质的基础上，通过与后天环境的相互作用而形成的相对稳定的和独特的心理行为模式。

（二）人格的特征

人格是一个具有丰富内涵的概念，其中反映了人格的多种本质特征。

1. 独特性

一个人的人格是在遗传、成熟和环境、教育等后天因素的交互作用下形成的。不同的遗传、生存及教育环境，形成了各自独特的人格特征。“人心不同，各如其面”，人与人之间没有完全相同的心理面貌。每个人的人格都由独特的个性倾向与心理面貌特征组成。即使是同卵双生子，他们的心理面貌也不完全相同。生活在同一社会群体中的人也有一些相同的人格特征，如中华民族是一个勤劳的民族，这里的“勤劳”品质，就是共同的人格特征。但是，从整体上讲，每个人的人格都是独一无二的。

2. 稳定性

人格具有稳定性。在行为中偶然发生的、一时性的心理特征，不能称为人格。例如，一个人比较内向，那他在大多数时间与场合都会表现出内向的特征，这种特点不可能在短期内有较大的变化。这就是人格的稳定性。俗话说，“江山易改，禀性难移”，这里的“禀性”就是指人格。当然，强调人格的稳定性并不意味着它在人的一生中是一成不变的，随着生理的成熟和环境的改变，人格也可能产生或多或少的变化。

3. 整体性

人格是由多种成分构成的一个有机整体，具有内在的一致性，受自我意识的调控。人格的综合性是心理健康的重要指标。当一个人的人格结构各方面彼此和谐一致时，他的人格就是健康的。否则，会出现适应的困难，甚至出现“分裂人格”。

4. 功能性

人格在一定程度上会影响一个人的生活方式，甚至会决定某些人的命运，因而是人生成败的根源之一。当面对挫折与失败时，坚强者能发奋拼搏，懦弱者会一蹶不振。这就是人格功能的表现。

二、人格的结构

人格是一个复杂的结构系统，它包括许多成分，其中主要包括气质、性格、自我调控等方面。

（一）气质与性格

1. 气质

气质（temperament）是表现在心理活动的强度、速度、灵活性与指向性等方面的一种稳定的心理特征，即我们平时所说的脾气、秉性。人的气质差异是先天形成的，受神经系统活动过程的特性所制约。孩子刚一落生时，最先表现出来的差异就是气质差异，有的孩子爱哭好动，有的孩子平稳安静。

气质是人的天性，无好坏之分。它只给人们的言行涂上某种色彩，但不能决定人的社会价值，也不直接具有社会道德评价含义。一个人的活泼与稳重不能决定他为人处世的方向，任何一种气质类型的人既可以成为品德高尚、有益于社会的人，也可以成为道德败坏、有害于社会的人。气质不能决定一个人的成就，任何气质的人经过自己的努力都可能在不同实践领域中取得成就，也可能成为平庸无为的人。

2. 性格

性格（character）是一种与社会相关最密切的人格特征，在性格中包含有许多社会道德含义。性格表现了人们对现实和周围世界的态度，并反映在他的行为举止中。

性格主要体现在对自己、对别人、对事物的态度和所采取的言行上。所谓态度，是个体对社会、对自己和对他人的一种心理倾向，它包括对事物的评价、好恶和趋避等方面。态度表现在人的行为方式中。例如，当国家和集体财产遭受损失时，有人不惜献出自己的生命奋起保卫，有人则退缩自保，有人甚至趁火打劫，这就是人们对同一事物的不同态度。这些不同的态度表现在人们的不同行为方式中，构成了人的不同性格。

性格表现了一个人的品德，受人的价值观、人生观、世界观的影响，如有的人大公无私，有的人自私自利。这些具有道德评价含义的人格差异，我们称之为性格差异。性格是在后天的社会环境中逐渐形成的，是人的最核心的人格差异。性格有好、坏之分，能最直接地反映出一个人的道德风貌。

性格是在社会生活中逐渐形成的，同时也受个体的生物学因素的影响。研究发现，脑损伤或脑病变对人的性格有影响。一个额叶受损伤的人，性格会发生明显的变化，病人变得动静无常，有时爱说粗俗的下流话，对伙伴缺少尊重，不能容忍约束或劝告，时而极端顽固，时而反复无常，时而犹豫不决……这一研究说明，大脑皮质的额叶与人的性格有关。

（二）自我调控系统

自我调控系统是人格中的内控系统或自控系统，具有自我认知、自我体验、自我控制三个子系统，其作用是对人格的各种成分进行调控，保证人格的完整、统一、和谐。

1. 自我认知

自我认知（self-cognition）是对自己的洞察和理解，包括自我观察和自我评价。自我观察是指对自己的感知、思想和意向等方面的觉察；自我评价是指对自己的想法、期望、行为及人格特征的判断与评估，这是自我调节的重要条件。如果一个人不能正确地认识自我，只看到自己的不足，觉得处处不如别人，就会产生自卑心理，丧失信心，做事畏缩不前……相反，如果一个人过高地估计自己，也会骄傲自大、盲目乐观，导致工作的失误。因此，恰当地认识自我、实事求是地评价自己，是自我调节和人格完善的重要前提。

2. 自我体验

自我体验（self-experience）是伴随自我认识而产生的内心体验，是自我意识在情感上的表现。当一个人对自己评价积极时，就会产生自尊感；作消极的评价时，会产生自卑感。自我体验可以使自我认识转化为信念，进而指导一个人的言行；自我体验还能伴随自我评价，激励适当的行为，抑制不适当的行为。如一个人在认识到自己不适当的行为后果时，会产生内疚、羞愧的情绪，进而制止这种行为的再次发生。

3. 自我控制

自我控制（self-regulation）是自我意识在行为上的表现，是实现自我意识调节的最后环节。如一个学生意识到学习对自己发展的重要意义，会激发起努力学习的动机，在行为上表现出刻苦学习、不怕困难的精神。自我控制包括自我监控、自我激励、自我教育等成分。

三、影响人格的因素

在人格的形成与发展的问题上，历史上有两种极端的观点，一种是遗传决定论，一种是环境决定论。现在持极端看法的人已经很少了。现代心理学家们认为，人格是遗传因素和环境因素相互作用的结果。

（一）生物遗传因素

遗传因素在人格形成中有着重要的影响。最常用的检验遗传与环境在人格特征中作用的方法是双生子研究方法。这种方法利用了一种自然现象：人类有两种双胞胎，一种是同卵双生子，即两个胎儿来自同一卵子。这种双胞胎从外表看起来很像，并且有相同的基因。另一种类型是异卵双生子，他们来自不同的卵子。这种异卵双生子在遗传上与兄弟姐妹之间是一样的。

双生子的研究首先假定两个同性别的异卵双生子间和两个同卵双生子间的成长环境相类似。也就是说，在运用这一方法的研究中，不管是哪一类双胞胎都是同一年龄、同一性别并且生活在有同样规则的同一家庭中。因此，环境对他们人格形成的影响对于这两类双生子来说都是一样的。但是，如果说遗传对人格也有影响，那么同卵双生子会比异卵双生子更相像，因为同卵双生子有相同的基因，而异卵双生子的基因不完全相同。

研究者运用双生子法测量了两类双生子中每个人的人格特质，然后来看一看这些双生子兄弟或姐妹在这些特质上的相似性。如果同卵双生子间在这些特质上得分的相关度高于异卵双生子，就可以证明遗传对人格有影响。鲁希顿（Rushton，1986）研究了成年的同卵双生子与异卵双生子的利他性、共情性、照顾别人、攻击性、果断性五种人格特质。数据显示，同卵双生子在每一种特质上的相似性都高于异卵双生子。同卵双生子得分的相关系数平均在0.50左右，而异卵双生子得分的相关系数在0.25~0.30之间。行为遗传研究者把这些数字代入公式估计出，成年人稳定的人格特质中，大约40%是从父母那里继承来的。

我国的一项双生子研究经历了近20年的时间（1964—1982），研究者于1964年通过各种生理指标确定了22对同卵双生子和18对异卵双生子，并进行了追踪研究。1982年又对这些双生子进行了“明尼苏达多相人格问卷”测验，并计算了每项人格分量表的遗传率。结果显示，人格的许多特质都有遗传的可能性。

关于遗传对人格的作用问题，今天仍然没有明确的结论。但有一点是可以肯定的，即人格中的一些特征与遗传有着密切的关系。

（二）自然环境因素

除了遗传因素对人格的影响以外，生态环境、气候条件、空间拥挤程度等因素都会影响到人格的形成和发展。一个著名的研究实例是，巴里（Berry，1966）关于阿拉斯加州的爱斯基摩人和非洲的特姆尼人的比较研究。这个研究说明了生态环境对人格的影响。

爱斯基摩人以渔猎为生，夏天在船上打鱼，主食为肉，没有蔬菜。他们过着流浪生活，以帐篷遮风避雨。这个民族是以家庭为单元，男女平等，社会结构比较松散，除了家庭约束外，很少有持久、集中的政治与宗教权威。在这种生存环境下，父母对孩子的教养原则能够适应成人的独立生存能力。男孩由父亲在外面教打猎，女孩由母亲在家里教家务。儿女教育比较宽松、自由，不打骂孩子，鼓励孩子自立，使孩子逐渐形成了坚定、独立、冒险的人格特征。而特姆尼人生活在灌木丛生的地带，以农业为主。居住环境固定，形成300~500人的村落。社会结构紧固，有比较分化的社会阶层，建立了比较完整的部落规则。在哺乳期内，父母对孩子很疼爱，断奶后孩子就要接受严格的管教，这种生活环境使孩子形成了依赖、服从、保守的人格特点。

另外，气温也会提高人的某些人格特征的出现频率。比如，热天会使人烦躁不安，易对他人采取负面的反应，发生反社会行为。世界上炎热的地方，也是攻击行为较多的地方。

自然环境因素对人格并不起决定性的作用，不同的自然环境会使人表现出不同的行为特点。

（三）文化环境因素

文化环境因素对人格的形成与发展也有着十分重要的影响。在人格研究的早期，心理学家没有重视文化因素。20世纪初期，随着文化人类学的兴起，人们开始理解了文化因素对于人格形成与发展的重要性。

社会文化对人格具有塑造功能，不同的社会文化形态形成了不同的人格特点，而且不同的社会文化产生了不同的社会价值标准。美国文化人类学家本尼迪克特（R.Benedict）研究发现，不同的部落文化类型造就了不同的人格差异。新墨西哥州的祖尼印第安人属于日神型人，他们节制、温和，没有强烈的个性。温哥华岛上的夸库特尔人则属于酒神型人，他们偏爱个人竞争，自我炫耀，以财富聚集来显示社会地位，粗暴、富于攻击性。另一位美国文化人类学家米德（M.Mead）通过对三个原始部落的人格研究，进一步揭示了文化形态对人格特点的影响。米德在调查了新几内亚的三个原始部落后发现，尽管三个部落分布在方圆不到一百公里的范围内，但是相互间的性别角色却迥然不同。阿拉佩什人，无论男女都十分顺从、温柔，攻击性很低；蒙杜古马人，男女都冷酷残忍，带有强烈的攻击性。在蒙杜古马人身上所表现出的人格类型在我们社会文化中，只有在缺少教养、野蛮暴烈的男子身上才能发现。他们女人的野蛮丝毫不逊色于我们社会中那些凶残的男子；德昌布里人，他们恰恰是阴阳颠倒，女人占统治地位，在经济生活中扮演重要角色，男人则很少有责任心，并且多愁善感，依赖性极强。这些研究都证明了社会文化对人格的影响作用。

（四）家庭环境因素

家庭对一个人的人格形成与发展具有重要的和深远的影响。家庭是儿童最初的生活环境，许多心理学家认为，从出生到五六岁是人格形成的最主要阶段。因此，家庭对于人格的形成具有举足轻重的影响。

在家庭的诸多因素中，不同的教养方式对儿童人格发展与形成有着特别重要的作用。大体上可以将家庭教养方式分为三类，第一类是权威性教养方式，采用这种方式的父母在子女教育中，表现得过于支配，孩子的一切都由父母来控制。在这种环境下长大的孩子容易形成消极、被动、依赖、服从、懦弱，做事缺乏主动性，甚至会形成不诚实的人格特征。第二类是放纵型教养方式，采用这种方式的父母对孩子过于溺爱，让孩子随心所欲，父母对孩子的教育有时达到失控的状态。在这种家庭环境中成长的孩子多表现为任性、幼稚、自私、野蛮、无礼、独立性差、唯我独尊等。第三类是民主型的教养方式，父母与孩子在家庭中处于一种平等和谐的氛围中，父母尊重孩子，给孩子一定的自主权和积极正确的指导。父母的这种教育方式使孩子能形成一些积极的人格品质，如活泼、快乐、直爽、自立、彬彬有礼、善于交往、思想活跃等。由此可见，家庭确实是“人类性格的工厂”，它塑造了人们不同的人格特质。

另外，学校环境、大众传媒、自我调节等已经成为影响人格形成与发展的十分重要的因素，在人们人格形成和发展中扮演着重要的角色。

链接

XYZ型：三种家庭教养方式

Kagiticibasi（1990）依据家庭中两代人之间的“独立–依赖”关系，归纳出了三种典型的家庭教养方式：

X型：家庭中父母与子女在物质与精神上的关系都是相互依赖的，亲子关系的取向是顺从，属于集体主义模式。如韩国与日本的母亲总是热心于保持与孩子的相互关系，母亲千方百计地要把自己与孩子“焊接”起来，她们认为母子的亲密关系是儿童健康发展的重要条件。在家庭教育中，母亲总是力图创造一种“关系上的协调”，但是她们却难以培养孩子的心理独立性。

Y型：将上述两种模式综合起来，强调在物质上的独立，在情感上的相互依赖。中国与土耳其的家庭近似这种模式。如土耳其的研究发现，土耳其青年既忠于家庭，又注重本人才能的自我实现。在具有集体主义文化基础的发展中国家，大规模的城市化和现代化背景下，家庭人际关系可能向Y型转化。

Z型：家庭中两代人之间在物质和情感上是相互独立的，亲子关系的取向是独立，属于个人主义模式。如美国和加拿大的母亲认为母子之间的分离与个体化是孩子人格健康发展的条件。所以，母亲尽力把自己与孩子分离开，以培养孩子的独立性，母亲在家庭中创设的是一种“个体上的协调”。但是，这也会带给双方情感上的孤独与失落。

资料来源：彭聃龄. 普通心理学. 北京：北京师范大学出版社，2004：465

第二节 人格理论

人格是研究个体心理差异的领域，有着异常复杂的心理结构。研究者是如何描述人格的结构呢？历史上出现了很多人格理论，其中最有代表性的是特质理论和类型理论。

一、特质理论

特质理论，即人格特质理论（theory of personality trait），此理论起源于20世纪40年代的美国。主要代表人物是美国心理学家奥尔波特和卡特尔。特质理论认为，特质（trait）是决定个体行为的基本特性，是人格的有效组成元素，也是测评人格常用的基本单位。

（一）奥尔波特的人格特质理论

奥尔波特（G.W.Allport，1897—1967）于1937年首次提出了人格特质理论。他把人格特质分为两类：一类是共同特质（common traits），指在某一社会文化形态下，大多数人或一个群体所共有的、相同的特质。在研究人格的文化差异时，可以比较不同文化中的共同特质。另一类是个人特质（individual traits），指个体身上所独具的特质。个人特质依其在生活中的作用又可分为三种：首要特质（cardinal traits），这是一个人最典型、最有概括性的特质，它影响到一个人的各方面行为。如多愁善感可以说是林黛玉的首要特质，狡猾奸诈可以说是曹操的首要特质。中心特质（central traits），这是构成个体独特性的几个重要的特质，在每个人身上大约有5~10个。如林黛玉的清高、率直、聪慧、孤僻、内向、抑郁、敏感等都属于她的中心特质。次要特质（secondary traits），这是个体的一些不太重要的特质，往往只有在特殊的情况下才会表现出来。这些次要的特质除了亲近他的人外，其他人很少知道。如一个人在外面很粗鲁，而在自己的母亲面前很顺从。这里的“顺从”就是他的次要特质。

（二）卡特尔的人格特质理论

卡特尔（Raymond B. Cattell，1905—1998）受化学元素周期表的启发，用因素分析的方法对人格特质进行了分析，提出了基于人格特质的一个理论模型。模型分成四层，即个别特质和共同特质、表面特质和根源特质、体质特质和环境特质、动力特质、能力特质和气质特质。各层之间用连线表示它们的关系（见图6–1）。

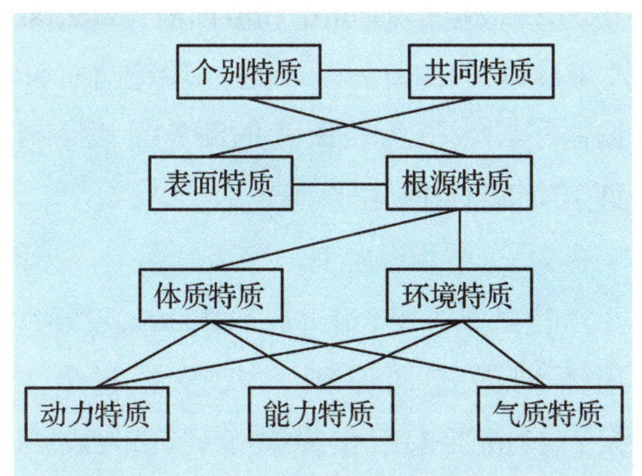

▲ 图 6–1 卡特尔的特质结构网络

1. 表面特质和根源特质

表面特质（surface traits）指从外部行为能直接观察到的特质。从表面上看，它们好像是一些相似的特征或行为，实际上却出于不同的原因。如同样都是“干家务活”，有人是“为了让妈妈得到更多的休息”，有的是“为了得到零花钱”。根源特质（source traits）是指那些相互联系而以相同原因为其基础的行为特质。如“焦虑”是害怕考试和体育比赛时双腿发抖的同一原因。在这里，“焦虑”就是一种根源特质。表面特质和根源特质既可能是个别的特质，也可能是共同的特质。它们是人格层次中最重要的一层。

1949年卡特尔用因素分析方法提出了16种相互独立的根源特质，从而编制了“卡特尔16种人格因素调查表”（Sixteen Personality Factor Questionnaire，16PF）。

卡特尔认为在每个人身上都具备这16种特质，只是在不同人身上的表现有程度上的差异。所以，他认为人格差异主要表现在量的差异上，可以对人格进行量化分析。

2. 体质特质和环境特质

在根源特质中又可区分为体质特质和环境特质两类。体质特质（constitutional traits）由先天的生物因素所决定，如兴奋性、情绪稳定性等。而环境特质（environmental traits）则由后天的环境因素所决定，如焦虑、有恒性等。卡特尔提出“多元抽象变异分析”（MAVA）用来确定各种特质中遗传与环境分别影响的程度。

3. 动力特质、能力特质和气质特质

模型的最下层是动力特质、能力特质和气质特质。它们同时受到遗传与环境两方面的影响。动力特质（dynamic traits）是指具有动力特征的特质，它使人趋向某一目标，包括生理驱力、态度和情操。能力特质（ability traits）是表现在知觉和运动方面的差异特质，包括流体智力和晶体智力。气质特质

（temperament traits）是决定一个人情绪反应的速度与强度的特质。

（三）现代人格特质理论

近年来，一些研究者在人格的理论建模上形成了比较一致的共识，提出了几种有代表性的现代人格特质理论。高德伯格（Goldberg，1992）称之为人格心理学中的“一场静悄悄的革命”。

1. “三因素模型”

艾森克（Eysenck，1947，1967）依据因素分析方法提出了人格的三因素模型（three factor model）。这三个因素是：①外倾性（extraversion），它表现为内、外倾的差异；②神经质（neuroticism），它表现为情绪稳定性的差异；③精神质（psychoticism），它表现为孤独、冷酷、敌视、怪异等偏于负面的人格特征。艾森克依据这一模型编制了艾森克人格问卷（Eysenck Personality Questionnaire，简称EPQ，1986），这个量表在人格评价中得到了广泛的应用。

2. “五因素模型”

塔佩斯等（Tupes & Christal，1961）运用词汇学的方法对卡特尔的特质变量进行了再分析，发现了五个相对稳定的因素。以后许多学者（Borgatta，1964; Smith，1967; Digman，1981; Goldberg，1980，1989）进一步验证了“五种特质”的模型，形成了著名的大五因素模型（big five factors model）。这五个因素是：

外倾性（extraversion）：表现出热情、社交、果断、活跃、冒险、乐观等特质；

宜人性（agreeableness）：具有信任、直率、利他、依从、谦虚、移情等特质；

责任心（conscientiousness）：显示了胜任、公正、条理、尽职、成就、自律、谨慎、克制等特质；

神经质或情绪稳定性（neuroticism）：具有焦虑、敌对、压抑、自我意识、冲动、脆弱等特质；

开放性（openness）：具有想象、审美、情感丰富、求异、创造、智能等特质。

这五个特质的头一个字母构成了“OCEAN”一词，代表了“人格的海洋”（John，1990）。麦克雷和考斯塔（McCrae & Costa，1989）基于这一理论进一步编制了“大五人格因素的测定量表（修订）”（NEO-PI-R）。

3. “七因素模型”

特里根等（Tellegen & Waller，1987）用不同的选词原则，获得了七个因素，构成了七因素模型（seven factor model）。这七个因素是：正情绪性（positive emotionality）、负效价（negative valence）、正效价（positive valence）、负情绪性（negative emotionality）、可靠性（dependability）、宜人性（agreeableness）、因袭性（conventionality）。与“五因素模型”相比较，“七因素模型”增加了正效价（如优秀的）和负效价（如邪恶的）两个因素。人格特征量表（The Inventory of Personal Characteristics，IPC-7，1991）是“大七人格模型”的有效测量工具。

现代人格特质理论在临床心理、健康心理、发展心理、职业心理、管理心理和工业心理等方面都显示了广泛的应用价值。如外倾性、神经质、随和性等均与心理健康有关（Marshall，1994）；外倾性和开放性是职业心理与工业心理的两个重要因素（Costa，1994）；责任心与人事选拔有密切关系（Schmit，1993）。约翰（John，1994）研究了“大五人格”与青少年心理发展的关系，发现高开放性和高责任心的青少年具有优秀的学习成绩，而低责任心和低宜人性的青少年有较多的违法行为。高外倾性、低宜人性、低责任心的青少年，常发生与外界冲突的行为问题；高神经质、低责任心的青少年则经常表现出由内心冲突引起的问题。

二、类型理论

类型理论是20世纪三四十年代在德国产生的一种人格理论，主要用来描述一类人与另一类人的心理差异，即人格类型（personality type）的差异。人格类型理论有三种：①单一类型理论；②对立类型理论；③多元类型理论。

（一）单一类型理论

这种理论认为，人格类型是依据一群人是否具有某一特殊人格来确定的。美国心理学家弗兰克·法利（Frank Farley）提出的T型人格，就是单一类型理论的代表。

法利认为，T型人格（T-type personality）是一种好冒险、爱刺激的人格特征。依据冒险行为的性质（积极性质与消极性质），法利又将T型人格分为T+型和T−型两种。当冒险行为朝向健康、积极、创造性和建设性的方向发展时，就是T+型人格。有这种人格的人喜爱漂流、赛车等运动项目。当冒险行为具有破坏性质时，就是T−型人格。这种人有酗酒、吸毒、暴力犯罪等反社会行为。在T+型人格中，又可依据活动的特点进一步分为体格T+型和智力T+型。极限运动员代表了体格T+型，这种运动员通过身体运动（如攀岩、登山等）来实现追求新奇、不断刷新纪录的动机。而一些科学家或思想家代表了智力T+型，他们的冒险精神主要表现在科学技术的探新上。

（二）对立类型理论

这种理论认为，人格类型包含了某一人格维度的两个相反的方向。

1. A-B型人格

弗里德曼和罗斯曼（Friedman & Rosenman，1974）描述了A-B人格类型，近年来，人们在研究人格和工作压力的关系时，常使用这种人格类型。

A型人格（A-type personality）的主要特点是，性情急躁，缺乏耐性。他们的成就欲高，上进心强，有苦干精神，工作投入，做事认真负责，时间紧迫感强，富有竞争意识，外向，动作敏捷，说话快，生活常处于紧张状态，但办事匆忙，社会适应性差，属不安定型人格。具有这种人格特征的人易患冠心病。美国20世纪60年代进行的一次纵向调查表明，在257位患有冠心病的男性病人中，A型人格的人数是B型人格人数的两倍多。

B型人格（B-type personality）的特点是，性情不温不火，举止稳当，对工作和生活的满足感强，喜欢慢步调的生活节奏，在需要审慎思考和耐心的工作中，B型人往往比A型好，他们属于较平凡之人。对冠心病患者的调查表明，B型人格的人数只占患者的三分之一。

2. 内—外向人格

瑞士著名人格心理学家荣格（C.G.Jung，1875—1961）依据“心理倾向”来划分人格类型，最先提出了内—外向人格类型学说。荣格认为，当一个人的兴趣和关注点指向外部客体时，就是外向人格（extroversion）；而当一个人的兴趣和关注点指向主体时，就是内向人格（introversion）。在荣格看来，任何人都具有外向和内向这两种特征，但其中一种可能占优势，因而可以确定一个人是内向，还是外向。外向人格的特点是，注重外部世界，情感表露在外，热情奔放，当机立断，独立自主，善于交往，行动快捷，有时轻率。内向人格的特点是，自我剖析，做事谨慎，深思熟虑，疑虑困惑，交往面窄，有时适应困难。

荣格认为，人的心理活动有思维、感情、感觉和直觉这四种基本功能。结合两种心理倾向可以构成8种人格类型：①外向思维型，这种人尊重客观规律和伦理法则，不感情用事；②外向感情型，这种人对事物的评价往往感情用事，容易凭借主观判断来衡量外界事物的价值；③外向感觉型，这种人以具体事物为出发点，容易凭借感觉来估量生活的价值，遇事不假思索，随波逐流，但善于应付现实；④外向直觉型，这种人以主观态度探求各种现象，不接受过去的经验，只憧憬未来，容易悲观失望；⑤内向思维型，这种人不关心外部价值，以主观观念决定自己的思想，感情冷淡，好独断，偏执，易被人误解；⑥内向感情型，这种人情绪稳定，不露声色；⑦内向感觉型，这种人不能深入到事物的内部，在自己与事物之间常插入自己的感觉；⑧内向直觉型，这种人不关心外界事物，脱离实际，好幻想。

（三）多元类型理论

这种理论认为，人格类型是由几种不同质的人格特性构成的。

1. 气质类型学说

气质说源于古希腊医生希波克拉底（Hippocrates，约公元前460—前377）的体液说，他认为人体内有四种液体：黏液、黄胆汁、黑胆汁、血液，这四种体液的配合比率不同，形成了四种不同类型的人。约500年后，罗马医生盖伦（Galen，约129—199）进一步确定了气质类型，提出人的四种气质类型是胆汁质、多血质、黏液质、抑郁质。胆汁质者外向性明显，情绪兴奋性高，抑制能力差，反应迅速而不灵活。典型的心理特征是：

直率、热情、精力旺盛、情绪易冲动、心境变换剧烈、易怒、急躁而难以自制等。多血质者情绪兴奋性高并且具有明显的外部表现，反应迅速而灵活。典型的心理特征是：活泼好动、反应迅速、灵活多变、注意易转移、兴趣易变换、好与人交往、热情、有生气，但也往往表现出轻率、不真挚等特点。黏液质明显内向，外部表现少，反应慢而具有稳定性。典型的心理特征是：安静、沉稳、反应缓慢、情绪不外露、注意稳定不易转移、坚忍、寡言少语，但也往往表现出执拗、淡漠等特点。抑郁质者严重内向，情绪兴奋性高且体验深，反应慢，具有刻板性和不灵活性。典型的心理特征是：观察敏锐、思虑较多、情绪体验深刻、动作轻缓、柔弱易倦、胆小、孤僻、反应不强烈等。

巴甫洛夫（1927）用高级神经活动类型学说解释气质的生理基础。他依据神经过程的基本特性，即兴奋过程和抑制过程的强度、平衡性和灵活性，划分了四种类型。兴奋过程和抑制过程的强度，是大脑皮质神经细胞工作能力或耐力的标志，强的神经系统能够承受强烈而持久的刺激。平衡性是兴奋过程和抑制过程的相对力量，二者力量大体相同是平衡，否则是不平衡。不平衡又可分为两种情况，一种是兴奋过程相对占优势；一种是抑制过程相对占优势。灵活性是兴奋过程和抑制过程相互转换的速度，能迅速转化是灵活的，不能迅速转化则是不灵活的。

2. 我国古代对人格的分类

中国最早的一本医学著作《黄帝内经》中就出现了关于人格分类的理论。这本古代医学书按阴阳学说把人分为五种类型，即太阴、少阴、太阳、少阳、阴阳和平。春秋战国时期的孔子根据教育实践经验，提出了人格分类的方法。他不仅从人的智力上把人分为上智、中人和下愚三类，而且从人格上将人分为狂者、中行和狷者三种。他说：“不得中行而与之，必也狂狷乎？狂者进取，狷者有所不为也。”意思就是说，“狂者”进取，敢作敢为；“狷者”拘谨，什么事都不大肯干；“中行”介于两者之间。孔子认为，中行最好，既不过分进取，也不过分拘谨。

3. 斯普兰格的类型论

德国心理学家斯普兰格（E.Spranger，1928）依据人类社会文化生活的六种形态，将人划分为六种性格类型，不同的性格类型具有不同的价值观成分。这六种类型是：（1）经济型，这种人注重实效，其生活目的是追求利润和获得财富，如实业家等；（2）理论型，这种人表现出具有探究世界的兴趣，能客观而冷静地观察事物，力图把握事物的本质，尊重事物的合理性，重视科学探索，以追求真理为人生的目的，如思想家、科学家等；（3）审美型，这种人对现实生活不太关注，富于想象力，追求美感，以感受事物的美作为人生的价值，如艺术家等；（4）权力型，这种人倾向于权力意识和权力享受，支配性强，其全部的生活价值和最高的人生目标就在于满足自己的权力欲望，得到某种权力和地位；（5）社会型，这种人能关心他人，献身社会，助人为乐，以奉献社会为人生追求的最高目标；（6）宗教型，这种人信奉宗教，相信神的存在，把信仰视为人生的最高价值。

链接

九型人格

九型人格（Enneagram），又名性格型态学、九种性格，是婴儿时期人身上的九种气质，包括活跃程度、规律性、主动性、适应性、感兴趣的范围、反应的强度、心境的素质、分心程度、专注力范围/持久性。分为完美型、助人型、成就型、艺术型、智慧型、忠诚型、活跃型、领袖型、和平型。

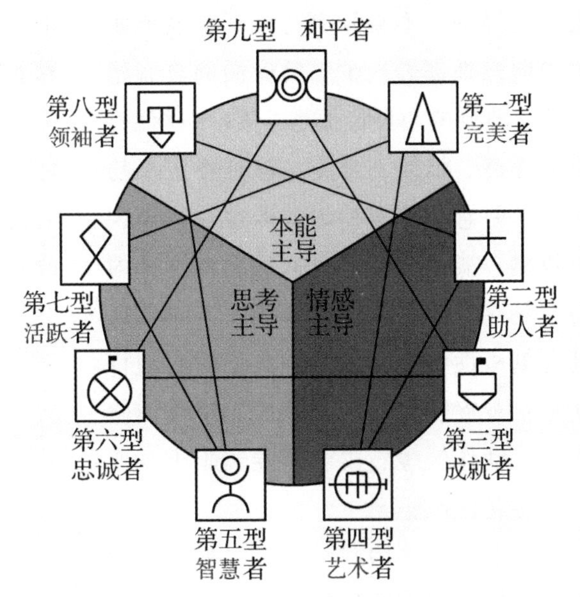

▲ 图6-2　九型人格

研究者们一致认为它的起源非常久远，而真正将这套学说发扬光大的是艾瑞卡学院的创办人奥斯卡·伊察索。他宣称九型人格学说是他在1950年旅行阿富汗时，由伊斯兰教的苏菲派里所学得。伊察索将人类的九种情欲放进九型人格学说中，并将这套学说拿来作为人类心理训练的教材。艾瑞卡学院首先在智利的艾瑞卡市成立，之后，美国的艾瑞卡学院也在1970年成立。许多知名的心理学家、精神病学家都曾追随伊察索学习九型人格学。其中知名的精神病学家克劳狄亚·纳朗荷，在智利学习后，便将这门知识传入美国加州，开设起一系列的工作坊，探索人的性格型态。近年由美国加州斯坦福大学的海伦·帕尔默发扬光大。到1994年，美国斯坦福大学的学者主办了第一届国际九型人格大会，参加人数达一千四百人，来自二十多个国家，同年成立了国际组织。

资料来源：http：//zh.wikipedia.org

第三节　人格测验

一、人格测验概述

心理学家常常研制一些工具用以具体了解心理的个体差异，这就是心理测验。我们已经对心理测验中的智力测验有所了解，以下我们要了解人格测验。一种好的人格测验与一种好的智力测验一样，也需要有较高的信度（reliability）和效度（validity）。但需要强调的是，智力测验在评定人的智力差异时可以对不同的人做出高低不同的评价，人格测验则不能对不同的人的人格做出高低的评价，而只能就不同的人在同一人格维度上进行程度上的评价，如在卡特尔16种人格因素测验中的乐群性上得高分者意味着乐群外向，得低分者意味着沉默孤独，但这不意味着高分者的人格高于低分者。

人格测验常常用于如下几个方面：第一，用于人员选拔和人力资源管理。通过人格测验有利于选择最适合岗位特点的人去从事相应的工作，也有利于不同人格特点的人得到最适合于自己的工作。如好动、好幻想、情绪不稳定、做事不细致不讲秩序的人就不适合会计、档案管理等工作，但这些特点对于另一种工作可能就不是重要的缺点甚至是优点。第二，用于心理咨询与辅导。有效的咨询和辅导要建立在对当事人的了解的基础上，人格测验就是了解当事人的一种途径。第三，用于临床上的心理诊断。人格测验对于精神科医生而言，就像听诊器和血压计对于内科医生一样，是用于诊断的重要工具。第四，用于学术研究。如果研究者假定抑郁者与非抑郁者的归因风格不同，前者倾向于将失败归于内部因素（能力和努力等），将成功归于外部因素（难度和运气等），而后者则倾向于将失败归于外部因素，将成功归于内部因素，那么，要验证这一假设，就需要用一种工具将抑郁者与非抑郁者区分开来。

心理学家通常根据测验方式将人格测验分为自陈式测验、投射式测验和情境测验。自陈式测验是运用自陈量表（self-report inventory）来进行人格测验的一种方法，量表中包含一些陈述性的条目，受测者根据自己实际情况选择答案。心理学中现有自陈量表3000多种，有的自陈量表是用来测量某一种人格特质，有的是用来测量多种人格特征，如明尼苏达多相人格问卷、卡特尔16种人格因素问卷、艾森克人格问卷等。

自陈式测验的施测过程和记分都比较简单而客观，使用方便而经济，并可利用电脑来施测、记分和解释，但受测者可能会受到自己或社会期望的影响，按照自己或社会认为好的标准来回答，而不是按照自己的实际情况回答，而且受测者的回答依赖于他自己的意识，而人格有很多当事人自己不能觉察到的方面，自陈式测验就难以反映出来。为此，心理学家就设计了投射测验（projective test）。投射测验是以弗洛伊德心理分析的人格理论为依据的。心理分析理论强调人的行为由无意识的内驱力所推动。这些内驱力受到压抑，不为人们觉察，但却影响着人们的行为。根据这种理解，人们难以通过问题直接了解一个人的情感和欲望，进而对他的人格做出评定。但是，如果给被试一些模棱两可的问题，那么，他的无意识欲望有可能通过这些问题投射出来。投射测验一般由若干个模棱两可的刺激所组成，被试可任加解释，使自己的动机、态度、感情以及性格等，在不知不觉中反映出来，然后由主试将其反应加以分析，就可以推论出若干人格特性，如罗夏墨迹测验、主题统觉测验。

情境测验的理论基础是社会学习理论。社会学习理论主张，如果能将某种刺激与个体行为反应之间的关系确定下来，那么就可以创造某种情境来预测或监视个体的行为，进而了解其人格特点，如性格教育测验和情境压力测验。

二、人格的问卷测验

人格的问卷测量就是根据要测量的人格特质，编制许多有关的问题，要求受测者根据自己的实际情况逐一回答这些问题，根据受测者的答案，去测量受测者在这种人格特质上表现的程度。为完成这种人格测量而编制的测量工具叫自陈问卷或自陈量表。问卷的形式一般采用是非判断式或选择式。现在流行的主要有以下几种格式。

（1）是否式：提供一个陈述句或问句，并列出“是”和“否”两种选项，要求受测者选择其中的一个选项。例如：

你喜欢热闹的事情吗？是□　否□

（2）二选一式：提供两个意思相反的陈述句（A、B），要求受测者选择其中符合自己实际情况的一个。例如：

A．我喜欢批评那些有权威和有地位的人。　□

B．在长辈或上级面前，我会感到胆怯。　□

（3）是否折中式：提供一个陈述句或问句，并列出“是”“否”和“不一定”三种选项，要求受测者选择其中的一个选项。例如：

你总是喜欢待在安静的房间里吗？

是□　否□　不一定□

（4）文字等级式：提供一个问句，同时列出几个（通常是五个）程度不等的选项，供受测者选择。例如：

你对自己的工作满意吗？

非常满意□　比较满意□　无所谓□　不大满意□　极不满意□

（5）数字等级式：实际上是文字等级式的变式，只不过是将文字式选项改为数字式选项。例如：

你对自己的工作满意吗？

非常满意 ——→ 非常不满意

1　2　3　4　5

编制问卷的基本假设是受测者最了解自己的人格特征。因为个人随时随地都在观察自己的行为，而他人不可能了解自己行为的所有方面。

常见的人格测量问卷有以下几种。

（一）明尼苏达多相人格问卷

“明尼苏达多相人格问卷”（MMPI）是由美国明尼苏达大学临床心理学系主任哈萨维（Hathaway）和心理治疗家麦金利（Mckinley）共同编制的。MMPI所涉及的范围很广，包括身体各方面的情况（如心血管系统、生殖泌尿系统、呼吸系统），情绪反应、精神状态以及个人对政治、法律、宗教、家庭、婚姻和社会的态度。该量表可鉴别强迫症、偏执狂、精神分裂症、抑郁性精神病等。

“明尼苏达多相人格问卷”包括10个临床量表：疑病（Hs）、抑郁（D）、癔症（Hy）、精神病态（Pd）、男子气或女子气（Mf）、妄想狂（Pa）、精神衰弱（Pt）、精神分裂症（So）、轻躁狂（Ma）、社会内向（Si），另外还有4个效度量表：说谎分数（L）、诈病分数（F）、校正分数（K）、疑问分数（Q）。

在测验时，受测者对每一个问题选择“是”“否”“不能确定”三种答案。测验时间一般为45分钟，最多90分钟，如果文化水平低将超过2小时，病人所需的时间更长。题目如：

（1）偶尔我也会想到一些坏得说不出的事。　　是□　不能确定□　否□

（2）我很少有大小便不通的习惯。

是□　不能确定□　否□

（3）我希望我能像别人那样快乐。

是□　不能确定□　否□

（4）有时我觉得自己就要崩溃了。

是□　不能确定□　否□

（5）我害怕独自待在空旷的地方。

是□　不能确定□　否□

（6）我很看重我的衣着式样。

是□　不能确定□　否□

（7）我喜欢电影里的爱情镜头。

是□　不能确定□　否□

（8）和我性别相同的人最容易喜欢我。

是□　不能确定□　否□

（9）我的父亲是个好人。

是□　不能确定□　否□

（10）每隔几夜我就会做噩梦。

是□　不能确定□　否□

在我国，中国科学院心理研究所宋维真研究员等人从1980年开始对该问卷进行修订，于1989年完成了标准化工作，取得了中国版的信度和效度资料，并制定了中国常模。它可用于测量16岁以上具有初中文化程度的中国人。修订后的项目仍为566个，只是对项目中的个别词句作了适当的改动。

“明尼苏达多相人格问卷”是一个极好的临床人格测验，它不仅能够全面地测量人格特质的各个方面，而且还可以用于编制新量表和研究工作，信度和效度也比一般人格测验要高。但是它项目太多，测验需要的时间很长，许多受测者时常因为测验时间关系而不能坚持做完，或勉强完成而影响了结果。另一缺点就是该问卷对特质的描述多用病理上的名词，如用来解释正常的人格，既不容易，也常常引起误解。

（二）卡特尔16种人格因素问卷

“卡特尔16种人格因素问卷”（简称16PF）是由美国伊利诺伊州立大学卡特尔教授经过几十年的系统观察、科学试验以及因素分析统计后逐渐形成的。卡特尔筛选出如下16种人格根源特质：

（1）因素A：乐群性

（2）因素B：聪慧性

（3）因素C：稳定性

（4）因素E：恃强性

（5）因素F：兴奋性

（6）因素G：有恒性

（7）因素H：敢为性

（8）因素I：敏感性

（9）因素L：怀疑性

（10）因素M：幻想性

（11）因素N：世故性

（12）因素O：忧虑性

（13）因素Q1：实验性

（14）因素Q2：独立性

（15）因素Q3：自律性

（16）因素Q4：紧张性

卡特尔人格问卷除了对人格的双重个性进行测验应用外，还可以用来测验心理健康因素、专业成就者的人格因素、创造能力人格因素、新环境中成长能力人格因素等。另外，卡特尔还设计了三个用于中学生、小学生以及学前儿童的人格问卷和一些单一分数的问卷（如焦虑量表、神经症量表和抑郁量表）。

卡特尔人格问卷具有许多优点，如信度和效度比较高、编制比较科学、施测比较方便等。而且，它的项目尽量选用“中性”的题目，避免含有社会上公认的“是非”倾向题，这就容易保证受测者作答的真实性。

（三）艾森克人格问卷

艾森克将人格划分为内—外向、神经质和精神质三个维度，并编制了艾森克人格问卷（Eysenck Personality Questionnaire，EPQ）。这个测验包括成人问卷和青少年问卷两种，分别适合调查16岁以上和7~15岁两个年龄段的人群。EPQ在我国有陈仲庚和龚耀先两人分别主持修订的两个版本，这里我们以陈仲庚的版本为例来说明。此问卷的成人式包括85个题目，少年式包括74个题目。以下题目样例来自成人式：

1. 你是否有广泛的兴趣爱好？

是□　否□

11. 你是否时常担心你会说出（或做出）不应该说（或做）的事情？

是□　否□

22. 如果条件允许，你喜欢经常外出（旅行）吗？

是□　否□

27. 有坏人想要害你吗？

是□　否□

30. 你是个忧虑重重的人吗？

是□　否□

57. 是否有那么几个人时常躲着你？

是□　否□

在以上例题中，1和22题是用来测内—外向的，11和30题是用来测神经质的，27和57题是用来测精神质的。

EPQ涉及的人格维度较少，容易掌握，实测方便，因此得到广泛应用。

（四）“大五”人格问卷

“大五”人格问卷（The NEO Personality Inventory，NEO PI）是由“大五”人格理论模型的主要代表人物考斯塔和麦克雷于1985年编制的。NEO即神经质性、外向性和开放性（Neuroticism，Extraversion，Openness）三个单词的缩写，但不意味着此问卷只包括这三个特质，实际上它是“大五”模型的检测工具。修订的“大五”人格问卷（NEO-PI-R），包括自我报告和观察者报告两种形式，都是由240个题目组成，每个题目包含一个描述性格的形容词，如严肃的、务实的、谨慎的、自怜的等，问卷将被试对每个题目的反应，从完全适合到完全不适合，分为5个等级来记分。若是自我报告，每个项目就是以第一人称的形式表述；若是观察者报告，每个项目就是以第三人称的形式表述，由被评定人的同伴、配偶等人来完成。因此，两种形式的题目内容和描述的对象是相同的，只是表述时使用的人称不同。这样就可以将被评定人在两种形式的问卷上的得分进行比较，从而形成对被评定人的性格的描述。

NEO-PI-R适用于16岁以上的人。由于它内容简明易懂，测试的实施及数据统计都易于操作，加上理论模型得到较广泛的认可，并且在不同的领域得到应用，所以它是当今西方广泛使用的一种人格测验法。

三、人格的投射测验

投射测验的基本方式是向被试提供预先编制的一些未经组织的、意义模糊的标准化刺激情境，让被试在不受任何限制的情况下，自由地对刺激情境做出反应，然后通过分析被试的反应，推断其人格特征。投射测验具有以下特点。

（1）测验材料一般都很含糊，模棱两可，没有明确的含义，对被试也没有限制。

（2）测验的目的具有明显的隐蔽性，被试是一般不知道自己的心理反应将得到什么样的解释，这样就最大限度降低了被试的心理防卫和伪装。

（3）对测验结果的解释重在对被试的人格特征获得整体性的了解，而不是关注某个或某些人格特质。

投射测验的优点是弹性大，被试可在不受限制的条件下，随意做出反应。由于投射测验使用图片，因而便于对没有阅读能力的人进行测验。

投射测验也有缺点。在评分的时候缺乏客观标准，对测验的结果难以进行解释。同样的反应由于施测者的判断不同，解释很可能不一样。另外，投射测验对特定行为不能提供较好的预测。与问卷法相比，投射测验还具有在单位时间里施测的被试数量太小的缺点，不便于大规模实施。

下面介绍两种著名的投射测验。

（一）罗夏墨迹测验

罗夏墨迹测验是由瑞士精神病学家罗夏（H. Rorschach）于1921年设计的，共包括10张墨迹卡片，其中5张为黑白的，另外5张为彩色的。施测的时候每次按顺序给被试呈现一张，同时问被试："你看到了什么""这可能是什么"或"这时你联想到了什么"等，允许被试自己转动图片从不同角度去看。这种测验属于个别测试，每次只能测一个人。施测时主试一方面要记录被试的语言反应，同时还要注意被试的情绪表现和伴随的动作。

▲ 图 6–3　罗夏墨迹图片之一

罗夏墨迹测验的评分和解释是很困难的，极费时费力，需要训练有素、经验丰富的人才能掌握。而且，对测验结果还必须多方面作综合的解释，不能单凭任何一个结果来判断一个人的整体人格状况。

罗夏墨迹测验主要应用在精神病学的临床诊断，也可用于人格研究的跨文化研究。有人认为，这种测验在研究潜意识方面特别有效。但也有人认为，这种测验的信度与效度较低。因此，现在罗夏克墨迹测验应用较少。

（二）主题统觉测验

主题统觉测验（thematic apperception test，简称TAT）是由美国心理学家默里（Murray）编制的，这种测验的性质与看图说故事的形式很相似。全套测验由30张模棱两可的图片构成，另有一张空白图片，图片内容多为人物，也有部分景物，不过每张图片中至少有一个人物在内。测验的时候，每次给被试一张图片，让他根据所看到的内容编出一个故事，故事的内容不受限制，但必须回答以下四个问题："图片中发生了什么事情""为什么会出现这种情景""图片中的人物正在想些什么""故事的结局会怎样"。

▲ 图 6–4　主题统觉测验图片之一

编制这种测验的基本假设是：

（1）人们在解释一种模糊的情境时，总是倾向于将这种解释与自己过去的经历和目前的愿望取得一致。

（2）在面对测验图片讲述故事时，

被试同样会用到他们过去的经历，并在讲述的故事中表达了他们的感情和需要。

在测验中，默里提出可以从以下六个角度进行分析：

（1）主人公：被试讲述的故事中，主人公的形象可以反映他本人的特征。

（2）主人公的动机倾向与情感：故事中主人公的所作所为及其情绪体验，如屈辱、成功、冲突、激动等，可能正是被试自己的心境。

（3）主人公的环境压力：故事中主人公面临的环境压力可能就是被试本人面临的压力。

（4）结局：把主人公的力量与环境力量进行对比，故事中主人公奋争或妥协的结果如何，主人公是快乐还是沮丧等。

（5）主题：主题实际上是前四种因素的组合，主人公的愿望与环境压力的相互作用与故事结局一起构成一个故事的主题。

（6）兴趣与情操：被试在讲述故事时，对主题的选择，角色的表现是积极的还是消极的。

通过对以上六个方面综合考察，可以提示被试掩盖的个性特征。

四、人格的情境测验

情境测验就是主试在某种情境下观察被试的行为反应，进而了解其人格特点。情境测验可用于教育评价、人事甄选上。依据这两种情况，可以将情境测验分为两种：性格教育测验和情境压力测验。

（一）性格教育测验

虽然学校教育总是教育学生应该拥有许多优秀品质，如诚实、合作、友爱等，但却很少能使用客观的测量工具来鉴定这些品格教育的效果，性格教育测验（character education inquiry）就弥补了这方面的缺憾。例如，一次考试结束后，可以将每个试卷再复印一份，然后再发给学生并附上答案，让他们自己评卷，打分。最后对比两份试卷的评分就可以测量出学生的诚实度。

（二）情境压力测验

情境压力测验（situational stress test）是特别设计一种情境，使被试自省并面临情境上的压力，然后由主试观察、记录被试是如何应付的，从而了解他的人格特质。

这种测验重视分析、实验和控制程序，具有科学性，得到的结果也比较精确，而且比较令人信服。但由于研究只重视现实因素，忽略了个体行为经验与遗传因素，因此也受到了批评。

链接

菲尔人格测试

“菲尔人格测试”时下被很多大公司人事部门用来测查员工的性格。

1. 你何时感觉最好？　A. 早晨；B. 下午及傍晚；C. 夜里

2. 你走路是：A. 大步地快走；B. 小步地快走；C. 不快，仰着头面对着世界；D. 不快，低着头；E. 很慢

3. 和人说话时，你：A. 手臂交叠站着；B. 双手紧握着；C. 一只手或两手放在臀部；D. 碰着或推着与你说话的人；E. 玩着你的耳朵、摸着你的下巴或用手整理头发

4. 坐着休息时，你：A. 两膝盖并拢；B. 两腿交叉；C. 两腿伸直；D. 一腿蜷在身下

5. 碰到令你发笑的事情时，你的反应是：A. 欣赏地大笑；B. 笑着，但不大声；C. 轻声地笑；D. 羞怯地微笑

6. 当你去一个聚会或社交场合时，你：A. 很大声地入场以引起注意；B. 安静地入场，找你认识的人；C. 非常安静地入场，尽量保持不被人注意

7. 当你非常专心工作时，有人打断你，你会：A. 欢迎他；B. 感到非常恼怒；C. 在上述两极端之间

8. 下列颜色中，你最喜欢哪一种颜色？A. 红色或橘黄色；B. 黑色；C. 黄色或浅蓝色；D. 绿色；E. 深蓝色或紫色；F. 白色；G. 棕色或灰色

9. 临入睡的前几分钟，你在床上的姿势是：　A. 仰躺，伸直；B. 俯卧，伸直；C. 侧躺，微蜷；D. 头睡在一条手臂上；E. 被子盖过头

10. 你经常梦到自己：A. 落下；B. 打架或挣扎；C. 找东西或人；D. 飞或漂浮；E. 你平常不做梦；F. 你的梦都是愉快的

得分标准：1. A2B4C6；2. A6B4C7D2E1；3. A4B2C5D7E6；4. A4B6C2D1；5. A6B4C3D5；6. A6B4C2；7. A6B2C4；8. A6B7C5D4E3F2G1；9. A7B6C4D2E1；10. A4B2C3D5E6F1

结果分析：总分低于21分：内向的悲观者。大多数公司不喜欢这类性格；

21分到30分：缺乏信心的挑剔者，适合编辑、会计等数字和稽核工作；

31分到40分：以牙还牙的自我保护者，有最广泛的适应性；

41分到50分：平衡的中道者，适合人力资源工作，

51分到60分：吸引人的冒险家，适合市场开发与销售工作，适合独当一面；

60分以上：傲慢的孤独者，通常很有才华，但与人沟通功夫欠佳，可做研发指导工作。

资料来源：http：//baike.baidu.com/view/54393.htm

本章复习与摘要

1. 人格是个体在遗传素质的基础上，通过与后天环境的相互作用而形成的相对稳定的和独特的心理行为模式。人格具有独特性、稳定性、整体性、功能性，是社会性与生物性的统一。

2. 人格是一个复杂的结构系统，它包括许多成分，其中主要包括气质、性格、自我调控等方面。气质更多地与生理性相关，性格更多地与现实态度有关。

3. 影响人格形成的因素包括：生物遗传因素、自然环境因素、文化环境因素、家庭环境因素等。

4. 人格理论最有代表性的是特质理论和类型理论。特质论同时用人的多种特质来说明人的人格，如奥尔波特的特质理论、卡特尔的人格特质理论、“三因素模型”“五因素模型”等。类型论用人的一种或少数几种主要的特质来说明人的人格，如单一类型理论、对立类型理论、多元类型理论。

5. 人格测验大致包括：问卷测验、投射测验以及情境测验。

第七章 需要与动机

需要是有机体感到某种缺乏而力求获得满足的心理倾向，是有机体内部的一种不平衡状态，包括生理的不平衡和心理的不平衡。如血液中缺乏水分，就会产生喝水的需要；血糖成分下降，就会产生饥饿求食的需要；失去亲人就会产生爱的需要；社会秩序不好，就会产生安全的需要等。动机是在需要的基础上产生的。当某种需要没有得到满足时，它就会推动人们去寻找满足需要的对象，从而产生活动的动机。动机是指激发、维持和调节个体进行某种活动，并促使该活动朝向某一目标进行的心理倾向或动力。如当你感觉很热时，就有了凉爽的需要，那样就会推动你去寻找比较凉爽的地方。动机是引导未来行为的力量，引导我们对活动进行选择。本章从需要的概念出发，讨论需要和动机如何共同影响行为，然后介绍不同的动机理论，以及学习动机的培养。

第一节 需 要

心理学家已初步探明，人类行为的一切动力都起源于需要，需要是人动力的源泉，所以要了解人类行为的动力必须从了解需要入手。

一、需要的定义与特征

（一）需要的定义

什么是需要（need）？对此心理学家们有许多不同的观点，目前比较公认的观点是：需要是有机体感到某种缺乏而力求获得满足的心理倾向，它是有机体自身和外部生活条件的要求在头脑中的反映。

人作为生物体和社会成员就不能不完成两大任务：一是要生存，二是要发展。要生存既有个体的生存又有种族的延续。个体的生存要有必需的物质条件，如空气、阳光、食物、水等基本物质需要，要延续种族则还要有性与婚配的需要。要发展，人就需要求知、劳动、交往、建立社会组织等。总之，需要是有机体自身和社会生活条件的要求在人脑中的反映，这些要求是以对缺乏的感受体现出来的。例如，血液中血糖成分下降就会产生进食的需要；生命财产得不到保障就会产生安全的需要；孤独会产生交往的需要等。一旦机体内部的某种缺乏或不平衡状态消除了，需要也就得到了满足，这时有机体又会产生某种新的欠缺或不平衡状态，因而产生新的需要。

（二）需要的特征

与人类认识的多样性、复杂性一样，人的需要也是多样和复杂的，但无论多么复杂的需要一般都具有如下几个特征。

1. 对象性

需要总是指向一定对象的，因为有机体的某种“缺乏”总是特定对象的缺乏，这种特定对象或是物质的或是精神的，因此，也只有某种对象才能使其获得满足。比如，人在饥饿时就会把“食物”作为对象而不会把“书本”作为对象，感到知识缺乏时常常会把“书本”作为对象而不会把“食物”作为对象。当然这里的对象并不专指某一特定的事物，比如人饥饿时，既可以指向米饭，也可以指向水饺。这要视具体的爱好和可能满足需要的条件而定。

2. 动力性

需要是人从事各种活动的基本动力，是人的一切积极性的源泉。人的各种活动从饮食、学习、工作，到创造发明，都是由于需要的推动作用。为什么会有这种动力性呢？因为，人要生存和发展就必须与环境保持平衡，一旦环境发生变化，机体就可能产生缺乏感，这种缺乏感就会促使人调动机体的力量去达到新的平衡，因而产生动力。所以，这种缺乏感越大，人的动力就越强。这里有必要指出的是缺乏感是指对缺乏的主观体验与感受，不等于实际的缺乏。如果一个人机体有了某种缺乏，但自己并没有主观体验到，也不会产生动力。比如，一些人因为缺乏某种微量元素而不能正常发育或进行正常的智力活动，可是本人并未意识到，因此，他也不会积极地从饮食中弥补或寻求药物治疗，只有当他意识到这种缺乏的危害时，他才能发动自己的力量去进行补偿。再如，世界上一些贫穷落后国家的居民，常常因为体内缺乏食盐而死亡，可是这些居民一直到死，也不知道自己是因为缺乏食盐致死的。因为这种“缺乏”，他们并没有主观体验到，因而也就不能产生动力并加以满足。相反，在许多条件下并不一定实际“缺乏”，只要能产生“缺乏感”，也仍然可以产生动力。比如，一个中学生不吸烟并不感到缺乏，但当他发现周围几个朋友都吸烟时，似乎感到自己也缺少点什么，为了达到与朋友和谐一致，他就产生了吸烟的需要，于是恶习便形成了。

3. 社会性

人与动物都有需要，但人满足需要的对象和方式与动物有很大不同。人类满足需要的范围或内容要比动物大得多，特别是那些高层次的需要，如求知需要、审美需要都是动物不可能具有的。因为动物只是直接从自然界获取物质，人则通过有组织地生产劳动，通过创造和使用工具，以文明的方式来满足需要，同时人的需要还受理性和意志的调节和控制。

二、需要的种类

如前所述，人的需要是人对机体缺乏的主观体验，是一种主观心理倾向。人的这种对缺乏的主观体验是极其复杂的，是一个多维度、多层次的结构系统，可以从不同角度进行分类。

（一）生物需要与社会需要

人类的需要按照需要起源的角度，可以划分为生物需要和社会需要。

1. 生物需要

生物需要是指保持和维持有机体生命和种族延续的需要，例如对饮食、运动、睡眠、排泄和性的需要等。生物需要又称为生理性需要、原发性需要，这种需要是人与动物所共有的，但人的生物性需要与动物毕竟不同，因为人的生物性需要受到社会生活条件的制约，具有社会性。正是这种社会性，使人的生物需要的对象和满足方式与动物有着根本区别。首先，满足需要的对象不同。动物只能依靠自然界中现成的物质满足需要，而人不仅可以通过自然界的存在物来满足需要，而且可以通过社会劳动产品来满足自己的需要。其次，人的生物需要要受社会文化的调节。例如，人在进食时，不仅受饥饿状态的支配，而且受各种社会习俗和礼仪的制约。正如马克思所作的精彩描述：同样是饥饿，使用刀叉吃熟肉便带有种族性和社会性，也必然通过社会文化表现出来。

2. 社会需要

社会需要是指与人的社会生活相联系的需要。生物需要往往带有明显的周期性，具有重要的生物学意义。生物需要得不到满足，将严重影响个人的身心健康。在社会生活中，除了生物需要外，人还需要劳动、交往、求知、获得成就、做出奉献等，这些都是社会需要。当社会要求为个体或群体所必需时，社会要求就内化为个体或群体的社会需要。显然，社会需要本身来自社会要求，因而也要受到社会生活条件制约，具有社会历史性。所以不同条件下，如不同的历史时期、不同阶级、不同民族的人们，其社会性需要亦会有所不同。对人类来说，社会需要也是必不可少的，因为它是社会生存和发展的必要条件，也是个人生活所必需的。如果这类需要没能得到很好的满足，也同样会影响个体的身心健康。

（二）物质需要与精神需要

人类的需要按照所指向的对象不同，可以划分为物质需要和精神需要。

1. 物质需要

人类的生存和发展离不开一定的物质条件，缺少必要的物质条件人类是无法生存的，更谈不上发展。我们把那些对维持个体和社会的生存和发展所需的物质产品的需要称为物质需要。既包括与衣、食、住、行有关的物品，也包括劳动工具、文化用品和科研仪器等。

2. 精神需要

人类的生活不仅需要物质供给，而且需要精神给养，这是人类特有的需要。所谓精神需要就是个体参与社会精神文化生活的需要，它包括对交往的需要、认识的需要、审美的需要、道德的需要、创造的需要等。

三、需要的形成与发展

人的需要虽然有一个从低级到高级的发展过程，但这个过程不是自然而然产生的。需要是人脑对生理的和社会的要求的反映。离开了社会活动，人的需要就难以超越动物本能需要的范畴而丰富地发展起来。例如，新生儿最初只有进食、睡眠等先天性的本能需要，成人若在抚养、满足其需要的过程中，经常与之嬉戏、说话，则随着儿童生理的成熟，他们会较快地产生说话的需要。成人对儿童的咿呀学语给予积极反应，会强化儿童的说话需要，大大提高其说话的积极性；反之，若成人沉默寡言，或对儿童的咿呀学语反应淡漠，儿童就较难产生说话的需要。这说明，儿童不仅通过活动来表达自己的需要（如以哭求食、以哭求抱），而且也在活动中不断产生新的需要。儿童每一阶段主导需要的产生，都与他们参与的社会实践活动有关。这些需要无不反映着社会对他们的影响和要求。

学龄前儿童的主导需要是游戏。这种需要的产生源于儿童对成人社会的向往和模仿。儿童常希望能像成人那种独立自主、“无所不能”，但限于自身条件，只得通过游戏（特别是模仿性游戏）来达到目的。如扮演医生治病救人、给布娃娃喂饭、洗澡等。儿童不能参与真正的社会生活，因此，游戏便成了替代性的主导需要。伴随着游戏活动，儿童还会产生一些相应的需要，如与同伴交往的需要、掌握和遵守游戏规则的需要等，儿童的身心也就在这过程中得到了发展。

学龄期儿童的主导需要是争取做个好学生，这是在教育的作用下，儿童接受了社会的要求并把这些要求转变为自身需要的结果。学校通常通过一定的奖惩制度（如升留级制，评三好学生等）让儿童明白社会的要求，鼓励、强化他们的良好表现，抑制、消除他们的不良行为。这样，儿童就会逐渐把获得好成绩、成为好学生当作自己的努力方向，从而自觉地变社会要求为自己的需要。学习活动还会使儿童产生许多其他的需要。如对学习和生活用品的需要、对文体活动的需要、与同学交往的需要等。

到了少年期，少年往往认为自己已经"长大"，于是就会产生更为强烈的独立自主的需要、自尊与受人尊重的需要、被集体接纳和在集体中获得合理地位的隶属需要等。正是由于这些新需要，少年更乐于参加集体生活，易受同龄人的舆论影响，而常与某些仍把他们当作"小孩"的成人发生冲突。

到了青年期，由于性的成熟、知识经验的增多、自我意识的接近成熟、活动能力的提高和临近参加社会工作，青年更产生了对情谊的需要、参加社团组织的需要、创新的需要、升学或就业的需要、自我完善的需要及为社会作贡献的需要等。随着这些社会性需要的不断加强，青年会更多地去关心社会发展与从事社会活动，并自觉地使自己的各个方面达到成人的水平。

青少年需要的发展过程充分体现了社会实践对需要形成的重要影响和制约作用。人的需要并不是自然而然地发展起来的，而是在一定的社会要求下逐渐形成的。当然，每个人对一定的社会环境和社会要求会有不同的认识和选择，这正是形成人们不同的需要内容或需要层次的主观原因。

四、马斯洛的需要层次理论

人的需要是多种多样的，对此，许多心理学家进行了研究，在众多的研究中，美国人本主义心理学家马斯洛（Abraham H. Maslow，1908—1970）的需要层次论可谓独树一帜，是最富影响力的需要理论。他认为，人的一切行为都是由需要引起的，人的需要有不同的层次：最底层的需要是生理需要，其他依次为安全需要、归属和爱的需要、尊重的需要（包括自尊与尊人），最高层是自我实现的需要（指个人天赋、自我潜能的极度发挥）。如图7-1。

马斯洛的需要发展金字塔模式表明：①作为一种基本动力，需要推动着人在

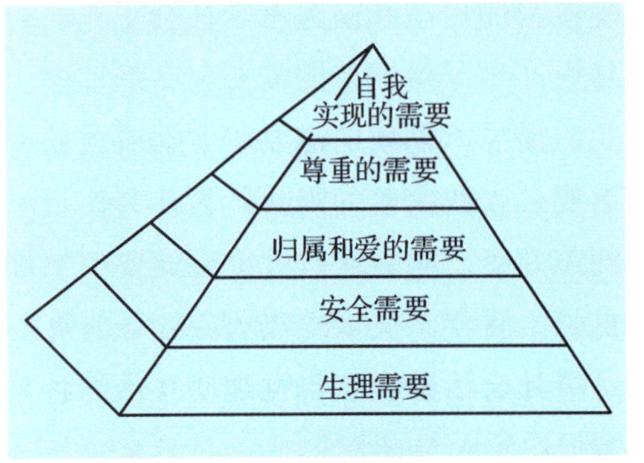

▲ 图 7-1　人的需要层次

获得低一级层次的满足之后继续寻求高一级层次的满足，即低层次需要的满足是高层次需要产生的基础；②越是低层次的需要，越为大多数人所共有，并且这类需要也较易获得满足。如“饥不择食”，饥饿时只要有东西充饥，即可满足这种生理需要；③对于高层次的需要来说，不但真正能产生这种需要的人很少，而且其得到满足的百分比也较小（指满足的相对性程度）。如“学无止境”，即表明了人对学识、修养等自我发展方面的永不满足。

链接

马斯洛

马斯洛（Abraham H. Maslow）是人本主义心理学的创始人之一，心理学第三势力的领导人，也是因诠释自我实现而改变传统心理学中的动机观念的一位心理学家。

资料来源：彭聃龄. 普通心理学. 北京：北京师范大学出版社，2004，328

第二节　动　机

一、动机的定义

动机与需要是紧密联系的。如果说需要是人活动的基本动力源泉，那么，动机就是推动这种活动的最直接的力量。具体来说，动机是直接推动一个人进行活动的内部动因或动力，也是唤起与维持个体的行为，并使其朝向特定目标前进的内在的心理过程。

人的需要通常以兴趣、意向、意图、愿望、信念等形式表现出来。但光有这些意愿，人还不会立即有所行动，只有动机产生后，人的某种行为才会真正被引发。动机的产生取决于两个条件：①某种需要必须成为个体的强烈愿望迫切要求得到满足；②客观上也存在着满足某种需要的具体对象，使之有满足的可能性。例如，人有社交的需要，但若身在孤岛，缺乏交往的具体对象，这种需要就无法转化为动机，而只能以静态的形式潜存着，人也就不会有任何实际的社交行动。只有活动在人类社会中，人才会产生交往的动机，并进行社交活动。因此，动机是在需要的基础上产生的，它对行为起着激起、调节、维持和停止的作用，是行为的直接原因。

二、动机的类型与功能

（一）动机的类型

每种行为的背后都有其动机，但是动机的表现形式多种多样，因而就需要对动机进行分门别类的研究。动机对于活动的影响和作用有不同的方面，可以据此对动机进行不同的分类。

1. 生理性动机与底层性动机

根据动机的起源，可以把动机相应地分为生理性动机和社会性动机。生理性动机的基础是人的生理需要，如吃的动机、喝的动机、性的动机、休息的动机等；社会性动机的基础是人的社会需要，如交往的动机、劳动的动机、学习的动机等。

2. 一段动机与具体动机

根据动机影响范围的大小，可以把动机分为一般的、概括的动机与特殊的、具体的动机。如求知欲是比较广泛的动机，它对所有知识的探求都有推动作用；而有志于钻研文学、化学或电脑等专业学科，则是具体的动机，它只对某一方面知识的探求有推动作用。

3. 长远动机与短暂动机

根据动机持续作用的时间，可把动机分为长远的动机和短暂的动机。长远的动机持续作用较长，具有稳定性，不受偶然情绪变化的影响。短暂的动机则恰好相反。一个中学生立志要在数学上取得一些成就，他就不仅会在中学、大学中认真学习，而且在以后长期的生活中也会自觉、不懈地努力；如果学生只想在某次数学考试中得高分，那么，考试结束，他的学习活动也就停止了。

4. 主导动机和辅助动机

根据动机所起作用的主次、大小，可把动机分为主导动机和辅助动机。在人的活动中，特别是在复杂的活动中往往存在着多种动机，各自起不同的作用。所起作用较为强烈、稳定、处于支配地位的动机就叫主导动机，所起作用较弱、较不稳定、处于辅助地位的动机就是辅助动机。主导动机和辅助动机在一定条件下是可以相互转化的。

（二）动机的功能

动机作为推动个人行为的内在动力，

它贯穿于个人行为的始终。具体地说，动机对行为发挥四个方面的功能。

1. 激活功能

动机是行为积极性的重要指标，它能推动个人产生某种针对特定对象的行为。择食、择饮的行为是由解除饥饿和口渴的动机激发起来的；学习行为是由获取知识、增长才干的动机激发起来的。在这个意义上讲，没有动机，就没有行为。

2. 定向功能

在动机的支配下，个人的行为将指向一定的目标或对象。在学习动机的支配下，学生会专心聆听教师的讲课，积极参与课堂讨论，主动到图书馆查阅资料，或者完成家庭作业；而在娱乐动机的支配下，个人可能上网游戏，去商店里购买影碟片，或者去电影院看电影。可见，个人的动机不同，行为就会指向不同的对象和目标。

3. 维持功能

动机唤醒个人的行为后，在预期的目标实现之前，动机将驱使行为持续进行，直到目标达成为止。有的人一时兴起，喜欢做某件事了，便等待不得，但真做起来时，兴趣已经消失了，还没等有行为结果便终止了行为。这就是民间所说的“三天打鱼，两天晒网”，是动机的维持功能出现中断的表现。

4. 强化功能

行为后果对动机具有很大的影响，动机可因积极的行为结果而获得加强，并增强后继的行为；也可因消极的行为结果而获得减弱，并解除后继的行为。这里，所谓“积极的行为结果”是指与预期的行为目标相一致的结果，例如每次考试都得好成绩，倾向于增强学生的学习动机，从而使他的学习更加勤奋刻苦。所谓“消极的行为结果”是指与预期的行为目标相矛盾的结果，例如，每次考试都得了不好的成绩，倾向于减弱学生的学习动机，最终可能使他放弃学习。

三、动机理论

（一）强化动机理论

强化动机理论是由联结主义理论家提出来的。根据这一理论，行为的获得是通过条件作用在刺激与反应之间使之建立联结的过程；对反应的强化是行为获得的先决条件；强化之所以能促进行为的形成，是因为强化物能够满足个体的驱动力。人的某种行为之所以发生，完全取决于先前的这种行为与刺激因强化而建立起来的稳固联系。某种行为发生后给予强化，就可以增加该行为再次出现的可能性。比如，某学生在偶然一次考试中得了高分时，家长、教师及时进行表扬、奖励，就能够增加该生在下一次考试中取得好成绩的可能性。按照这种观点，人类做出任何良好的行为都是为了获得报偿。因此，在活动中，各种外部手段如奖赏、赞扬、评分、等级、竞赛等，是激发动机不可缺少的手段。强化既可以是外部强化，也可以是内部强化。前者是由外部或他人施给行为者的强化，后者是自我强化，即行为者在活动中获得了成功而增强了成功感与自信心，从而增加了行为动机。无论是外部强化还是内部强化都有着正强化与负强化之分，并与惩罚有着千丝万缕的联系。一般说来，正强化和负强化都起着增强动机的作用，如取得优异成绩便进行适当的表扬与奖励属于正强化，而取消讨厌的频繁考试等便是负强化。惩罚一般起着削弱动机的作用，但有时也会使人在失败中重新振作起来。

总之，强化动机理论就其主要倾向来说，是联结派的动机理论，该理论过分强调引起行为的外部力量，忽视甚至否定人的行为自觉性与主动性，因而，这一理论有很大的局限性。

（二）成就动机理论

成就动机的概念是在默瑞（H. A. Murray，1938）于20世纪30年代提出的“成就需要”的基础上发展起来的。默瑞认为，人格的中心由一系列需要构成，其中之一即成就需要，这一需要使人表现出：追求较高的目标，完成困难的任务，竞争并超过别人等倾向。20世纪四五十年代，麦克兰德（D. C. McClelland）和阿特金森（J. W. Atkinson）接受默瑞的思想，并将其发展成为成就动机理论。

麦克兰德等人于1953年合著了《成就动机》一书，介绍了他们20世纪40年代末用主题统觉测验来测量成就动机，并对默瑞提出的“成就需要”进行了实验研究。麦克兰德发现，成就动机高的人，喜欢选择难度较大、有一定风险的开创性工作，喜欢对问题承担自己的责任，能从完成任务中获得满足感；成就动机低的人，倾向于选择风险较小、独立决策少的任务或职业。

阿特金森于1963年将麦克兰德的理论作了进一步深化，提出了具有广泛影响的成就动机模型。他认为成就动机的强度是由动机水平、期望和诱因的乘积来决定的。其关系可用下述公式表示。

动机强度=F（动机水平×期望×诱因）

动机水平是一个人稳定的追求成就的个体倾向；期望是某人对某一课题成功概率的主观预期；诱因是成功时得到的满足感。

在此基础上，阿特金森又进一步将个体的成就动机分为两类：一类是力求成功的动机，即人们追求成功和由成功带来的积极情感的倾向性；另一类是避免失败的动机，即人们避免失败和由失败带来的消极情感的倾向性。根据这两类动机在个体的动机系统中所占的强度，可以将个体分为力求成功者和避免失败者。力求成功者将目标定位于获取成就，既然要获取成就，就不能不对任务的成功概率有所选择。研究表明，成功概率在50%的任务是最能调动力求成功者的积极性的，因为这种任务对他们的能力最富挑战性，而那些根本不可能成功或稳操胜券的任务反而会降低他们的动机水平。对于力求避免失败者则相反，因为他们将心态定位在如何避免失败上，因为要避免失败，所以他们往往倾向于选择大量非常容易或非常困难的任务，如果成功概率大约是50%时，他们会回避这项任务。因为选择容易的任务可以确保成功，避免失败；而选择非常困难的任务即使失败了也可以归因于任务的难度，得到他人的理解和原谅，从而减少失败感。应该说力求成功的动机比避免失败的动机具有较大的主动性。因此，对学生除了尽可能让他们避免失败之外，还应立足于增加他们力求成功的倾向，使他们不以避免失败为满足，而应以获取成功为快乐，这样才能真正调动一个人的积极性。

（三）自我效能感理论

自我效能感（self-efficacy）理论是美国心理学家班杜拉（Albert Bandura，1925— ）于1977年提出的。所谓自我效能感是指人对自己能否成功地进行某一成就行为的主观判断，它与自我能力感是同义语。自我效能感理论已经得到了大量实证研究的支持。

在班杜拉看来，人的行为是受两个因素影响或决定的：一个是行为的结果因素即强化；一个是行为的先行因素即期待。与传统行为主义不同的是，班杜拉没有将强化看成决定行为的唯一因素。他承认强化能够激发和维持行为动机以控制和调节人的行为，但他同时认为，没有强化也能够获取有关信息，形成新的行为模式。行为出现的原因不是随后出现的强化，而是人在认知之后产生的期待。

班杜拉将期待也分为两种：一种是结果期待，是指人对自己的某一行为会导致何种结果的推测。如果个体预测到某一特定行为会导致某一特定的结果，那么这一行为就可能被激活和被选择。例如，学生认识到只要上课认真听讲，就会获得他所希望的好成绩，那他就很可能认真听课。另一种是效能期待，指个体对自己能否实施某种成就行为的能力判断，即人对自己行为能力的推测。当确信自己有能力进行某一活动时，他就会产生高度的“自我效能感”，并会付诸实施。例如，学生不仅知道注意听讲可以带来理想的成绩，而且还感到自己有能力听懂教师所讲的内容时，才会认真听课。显然，自我效能感产生于某一活动之前，是对自己能否有效地做出某一行为进行的主观推测。

以往的动机理论研究停留在强化的提供方面。在班杜拉看来，人们知道行为可能带来良好的结果，也不一定去实施。比如，每个学生都知道好的成绩会获得好的结果，但当学生感到无能为力时，就不会做出某种努力学习的行为。所以，当有了相应的知识、技能和目标时，自我效能感才成了行为的决定因素。

根据班杜拉的研究，个人自我效能的形成来自四个方面的经验：（1）直接经验，即以往实际从事同类工作的成败经验；（2）间接经验，即通过观察、学习获得的他人成败的经验；（3）书本知识或他人的意见；（4）身心状况，即对自己身心状况的主观评估。由此看来，教师在教学中帮助学生形成积极的自我效能感显然有助于培养学生的学习动机。

（四）归因理论

归因理论的最早提出者是美国社会心理学家海德（F. Heider，1958）。他认为，人们都具有理解世界和控制环境这两种需要，使这两种需要得到满足的最根本的手段就是了解人们行为的原因，并预测人们将如何行为。他认为，对行为的归因有两种，一种是环境归因（situational attribution），即将行为原因归为环境，如他人的影响、奖励、运气、工作难易等。海德认为，如果把行为原因归为环境，则个人对其行为结果可以不负什么责任。另一种是个人归因（personal attribution），即将行为的影响归于个人，如人格、动机、情绪、态度、能力、努力等。海德认为，如果把行为原因归于个人，则个人对其行为结果应当负责。

此后，美国社会心理学家罗特（T. B. Rotter，1966）根据“控制点”（locus of control）把人划分为“内控型”和“外控型”。内控型的人认为自己可以控制周围的环境，不论成功还是失败，都是由于个人能力和努力等内部因素造成的；外控型的人感到自己无法控制周围的环境，不论成败都归因于他人的压力以及运气等外部因素。

美国心理学家韦纳（B. Weiner）在吸收海德和罗特理论的基础上对行为结果的归因进行了系统的探讨，并把归因分为三个维度：内部归因和外部归因、稳定性归因和非稳定性归因、可控归因和不可控归因。同时将人们活动成败的原因即行为责任归结为六个因素，即能力高低、努力程度、任务难度、运气（机遇）好坏、身心状态及其他。三维度与六因素的结合，就可以得到韦纳的成败归因模型，见表7–1。

归因理论经过韦纳的反复修正成为一种解释动机最系统的理论，也是近年国内心理学家最感兴趣的理论之一。归因理论在实际应用中的价值主要有三方面。

表 7–1　韦纳成败归因理论的三维度分析模型（Weiner，1982）

归因因素	稳定性		因素来源		可控制性	
	稳定	不稳定	内在	外在	可控性	不可控性
能力	√		√			√
努力		√	√		√	
任务难度	√			√		√
运气		√		√		√
身心状况		√	√			√
其他		√		√		√

1. 了解心理与行为的因果关系

归因理论告诉我们，人类的任何行为都一定有其原因，研究这种因果关系有助于对人的心理与行为进行更有效的把握。比如，一个教师往往会将资质中等而成绩甲等的学生归因为努力，把聪明而成绩优异的学生归因为能力，把经常因病缺课而成绩较差的学生归因为身心状况的问题。教师只有了解到学生成败的原因后才能对症下药，改进教学，从而达到因材施教的目的。

2. 根据行为者当前的归因倾向预测他以后行为的动机

归因理论的一个重要价值就是人们可以根据某个行为者当前的归因倾向预测他未来在此方面的动机。以两个同样获得优异成绩的学生为例，若甲生把自己的成绩归因于能力，而乙生归因于运气，那么就可以预见在以后的课业学习中甲生比乙生可能会有更强的学习动机。再如，两个同样失败的考生，若甲生将自己的失败归因于努力不够，而乙生却将之归因于试题太难，可以预测在随后的学习中甲生的学习动机会强于乙生。因为甲生将失败的原因归为努力不够，努力是自己可以调节和控制的；而乙生将失败的原因归于试题太难，而这是外在的、不可控的因素。

3. 归因训练有助于提高自我认识

让学生学会正确而有积极意义的归因是对学生进行心理教育的一项重要内容。学生学会归因的过程也就是提高其自我认识的过程。归因训练首先在于培养学生自觉的归因意向，有了意向本身就表明学生有了自觉的自我意识。其次，重要的在于归因过程，通过这种过程培养学生的自我观念。再次，要培养学生正确而积极的归因，这样不仅在一项具体的活动中能够正确地认识自己与别人行为原因的关系，而且能形成正确的自我意识，从而更好地知己与知人，因此，教师有必要对学生不正确的、消极的归因进行心理辅导。如果一个学生长期处于消极的归因心态就会有碍于人格成长，比如，惯于逃避失败的学生，他们对应付困难缺乏信心，将失败归因为能力不足，而将成功归因于运气或任务容易。长此以往，成为应付学业的一种习惯，就会演变成一种习得性无助感（learned helplessness）。

链接

习得性无助感

习得性无助感的概念最初是由美国学者塞利格曼等人（M. E. P. Seligman，1955）通过实验提出的。在实验中他们先将狗固定在架子上进行电击，狗无可奈何，因为它无法预料也无法控制这种电击。然后，再把狗放在一个中间用矮板墙隔开的实验室里，让它们学习回避电击。对于一般的狗来讲，是非常容易学会的，可是对于这些遭受过电击的狗来说，绝大部分却没有学会回避，它们先是乱抓乱叫，后来干脆趴在地板上甘心忍受电击，不进行任何反应。塞利格曼认为，这一实验结果表明，动物在有了“某些外部事件无法控制”的经验后，会产生一种叫作习得性无助感的心理状态，这种无助感会使动物表现出反应性降低等消极行为，妨碍新的学习。很多以人为被试的实验也得出了同样的结论。人们发现，习得性无助感产生后有三方面表现：（1）动机降低：积极反应的要求降低，消极被动，对什么都不感兴趣。（2）认知出现障碍：形成外部事件无法控制的心理定势，在进行学习时表现出困难，本应学会的东西也难以学会。（3）情绪失调：最初烦躁，后来变得冷淡、悲观、颓丧，陷于抑郁状态。到了习得性无助感的状态，纵然轻易成功的机会摆在面前也鼓不起尝试的勇气，显然这对个体人格的成长是极为不利的。所以，帮助学生学会正确而积极的归因是每个教师应尽的责任。

资料来源：莫雷等. 现代心理学. 广州：暨南大学出版社，2006

第三节　学习动机的培养

一、学习动机的定义

按照动机的一般定义，可以把学习动机（motivation to learn）定义为唤起与维持学生学习的行为，并使该行为朝向教师预先设定的学习目标进行的内在心理过程。

这一定义将学生的学习动机与学校教学目标联系起来理解，是因为教学过程是教师的教与学生的学的互动过程，学生在教师的指导下，通过自己的努力，来实现预定的教学目标。只有在这种师生互动的过程中，才可能用学生学习动机的差异来解释他们学业成就的差异；才能说明为了提高教学质量和学业成就，教师在指导学生学习科学文化知识的同时，必须培养学生的学习动机，并利用学习动机驱动教与学的互动过程的实现。

二、学习动机的作用与类型

（一）学习动机的作用

学习动机对学习的影响，主要表现在以下两个方面。

1. 学习动机作为一种非智力因素，间接地对学习起促进作用

人的智力因素对学习有直接、重要的影响。但是，一些非智力因素如集中注意、坚持不懈及对挫折的忍受性等意志和情感方面的品质对于成功的学习也是必不可少的。动机的作用正是通过唤起学生对学习的准备状态，增强这些重要的品质来间接地促进学生的学习。例如，一个学生产生了要在学习上名列前茅的强烈动机，他就一定会把主要精力集中在有关的学习上，减少其他无关活动，并能持之以恒，排除干扰，克服困难，经受失败挫折的考验。

2. 学习动机作为一种学习结果，强化学习行为本身，促进学习—动机—学习的良性循环

成功学习的结果一方面是知识、技能的获得与掌握；另一方面是求知欲、自信心等心理品质的发展和提高，这些都可以大大满足人的各种社会需要，如求知、自尊、获得他人赞扬等，并促使人把通过进一步的学习以获得更高程度的满足当作一种新的、迫切的需要，从而产生强烈的学习动机。因此可以说，动机并非绝对是学习的先决条件，它与学习之间存在着显而易见的互为因果关系。美国教育心理学家奥苏伯尔就明确指出，“动机与学习之间的关系是典型的相辅相成的关系，绝非一种单向性的关系”，因此，当学生尚未表现出对学习有适当的兴趣或动机之前，教师没有必要推迟学习活动。对于那些尚无学习动机的、尤其是年龄较小的学生，教学的最好方法是，把重点放在学习的认知方面而不是动机方面，致力于有效地教他们掌握有关知识，让他们获得成功的体验。学生尝到了学习的乐趣，就有可能产生要学习的动机。

尽管动机对学习的促进作用是毋庸置疑的，但值得注意的是，学习动机与学习效果的关系并不一定成正比。这是因为：①学习动机的强弱对学习的效果有不同影响。过弱的动机当然无助于学习，过强的动机却也会造成过度的紧张，抑制大脑相应部位的活动，从而影响学习的效率。②影响学习的因素，除了智力、动机之外，还有学生的知识基础、学习方法、人格特征、身体及情绪状况等。因此，在重视动机作用的同时，也要注意全面提高学生的学习技能和其他心理素质。

（二）学习动机的类型

学习动机作为推动学生学习的内部动力，一般可分为三种。

1. 求得赞许的动机

又称附属的内驱力，是指为了获得他人（如家长、教师、同学等）的赞许、认可和亲近而努力学习的动机。这是一种源于外部原因的内部推动力量。

每个人都有获得他人肯定、接受的心理需要。在集体中，个人的行为、业绩若不符合集体的要求，他就会感到孤独或焦虑。为了避免这种不愉快的境遇，他会努力向集体标准看齐，这就使人产生了

交往的需要和动机。作为学生，满足这种需要的重要途径便是努力学习，争取好成绩。求得赞许的动机可增强学生的归属感和荣誉感，不但能促进学生的学习，还有利于其自信心、自尊心的发展。

学生求得赞许的动机的产生与教师对学生的态度、班集体的友爱气氛有密切关系。教师热爱学生，公平地对待学生，是求得赞许的动机赖以形成的重要情感基础。许多学生（特别是年龄较小的学生）之所以愿意学习，常常是因为喜欢他们的老师；若教师对学生冷漠、轻视、不公正，甚至贬损学生，只会激起师生间的对立情绪。因此，教师应该在情感上与学生建立起良好的关系，使学生愿意听从教师的教导，并有意识地使自己的行为符合教师的标准和期望，从而促进学习。

2. 成就动机

又称提高的内驱力，是指为了维护个人自尊心和提高个人地位而努力学习与工作的动机。通常，个人的地位与他的成就相称，因此，要提高地位，就要努力获得相应的成就，这也是一种由外部原因引起的内部推动力量。儿童从入学开始就可能产生这种动机，以后随着年龄增长，这种动机会变得愈加强烈，终至成为大多数青少年学生的主导动机。

成就动机的强弱在个体身上有极大差异。人的抱负水平（或志向水平）高低决定着成就动机的强弱。抱负水平即个人在从事某项实际活动之前，估计自己所能达到的成就目标。就学生而言，这个目标是学生自己设立的标准，常用于评估自己的学习成绩、估计和设想自己的学习或活动所能达到的程度，因而也可以把它看成是一种自信心的指标。抱负水平是个人主观的估计或愿望，它可能高于个人的实际成就，也可能低于个人的实际成就。许多实验研究表明，学生个人的抱负水平受多种因素的影响，其中主要因素有以下三种。

（1）儿童期所受的家庭教育。美国心理学家麦克里兰（Mc Clelland）等人的研究结果表明，成就动机高的家长对子女的要求一般较高，其子女对自己成就的动机一般也较高。具有高度成就需求的父母往往在其子女幼小时就鼓励他们独立完成活动，接触新事物，掌握学习的知识和技能。在这样的家庭里，父母本身的成就动机既可以为其子女的成就动机提供榜样，又可以为子女提供一种促进成就动机形成的家庭气氛，这种气氛能强烈地诱导儿童的成就动机高度发展。而那些成就需求低的父母，则多限制其子女的独立自主行为，爱插手处理他们的事务，不关心他们的学业进度，这就很不利于儿童的成就动机的发展。

（2）学生的学习成绩。学生的学业成绩对其本人自信心的确立影响很大。成功的经验一般能导致抱负水平的提高；相反，屡次遭受失败，会导致抱负水平的降低。对我国差等生的调查研究表明，差等生往往陷于学业失败与抱负水平低的恶性循环之中。而低抱负水平一旦成为其个性特点，就会在学习和生活中表现出得过且过、不求进取的心理。因此，对差等生的教育工作之一就是让他们取得成功经验，培养和提高他们的抱负水平和成就动机水平，以改变他们对学习的消极态度，提高学习积极性。

（3）集体的标准。处在一个成就动机较强的集体中，个人会受到这种群体意识的影响、推动而产生较高的成就动机。如重点中学与非重点中学的学生在报考志愿上就有很大差异。前者往往以名牌大学为目标，后者则多以能考上大学为满足。这与“近朱者赤，近墨者黑”的道理是一样的。

成就动机源于人的维护自尊的心理需要。通常，学生维护自尊的办法有两种：第一是获得成功，第二是避免失败。取得较高的学业成绩，获得教师的赞许、奖赏，对学生来说是获得成功的标志。因此，在教学上，应注意充分运用教师的赞许和激励作用，以激发学生的自我提高的动机，促使他们进一步努力去赢得好成绩。

如果说，获得成功是维护自尊的最高境界，那么，避免失败则是维护自尊的起码要求。考试不及格、被老师批评往往意味着失败，它会导致学生在班上地位低下，自尊的需要得不到满足，这对学生是个极大的威胁。因此，教师可以适当地运用考试的手段，来促使学生认真学习。有些心理学家指出：“考核的动机力量，更多的是在于失败的威胁，而不是在于成功的希望。”由此可见，失败的威胁也是教师调动学生学习动机的一种策略。

3. 求知欲

又称认知的内驱力，它是一种以获得知识为目的的学习动机。这种动机指向于学习任务本身，以获得知识作为最大的满足，因而是一种内部动机。

求知欲与好奇、探究心理密切相关。好奇、探究的倾向是人与生俱来的一种生物性需要。儿童对环境中的新奇事物特别敏感，很早就开始探索他们周围的世界。如果儿童在对某事物的好奇、探究中能得到极大的心理满足，这种行为就会被强化。以后，为再度获得这种心理满足，他就会继续这种行为，并主动地、不断地追求有关的知识和技能，表现出强烈的求知欲。由此可见，求知欲或认识兴趣不仅可以促进学生主动地学习，而且能使他们在学习过程中获得满足感，产生愉快的情绪体验，从而进一步增强求知欲。

由于求知欲源于对知识本身的兴趣，满足这种动机的是知识的实际获得，而不是外在的各种奖励，所以它是一种最重要、最稳定的动机。当前，教育心理学家越来越重视这种动机的作用。他们指出，教育的职责之一，是让学生对获得有用的知识本身发生兴趣，而不是让他们被各种外来的奖励所左右。

以上三种主要的学习动机哪种占主导地位会因学生年龄、性别、个性特点及社会阶层等的不同而发生变化。例如，求得赞许的动机在小学低年级儿童身上尤为突出；小学生的学习最初主要是为了满足家长、教师的要求，以便得到赞许并享受由此派生的优越感；从小学高年级起，求得赞许的动机不仅在强度上有所减弱，交往对象也从父母、教师那里转向了同年龄的伙伴，这时候，来自同伴的赞许就成为一个强有力的动机因素。学业失败或成绩不良会招致同学的否定评价，危及个人在集体中的地位和自尊。因此，成就动机就逐渐成为主导动机，有力地促进着学生的学习。

求得赞许的动机、成就动机都是外部动机。虽然它们对学生各有不可低估的激励作用，但过分强调它们（尤其是成就动机）会助长功利主义的倾向。学生的学习如果主要着眼于取得外来利益，他们就会满足于一定的学业成绩而很少考虑学科知识本身的科学价值，在学习结束后，不会产生持久而深入的学习愿望。因此，应注意激发学生求知的需要，加强内部动机的推动力量，提高学习的自觉性和坚持性。

三、影响学习动机培养的因素

学生学习动机的培养从根本上说不是技巧问题，而是办学思想和理念问题。在中小学还没有摆脱以考试分数为衡量教学质量和学生学业成就的主要标准的情况下，谈论学生学习动机的培养确实存在相当的难度。目前国内的中小学教育至少有两个因素制约着学生学习动机的培养。

首先，整齐划一的教学进度无视学生的个别差异。目前，学校教学进度采用完全统一的做法：同一个年级规定同样的教学目标、教学内容、教学进度，如果有三个教师分别教六个班的语文课，那么这三个教师在同一天内所讲的内容、进程、所要达到的目标完全一样。同一个教师教两个班，他在这两个班里说的每一句话都几乎一模一样，至于考试内容、试卷形式和评分标准更是统一到底了。整齐划一的学习进程的理论依据是教育机会均等，即每个学生都有接受同等教育的权利，但是这样的机会均等却忽视了学生的能力差异、学习动机差异、个性差异、知识基础差异。忽视这些差异的后果是在调动了某些学生的学习动机的同时，毁灭了另一些学生的学习动机。

其次，升学率与分数主义的盛行导致学生学习动机的狭窄化与功利化。多年来，国内中小学教育的一个显著特点是以“升学率”来衡量办学成效；而升学率的高低则决定于升学考试分数的高低，这样一来，在学校教学上无形中就产生了“分数主义”的倾向，这种倾向的盛行导致了几个不良后果：一是只看重少数升学考试科目的教学，不仅剥夺了学生对多方面发展机会的需求，而且在学习方式上偏重对少数考试科目的知识的死记硬背，这就势必使学生的知识结构趋于狭窄，学习兴趣下降。二是分数主义将造成学生两种不同的学习心态，即要么只求得到高分，要么只求及格过关，这两种心态都不能导致积极的学习动机的形成。

四、培养学习动机的主要措施

目前的教育环境虽然不利于培养学生的学习动机，但是不等于教师就不能在现有条件下设法培养学生的学习动机。下面提供几个改善学生学习动机的思路，能够较好地提升学生的学习动机。

（一）促进外在动机向内在动机的转化

我们已经知道，学习动机的形成有外在与内在两种原因，前者被环境中的诱因条件所引发，而后者则源自个体自身的内在需要。我们也知道，最为持久的学习动机自然是内在动机，但是从学校教育的实践来看，大多数学生对大多数科目的学习动机都不是源自学生自身内在的需要，只有少数学生在少数科目（如音乐、绘画、体育活动等技能性科目）上从一开始就喜欢学习。因此，对大多数科目来说，学生开始学习时，若要让他愿意学习，一般都要从培养外在动机着手，这就需要教师在教学设计上下工夫，研究如何设计教学进程和知识的呈现方式，才能吸引学生。教学实践表明，学生喜欢某一个科目，大多是受教师非凡的教学水平的影响，他能抓住学生的心理，能够吸引学生的注意力，能使学生由佩服教师而开始喜欢教师所教的科目。当然，适度的奖励也是激发学生学习动机的有益的外在手段。当外在学习动机获得适度满足之后，教师就需要把外部的吸引力转化为学生自身内在的学习动机。这就需要教师帮助学生真正认识到知识对他成长的价值，他知道知识对他生活的意义了，愿意通过学习知识改善他的人生质量，他就有可能自觉自愿地获取知识。因此，在每一单元教学之初，教师必须让学生了解：①要他学的是什么，是知识还是技能？②用什么方法去学习？③怎样考试？学生了解这些问题之后，就有了明确的学习目标与方向，因而也就在心理上愿意学习了。

（二）通过满足基本需要引导学生追求成长需要

根据马斯洛的需要层次理论，认知的需要处于第五个层次，而且只有生理需要、安全需要、归属与爱的需要以及自尊需要获得基本满足以后，认知的需要才能成为学生学习的内在动机。这就要求学校和教师必须给学生创造一个生理和心理安全的受教育环境，教师要爱护和尊重每一个学生，使学生能够体验到学校的温暖和自己在学校中存在的价值，这样学生就会喜欢学校，喜欢教室，喜欢教师，也就有可能喜欢学习。

（三）从学业成败的经历中学会合理归因

根据学习动机的认知理论，学生对自己学业成败的主观归因，是影响其以后学习动机的重要因素。只要存在考试和评价，对每个学生来说，成功与失败的经历都是无法避免的。从人的成长规律看，对成功的体验固然能够提高一个人的自信心、实现个人的价值感，从而增强学习动机，但是失败的体验也并非完全没有积极意义。适当的失败不仅促进学生总结经验教训，以便改进，而且能够锻炼学生对挫折的心理承受能力，促进心理健康成长。只是在利用失败的积极意义时，教师需要注意三点：第一，失败的次数不能多于成功的次数，让学生既感受到人生难免遭遇失败，又有足够的证据说明只要努力总会成功；假如学生追求成功时屡遭失败，就会怀疑自己的能力，学习动机自然就会减弱。在具体做法上，教师必须针对学生的个别差异，对学生作业质量和考试分数进行评价时，不宜只采用团体标准，也应重视个人纵向的进步。第二，学生在这个方面的失败感需要其他方面的成功感来克服，让学生感到我在这个方面不如其他同学，但在其他方面胜过他们，所以我还行。如果一个学生在学校生活的每个领域都经受失败，就很难再恢复他的信心。第三，要及时帮助学生学会积极的归因方式，避免形成习惯性消极归因的倾向。

（四）利用教师正确的反馈信息激发学习动机

根据韦纳的成败归因理论，教师对学生学习行为的反馈性评价，对学生以后的学习动机有很大的影响。无论教师的反馈是积极的（赞许或鼓励），或是消极的（批评或训斥），都会成为学生对学习成败进行自我归因的依据。学生倾向于根据教师的反馈信息对自己以后的学习结果形成一种预期，如果预期自己会成功，他就会努力追求成功；如果预期自己会失败，即使遇到很小的困难，他也退缩放弃。追求成功者才有可能成功，回避困难者难免失败。因此，教师在对学生进行评判时，不能单纯依据考试分数给学生简单地下一个断语：你行或你不行，而要充分考虑教师的反馈性评价会导致学生对自己今后的学习行为形成什么样的预期。如果教师的评判不利于学生形成积极的预期，纵使教师的愿望有多么好，其效果也只能事与愿违。

链接

耶基斯-多德森定律

在一般情况下，动机愈强烈，工作积极性愈高，潜能发挥得愈好，取得的效率也愈大；与此相反，动机的强度愈低，效率也愈差。因此，工作效率是随着动机的增强而提高的。然而，心理学家耶基斯和多德森的研究（1908）证实，动机强度与工作效率之间并不是线性关系，而是倒U形的曲线关系。具体体现在：动机处于适宜强度时，工作效率最佳；动机强度过低时，缺乏参与活动的积极性，工作效率不可能提高；动机强度超过顶峰时，工作效率会随强度增加而不断下降，因为过强的动机使个体处于过度焦虑和紧张的心理状态，干扰记忆、思维等心理过程的正常活动。

上述研究还表明：动机的最佳水平不是固定的，依据任务的不同性质会有所改变。在完成简单的任务中，动机强度高，效率可达到最佳水平；在完成难度适中的任务中，中等的动机强度效率最高；在完成复杂和困难的任务中，偏低动机强度的工作效率最佳。

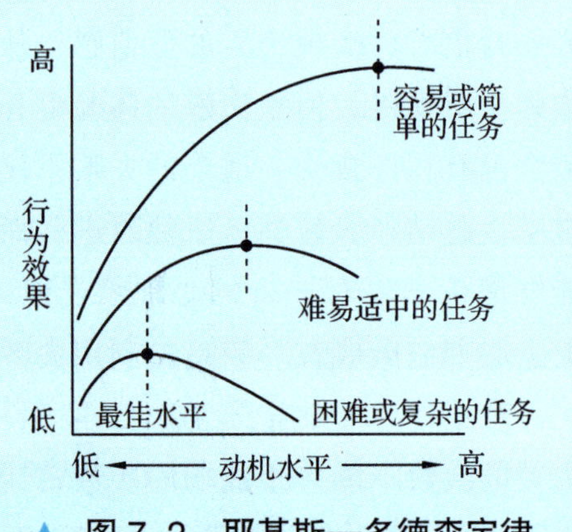

▲ 图 7-2 耶基斯—多德森定律

资料来源：Yerkes R. M., Dodson J. D. The Relation of Stimulus to Rapidity of Habit-formation. Journal of Comparative and Neurological Psychology. 1908, 18: 459~482

本章复习与摘要

1. 需要是有机体感到某种缺乏而力求获得满足的心理倾向，它是有机体自身和外部生活条件的要求在头脑中的反映。需要可从不同的角度进行分类，如生物需要与社会需要、物质需要与精神需要。

2. 人本主义心理学家马斯洛把人类的需要分为七个层次：生理需要、安全需要、归属与爱的需要、自尊需要、认知的需要、审美的需要、自我实现的需要。前四个层次属于基本需要，后三个层次属于成长需要。马斯洛认为，基本需要的满足是激发成长需要的基本条件。认知的需要和自我实现的需要在学校教育情境中表现为学生的学习动机。

3. 动机是唤起与维持个体的行为，并使该行为朝向特定目标发展的内在的心理过程，是推动个人行为的内在动力。动机对行为具有激活、定向、维持和强化四个方面的功能。

4. 强化动机理论强调，如果在行为时获得了生理上满足，就会强化个体促进该行为的习得。该理论忽视了学生内在心理过程在学习中的作用，因而在教育实践中受到诸多限制。

5. 成就动机理论强调，成就动机的

强度是由动机水平、期望和诱因的乘积来决定的。在此基础上，阿特金森进一步将个体的成就动机分为力求成功的动机和避免失败的动机。

6. 自我效能感理论强调，当有了相应的知识、技能和目标时，自我效能感就成了行为的决定因素。

7. 归因理论强调，学生对学业成败的归因倾向是影响其以后学习行为的重要的动力因素，并以三个维度（稳定性、因素来源、可控制性）、六种归因因素（能力、努力、任务难度、运气、身心状况、其他）为基础建构了成败归因模型。

8. 学习动机是唤起与维持学生学习的行为，并使该行为朝向教师预先设定的学习目标发展的内在心理过程，它是驱动学生努力学习的内在动力，属于心理动机的范畴。培养学习动机的措施包括：促进外在动机向内在动机转化；通过满足基本需要引导学生追求成长需要；从学业成败的经历中学会合理归因；利用教师正确的反馈信息激发学习动机。

第八章　情绪及其调节

生活中充满情绪，我们有时欣喜若狂，有时焦躁不安，有时忧虑孤独，有时平静愉快。心情好时，我们会觉得一切都很美好，世界充满了色彩；心情不好时，我们会看什么都不顺眼，世界变成了灰色。我们每个人都经历过强烈的情绪体验：或异常快乐或十分消极。尽管这些情绪性质不同，但它们都代表情绪。情绪是人对于客观事物是否符合自己的需要而产生的态度体验，它通常包含生理和认知的成分，对行为具有影响作用。情绪最能表达人的内心状态，可以说它是人心理状态的晴雨表。本章先介绍情绪的定义、分类、功能及主要情绪理论；接着介绍情绪与认知、情绪与健康的关系，最后介绍情绪的调节问题。良好的情绪有助于身心健康，了解情绪调节的规律对身心健康有着重要的意义。

第一节　情绪概述

一、情绪的定义与类型

（一）情绪的定义

情绪是指人对于客观事物是否符合自己的需要而产生的态度体验。人在反映客观世界并进行各种活动时，对于所接触到的事物，会产生一定的态度：如果这件事符合人的需要，就会对它产生肯定的态度，从而引起爱、尊敬、满意、愉快、欢乐等内心体验；如果这件事不符合人的需要，就会对它产生否定的态度，从而引起恨、不满意、不愉快、痛苦、忧愁、恐惧、羞耻、愤怒、悲哀等内心体验。这些内心体验并不反映事物本身的属性，而是反映具有一定需要的主体与客观事物之间的关系。所以，情绪和情感是对主体客观世界的一种特殊的反映形式。

（二）情绪的类型

根据情绪发生的强烈程度和持续时间，情绪可以分为三种状态：心境、激情和应激。

1. 心境

这是一种强度较小、持续时间较长的情绪状态。喜、怒、哀、惧各种情绪都可能以心境的形式表现。心境是一种弥散性的情绪体验，它常常不是对特定的对象发生，而是会持续较久的时间并弥散到日常生活的各方面，使人在此期间的活动和体验染上这种情绪色彩。比如“人逢喜事精神爽”，愉快的情绪可使人一连数天心情舒畅；而恐惧的情绪则会使人处处“草木皆兵”，天天似“惊弓之鸟”。心境对人的生活、学习、工作有很大影响，愉快、乐观的心境可以提高人的积极性，提高健康水平，提高工作效率，而忧郁、悲观的心境则会降低人的积极性，降低工作效率，甚至影响身体健康。

2. 激情

这是一种强度大、持续时间短、有明显外部表现的爆发式的情绪状态，比如，狂喜、暴怒、剧烈的悲痛、极度的恐惧等。激情状态发生时，常伴有自我感觉到的剧烈的内部变化，包括明显的呼吸频率、心率、汗腺分泌等变化。激情是情绪的强烈爆发，强度很大，指向明确，但持续时间不长，当激情强度减弱以后，也可以转变为弥漫性的心境。当一个人处于激情状态时，理智分析能力下降，自我控制能力减弱，有可能出现冲动行为。剧烈的生理变化也可能导致人的身体健康受损，如心脏病发作等。

3. 应激

这是一种由意外的紧张情况所引起的紧张情绪状态。应激的强度一般不如激情强烈，往往也不是爆发式的。在突如其来的紧张情况下，人必须及时做出反应，应激就是人处在这种紧张状态下的情绪表现。人在应激状态中，身体的各系统受到紧急动员，肾上腺素分泌增加，使心跳加快、血压增高、呼吸急促、肌肉紧张，使行动积极起来，准备去应付眼前的危险。适当的应激状态，可以使人思维敏捷，急中生智，精力旺盛，顺利应付危急；而过分的应激状态，则会使人认识中断，不知所措，肌肉僵直，行为混乱。当紧急状态过去以后，应激状态一般会停止，如果一个人经常处于应激状态，或应激状态延续过长，对人的身心健康就十分不利。

二、情绪与情感的关系

情绪和情感是两种既有区别又有联系的主观体验。通常把那些与生理需要（如安全、饮食、性生活等）相联系的内心体验称为情绪。例如，由于饮食的需求是否满足而引起的惬意或愁怀，由于安全是否受到威胁引起的恐怖或安全感等。而把那些与社会需要（如交往、文娱、教育、道德、劳动等）相联系的内心体验，称为情感，例如，爱情、友谊、荣誉感、责任感、热爱集体、爱国主义等。

情绪可以是由对事物单纯的感觉或知觉所直接引起的，如幽香的气味使人感到舒畅，腐臭的气味使人感到窒闷；红色使人感到热烈，灰色使人感到阴沉等。情感则是由对事物复杂意义的理解所引起，如明确了自己工作的重大意义而产生高度的责任感，了解某人高尚的品质而产生敬佩感等。

情绪带有极大的情境性，通常是由某一时刻、某些特定情境引起，时过境迁，就会意转情移，所以不稳定。情感则带有很大的稳定性，不因情境的改变而转移，如爱祖国的人，并不以国家一时盛衰而改变其赤子之心。

情绪比较低级、简单，不仅人有，动物也常发生。当然，人所发生的情绪和动物情绪是有本质区别的，人的情绪受到社会生活条件和文化教养的影响。情感则是高级的复杂的内心体验，是人所特有的心理现象。

情绪和情感既有区别，又紧密地联系。由于一个人的情绪和情感基本上是统一的，情感作为比较稳定、深刻的态度体验，它从根本上影响着情绪的表现。一个人的情绪在各种情境中的不同变化，一般都受到其已经形成的情感及其特点的制约。人的情感总是在各种不断变化着的情绪中得到表现，离开了具体的情绪，人的情感及其特点就无从体现。从这个意义上说，情绪是情感的表现形式，情感是情绪的本质内容。

三、情绪理论

情绪是怎样产生的呢？它与脑的活动有什么关系呢？过去的一些研究已经发现，情绪与丘脑、下丘脑、网状结构、边缘系统等皮层下结构的活动有密切的关系，大脑皮质是情绪最高调节和控制的中枢。情绪的产生与客观情境中的刺激、人的过去经验、人对于刺激情境与个人需要之间关系的评估都有密切的关系。现代心理学产生以来，心理学家提出了一系列的情绪理论，以说明情绪的产生机制。

（一）詹姆斯—兰格理论

美国心理学家威廉·詹姆斯（William James）和丹麦生理学家卡尔·兰格（Carl Lange）各自于1884年和1885年提出了观点相似的理论。他们认为情绪就是对机体变化的知觉，机体的生理变化在情绪经验是第一位的，个体的情绪直接由生理变化引起。詹姆斯认为，情绪是内脏器官和骨骼肌肉活动在脑内引起的感觉，是对身体变化的知觉。在他看来，悲伤由哭泣引起，而愤怒由打斗而致。兰格特别强调情绪与血管变化的关系，“血管运动的混乱、血管宽度的改变以及与此同时各个器官中血液流量的改变，乃是激情真正的最初的原因”。在这一理论中，情绪产生的方式是：刺激情境—机体反应—情绪，即情绪的产生必须先有引起知觉的刺激；这种刺激引起个体内脏和骨骼肌肉反应；这些生理反应反馈到脑而产生情绪体验。詹姆斯—兰格情绪理论引起了一系列的实验研究，但是得到了许多与他们的理论相反的事实。例如，在实验室给被试注射肾上腺素，激起发抖、心率加速、血糖增加、呼吸急促等惧怕情绪所具有的机体变化，但被试并不一定体验到惧怕的情绪；相反，人为地中断情绪特有的机体变化，也不一定导致情绪的破坏。这些实验证明，情绪不只是自主神经系统支持的机体变化的知觉，它还受到神经中枢的调节和支配。但是这种理论首先提出了生理变化是情绪过程不可缺少的因素，推动了情绪生理机制的实验研究，因而有其重要的历史价值。

（二）坎农—博德的丘脑情绪理论

沃尔特·坎农（Walter Cannon）对詹姆斯—兰格的理论提出了批评。他认为，“内脏是相对不敏感的器官”，其反馈很差，仅靠内部器官的反馈我们不可能区分出所体验到的各种情绪；“在非常不同的情绪状态下会出现相同的内脏变化”；“人为地引起某种强烈情绪的典型内脏变化，并不能产生典型的情绪”；“内脏变化太慢，因此不能成为情绪体验的来源”；“使内脏完全脱离中枢神经系统并不改变情绪行为”等。在这些批评的基础上，菲利普·博德（Philip Bard）等人根据关于切除间脑以上全部结构出现“假怒”的实验，于1927年提出：情绪的产生是大脑皮质解除丘脑抑制的综合功能，即激发情绪的刺激由丘脑进行加工，同时把信息输送到大脑及机体的其他部分，输送到大脑皮质的信息产生情绪体验，输送到内脏和骨骼肌的信息激活生理反应。身体变化和情绪反应是同时发生的，而情绪感觉则是由大脑皮质和自主神经系统共同激起的结果。这一理论强调大脑皮质解除丘脑抑制的机制，把詹姆斯—兰格对情绪的外周性生理机制的研究推向中枢性生理机制的研究。但是他们的理论也是不够完善的，虽然外周性生理反应不是情绪的唯一来源，但内脏反应和行为反应确实在一定程度上决定着我们的情绪体验，因而完全否定外周生理反应对情绪产生的作用是不正确的。此外，坎农和博德过分强调丘脑在情绪中的作用，而忽视大脑皮质对情绪的作用，也是不正确的。

（三）认知生理结合情绪理论

近年来，人们倾向于从生物机体内部平衡的控制原理来看待情绪的产生过程。同时，情绪的认知理解逐渐发展起来。普里布拉姆（K. Pribram）认为情绪以有机体的一种有组织的稳定性为基线，这种稳定性是通过自主神经系统调节的机体正常过程和适宜状态；当不适宜的信息输入超越了这个基线，它所引起的被扰乱的程序就是情绪，即把情绪看作由某种原因引起的“不协调”过程。当代信息加工理论接受了这种观点，并认为对信息的知觉分析和概念判断之间的不协调是情绪的原因。20世纪60年代，沙赫特（S. Schachter）和辛格（J. Singer）进行了一项实验研究，结果证明：激起了同样生理状态的被试，由于在不同情境中对同一生理状态的不同认知性解释，就产生了不同的情绪体验。因此，他们认为，个人对自己情绪状态的认知性解释是构成情绪的主要因素，由刺激所激活的生理变化是构成情绪的次要要素。他们还认为，泛化的生理反应决定于情绪经验的强度，而情绪的性质则由对情境的知觉所决定。

（四）认知—评价情绪理论

阿诺德（B. Arnold）是情绪评价学说的创建者。他认为：情绪是一种朝向评价为好（喜欢）的东西或离开评价为坏（不喜欢）的东西的感受倾向。他认为任何评价都带有情绪的性质。他把评价看作由知觉而产生的活动倾向，当倾向强烈时就可称为情绪。对情境事件的评价引起的情绪会诱导人选择适合于情境的反应行动。阿诺德认为，记忆是评价的基础；任何新东西都是以过去的经验为凭借的，新事物能引起与过去经验相关联的事情的回忆，这种回忆是过去评价的再现；想象是评价的重要环节；在当前情境与感情结合起来时，即可预期未来和计划行动。这种评价的完整、复杂过程几乎可以在一瞬间发生并完成。

拉扎鲁斯（R. S. Lazarus）进一步把阿诺德的评价扩展为评价、再评价过程；这个过程包括筛选信息、评价以及应付冲动、交替活动、身体反应的反馈、对活动后果的知觉等成分。他认为情绪是一种综合性的行为反应，每种情绪都包括生理、行为和认知三种成分，它们在每种特定的情绪中各自起着不同的作用，而又相互作用互为因果，它们的不同组合是构成各种具体情绪模式的特定标志。拉扎鲁斯强调个体心理结构是认知因素的决定条件之一，在个体心理结构中，社会文化准则在很大程度上决定着人的评价和反应方式。该学说端正了西方传统心理学和传统哲学把情绪视为“原始的”“本能的”，不可驾驭的东西，因而是和理智互相对立、互相排斥的概念。它承认情绪有生物成分和进化适应价值，但更重视情绪受社会文化情境的制约，受个体经验和人格结构的影响，而这一切都体现在每时每刻的认知评价之中。

（五）动机—分化理论

汤姆金斯（Tomkins）认为，感情是基本的动机系统，内驱力信号需要有一种激活、唤醒或放大的媒介，才能起到激发有机体行动的作用，起这种放大作用的就是感情过程。他认为感情和内驱力相比是更强有力的驱动因素，人完全可以离开内驱力的信号而由各种情绪激动起来，无论是快乐或愤怒、惧怕或悲伤，都足以激起人去行动。情绪的动机—分化理论比认知理论更注意情绪的作用，情绪不是没有作用的“副现象”，情绪对人的行为有着重要的组织和推动作用。

四、情绪与认知的关系

（一）认知影响情绪

认知在情绪中的作用主要在于判断刺激物对个体需要的符合程度，它是个体对刺激物产生肯定或否定态度的决定因素。认知过程中伴随着情绪体验，而情绪体验是在感知过程中产生，并通过感知过程逐渐得以体现的。

（1）感觉是诱发情绪的首要条件。个体通过感觉刺激进行认知体验，从而产生一定的情绪体验。

（2）记忆与想象决定着情绪。情绪的产生与表现需要先前记忆的经验来激活，有时，情绪在认知过程中的产生属于记忆恢复现象，它需要记忆参与；同时，想象在一定程度上决定情绪的复杂表现，想象力丰富，情绪的表现就显得复杂，想象力贫乏，情绪的表现就显得较单调。因此，记忆与想象是情绪产生的基础，也是情绪表现的主观条件。

（3）注意与思维也决定着情绪的产生与表现。注意能唤醒情绪的产生，思维能影响情绪反应的方式和速度。由此可知，认知结构的复杂程度对于情绪的产生和表现会产生很大的影响，因为认知结构越复杂，个体就越善于对刺激物从多方面进行分析评价，这时所产生的情绪体验就有可能显得较温和；认知结构越简单，个体对刺激物进行评价时就越善于从单方面进行分析判断，这时所产生的情绪体验就有可能显得越强烈。

沙赫特的情绪实验研究充分证明了认知对情绪的影响。通过研究，沙赫特发现人们往往通过与周围的人进行比较来评价自己的情绪，当情绪被唤醒时，他们可能把自己的情绪标记为快乐，也可能标记为有趣或者愤怒，这依赖于周围情境，因此，沙赫特认为，情绪是认知因素和生理唤醒状态两种因素交互作用的产物。事实上，在实验中可知，认知对情绪可能有三种作用：其一是对情绪刺激的评价和解释；其二是对引起唤醒原因的认知分析；

其三是对情绪的命名以及再评价。

（二）情绪影响认知

认知过程总伴随着认知体验，认知体验需要情绪体验的参与，情绪影响着认知过程的质量和效率。每个人都具有各种各样的情绪，不管何种情绪，只要一经产生，便会影响整个认知过程，使整个认知过程都感染上情绪的色彩。情绪积极时，认知过程也积极；情绪消极时，认知过程也消极。

情绪对认知的影响，主要表现在情绪具有动机性功能、信号性功能以及感染性功能三方面。

（1）情绪的动机性功能是指情绪能激发人的认知和行动的动机。人的认知过程需要动机，动机的强弱又与内驱力信息的大小相关，而情绪使得内驱力信号得以放大、提高和补充，因为情绪体验总是附加到内驱力之上，两者合并之后，使人处于唤醒和激活状态，以备认知。

（2）情绪的信号性功能是指情绪是人的思想意识的自然流露，各种各样的表情都具有一定的信号意义，这种信号有助于人与人之间即使在语言互不相通的情况下，也能相互了解和交流。教学过程，伴随着师生各自的认知过程与相互之间的认知过程，在这样的认知过程中，教学信息或信号是中介，师生之间的教与学活动是情绪认知活动，教师有必要从学生的表情去了解学生的学习状况，以便获得反馈信号，从而反思与改进自己的教学方法；学生也有必要从教师的表情去了解教师对教学信息的反应以及教师对其学习的认可程度。因此，情绪的信号性功能在认知过程中起着不可缺少的作用。

（3）情绪的感染性功能是指人与人之间感情的沟通需要情绪的感染，而人接受客观事物所带来的刺激引发的情绪体验也具有感染性。情绪的感染性功能充分说明，人们在认知过程中会以情动情，情景交融，引发人们对认知过程的集中注意或分散注意，从而影响认知的效率。

情绪对认知过程的影响既有积极的一面，也有消极的一面，这取决于人们认知过程的心境状态。由于心境对认知的影响是弥散的，它不仅影响认知过程的质量，而且还影响认知过程的效率，因此，心境的积极状态和消极状态会以不同的方式影响认知的各种过程。鲍尔等（Bower，1981）一系列研究表明，与心境一致的材料比与心境不一致的材料更容易记忆，这种现象称为心境一致性记忆效应。鲍尔对这种现象的解释是，情绪也像其他东西一样可以作为回忆的线索，也就是说，一种心境（如高兴）产生时在心理出现的记忆（或事件）是和这种情绪联结在一起的，因而也间接地与其他情绪（如愉快、欢乐等）一致的记忆联结在一起。产生这种效应的原因，可能是经过精细加工，记忆中情绪一致性的材料就更多地联结在一起，也可能是心境一致性的材料与自我有密切关系，或者可能是心境加强了记忆联结的强度。由此可知，情绪直接影响着记忆的识记、保持和回忆等记忆的基本过程。

链接

认知对情绪的影响——沙赫特实验

美国心理学家沙赫特（S. Schachter）提出了情绪受环境影响、生理唤醒和认知过程3种因素所制约，其中认知因素对情绪的产生起关键作用。沙赫特和另一位美国心理学家辛格（J.Singer）于1962年设计了一项实验，用来证明上述三因素在情绪产生中的作用。

实验前告诉被试，要考察一种新维生素化合物对视敏度的影响效果。在被试同意的前提下，为他们注射药物。但实际上控制组被试接受的是生理盐水，实验组被试接受的是肾上腺素。肾上腺素使被试出现心悸、颤抖、灼热、血压升高、呼吸加快等反应而处于典型的生理唤醒状态。药物注射后，实验组被分作3组，告知组：告诉被试药物会导致心悸、颤抖、兴奋等反应；未告知组：对被试说药物是温和的，不会有副作用；误告知组：告诉被试药物会导致全身麻木、发痒和头痛。

人为地安排两个实验情境："欣快"情境与"愤怒"情境。实验组3组被试各一半人进入"欣快"情境；另一半人进入"愤怒"情境。当被试进入"欣快"情境时，看见一个人（实验助手）在室内唱歌、跳舞、玩耍，表现得十分快乐，并邀请被试一同玩耍。而进入"愤怒"情境的被试则看见一个人（实验助手）正对填写着的一张调查表发怒、咒骂、跺脚，并最后撕毁调查表；被试也被要求填写同样的调查表，表上的题目带有人身攻击和侮辱性，并会引起人极大的愤怒。

实验假设：如果生理唤醒单独决定情绪，那么3组被试应产生同样的情绪；如果环境因素单独决定情绪，那么所有进入"欣快"情境的被试应产生欣快，所有进入"愤怒"情境的被试应产生愤怒。实验结果：控制组和告知组被试在室内安静地等待并镇静地进行他们的工作，毫不理会同伴的古怪行为；未告知组和误告知组被试则倾向于追随室内同伴的行为，变得欣快或愤怒。

结果分析：控制组被试未经受生理唤醒，告知组被试能正确解释自身的生理唤醒，他们都不被环境中同伴的情绪所影响，因此没有任何情绪反应；未告知组和误告知组被试对自身的生理唤醒没有现成的解释，从而受到环境中同伴行为的暗示，把生理唤醒与"欣快"或"愤怒"情境联系起来并表现相应的情绪行为。

结果表明：生理唤醒是情绪激活的必要条件，但真正的情绪体验是由对唤醒状态赋予的“标记”决定的。这种“标记”的赋予是一种认识过程，个体利用过去经验和当前环境的信息对自身唤醒状态做出合理的解释，正是这种解释决定着产生怎样的情绪。所以，无论生理唤醒还是环境因素都不能单独地决定情绪，情绪发生的关键取决于认知因素。

资料来源：Schachter S.，Singer J.，Cognitive，Social and Physiological Determinations of Emotional State. Psychological Review，1962：69

第二节　情绪与健康

一、情绪对身心健康的影响

现代医学早已发现，一个人情绪状态的好坏，可以在很大程度上影响人们的身体健康和心理健康。西方具有“医学之父”之称的思想家希波克拉底就曾提出过健康的身体和健康的个性与稳定的情绪是紧密相关的。在我国最早的医书——《黄帝内经》里就指出：“人有五脏化五气，以生喜怒悲忧恐。”“喜伤心”“怒伤肝”“忧伤肺”“思伤脾”“恐伤肾”，意思是指，如果心情变化过于剧烈，时间过于持久，就可导致内脏功能失常，因气血不调而发生疾病。另外，一些常见的疾病，如感冒、皮疹等传染性疾病，一般情况下我们的机体会因为有免疫系统的保护而不会感染，但如果处于不良的情绪状态下，免疫力降低，就会很容易地感染上它们的病毒。还有很多发生在自主神经系统、胃部、支气管和皮肤上的身心疾病（例如，最常见的是气喘病、胃溃疡和高血压等）都或多或少地与我们的不良情绪密切相关。

情绪对健康的影响表现为两重性：愉快的情绪对身心健康有着积极的作用，可以防止某些疾病的发生或者减轻病情，加快好转；不良的情绪则对身心健康有着消极的影响，尤其是那些长期持续的坏情绪，如紧张、焦虑、抑郁、恐惧、愤怒、悔恨等，可以导致很多精神疾病和身体疾病，并加重病情，影响康复。

二、青少年常见的情绪性问题

（一）焦虑

焦虑是一种复杂的综合性的负性情绪，是对危险、威胁和需要特别努力追求但又无能为力达到目的而感到苦恼不堪的一种强烈预期，以不安、担心和忧虑为标志。通俗点说，就是人们在社会生活中对那些可能造成心理冲突和挫折感的事物或情境进行反应时的一种不愉快的情绪体验。当处于焦虑状态时，人的自主神经系统的活动增加，肾上腺素的输出量提高，血压升高，心率加快，皮肤出汗，嘴唇发干，呼吸加深、加快，尿频，并出现坐立不安的举动。持续时间长了，还会影响到消化和睡眠。焦虑是很常见的一种负性情绪状态，严重的可以发展成焦虑症。焦虑也被看作其他神经症的基础。

焦虑可分为状态焦虑和特质焦虑两大类。状态焦虑是由具体情境引起的，如当众发言、考试、求职面试等，又叫情境焦虑，主体感受为“我现在正感到焦虑”，一般事过境迁，就会从焦虑状态中恢复过来。特质焦虑是一种慢性的、弥散性的焦虑，往往没有什么具体的、明确的原因，不知道自己为什么焦虑，但就是经常会感到不安、烦躁，主体感受为“我通常都感到焦虑”。其实这种焦虑往往有潜意识的原因，跟以往经历有关，而且容易演化成一种焦虑性的人格特质。

青少年的焦虑多为状态焦虑，由学习、生活、工作、交往中的一些挫折情境引起，也有的是特质焦虑，主要表现为对自己缺乏信心、怀疑自己的能力、夸大自己的软弱和失败、担心别人对自己的看法、整天神经紧绷、愁眉苦脸、坐立不安。

考试焦虑是一种在青少年中比较常见的特殊焦虑，它是由担心考不好或渴望获得更好的分数的心理产生的，受个体认知评价水平、人格倾向及其他身心因素所制约，以担忧为基本特征，以防御和逃避为行为方式，表现出不同程度的情绪性的反应。中等程度的焦虑水平可以促进复习、提高成绩，但过度的焦虑就会影响考试的准备和考场的发挥。

另外，青少年在交友、恋爱的过程中也会产生焦虑。还有对自己的身体过分关注，担心生病，或对梦遗、手淫等有关性的问题因缺乏正确认识而惶惶不安；在面对生活中的很多两难选择时，如当不当班干部，专业与兴趣的矛盾，临近毕业等，青少年更是很容易陷入焦虑的状态之中。

（二）恐惧

一般人对有威胁的事物或遇到危险的情况都会产生恐惧心理，这是一种很正常的反应，对生物的进化有一定的积极意义，因为由恐惧心理导致的逃避行为可以在很大程度上使我们避免受到伤害。但是，如果对常人一般不怕的、没有威胁的事物也感到恐惧，或者恐惧的强度和持续时间远远超出正常的反应范围就不是一种正常的情绪状态了，严重的还可以发展为神经症的一种——“恐惧症”。

青少年的恐惧心理有很多方面，比如，惧高、恐水、怕黑、牙科恐惧等，其中最常见的是社交恐惧心理。比如，不敢在众人面前说话，不敢与异性单独接触，甚至不敢见人，一见到外人就会出现面红耳赤、张口结舌、紧张慌乱、胸闷气短以及浑身发抖等过激反应。这是很多青少年在社会交往之初都会存在的惧怕心理，尤其是与异性交往的恐惧。一般来说，这是由于生活圈子狭小，只顾埋头学习，过于自我封闭，缺少与人交往的经验所致，不足为奇，只要能有意识地多参加社交活动，多锻炼自己与人交往的能力，就可以慢慢地克服。但是，也有个别学生程度过于严重，自己无法调节，并严重干扰了日常的生活，这就需要到专门的机构寻求专业的心理辅导和治疗了。

恐惧心理的形成往往跟过往的痛苦经历有关，并容易泛化，比如小时候被狗咬过，长大就害怕狗甚至害怕任何有毛的动物；小时候经常看到父母争吵、打架，成人后就害怕与异性恋爱，不敢走进婚姻。有时候，仅仅是一个误会、一句消极的暗示，也能在青少年的心里留下恐惧的痕迹。比如，有一个学生很害怕体检，甚至连校医院的大门也不敢进，到后来发展为路过校医院也会紧张不安，要绕道而行。经心理老师分析后发现，原来他入学后第一次体检时去晚了，匆匆跑了过去，在上气不接下气的情况下测了脉搏和血压，结果医生说他心跳过速、血压过高。他很害怕，怕自己真的有病不能上学，后来虽然在家人的陪同下去别的医院检查过没任何问题，但一到校医院体检仍会不自觉地心跳加速、血压升高。该学生了解了自己恐惧的原因后，在老师的建议下一边给自己积极的心理暗示，一边分步骤地主动接近医院，通过系统脱敏的方法克服了自己的恐惧。所以，对待恐惧心理，一味地逃避只能使恐惧加深、加重，不利于身心健康的发展，应该学会分析产生恐惧的原因，勇敢地面对问题，或主动地寻求专业的帮助，才能最终摆脱恐惧的心理阴影。

（三）抑郁

抑郁是一种感到无力应付外界压力而产生的心境持久低落的情绪状态，常伴有厌恶、痛苦、羞愧、后悔、自卑等消极情绪体验，以及躯体不适和睡眠障碍等外部症状。抑郁反应在青少年中很常见，同焦虑一样，很多人都曾亲自体验过，但只要不是持续时间太久，能及时摆脱，就没有大的影响，是人的一种正常情绪反应；如果长期处于其中不能自拔，就要引起注意了，严重的还可能导致抑郁性神经症，并影响个性的正常发展。

抑郁的临床表现主要有以下几个方面：一是情绪上表现为孤独、悲伤、苦闷、压抑与失望；二是生理上表现出各种明显的不适感，如疲倦、头痛、失眠、食欲缺乏、腰酸背痛、四肢乏力、肠胃不适等；三是认识上表现为自尊受到创伤，完全自我否定，对失败过分自责，不能原谅自己；四是行为上表现为退缩、封闭，不愿与人交往，神情呆滞，经常长吁短叹、痛哭失声，甚至大喊大叫，有自残、自杀冲动。长期的抑郁状态对青少年的身心健康伤害很大，严重干扰青少年的正常学习、生活，必须引起高度重视，及早发现，及早采取有效帮助措施。

青少年抑郁情绪产生的外部原因主要有：考试失败、学习成绩落后、人际关系破裂、失恋、生病、亲人去世、家里出现重大变故、长期的努力得不到回报等。这些负面的生活事件给当事人带来强烈的心理冲击，使他们的需要得不到满足，自信心受到打击，生活陷入一片混乱。另外，一些固有的、潜在的消极观念（如我是一个多余的人，没有人喜欢我，失败的原因是我没有能力等）也是导致抑郁状态的重要原因，它影响我们对外界事件的看法，使我们丧失自我价值感，丧失奋斗的勇气和对未来的信心，从而无法从失败、不幸中站起来。有时候，仅仅是无所事事的状态时间久了也会影响我们的心情，使我们变得消极、抑郁。所以，对青少年来说，改变不良认知，增强自信，合理安排自己的生活，学会独立、坚强，可能是避免抑郁的最好方法。

（四）冷漠

冷漠也是一种常见的负性情绪，它是指对周围的人或事无动于衷、漠不关心、置之不理的情绪体验，是个体受到挫折后的一种退缩反应的表现，与青少年的年龄和身份很不相称，但却存在于青少年之中。

青少年本来应该是热情好动，血气方刚，对周围的一切充满好奇和激情的，但也有一些人表现得意志消沉，缺乏动力，一副看破红尘、老气横秋的样子。他们不关心国家大事，不关心别人的生活，甚至对自己的发展、前途也漠然处之。他们没有什么目标，也没有什么追求，对一切都不感兴趣，对社会和人性失望。在这种情绪状态下，他们必然缺乏进取精神，得过且过，整天混日子，而且不会感到任何快乐，甚至有时还会冒出“活着不如死了好”的消极念头。

仔细分析一下这类青少年冷漠的原因，我们会发现他们的家庭往往不够温暖，家里气氛比较冷淡，从小就缺乏安全感，缺乏对人的基本信任；父母一方或双方怀才不遇、愤世嫉俗，从而影响到孩子的人生观、世界观；小时在学校受过不公正的待遇，反抗无效，导致后来对战胜挫折、克服困难缺乏必要的信心和勇气，经常感到自己对很多事情都是无能为力的。冷漠对青少年的成长和成才是很不利的影响因素，应及时发现，及时给予引导和教育。

（五）愤怒

愤怒是由于他人或他事妨碍自己达到目的，从而使紧张积累而产生的一种情绪体验。愤怒的发展与对妨碍物的意识程度有关，当不知道是什么在妨碍自己时，愤怒并不表现出来；越知道是什么在妨碍自己，愤怒就会表现得越强烈，甚至会出现攻击性行为。

人在愤怒的时候，会有几种不同的

表现：第一种是把怒气压在心里，自己生闷气，即使气得青筋暴跳、浑身发抖、心口发痛，也不会有外在的攻击性行为。这样的人克制能力很强，不会立刻做出冲动的行为，但把怒气硬压回去，怒气无处发泄，经常如此会对身体伤害很大；第二种是把怒气发在自己身上，比如自己骂自己，打自己耳光，甚至选择自残、自杀等过激方式来惩罚自己；第三种是把怒气用很激烈的方式发泄出来，有攻击性行为，如冲人大发脾气，大哭大叫，大吵大闹，摔东西，打人等，很容易做出当时冲动过后后悔的事；第四种是闷在心里无意识地报复发泄，比如有意无意地做出让对方讨厌的事，盼着对方倒霉，梦中打了对方一顿或毒死了对方等；第五种是向亲朋好友倾诉，寻求亲朋好友的理解和支持，或者通过转移自己的注意力来消解怒气，这是比较理智的一种方法，可以有效地排解怒气，避免当下发怒。

青少年正处于血气方刚的年纪，情绪发展还不够稳定，遇事很容易激动，愤怒更是经常会有的一种负性情绪。应该指出的是，愤怒本身并没有错，但要学会合理地表达愤怒，过于压抑或随时发泄、过分表达对自身都是不好的。要记住：愤怒是用别人的错误来惩罚自己，它本身不能解决任何问题。虽然有怒便发比积怨不发要好得多，但根本不动怒才是最为可取的。愤怒并不是一种不可控制的本性，只要加强自身修养，学会宽容，你就会发现愤怒渐渐离你远去了。

三、情绪管理策略

（一）宣泄法

心理学研究发现，负性情绪可以在体内积累能量，这些能量如果不能被及时地疏泄，长期压积在心头，就会产生破坏性的力量，或出现各种心因性疾病的躯体症状，或以情结的形式埋藏在潜意识中，时不时地跑出来作怪，甚至形成各种情绪障碍或神经症。因此，在遭遇各种烦恼、挫折的时候，千万不要把负性情绪压积在心里，学会及时地把它们宣泄出来是非常重要的。当然，这种宣泄不能是毫无顾忌、不择手段的，而应该以既能降低自己的紧张、痛苦情绪，又不会使他人受到伤害为原则，总之应做到及时、合理、有效。

那么，有哪些方法可以合理、有效地宣泄我们的负性情绪呢？下面介绍几种常用的方法：一是痛哭，当遇到意外的打击、受到很大的委屈或精神压力过大时，找个没人的地方痛痛快快地哭一场，不失为一种缓解情绪的快速而有效的方法；二是倾诉，在情绪不好、心情低落、压力过大时，找人诉说是一个好办法；三是写日记，每天睡觉前打开日记本，把一天的喜怒哀乐随意地记下来，自己与自己对话，自己做自己的知心朋友，然后卸下包袱轻松地进入梦乡，这真的是一种很好的调节自己情绪的方法；四是运动，在情绪很强烈又没有适当的发泄口时，可以通过运动来发泄。总之，不要过于压抑自己的情绪，学会合理地宣泄它们，更有助于自身的身心健康。

（二）身心放松法

当我们的身体能够处于一个完全放松的状态，即肌肉松弛、呼吸均匀而缓慢等状态时，我们的心理或精神也能相应地达到自然的放松。反之，当我们的心理很放松的时候，比如听了一段轻松优美的音乐，身体也会产生松弛的现象。身心放松法就是利用生理和心理彼此的交互影响，使生理和心理同时达到放松的目的。而一旦我们的心理平静、放松下来的时候，我们就可以进一步客观地察觉、分析自己的各种情绪和想法了。

身心放松法有很多种，大体上可以分为三类：一类是生理放松的方法，比如深呼吸法，肌肉放松训练等；一类是心理放松的方法，比如闭着眼睛想象一些广阔、宁静、舒缓的画面或场景，可配用一些放松音乐。这些画面可以是大海（包括海上慢慢地日出或日落，海潮慢慢地涨起、回落）、滑雪（慢慢地、潇洒地从山顶沿平缓的山坡向下滑落）、在天空中飞翔、躺在小舟里在平静的湖面上漂荡等；总之是一切能让心灵平静愉悦的美好场景。还有一类是身心连锁的放松方法，这种方法利用人的意念来指示身体做出松弛的反应，比如，自主训练法通过意念来调节体温等。无论哪种方法，都可以帮助我们调节情绪，缓解心理压力，熟练掌握其中的一两种，对我们自己是很有帮助的。

（三）暗示法

语言是人的情绪与表现的强有力的影响工具，通过语言（包括不出声的内部语言）可以引起或抑制情绪的反应。比如，心里默念“太气人了”“气死我了”之类的话，并想象让自己气愤难耐的场景，就会发现自己心跳加快、呼吸也开始变得急促，生理上、心理上似乎真的发起怒来；反之，如果默念“太开心了”“好高兴呀”之类的话，并想象一些令人愉快的场景，心里就会真的愉快起来。这就是语言的神奇的心理暗示功效。所以，有时候，一句话，如果反复对自己说很多遍，似乎就变成了真理，“三人成虎”的道理也就在这里。

心理暗示可以分为积极的暗示和消极的暗示两种，根据施加者的不同还可以分为自我暗示和他人暗示。为了调节情绪，我们应该学会经常给自己施加一些积极的自我暗示。当情绪不好时，不要放纵坏情绪的泛滥，要多跟自己说“一切都会好起来的，明天就是新的一天了”，“烦恼、哀愁都是没有用的，我要对自己有信心”，甚至每天早晨照镜子时对自己笑一笑，充满自信地大声说：“我看起来精神状态很好！我一定能渡过眼前的难关！”不管自己相不相信，一定要坚持这样说这样做，时间长了，自我暗示的效果就会出来了，你就会变成一个自信、乐观、情绪开朗的人。如果遇到事情总是对自己施加一些消极的暗示，诸如“我完蛋了”“他们好像都看不起我”“我总是不如别人”“生活很没有意思”之类的念头，我们就会变得越来越不快乐，越来越自卑。

时时对自己说一些积极的自我暗示的话，可以增强你的自信心，而自信的感觉会使不良情绪减轻一些，这样就会使自己更加自信，如此形成的良性循环将会使你渐渐摆脱不良的情绪的影响。

（四）思维转化法

人的情绪是受个人的想法、态度和价值观所影响的，造成我们紧张、烦恼、不快的往往并不是事件本身，而是我们对此事件的看法。所以，有的时候，只要能改变对事件的看法，就能改变我们对这件事所产生的情绪，这就是常说的“换个角度看问题”。比如，有的学生入学后第一次考试没考好，便觉得自己能力不如别人，今后前途渺茫，从此心灰意冷，越来越不自信，越来越悲观。其实，如果能换个角度想，把这次的失利归因于自己对新的学习方式还不够适应，努力程度还不够，就可以化失败为动力，激发自己今后的学习热情。

情绪ABC理论，常用来改变我们的非理性思维，进行负性情绪的治疗。“非洲卖鞋”的故事就说明了这一点。据说有一家鞋业公司，想到非洲的一个部落开拓业务，便派了两个业务员去进行市场调研，以了解业务拓展的可能性。结果两个人回来后得到了两个完全相反的结论：一个人沮丧地说：“太糟糕了，那里我们根本没生意做，因为那里的人都不穿鞋。”而另一个人则兴奋地报告说：“太好了！那里的市场很大，因为他们都没有鞋穿。”同样一件事（A：那个部落的人都光着脚），因为不同的思维方式（B：消极的，积极的），就得到了完全不同的结果（C：没市场，沮丧；有市场，高兴），可见一个人的信念体系或思维方式（B）对人的情绪和行为的影响。所以，情绪不好时，通常我们只要肯改变那些不合理的、消极的想法，就可以改变我们自己的心情了。

（五）升华法

当个人欲望或需求因各种原因或条件的限制不能实现时，可以通过升华的方法将其原有的内部动机转化为社会性动机，以社会可以承认、接受、允许的方式，去追求更高的目标，从而获得新的更高级的精神满足。也就是说，升华法是将情绪激起的能量投射到战胜挫折，或者有益于社会和个人成长的活动中去，使其变得具有建设性和创造性。例如，歌德失恋后写出流传后世的名著《少年维特的烦恼》，司马迁遭宫刑而著《史记》，居里夫人在丈夫横遭车祸的不幸后，用努力工作克制自己的悲痛，完成了镭的提取，这些都是利用升华法调节情绪的典型例子。升华法是一种最为积极的情绪自我调节的方法，也是一种最为有效的情绪宣泄方式，它跟一个人的修养、觉悟密切相关，而且需要有一颗奋发向上的心。

（六）环境调节法

环境对人的情绪也能起到一定的调

节作用。一个干净整洁、光线充足的房间，一个风景优美、空气清新的地方，是会让人感到舒服、愉快的，而一个拥挤、脏乱、昏暗的空间，只能让人感到心情压抑、烦躁。所以，情绪不佳时，不要让自己闷在自己的小天地里，不妨到外面走走，呼吸一下新鲜的空气，感受一下来自外界的活力，或者做一次短途旅行，让紧张、压抑的心情松弛一下。通常大自然的美景都会让人感到心旷神怡。如果没有条件外出，也可以重新布置、整理一下自己的房间，变换一下床单或服装的颜色，改变一个发型，买一两盆绿色植物，养几条可爱的小鱼，或者放一曲轻松、优美的曲子……总之，环境改变了，心情也就会随之有所改变。

链接

心理暗示

心理学家克拉特曾经做过这样一个实验：他把一只小白鼠放到一个装满水的水池中心。这个水池尽管很大，但依然在小白鼠游泳能力可及的范围之内。小白鼠落入水中后，并没有马上游动和惊慌失措，而是转着圈子发出“吱吱”的叫声。小白鼠是在测定方位，它的鼠须就是一个精确的方位探测器，以便寻找救生的道路。它的叫声传到水池边沿，声波又反射回去，被鼠须探测到，小白鼠借此判定了水池的大小、自己所处的位置以及离水池边沿的距离，它尖叫着转了几圈以后，不慌不忙地朝着一个选定的方向游去，很快就游到了岸边。几次试验都是如此。实验至此尚未结束。心理学家又将另一只小白鼠放到水池中心，所不同的是这只小白鼠的鼠须已被剪掉。小白鼠同样在水中转着圈子，也发出“吱吱”的叫声，但由于“探测器”已不复存在，它探测不到反射回来的声波……几分钟后，筋疲力尽的小白鼠沉至水底，死了。

关于第二只小白鼠的死亡，心理学家这样解释：鼠须被剪，小白鼠无法准确测定方位，看不到其实很近的水池边沿，自认为无论如何是游不出去的，因此停止了一切努力，自行结束了生命。心理学家最后得出如下结论：在生命彻底无望的前提下，动物往往强行结束自己的生命，这叫“意念自杀”。不可否认，这样的悲剧不仅发生在小白鼠和其他动物身上，也往往不同程度地发生在人的身上。当然，人不可能会被心理学家捉了去做类似小白鼠的实验。但无一例外，在人生路途上，每个人都可能遭遇小白鼠所遭遇到的“水池”。对于人而言，溺死小白鼠的“水池”就是所谓逆境、困境或者说厄运。

资料来源：http：//zhidao.baidu.com/question/53094825.html

第三节　情绪的调节

一、情绪调节的定义

情绪调节（emotion regulation）是个体管理和改变自己或他人情绪的过程，在这个过程中，通过一定的策略和机制，使情绪在生理活动、主观体验、表情行为等方面发生一定的变化。具体来说，情绪调节包括以下几个方面。

（一）具体情绪的调节

情绪调节包括所有正性和负性的具体情绪，例如，快乐、兴趣、悲伤、愤怒、恐惧、抑郁、焦虑等。关于情绪调节，人们很容易想到对负性情绪的调节，当愤怒时人们需要克制；悲伤时需要转换环境，想一些开心的事情等。其实，正性情绪在某些情况下也需要调节。如当学生在学校里取得了好成绩时，不能表现得过分高兴，以免影响其他同学的情绪。

（二）唤醒水平的调节

情绪调节也包括个体对自己情绪的唤醒水平（arousal level）的调节。一般认为，主要是调节过高的唤醒水平和强烈的情感体验，但是，一些较低强度的情绪也需要调节。研究表明，高唤醒对认知操作起瓦解和破坏作用，如狂怒会使人失去理智，出现越轨行为。成功的情绪调节就是要管理情绪体验和行为，使之处在适度的水平。也有人指出，情绪调节包括削弱或去除正在进行的情绪，激活需要的情绪，掩盖或伪装一种情绪。所以情绪调节既包括抑制、削弱和掩盖等过程，也包括维持和增强的过程。

（三）情绪成分的调节

情绪调节的范围相当广泛，它不仅包括情绪系统的各个成分，也包括情绪系统以外的认知和行为等。情绪系统的调节主要是指调节情绪的生理反应、主观体验和表情行为，如情绪紧张或焦虑时，控制血压和脉搏；体验痛苦时，离开情境使自己开心一点；过分高兴时掩饰和控制自己的表情动作等。此外还有情绪格调的调节、动力性的调节等，如调节情绪的强度、范围、不稳定性、潜伏期、发动时间、情绪的恢复和坚持等。情绪调节的机制是一种自动化的机制，不需要个体的努力和有意识地进行操作。

二、情绪调节的过程

情绪调节的基本过程是近十年来才开始进行研究的。研究主要集中在生理调节、情绪体验调节、表情动作调节、认知调节和人际调节等方面。

（一）生理调节

情绪的生理调节是以一定的生理过程为基础的，调节过程中存在着相应的生理反应变化模式。

生理唤醒是典型的情绪生理反应，如心率、血压、瞳孔大小、神经内分泌的变化、皮下动静脉联结处的血管收缩等都是常用的生理指标。孟昭兰等人（1995）的研究发现，正性情绪诱发后，心率变化不明显；负性情绪诱发后，心率显著增加。格罗斯（Gross，1993）等人的研究发现，厌恶受到抑制引起躯体活动和心率下降，眼动，皮肤电反应，手指脉搏幅度，呼吸间隔指标上升；悲伤受到抑制引起躯体活动下降，心率区间没有变化，皮肤电、心血管系统的交感神经激活水平和呼吸等明显上升；快乐受到抑制引起躯体活动、心率、皮肤电水平等明显下降，呼吸没有变化（Gross & Levenson，1997）。情绪生理成分的调节是系统性的，这种调节将改变或降低处于高唤醒水平的烦恼和痛苦。

（二）情绪体验调节

情绪体验调节是情绪调节的重要方面。当体验过于强烈时，个体会有意识地进行调整。不同情绪体验有着不同的情绪调节过程，可采用不同的策略。萨尔姆（Saarm，1997）发现，在愤怒时人们采取问题解决的策略；悲伤时采取寻求帮助策略；伤感时采取回避的策略。格罗斯等人（Gross & Levenson，1993，1997，1998）发现，忽视可以比较有效地降低厌恶感，抑制快乐的表情可以降低快乐感受等。

（三）行为调节

行为调节是个体通过控制和改变自己的表情和行为来实现的。在日常生活中，人们主要采用两种调节方式，一是抑制和掩盖不适当的情绪表达；二是呈现适当的交流信号，如一个人在向他人表示请求时，即使感到失望或愤怒，也要管理或控制自己的情绪，不要影响信息的表达和交流。

行为调节可以对情绪体验产生影响。莱尔德（Laird，1974）发现，快乐和愤怒的脸部肌肉使个体产生相应的体验；孟昭兰等人（1993）也发现，愤怒的表情活动可以增强愤怒的情绪体验。

（四）认知调节

道奇（Dodgeetal.，1991）等人认为，情绪系统和认知系统是信息加工过程中的两个子系统，情绪可以是信息加工过程的启动状态，也可以是信息加工的背景。道奇等人进一步提出，良好的认知调节包含以下步骤：知觉或再认唤醒需要调节的情绪；解释情绪唤醒的原因和认识改变情绪的方式和途径；做出改变情绪的决定和设定目标；产生适当的个体力所能及的调节反应；对反应进行一定的评价，尤其是评价这些反应是否达到目标；将调节付诸实践。

（五）人际调节

人际调节属于社会调节或外部环境的调节。在人际调节中，个体的动机状态、社会信号、自然环境、记忆等因素都起重要作用。坎培斯（Campos，1989）认为，个体的动机状态，主要指个体正在追求的目标，如果外部事件与个体追求的目标有关，那么这些事件就可能引起个体的情绪。在社会信号中，他人的情绪信号，尤其是与个体关系密切的人（如母亲、教师、朋友等）发出的情绪信号对情绪调节有较大的作用。在自然环境中，美丽风景令人赏心悦目；而混乱、肮脏、臭气熏天的环境则令人恶心。个人记忆也会影响人们的情绪，有些环境让人想起愉快的情境，而有些环境让人回忆起痛苦的经历。

三、情绪调节的个体差异

情绪调节可以发展为一种能力，这就是“情绪智力”（emotional intelligence），一般用情商的高低来判断情绪智力的发展程度。情商又称情绪或情感商数，用EQ表示，它是Emotional Quotient的缩写。有的研究表明，一个人成功与否的关键不取决于天资如何而取决于性格和情感因素。天资通常用智商（IQ）表示，有时人们将情商（EQ）与之对应称其为“情感智商”。正式提出“情感智商”这一术语的是美国耶鲁大学的彼得·沙洛维（Peter Salovey）教授和新罕布什尔大学的约翰·梅耶（John Mayer）教授。他们在1990年把情感智商描述为由三种能力组成的结构，这三种能力是：准确评价和表达情绪的能力；有效调节情绪的能力；将情绪体验运用于驱动、计划和追求成功等动机和意志过程的能力。1993年，沙洛维和梅耶对情感智商作了进一步的研究，把它定义为社会智力的一种类型，并对其应包含的能力内容作了重新的界定，即区分自己与他人情绪的能力；调节自己与他人情绪的能力；运用情绪信息去引导思维的能力。1995年10月，美国《纽约时报》专栏作家戈尔曼（D. Goleman）出版了《情感智商》一书，把情感智商这一学术研究新成果以非常通俗的方式介绍给大众，并迅速成为世界性的畅销书。一时间，情感智商这一概念在世界各地得到广泛传播。戈尔曼在其书中声称情感智商包括五个方面的能力，即认识自身情绪的能力、妥善管理情绪的能力、自我激励的能力、认识他人情绪的能力、人际关系的管理能力。戈尔曼所提及的这五种能力偏重于我们日常生活中所强调的自知、自控、热情、坚持、社交技巧等所谓非智力方面的一些心理品质，这些心理品质也构成了我们通常所说的生活智慧。

情绪调节的个体差异还表现在情绪的激活阈限、情绪的易感性、情绪的生理唤醒等方面。情绪的激活阈限主要决定于神经内分泌的特征；情绪的易感性决定于个体后天的情感经历，它表现为有的个体更容易陷入某种负性情绪，因而使认知操作受到破坏，而有的个体则不太容易受到情绪的影响；情绪的生理唤醒的差异主要表现在个体情绪的强度和反应上的不同。

四、健康情绪的必要条件

情绪能够影响一个人的精神状态，提高或降低其学习和工作效率。它也是观察一个人对于某人或某事真实情感的窗口，能反映出一个人的志向、胸怀和度量，标志着个性成熟的程度。一个具有良好修养的人，懂得保持健康情绪，能够自觉而有效地控制和调节自己的情绪。因此，健康情绪的养成或保持对一个人的工作、学习或生活都起着至关重要的作用。

（一）正确的人生追求

正确的人生追求是个人学习、工作与生活的一种精神支柱。有了这种精神支柱，就能在遭受挫折、打击和失意时，依然“心有所恃，情有所依”，始终保持坚强的精神和健康的情绪。正确的人生追求应当是使别人过得更美好，对社会有所贡献，这就要求在生活、学习和工作中认准“人生的意义在于贡献而不是索取”，只有确立这种正确人生态度的人，才能百折不挠，也才能在现实生活中遇到不顺心的事情（如失恋、失学、疾病等）时，始终保持乐观向上的情绪。

（二）宽广的胸襟

保持宽广的胸襟是形成健康情绪的基本条件。宽广的胸襟表现在对待生活琐事能开阔视野、旷达胸怀，而不是只津津乐道于眼前琐事。古人云：“君子所取者远，则必有所恃；所就者大，则必有所忍。”一个人只有把眼光放在远大的事业上，才会有宽阔的胸怀和豁达的度量。看问题着眼于全局和长远，不能因暂时的不利境遇而烦恼沮丧，不能为那些微不足道的小利而大动感情。在为人处事上，应当从渺小的个人感情中解脱出来，摆脱“自我中心”的小圈，以宽广的胸怀去接纳他人，以真心、诚心去打动他人。

（三）理性地适应生活

人总是生活在一个现实的情感世界中，这个情感世界是复杂多变的，有甜的东西，也有苦的东西；有顺心的时候，也有不顺心的时候；有眼泪，也有欢笑；有冷嘲热讽，也有热情和友谊。一个人如果不能适应这些变化，情绪将会随之起伏动荡，时喜时怒，时悲时愁，情绪因此就会受到伤害，不良情绪将会由此而形成。如果能够主动适应它，不管生活怎样起伏变化，始终不改愉快、乐观的精神面貌，坦然处之，理智对待环境、条件、生活、人际关系等情绪问题，就能在现实生活中形成并保持健康情绪。

理性地适应生活包含三种水平，即理智接受现实生活的水平、理智评估自己的水平以及理智自制情绪的水平。其中，具备理智接受现实生活的水平是理性地适应生活的前提；具备理智评估自己的水平，是理性地适应生活的关键；具备理智自制情绪的水平是理性地适应生活的重要保证。

（四）寻找身边的欢乐

经常保持欢悦乐观是健康情绪的重要表现。因为，乐观的情绪是身心和谐的象征，是心理健康的标志，它能使人从内心到外表都感染上愉快的色彩，更使人享受到对于生活的满足感，从而更加热爱生活、热爱人生。

保持乐观情绪的前提是善于寻找身边的欢乐。生活中有欢乐也有忧伤，有的人经常看到欢乐的一面，他由此而感到生活很美好；有的人却总是看到忧伤的一面，当然会生活得很不称心。当然，善于在身边寻找欢乐，多看生活中欢乐的一面，并不是只看生活中美好的东西，而否认痛苦和困难的存在，而是无论欢乐还是忧伤，都应当以乐观的情绪去面对。对于眼前的困难，要以乐观的态度来看待，通过自身的努力，相信它是能够被克服的。虽然乐观的心情并不能改变客观事实本身，但是，乐观却可以使我们勇敢地面对现实，不畏困难，使我们能鼓足勇气改变我们所遇到的挫折和失败。

人在心情愉快时，最明显的表现形式就是笑。有的心理学家认为，“会不会笑是衡量一个人能否适应周围环境的尺度”。笑不仅是心情愉快的表现，还是一种很重要的生理功能。笑对生理的影响仅仅从外表上就可以观察出来，当人们欢笑的时候，眼睛闪闪发亮，显得格外明亮，可能是愉快情绪加速了血液循环，使眼球血液供应充沛；如果哈哈大笑，笑者往往前俯后仰，手舞足蹈，笑声不绝，这时面部颜色由于血液循环的改变而显得红润，说明笑能影响循环系统中的内分泌系统的功能。通过笑，还能使人自然而然做一些深呼吸运动，从而促使肺部扩张，增强肺部的呼吸功能；消除精神和神经的紧张，使肌肉放松，从而调节脑神经的功能，使头脑清醒，消除疲劳。

以乐观的心态寻找身边的欢乐是学业或事业成功的助推剂。乐观的学生会制定较强的目标，并知道如何努力去达成。从EQ的角度来看，乐观的人面对挑战或挫折时不会满腹焦虑、意志消沉，这种人在人生的旅途上较少出现沮丧、焦虑或情感不适应等问题，总是满怀希望地面对现实，因此，在人生道路上容易成功。

链接

心理暗示

美国著名游泳选手马特•比昂迪（Matt Biondi ）1988年代表美国参加奥运会，被认为极有希望继1972年马克•斯皮茨（Mark Spitz）之后夺得七项金牌。

但比昂迪在第一项200米自由泳中竟落居第三，第二项100米蝶泳原本领先，到最后一米硬是被第二名超了过去。各家报纸都认为两度失金将影响比昂迪后续的发挥，但是，没想到他在后五项中竟连连夺冠。只有宾夕法尼亚州大学心理学家马丁·塞利格曼（Martin Seligman）对这项转变不感意外，因为他在同一年稍早曾为比昂迪做过乐观影响的实验。实验方式是在一次表演后，故意请教练告诉比昂迪他的表现不佳（事实上很不错），接着请比昂迪稍作休息再试一次，结果更加出色，而参与同一实验的其他队友都因此影响了演出成绩。这从某种程度上说明了情绪的调节作用。

资料来源：心理学基础．全国十二所重点师范大学联合编写．北京：教育科学出版社，2002，133

本章复习与摘要

1．情绪是指人对于客观事物是否符合自己的需要而产生的态度体验，也就是我们通常说的喜怒哀乐等内心体验。根据情绪发生的强烈程度和持续时间，情绪可以分为三种状态：心境、激情和应激。

2．现代心理学产生以来，心理学家提出了一系列的情绪理论，以说明情绪的产生机制。如詹姆斯—兰格理论、坎农—博德的丘脑情绪理论、认知生理结合情绪理论、认知—评价情绪理论、动机—分化理论。

3．认知在情绪中的作用主要在于判断刺激物对个体需要的符合程度，它是个体对刺激物产生肯定或否定态度的决定因素。情绪对认知的影响，主要表现在情绪具有动机性功能、信号性功能以及感染性功能三方面。

4．一个人情绪状态的好坏，可以在很大程度上影响他的身体健康和心理健康。青少年常见的情绪性问题包括焦虑、恐惧、抑郁、冷漠、愤怒。情绪管理的策略有宣泄法、身心放松法、暗示法、思维转化法、升华法、环境调节法。

5．情绪调节是个体管理和改变自己或他人情绪的过程，包括具体情绪的调节、唤醒水平的调节、情绪成分的调节。情绪调节的基本过程是近十年来才开始进行研究的。研究主要集中在生理调节、情绪体验调节、表情动作调节、认知调节和人际调节等方面。

6．健康情绪的必要条件包括正确的人生追求；宽广的胸襟；理性地适应生活；寻找身边的欢乐。

第九章 心理健康与心理辅导

2006年5月16日，某大学一女博士董某从宿舍跳楼身亡。40岁的她不仅成绩优异，而且工作也已经找好。那么，她为何要选择以如此的方式来结束自己的生命呢？董某的丈夫认为，走到今天这一步，是她长期形成压力的结果。很多原因交织在一起，压力累积使她对社会失望，超过了她所能承受的限度……

随着时代的发展和社会的变迁，我国人民的生活发生了天翻地覆的变化，人们的生活质量逐年提高，生活节奏日益加快，可供自由选择的机会越来越多，但同时人们之间的竞争也越来越激烈，因下岗、就业等问题带来的生存压力也越来越突出。更多的人在享受现代文明带来便利的同时，开始感受到莫名的紧张和压力，因情绪困扰而导致健康受损的情况更是比比皆是。据统计，我国每年有1600万精神障碍患者，28万人自杀，还有200万人自杀未遂。

那么，什么才是真正的健康呢？健康仅仅是没有疾病吗？面对压力时我们又应该采用怎样的应对方式？这些问题都是本章即将讨论的内容。

第一节　心理健康概述

一、健康的含义与结构

（一）健康的含义

什么是健康？世界卫生组织（简称WHO）将健康定义为“身体、心理和社会都完好的一种状态，它不仅仅是没有疾病或虚弱”。在躯体方面，健康就意味着一个人能享受精力充沛的生活，有能力去追求美满的生活和探索环境。同时，一个健康的人能充分享受情感的实现和自尊，这两者都是积极的精神健康的表现。另外，良好的社会适应力体现在亲密的社会人际关系的形成上。

健康的含义经历了一个较长的发展过程，最初人们仅从没有疾病的角度理解健康，这一“生物学模式”曾对促进人类健康起了很大的作用，有效地预防和控制了严重危害生命的急性病、传染病，但同时这种模式又带有一定的机械论色彩，使许多医学家在治疗疾病、增进人体健康时，只注重人的自然性、生物性，而忘记了人的社会性，丢掉了身心统一的宝贵思想，因而在人际关系、社会交往和需求越来越复杂，人们所承受的心理压力越来越大，心因性疾病越来越多的现代社会里，“生物医学模式”越来越感到力不从心，人们越来越深切地体会到心理和社会因素在治疗人类疾病、维护身体健康上所起到的不可估量的作用，因而，又建立了更为全面的“生物—心理—社会”模式（BPS模式）。这一模式是由恩格尔（Engel）于1974年提出的，它提示疾病行为、患病危险、严重程度、持续时间以及疾病康复会受到相互联系的广阔系统的影响，这个系统包括生物因素、心理因素和社会因素。

在此基础上，WHO还提出了衡量人类健康的具体标准：

（1）精力充沛，能从容不迫地应付日常生活和工作；

（2）处事乐观，态度积极，乐于承担任务而不挑剔；

（3）善于休息，睡眠良好；

（4）应变能力强，能适应各种环境；

（5）对一般感冒和传染病有一定的抵抗力；

（6）体重适当，体型均匀，头、臂、臀比例协调；

（7）眼睛明亮，反应敏锐，眼睑不发炎；

（8）牙齿清洁，无缺损，无疼痛，齿龈颜色正常，无出血；

（9）头发光泽，无头屑；

（10）肌肉、皮肤有弹性，走路轻松。

（二）健康的结构

健康是相互作用的动态多维度结构，根据WHO的定义包括生理、心理和社会三个方面。20世纪90年代后期，随着安康（wellness）运动的发展，目前已扩展到七个维度：躯体、情绪、社会、理智、心灵、职业和环境。下面主要介绍广泛认可的生理健康、心理健康和社会健康三个维度。

1. 生理健康

生理健康即身体健康或躯体健康，常用身高、体重、心跳、脉搏、血压、肺活量等生物指标来界定，它的标准值都是从正常人中普查而来，然后用统计学的方法加以计算，所以生理健康的标准较为具体、客观，但也只起一个参考作用。例如，人体体温标准值为37℃，心跳每分钟60~90次，血压在120~140/70~85毫米汞柱等生理健康的数量指标，只要查阅医学各种参考书或教科书，就可以找到标准值。

2. 心理健康

心理健康是指能够积极地、正常地、平衡地适应社会环境的良好的心理状态。它包含两层含义：其一是无心理疾病；其二是具有一种积极发展的心理状态。心理健康是一种个人的主观体验，不仅包括积极的情绪，也包括个人生活的方方面面。判断一个人的心理是否健康，一般有以下一些依据：一是情绪是否稳定而愉快，这是衡量的核心标准；二是智力是否正常；三是思想和行为是否统一；四是反应是否适度；五是人际关系是否协调；六是生理年龄是否符合心理年龄特征。常用的测量心理健康的量表一般都是自陈式的，如SCL-90、UPI问卷等。

3. 社会健康

社会健康是个体健康的一个方面，它反映个体如何与别人相处，并相互反应以及他与社会习俗如何相互作用。社会健康重视的是人的社会属性，强调人在环境中的适应能力，社会健康的测量集中体现在社会适应上。社会适应是指个体与社会环境之间的相互作用，以个人是否能正确认识环境并及时调整机体的生理、心理状态以适应环境变化来描述健康，强调健康是与环境保持动态平衡的状态。常用的测量工具有社会适应量表（SAS）、社会关系量表（SRS）、社会支持问卷（SSR）、Katz适应量表、社会健康问卷等。

二、心理健康的含义与标准

（一）心理健康的含义

什么是心理健康？这是一个至今尚未有定论的问题，因为心理健康与否没有一个绝对的界限，不像生理健康那样可以用血压、脉搏等数量化的指标来衡量。《简明不列颠百科全书》将心理健康解释为："心理健康是指个体心理在本身及环境条件许可范围内所能达到的最佳功能状态，但不是十全十美的绝对状态。"心理学家英格里希（H.B. English，1958）把心理健康定义为一种持续的心理状态，当事者在那种情况下能做出良好适应，具有生命的活力，而且能充分发展其身心的潜能，这是一种积极的、丰富的情况，不仅是免于心理疾病而已。

而个体成长观（personal growth）把心理健康解释为人的积极的心理品质和潜能的最为完整的发展（Schultz，1977）。

就一般意义而言，心理健康标志着人的心理调适能力和发展水平，即人在内部和外部环境变化时，能持久地保持正常的心理状态，是诸多心理因素在良好态势下运作的综合体现。在理解心理健康的含义时，要注意以下几点：

首先，心理健康是一种内外协调的良好状态，强调个体内部的协调与外部的适应。

其次，心理健康有广义和狭义之分，广义的心理健康是指一种高效而满意的、持续的心理状态；狭义的心理健康，指人的基本心理活动的过程内容完整、协调一致，即认知、情感、意志、行为、人格完整和协调。

最后，心理健康是有等级的。有学者认为心理健康水平大致可分为严重病态、轻度失调、常态和很健康四个等级（莫雷等，1996）。

（二）心理健康的标准

人的心理符合什么样的标准才算健康呢？这个问题并没有一个公认的、统一的标准。很多心理学家都从不同的角度对此进行了积极的探索，提出了各自不同的观点。其中，美国著名的心理学家马斯洛提出了心理健康的10条标准：

（1）有充分的安全感；

（2）能充分地了解自己，并能恰当的评价自己的能力；

（3）生活理想和目标切合实际；

（4）不脱离周围的现实环境；

（5）能保持自身人格的完整与和谐；

（6）善于从经验中学习；

（7）能保持适当和良好的人际关系；

（8）能适度地表达和控制自己的情绪；

（9）在不违背团体要求的情况下，有限度地发挥自己的个性；

（10）在不违背社会规范的前提下，适度地满足个人的基本需求。

此外，综合各方面的研究成果，国内还常用以下指标来衡量一个人是否心理健康，下面逐条给予分析和解释。

1. 了解自我，悦纳自我

一个心理健康的人能够对自己的能力、性格、爱好和兴趣等做出恰当、客观的评价，既能了解自己的方方面面，也能愉快地接纳自己无法补救的缺陷或暂时存在的不足，对自己不会提出过高的或无法达到的要求，生活目标和理想比较切合实际。而一个心理不健康的人则缺乏自知之明，并对自己总是不满意，经常由于主客观的差距太大而自责、自怨、自卑，心态总是难以达到平衡。

2. 接受他人，善于与他人相处

一个心理健康的人不但能够接受自己，还要能够接受他人，认可他人存在的作用和重要性，乐于并且善于与人交往，同时也能够被他人所理解和接受，人际关系和谐。而一个心理不健康的人则总是脱离集体，与周围的人格格不入。

3. 正视现实、接受现实

一个心理健康的人能够与现实保持

良好的接触，对周围的事物和环境做出客观的认识和评价，敢于面对现实、接受现实，并主动地去适应现实、改造现实。而一个心理不健康的人则往往喜欢逃避现实、不愿接受挑战，甚至以幻想代替现实，不能适应周围的环境，总是怨天尤人。

4. 热爱生活、乐于学习和工作

一个心理健康的人能珍惜和热爱生活，并在生活中享受人生的乐趣，同时他们也能够积极主动地投身到自己的学习和工作之中，克服困难并从中找到乐趣，体现自己的人生价值，而不是把它们都看成是负担，不得已而为之。

5. 能协调与控制情绪，心境良好

一个心理健康的人总是让乐观、开朗、满意等积极的情绪占主导地位，虽然也会有悲伤、忧郁、愤怒的时候，但一般不会持续很久，能够进行自我调节和控制，同时也能够适度地表达自己的情绪，经常保持良好的心态。而心理不健康的人则往往长期被焦虑、抑郁等负性情绪所控制，不能自我解脱和调节，心境恶劣。

6. 人格完整和谐

一个心理健康的人，其人格结构中的能力、气质、性格、理想、信念、动机、兴趣、人生观等各个方面能够平衡地发展，人格作为整体的精神面貌能够完整、和谐地表现出来，思维方式比较合理适中、不偏颇，待人接物的态度恰当灵活，并能够与社会的步调保持一致。

7. 智力正常，智商在 80 分以上

智力正常是人正常生活的基本心理条件，一般常用智力测验的结果来表示智力的发展水平，智商低于70分的为智力落后。同时我们可以看到，心理健康并不需要很高的智力水平，只要保持在基本的水平之上就可以了。

8. 心理行为符合年龄特征

不同年龄阶段的人有相对应的不同的心理行为表现，从而形成不同年龄阶段独特的心理行为模式。一个心理健康的人的心理行为表现应该符合本年龄阶段大多数人的心理行为特征，而不是经常严重地偏离自己的年龄特征。

三、青少年学生心理健康的特征

怎样才算是心理健康的青少年，这是一个比较复杂的问题。当前，由于国内外学者确立心理健康标准的依据不同，因而在区别心理健康与不健康、正常与不正常的标准方面，在刻画心理健康者与心理不健康者的行为特征方面存在着一些分歧。常用的判别标准主要有以下几种：①统计常模：假设人的各项心理特质的平均测量值是呈正态分布的，一个人的某项心理特质的测量值如果处于平均数附近，他在这一方面就是健康的；如果偏离常模，他在这一方面就是不健康的；②社会规范：一个人的行为如果符合社会规范和道德准则就被判断为健康的、正常的；偏离社会规范、道德准则的行为就被判断为不健康的、异常的；③生活适应：生活适应良好者就是健康的；适应困难，给社会与个人造成危害

的就是不健康的；④心理成熟度：一个人身心两方面成熟程度相当者就是心理健康的；心理成熟度远低于同龄人就是异常的。

综合上述各种观点，参照现实社会生活及人们的心理和行为表现，我们认为心理健康的青少年学生应具备以下几个方面的特征。

1. 热爱生活，乐于学习

心理健康的青少年学生在积极的人生态度的指引下，十分珍惜和热爱生活，希望投身于丰富多彩的生活并尽情享受生活的乐趣。他们勤于学习、乐于学习，对待学习总是积极主动、认真负责的，因而，其智慧与能力能得到充分的发挥，能体验到学习的成功与快乐。

2. 自尊自信，积极向上

心理健康的青少年学生能客观地评价自己、接纳自己。他们不过分自我炫耀，也不过分自我责备；不过分掩饰自己，也不过分取悦于人，以保持适度的自尊与自信，因而，常常是轻松愉快、积极向上、富有幽默感的。

3. 正视现实，适应环境

心理健康的青少年学生能面对现实并有效地适应环境。他们能与现实保持良好的接触，对现实社会有清醒的、客观的认识，既有高于现实的理想，又不沉湎于空洞的幻想；能以积极的态度面对现实生活中的各种问题、困难与挑战，既不逃避现实，也不怨天尤人。

4. 智力正常，意志健全

心理健康的青少年学生具备正常的智力水平，保证其生活、学习的需要。智商一般在90分以上为智力正常，在70分以下为智力不正常。智力不正常的学生很难完成学习任务或适应社会生活。

心理健康的青少年学生具备健全的意志品质。他们的行动具有目的性、自觉性、果断性和顽强性，在学习与生活过程中，能够克服困难、排除干扰、坚持不懈。

5. 情绪适度，善于交往

心理健康的青少年学生情绪反应是适度的，情绪活动的主流是愉快的、欢乐的、稳定的。他们既能够感受快乐、愉悦、爱与愁；也能够恰如其分地表达、调节和控制自己的情绪，对一切都充满信心和希望。

心理健康的青少年学生善于交往，具有和谐的人际关系。他们在人际交往中心理相容，互相接纳、尊重，而不是心理相克、相互排斥；对人情感真诚、善良，而不是冷漠无情；以集体利益为重，注重关心、奉献，而不是私字当头、损人利己。

6. 心理协调，人格统一

心理健康的青少年学生其认知、情感、意志等心理活动是协调一致的，人格结构的各方面是健全、统一的，它们有机结合成相互联系的整体，对人的行为进行有效的调节与控制。

链接

达到个人最佳状态的10步

第一步，有规律地进行锻炼；

第二步，营养饮食，膳食平衡，包括多吃蔬菜、水果和谷物，以及低脂肪和低热量食物；

第三步，维持适当体重；

第四步，每晚睡眠7~8小时；每天要休息或放松；

第五步，系好安全带，驾驶摩托车戴头盔；

第六步，不吸烟，不吸毒；

第七步，适度饮酒；

第八步，有保护、安全的性行为；

第九步，定期的健康（牙科）检查，采用医学养生法；

第十步，保持乐观态度和发展友谊。

资料来源：[美]费尔德曼，黄希庭著．黄希庭等译．心理学与生活．北京：人民邮电出版社，2008，375

第二节　学校心理辅导的途径、原则和方法

一、学校心理辅导的含义

随着中小学生心理问题的日益严重，心理健康教育越发显得迫切而重要，学校心理辅导也日益成为学校实施心理健康教育的主渠道。

学校心理辅导是指学校辅导教师根据学生生理、心理的发展特点，运用心理学的知识和技能，通过形式多样的辅导活动，帮助学生了解自己、认识环境，克服学习、生活与人际关系中的问题及情感困扰，增强其社会适应性，充分发挥个人潜能，促进学生身心全面和谐发展。理解这个定义，要特别注意以下几点。

（1）学校心理辅导强调面向全体学生。因此，要了解学生生理发展和心理活动的一般规律和特点，解决他们心理发展中的共性问题。如中学生的青春期辅导、新生的适应期辅导等；但同时，全体又总是由个体组成的，而每个个体又有其独特性，因此，心理健康教育又要重视个别差异，关注每个学生的具体问题，因人而异，因材施辅，如特殊家庭（单亲家庭、吸毒家庭等）学生的成长问题、学习障碍儿童的辅导等。

（2）辅导以正常学生为主要对象，以发展辅导为主要内容。在这一方面，它不同于侧重心理与行为障碍矫治的心理治疗。心理辅导把工作的重点放在预防与发展上，即预防心理问题的出现和促进学生潜能的发展上。

（3）心理辅导是一种专业活动，需要运用专业知识和技能。它必须以心理学的理论为基础，运用心理辅导的方法、技术和手段，来促进学生心理的健康发展。例如，根据心理学的ABC理论，运用访谈的技术（如倾听、澄清、面质等）帮助学生改变认知的过程，是非常专业的活动，只能由专业人员才能有效地完成，所以辅导教师必须接受专业教育与训练，否则难以胜任心理辅导。

二、学校心理辅导的原则

学校心理辅导的原则是指导学校开展心理辅导工作必须遵循的基本要求，是心理辅导工作的规律的概括和经验总结，对学校心理辅导的开展具有重要指导意义。因此，在辅导中必须遵循以下原则。

（一）教育性原则

教育性原则是指辅导人员在进行学校心理辅导的过程中始终要注意培养学生积极进取的精神，树立正确的人生观、价值观和世界观。针对学生在学习、生活、交往中的矛盾冲突，以及由此而产生的对社会中的人与事的不满言行、错误观点甚至敌对情绪，引导他们进行实事求是的分析，明辨是非，调整看问题的方法，建立积极的思维模式，使学生在发展良好的心理素质和排除各种心理困扰、解除心理症结的过程中，受到辩证唯物主义思想的启迪。可以说，教育性原则比较鲜明地体现了社会主义学校心理健康教育的特点与要求。

贯彻教育性原则，要求做到：首先，必须充分考虑中国的实际情况和中华民族的文化特色，有选择地借鉴西方关于学校心理辅导的理论、方法和技术；其次，要把心理问题的解决与人格品质、思想觉悟的培养统一起来；最后，重视正面的启发和积极引导，培养学生积极进取、乐观向上的精神，帮助学生树立正确的人生观、世界观和远大理想。

（二）整体性原则

整体性原则有三方面的含义：一是指学校心理辅导要面向全体学生，针对绝大多数学生的共同需要和普遍存在的问题来进行，把努力提高全体学生的心理健康水平和心理素质、使每一个学生都得到发展作为学校心理辅导的根本任务和最终目标；二是指学校心理辅导要注重学生心理活动的完整性，强调学生知、情、意与个性的协同发展，促进学生心理素质的整体发展与全面提高；三是指学校心理辅导的开展要注意综合考察和分析学生心理问题的形成原因及其对策，把客观条件和学生实际存在的问题及需要密切联系在一起，以提高心理辅导工作的实效性。

贯彻整体性原则，应注意：首先，辅导者要了解和把握学生的共同需要，以及普遍存在的心理问题；其次，树立学生全面发展的观点，注重其人格的完整和身心素质的全面提高；最后，要从整体、全局的角度开展心理辅导，把内外因素、主客观因素结合起来，并协同家庭、学校与社会的力量做好学生的心理辅导工作。

（三）主体性原则

主体性原则是指在学校心理辅导过程中要把学生作为认识与发展的主体，尊重学生的主体地位，注意调动学生的主动性、积极性，启发学生进行自我教育。主体性原则之所以必要，基于以下两点理由：其一，学生是心理发展的主体。我国学者朱智贤曾指出，社会和教育向青少年儿童提出的要求所引起的新的需要与其原有的心理发展水平之间的矛盾，是青少年儿童心理发展的内因或内部矛盾，也是其心理不断向前发展的动力。这就是说，心理辅导员的影响只有通过青少年学生主体心理的自我矛盾运动才能起作用。发生认识论的创始人、瑞士学者皮亚杰也认为，没有认识主体的能动作用，认识就不能得到发展。学校心理辅导的基本功能是促进学生健康成长与发展，而成长与发展的过程是一种自觉和主动的过程，如果学生缺乏自觉性和主动精神，而只是被迫地、被动地接受此种教育，其效果是可想而知的。其二，青少年学生特有的心理特征。青少年时期是学生自我意识快速发展的时期，其独立性和“成人感”非常强烈，对外界的压力和成人的过度关心往往感到反感和厌倦，他们渴望通过自己的独立思考和主动探索来独立地解决面临的问题。因此，在心理辅导工作中，辅导者一定要注意多从正面进行启发与鼓励，从而促使学生的主体作用得以充分发挥。

贯彻主体性原则应注意以下三个问题：首先，学校心理辅导应充分考虑学生的需要，围绕学生的实际问题来进行。教师所选择的事例，安排的活动，都必须是学生所关心和熟悉的，是与他们生活密切联系，能引起他们注意和重视的，唯有如此，心理辅导才能唤起学生的兴趣，激发起学生的积极性。其次，要注意发挥学生的主动性和参与意识，不可事事包办代替。在组织各种活动时，要尽量让学生自己“唱主角”，辅导人员的作用是从旁协助、提供建议。在设计活动时要注意突出学生的主体地位；在与学生沟通过程中，宜用商量、鼓励的语气说话，不可用命令、灌输的口吻谈话。最后，辅导人员应尽其所能，全面了解学生。对每一个学生的了解，是发挥其主体性的出发点。

（四）尊重性原则

尊重性原则是针对心理辅导工作者对

学生的态度提出来的原则。尊重就是指尊重学生的人格与尊严、尊重学生的权利，承认学生的独立性，承认学生与辅导者在人格上是平等的。学校心理辅导实际上是辅导者与学生双方的一种交往过程，彼此尊重是实现此种交往的基础，也是双方进行情感交流的最佳渠道。双方只有在人格上平等、心理上相容时，学生才能开放自我。如果心理辅导人员不能意识到这一点，只一味将学生当作教育的对象，极易引起他们的不满、反感甚至抵触情绪。

贯彻尊重性原则，首先要尊重学生个人的尊严，以平等、民主的态度对待学生。其次是要关怀、理解与接受学生。最后是要对学生一视同仁，无论对什么样的学生，教师都应虚怀若谷，坦诚相待，一视同仁地予以尊重，而不应厚此薄彼。

（五）差异性原则

差异性原则是指学校心理辅导工作要承认和重视学生的个别差异，根据不同学生的不同需要，开展形式多样、有针对性的辅导，以提高学生的心理健康水平。青少年学生的差异表现在许多方面，例如，他们具有自己的兴趣和性格特点，拥有不同的社会背景、家庭环境、生活经验和价值观念。学校心理辅导应该承认差异，重视差异，因材施辅，有的放矢，使每个学生的心理都得到相应的发展，最终促进全体学生心理素质的提高。

贯彻差异性原则，首先是了解学生的个别差异，如年龄差异、性别差异、心理差异等；其次是对待不同的学生应灵活运用心理辅导的各种原理和方法。

（六）保密性原则

保密性原则要求在学校心理辅导过程中，辅导者应对求助学生的个人情况以及谈话内容予以保密，不得对外公布求助学生的姓名，拒绝任何关于求助学生的调查，尊重求助学生的人格及隐私权等。保密性原则是学校心理辅导极其重要的原则，是鼓励学生畅所欲言和建立相互信任的心理基础，也是学校心理辅导工作者最基本的职业道德规范。

贯彻保密性原则，要注意求助学生的所有资料和信息绝不应以任何形式予以公开，也不能随便供人查阅；任何咨询与辅导机构都应设立健全的储存系统来确保求助学生档案的保密性。当然，替来访者保密也不是绝对的，在某些特殊情况下，为了求助学生和他人的利益免受伤害，可以进行适当公开，但前提是不能损害求助学生的利益。

三、学校心理辅导的途径

（一）结合学科教学渗透心理辅导

结合学科教学渗透心理教育，是学校心理辅导的主渠道和最基本的途径。因此，学科教师要树立心理教育的意识，充分利用和挖掘自身学科的特点与优势，把心理健康教育渗透于正常的学科教学中，使学生耳濡目染，潜移默化，在学习到知识与技能的同时发展良好的心理素质。

（二）开展个体与团体的专门心理辅导工作

在学校开展专门的心理辅导工作，是实现学校心理健康教育整体目标的重要途径。学校通过建立学生心理咨询与辅导中心、辅导室或心理热线，开辟心理专栏，对存在心理问题或出现心理障碍的学生进行个别或团体辅导，帮助学生消除心理问题或心理障碍，恢复心理健康，提高心理素质。

（三）开设心理辅导课程

开设心理辅导的课程并不是一件新鲜事。在西方国家，如美国、英国早在20世纪中期就在学校开设了心理学科课程，我国有些学校近年来也陆续在尝试开设心理辅导课程。一般说来，心理辅导课程包括学科课程、活动课程和环境课程三大板块。

1. 心理辅导的学科课程

心理辅导的学科课程不是心理学专业课程，它的内容与学生心理发展的需要密切相关。通过开设心理辅导的学科课程，丰富学生的心理学知识，训练他们掌握必要的心理调适的方法，这对学生的终身发展是十分必要的。心理辅导学科课程的授课方式也很多，但归根结底必须遵循“问题导入—师生互动—反思感悟—改变行为”的路线。

2. 心理辅导的活动课程

心理辅导的活动课程主要有三类：一是在团队、校会、班会、晨会及其他社会服务活动中进行心理教育；二是通过学科兴趣小组活动进行心理教育；三是通过文艺、体育活动来活跃学生的身心，加强竞争与协作能力，促进学生心理品质的提高及个性的健康发展。

3. 心理辅导的环境课程

即通过创设良好的学校环境来达到心理教育的目的。学校环境包括物质环境和心理环境，它直接影响一个学校的文化，影响学生的身心健康和学习效率。因此，在建设校园物质环境时，应注意桌椅的高度与位置、教室的通风、照明、温度、墙壁的色彩以及校园的绿化等，以达到“境教”目的；在注重校园物质环境建设的同时，更要重视良好校风与班风的调控，通过创设积极向上、团结合作、互助友爱的集体气氛来发展学生乐观、开朗、进取、宽容的心理品质。

（四）建立家庭、学校与社区相互沟通的心理辅导渠道

建立家庭、学校与社区心理辅导相互沟通的渠道，优化家庭与社区教育环境，是提高学生心理健康水平的重要方式和途径。对于学生心理问题的产生和发展，家族环境、家庭教育与社区状况、社区文化是不可忽视的因素。因此，学校教育与家庭教育、社区教育应积极配合，以便形成教育的合力，共同做好青少年学生的心理辅导工作。

四、学校心理辅导的方法

如果学生心理已进入不平衡状态或

不健康状态，就应该运用各种专门的心理学方法加以矫正，使之恢复到正常健康状态。这些方法主要有心理分析法、患者中心疗法、行为疗法、认知疗法、宣泄疏导法、暗示法等。在实际辅导过程中，应根据学生的具体情况，灵活地选用这些方法，形成一个统一的心理教育的工作模式，在这方面，我国台湾学者吴武典提出的基本模式很有参考价值。这个模式考虑到三个维度：即问题、方式与策略，即针对受辅学生的问题，提供他所能接受的最适当的方式，予以最适当的处理。

问题：问题的实质是个人的基本需求。个人的基本需求不能得到满足或以偏离常态的方式来满足时就产生了问题。问题按严重程度可分为发展性问题、预防性问题与治疗性问题。

方式：指辅导途径，可以分为三种：个别辅导、团体辅导和课程设计，后者指在各科教学及各种教育情境中渗透心理教育。

策略：即方法。这里将心理辅导方法作了适当的筛选，归纳成六类十二种：

（1）关注：辅导老师对受辅学生无条件地接纳、关注与关怀，以便建立良好的辅导关系；

（2）反馈：辅导老师作为学生的一面镜子，引导学生自我探索与了解；

（3）阅读治疗：推荐优秀读物，开辟辅导专栏，组织书报讨论；

（4）认知改变：消除学生非理性观念，恢复其合理思考，进而改变其情感与行为；

（5）行为练习：对于缺乏自信与行为勇气的人，可制订行为作业令其练习，并给予督导和鼓励，以促进当事人的“自我肯定”；

（6）行为改变：运用行为改变基本技术（强化、惩罚、消退等）消除不适应行为与情绪，养成良好的行为习惯；

（7）角色扮演：借角色扮演体验、学习新角色经验，增强社会适应力；

（8）示范作用：辅导老师保密、公正、热忱、守信，以及表里如一、诚恳待人，对受辅学生都有示范作用；

（9）同辈辅导：利用同辈资源，取得青少年中“得力分子”的合作，提高辅导工作成效；

（10）家庭治疗：约请家长与子女共同来面谈，增进父母与子女的沟通了解；

（11）改变环境：设置“中途之家”举办夏令营、周末营，协助有特殊困难学生离家住校，转、调班，让他们在新环境中获得新体验；

（12）自我管理：调动学生求善、向上动机，让学生学会自我观察、自我指导、自我监控、自我强化。

以上12种策略分别归于关系策略（第1、第2种）、认知策略（第3、第4种）、制约策略（第5、第6种）、模仿策略（第7、第8、第9种）、环境策略（第10、第11种）和自我控制策略（第12种）六大类中。

综合考虑问题、方式和策略，并将其具体化，就可进行活动单元设计。

链接

肌肉放松训练步骤

第一步：深深吸口气（约10秒），慢慢地把气呼出来。（停一会儿）再做一次（停一会儿）。

第二步：伸出前臂，攥紧拳头，用力，注意手上紧张感受（约10秒）。放松双手，体验放松后的感受。（停一会儿）再做一次（同上）。

第三步：弯曲双臂，并注意感受肌肉紧张的体验（约10秒）。放松双臂，再体验放松后的感受。（停一会儿）再做一次（同上）。

第四步：紧张双腿，脚尖绷直（约10秒），放松双脚。（停一会儿）再做一次（同上）。

第五步：放松小腿的肌肉（约5秒）。脚尖用力向上翘，紧绷小腿的肌肉（约10秒），彻底放松。（停一会儿）再做一次（同上）。

第六步：放松大腿的肌肉（约5秒）。脚跟向下向后紧压地面，绷紧大腿肌肉（约10秒），彻底放松。（停一会儿）再做一次（同上）。

第七步：放松头部肌肉（约5秒）。紧绷额头的肌肉，紧皱额头肌肉（约10秒）。放松。（停一会儿）闭双眼（约10秒），从上至左，从下至右转动眼球，加快速度，再反方向地进行，放松。（停一会儿）咬紧牙齿（约10秒），用舌头顶向上颚，用力上顶（约10秒），彻底放松。（停一会儿）将头用力向后，靠近沙发（约10秒），彻底放松。（停一会儿）用力向内收紧下巴（约10秒），放松。（停一会儿）再重复做一遍（同上）。

第八步：放松躯干的肌肉群（约5秒）。用力向后扩展双肩（约10秒），放松。（停一会儿）再做一次（同上）。

第九步：用力提双肩，使其接近耳垂（约10秒），放松。（停一会儿）再做一次（同上）。

第十步：用力向内合紧双肩（约10秒），放松。（停一会儿）再做一次（同上）。

第十一步：向上抬起双腿，弯腰（约10秒），放松。（停一会儿）再做一次（同上）。

第十二步：绷紧臀部肌肉，用力上提会阴（约10秒），放松。（停一会儿）再做一次（同上）。

休息两分钟后，再从头至尾做一遍。

资料来源：泛珠三角地区九所师范大学联合编写．现代心理学．广州：暨南大学出版社，2006，300~301

第三节　学生常见的心理问题与辅导

根据近些年心理学工作者们大量的调查，我国各级各类学校学生的心理问题虽然存在个别差异，但主要都表现在学习、适应、生活及生涯发展等方面，由于种种主客观因素的影响与制约，学生不可避免地会在这些方面遇到种种挫折，成为学生心理失衡的直接因素。因此，学校心理辅导的内容也集中在挫折教育、学习辅导、适应（包括青春期）辅导、生活辅导和生涯辅导等方面。

一、挫折与适应

古人云："人生逆境十之八九"，即人人都会遇到挫折。古往今来，没有一个人能完全顺利地实现其动机和抱负，因此，人总会有挫折感。对于挫折，应寻求正确的心理应对，以维持心理平衡，这是保持心理健康的重要方法。

挫折适应是指人在碰到挫折时，对引起挫折的种种因素，能采取有效策略加以应对。学校心理辅导要引导学生在遭受挫折时采取积极的反应，帮助学生找出产生挫折的真正原因并予以克服，达到真正战胜挫折、取得成功的目的。即使不能如此，也要想办法避免挫折对学生身心健康造成损害。要做到这一点，学校心理辅导在进行挫折教育时重点可放在两方面：一是提高学生的挫折承受力；二是教会学生积极适应挫折的方法和技术。

（一）提高学生挫折承受力的方法

1. 帮助学生树立正确的挫折观

挫折是客观存在，不可避免的。帮助学生树立正确的挫折观，教会学生对挫折有正确认识与思想准备，使其对学习、生活中可能出现的挫折与困难事先有充分的估计，心理有所准备，就会减轻挫折感，增强战胜挫折的信心与勇气。可以通过开展一些活动课如"憧憬未来，面对现实""我的理想，我的现实"等主题讨论，让学生真正认识到"前进道路上的曲折"，引导学生正视挫折。

2. 帮助学生确定适当的抱负水平

青少年关于自己的理想或抱负有着不同的水平，过高的抱负水平是产生挫折感的一个重要因素。由于青少年对于未来怀有热烈的向往，想象力比较丰富，往往离开现实条件构想自己的前景，形成"理想我"与"现实我"的巨大反差，挫折感便会产生。因此，教师可通过"自我标价""镜像自我"等辅导活动使学生正确认识自己、评价自己，根据学生的"最近发展区"帮助学生确定适当的抱负水平。

3. 适度感受挫折，锻炼挫折承受力

青少年正处在身心急速发展时期，

心理脆弱、敏感，如经常遭受重大的精神打击和接连不断的挫折，就会严重影响其心理健康，因此，学校和家庭要尽可能预测和改变重大挫折的情境和条件，以避免学生受到更大的心理伤害。但这不等于说要对学生过分保护，不让他们经历任何挫折。事实证明，适度的挫折经历，对于个人挫折承受力的锻炼和培养是十分重要的。也就是说，对挫折的承受也是要通过学习而获得的。所以，教师和家长可以有意识地提供或利用一些挫折情境，鼓励学生主动地在学习、生活实践中克服困难，战胜挫折，积累经验，不断成熟。如孩子跌到了，鼓励他自己爬起来；遇到难题了，不要急于给他讲解，引导他自己动脑筋等。

（二）教会学生积极适应挫折的方法和技术

通过训练和有意识的辅导，帮助学生掌握积极适应挫折的方法和技术，使他们学会如何对挫折做出积极主动的适应也是挫折教育不可忽视的内容。适应可分为消极适应和积极适应两方面。常见的积极适应方式有：理智的压抑、升华、补偿、幽默、合理宣泄、认知改组等。

（1）理智的压抑（sane repression）。这是一种成熟的适应方式，指当一个人的欲望、冲动或本能因不符合社会规范或要求而无法满足时，有意识地去压抑、控制、想办法延缓其需要。比如，一个学生在家做作业，听到电视里正在播放自己最爱看的节目，就特别想看电视，可是一想，作业还没有做完，于是，强迫自己集中注意力先做完作业，然后再看电视。这与病态的压抑不同，病态的压抑指有些心理不健康的人，因过分压抑作用，把自己本来很正常甚至应该有的欲望或需求都压抑下去，害得自己无法自由行动，这是一种病态现象。

（2）升华（sublimation）。泛指心理欲望从社会不可接受的方向转向可接受的方向的过程。当一个人意识到自己的某种欲望无法为自己接受、且与社会规范、伦理道德相悖时，为求得心理平衡，将其净化、提高成为一种高尚的追求。如中学生将爱情的动机转向以求知、体育活动、音乐美术等形式抒发感情，使原有的动机冲突得以宣泄，消除因动机受挫而产生的焦虑、不安，这就是升华的表现。这样既可以使不正常的情绪得以合理转移，又有益于学生身心健康。

（3）补偿（compensation）。指个人所追求的目标、理想受到挫折，或由于本身的某种缺陷而达不到既定目标时，用另一种目标来代替或通过另一种活动来弥补，从而减轻心理上的不适感。许多在身体上有残疾的人，常采用这种方式来弥补与正常人之间的差距。我国清朝名臣刘墉因身体残疾被人称为“刘罗锅”，年少时常被人耻笑，但他勤读苦学，聪明过人，最终成为一代名相，为世人所敬仰，充分显示了补偿的作用。

（4）幽默（humour）。指个体遇到挫折、处境困难或尴尬时，用一种机智、双关、讽喻、诙谐、自嘲等语言和动作的良性刺激，来化解困难，以摆脱内心的失衡状态。幽默是与乐观相联系的，幽默一笑解千愁。自嘲也是幽默的一种，如秃顶的人称自己是“聪明绝顶”。幽默恰当，可使人感到愉快，使生活增添情趣和活力，所以它是一种积极的适应挫折的方式。

（5）合理宣泄（catharsis）。指通过创设一种情景，使受挫者能自由抒发受压抑的情绪。人在受挫后往往会产生一些消极反应和心理压力，如果不及时排解将使心理健康受到影响，这时就需要把心理压力释放掉一点儿。如，将积压在心头的苦闷向亲人、朋友倾诉；把对他人的愤怒和不满写进日记；有时干脆痛哭一场，用眼泪冲走悲痛或委屈。宣泄要注意合理运用，以不损害工作和他人为前提，切不可超越法制，违反道德规范。

（6）认知改组（cognitive reorganization）。主体对挫折情境的认识评价如何，直接影响挫折感的产生。比如，高考落榜是考生产生挫折的情境，如果改变对高考落榜严重性的认识，看到上大学并非唯一成才之路，通过自修下一年再考也不迟，这样就可以减轻挫折感。这种对挫折情境的重新认识与评价，称为认知改组。

二、学习心理辅导

学习心理辅导是指辅导者依据现代学习理论，针对影响学习的因素，有目的、有计划、有步骤地指导学生排除各种学习障碍、科学地进行学习的过程。学习心理辅导的目的在于培养学生良好的学习心理品质，帮助学生克服学习障碍，提高学习效率，完成学习任务。由于学习心理活动是学生的主导心理活动，学习是学生的主要任务，所以，学习心理辅导是非常必要的。学习心理辅导的具体内容如下。

（一）学习方法辅导

学习方法是指学习者在学习过程中形成的适合自身特点的一系列手段、方式和途径。学习方法是顺利完成学习任务和提高学习效率的基础与前提，当它以固定的行为方式表现出来时就形成了学习习惯。学习方法对学习而言不仅能扩大学习范围，掌握更多知识，而且可以提高学习效率，保证学习效果。

在校学生的学习主要是在教师指导下进行的，这种学习一般由四个环节组成，即预习—听课—复习—作业。关于这四个环节的学习方法就是最基本的学习方法，因此，学习心理辅导就应该使学生真正掌握课前预习、课堂学习、课后作业、复习应试的方法，比如，指导学生在课前预习中浏览教材、找出预备知识、编写内容提要、确定重点难点、制订听课计划等。同时，还要结合各学科的特点进行学科学习方法的指导。就学习方法而言，学科学习心理辅导可分三个层次：第一层次是学科思想的指导，如指导学生掌握数学思想、物理思想等；第二层次是学科一般方法的指导，如指导学生掌握数学中的分析法与综合法、物理中的等效法与类比法、历史中的历史文献法、化学中的实验法等；第三层次是学科具体方法的指导，如语文学习中指导学生掌握查字典的方法，数学学习中指导学生掌握解答应用题的方法。

（二）学习动机辅导

学习动机是引起、维持和推动学生进行学习活动的内在力量。学习动机体现了学生的学习需要，而这种需要是社会、家庭和学校对学生学习要求的反映。因此，我们是能够采取相应的措施对学生的学习动机进行调控的。

尽管不同学生的学习动机不尽相同，同一学生也可能同时存在着相互交织的几种学习动机，但据国内外心理学家研究，青少年学生的学习主要受以下几类动机因素的影响：一是交往动机，即为了获得他人（家长、教师和同学等）的赞许、认可和亲近而努力学习的动机；二是成就动机，即为了维护个人自尊心和提高个人地位而努力学习的动机；三是求知欲，即以获得知识为目的的动机；四是学习兴趣，即基于自己的学习需要而表现出来的一种认识倾向；五是自我效能感，既认为自己有能力完成学习任务而表现出的学习动机；六是学习目的性，即学生因清晰地意识到学习的目的及其社会意义而表现出的学习动机。这几类动机都对学生的学习产生着重大影响，在进行学习动机指导时必须予以重视。

（三）学习习惯辅导

学习习惯是指学生在一定情境下自主地进行学习活动的特殊倾向。学习习惯的指导需从三方面进行：一是指导学生养成良好的学习卫生习惯，如科学用脑的习惯、科学用眼的习惯；二是指导学生养成良好的学习认知习惯，如自觉预习的习惯、专心听课的习惯、认真复习的习惯及作业的习惯等，同时还有自我监控的习惯、计划与组织的习惯、有效利用人力资源的习惯等；三是指导学生养成良好的与个性有关的学习习惯，如独立作业的习惯、仔细钻研的习惯。当然，进行学习习惯辅导还应包括矫正学生已经形成的不良学习习惯，这也是一项十分艰巨的任务。

（四）应试心理辅导

青少年学生在考试尤其是一些重大的考试（如中考、高考）期间，常会出现一些应试心理问题。正因为这样，做好应试心理指导，也是学校心理辅导不容忽视的内容。应试心理辅导的内容颇多，但至少应包括：考前复习指导、考试焦虑指导、应考方法指导、考试后归因指导、应试期的身心保健（复习阶段的身心保健、考试时的身心调节和考试后的身心保健）指导等。

三、青春期辅导

青春期，一般指11~18岁年龄阶段的

青少年。由于发育期的迅速成长而带来的生理、心理及社会的负担使初出茅庐的青少年经受极大的压力。青春期少年常见的心理、行为问题主要包括：过度关注自我；情绪的两极性表现明显；性别角色混乱；人格冲突，如青少年出现反抗与依赖、勇敢与懦弱、闭锁与开放并存的矛盾心理，在人格特点上表现为逆反、偏执、走极端等特点；性心理问题，青少年性发育基本达到成熟，具备了生育的能力，出现了性的冲动，但是由于他们性生理、心理知识的缺乏，经常产生性的困惑，如出现性渴望、性幻想，由于性好奇而发生性尝试等。

从以上分析可以看出，青春期的问题虽然涉及各方面，但性驱力与社会规范之间的矛盾始终是最基本的矛盾，是引发青春期其他问题的根本原因。因此，青春期辅导的最基本的内容是性教育、性心理与辅导。

如前所述，对处于青春期的中学生来说，性驱力与社会规范之间的矛盾始终是最基本的矛盾，特别是当社会的性行为规范本身正经历着剧变时，它给青少年带来的困惑就更严重了。青少年在这一时期寻求着性角色的确认，想尝试着享受成人具有的权利，但传统的与新潮的性规范或习俗往往相互冲突，甚至截然对立，使他们很难做出理智的选择。由此可见，青春期辅导特别是性教育与性心理辅导对于青少年是非常必要的，特别需要一些训练有素的专业辅导人员，从心理辅导的角度对青少年进行专门辅导，使其能够顺利度过青春期这一人生关键期。

青少年的性教育包括：性生理教育——使青少年正确认识人类性发育的自然规律及其本质，克服在性问题上存在的神秘感和模糊概念；性心理教育——引导青少年正确认识自身的性心理变化、性意识的各种不同表现，尤其是异性交往问题；性卫生教育——使青少年了解性器官的卫生保健常识，养成良好的卫生习惯；性道德教育——启发青少年正确处理学习、恋爱和友谊的关系，努力克制自己的性冲动，将主要精力放到人生远大目标的追求上；性法律教育——引导青少年划清正常的异性交往与性犯罪的界限，增强其在性问题上的守法观念。

四、生涯辅导

生涯辅导是在职业辅导的基础上发展起来的新概念。心理学家舒伯（Super, 1976）对生涯的定义为大多数学者所接受。他认为：生涯是指与个人终身所从事的工作或职业等有关的活动的过程，是生活中各种事件的演进方向和里程，统合了人一生中的各种职业和生活角色以及由此表现出的个人独特的自我发展（事业发展）形态。除了职业之外，还包括任何与工作有关的角色，如学生、退休者，甚至包含了家庭和公民的角色。生涯辅导是指一套有系统的辅导计划，在辅导人员的帮助下，引导个人探究、评判并整合运用相关的知识与经验，来规划个人的生涯发展。

生涯辅导的内容包括协助学生学习如何规划人生以及面对各种抉择情境时的决策能力，如高考填报志愿时的决策能力；帮助学生了解个体的能力倾向、兴趣、个性等情况。即解决“我最喜欢干什么”“我适合干什么”等问题；协助学生对有关职业与生涯发展的资料进行深入地了解，对现实情境作实事求是地分析与评价。协助个人适应快速变迁的社会与职业环境，考虑比较灵活和弹性的方式，以达到个体的生涯发展的目标。

生涯辅导主要有生涯教育与辅导和生涯咨询两种方式，前者以全体学生为对象，后者以个别学生为对象。生涯辅导可以通过具体的生涯发展课程来进行。生涯发展课程有多种形式，其中最主要的莫过于采用生涯发展活动课程，即以班级或小组为单位，有目的、有计划地实施一定的活动，让学生通过主动地参加活动，体验活动的内涵，实现学生自我生涯教育和生涯发展的功能。另外，生涯辅导还可通过生涯咨询进行个别辅导。它通常采用的技术有幻想技术、情境模拟、模拟个案研究、职业家族树、价值澄清法等，使用这些技术通常需要较高的专业知识与专业技能，必须由专业人员进行才有效。

不管是面向全体的辅导，还是面向个体的咨询，辅导的最终目标是帮助学生形成正确的生涯观和职业观，培养学生的敬业意识，帮助学生用长远的目光看待职业，形成正确的自我意识和科学的择业态度。

五、青少年网络成瘾的预防与干预

“网瘾”的概念，最初由美国心理学家格登博格（Goldberg）提出，随后，匹兹堡大学的金伯利·扬博士（Dr. Kimberly Young）发展完善了他的这一概念。青少年网络成瘾是指青少年过度使用互联网而导致的一种心理疾病，表现为一系列的精神和心理症状、躯体和生理症状以及其他不良社会行为，这既严重危害青少年的身心健康，也影响社会、学校和家庭教育的正常发展。2005年《中国青少年网瘾数据报告》指出，目前我国网络成瘾青少年约占青少年网民总数的13.2 %，另有约13%的青少年存在网络成瘾倾向。可见，青少年网络成瘾现象已经不容忽视，无论对于社会、学校还是家庭而言，有效开展对青少年网络成瘾的干预和预防都是十分必要的。

按照金伯利·扬的观点，上网成瘾者主要有以下特征：①耐受性增强，即上瘾者要不断增加上网的时间才能获得和以往一样的满足；②出现戒断症状，如果一段时间（从几小时到几天不等）不上网，就会变得焦躁不安，不可抑制地想上网，时刻担心自己错过什么；③上网频率总是比事先计划的要高，上网时间总是比事先计划的要长；④企图缩短上网时间的努力总是以失败而告终；⑤花费大量时间在与互联网有关的活动上，比如，安装新软件、整理和编辑下载大量的文件等；⑥上网使其社交、学习、工作等社会功能受到严重影响；⑦虽然能意识到上网带来的严重问题，仍然继续花大量时间上网。

青少年网络成瘾的预防，一方面，要帮助青少年塑造健康心理和人格，引导青少年形成正确的世界观、人生观、价值观，增强他们对不良网络信息和文化的抵抗力，如加强爱国教育、中华传统美德教育；向青少年推荐优秀书目，提供好的“精神食粮”；帮助青少年多结交良师益友。另一方面，社会、学校、家庭要三位一体，形成合力。预防青少年网络成瘾，学校担负着重要的任务及作用：①学校要进行网络素质教育，培养青少年自主使用网络的能力，引导他们合理利用网络信息，进行搜索及创新，帮助解决现实问题；②多开展积极健康的校园科技文化活动，通过开展富有思想性、知识性、趣味性的各种校园文化和科技活动，使青少年自觉摆脱恋网情绪，为学生的健康成长营造良好的氛围；③及时发现学生的一些异常现象，如突然成绩下降、自我封闭、不与人交流、有厌学、抑郁和焦虑情绪，及时了解和关注，帮助他们解决面临的困难，必要时可以找专业的心理老师或心理医生帮助。

从社会层面来说，要加强管理和监督，加强对网络游戏和场所的管理，减少青少年过度玩游戏的外部条件和机会。如建设青少年网站，构建网络伦理的理论和实践规范体系，推动网络立法工作，构建家庭、学校、社会互动的教育网络系统。

从家庭层面来说，父母要做好自己的表率作用，多与孩子沟通、交流，善于接受新事物，适当了解网络知识，建立良好的亲子关系，建立科学的教养方式，完善家庭功能。

目前国内外应用比较多的心理治疗方法包括认知行为疗法、焦点解决短期疗法（SFBT）、家庭治疗、精神分析疗法、厌恶疗法、系统脱敏疗法、团体心理辅导法、强化干预法（包括奖励和惩罚）、转移注意力法、替代延迟满足法等。

链接

运动与心理健康

有氧运动（aerobic exercise）是一种可以增强心肺功能、增进体质的持久性运动。大量研究表明，有氧运动可以缓解压力，减轻抑郁和焦虑。研究还显示，30%的美国人和40%的加拿大人能够坚持定期锻炼。与不常运动的人相比，这些人能够更好地应对压力事件，展示出更强的自信心，精力充沛，较少感到抑郁和疲劳。2002年美国盖洛普民意调查发现，认为自己不幸福的人，大多是不常运动者，其人数是经常运动者的2倍。例如，麦卡恩和霍姆斯针对有轻度抑郁的女大学生进行了实验，他把被试分为三组，一组分配到有氧运动组，一组分配到放松训练组，另一组作为控制组。10周以后，有氧运动组的女大学生抑郁水平有了显著的下降，甚至可以毫不夸张地说，她们中的大多数已经摆脱了烦恼。如图9-1所示。150多项其他的研究也证实了运动可以减轻抑郁和焦虑，而且运动正日益成为一种抗抑郁药和心理治疗的有效辅助方法。

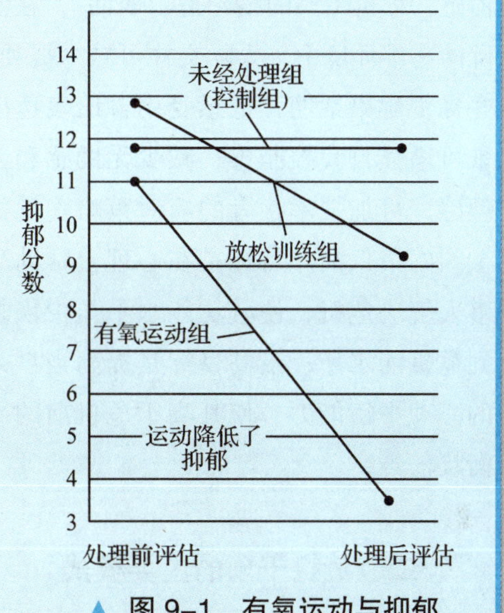

▲ 图 9-1　有氧运动与抑郁

资料来源：［美］戴维·迈尔斯著．黄希庭等译．心理学精要．北京：人民邮电出版社，2009，341~342

第四节　突发事件及危机干预

一、突发事件及危机干预的含义

突发事件是指突然发生，造成或者可能造成严重社会危害，危及公共安全，需要采取应急处置措施的紧急事件，分为自然灾害、事故灾难、公共卫生事件和社会安全事件四大类。如2003年“非典”、2008年的汶川地震、俄罗斯客机迫降等。

危机干预是指在遇到灾难事故时对当事人进行的一系列心理疏导活动。灾难事故是突发的，而且危害程度深，当事人在没有心理准备的情况下遭受打击，短时间内会产生一种应激状态，如果不能及时疏导，当事人往往容易产生绝望、无助、抑郁等心态，最终造成无法弥补的心理创伤，甚至会影响当事人的一生，因此，对当事人进行心理干预是非常必要的。

危机干预旨在阻止极端应激事件所致后果的恶化，通过即刻处理危机，使人们失衡的认知和情感反应趋于稳定。危机干预持续的时间可长可短，短暂干预的目的是使当事人重获个人尊严和价值感；危机干预的核心是“谈话”，在混乱的灾难环境中，人际交往可减少孤独，并提供健康帮助；把感受用言语表达出来可增强自我控制感；减少无助感和无望感，可加强幸存者的应对策略。危机干预的最低治疗目标是在心理上帮助当事人解决危机，使其功能水平至少恢复到危机前水平；最高目标是提高当事人的心理平衡能力，使其高于危机前的平衡状态。

二、危机干预的主要模式

贝尔金（G. S Belkin）等人提出了三种基本的危机干预模式，即平衡模式、认知模式和心理转变模式。这三种模式为许多不同的危机干预策略和方法提供了基础。

（一）平衡模式

平衡模式（equilibrium model），危机中的人通常处于一种心理或情绪的失衡状态，在这种状态下，原有的应对机制和解决问题的方法不能满足他们的需要，平衡模式的目的在于帮助人们重新回到危机前的平衡状态。平衡模式最适合于早期干预，此时人们无法进行自我控制，不知道如何解决问题，也不能做出适当的选择，因此，危机干预工作者的主要精力应集中在稳定个体的心理和情绪上。

（二）认知模式

认知模式（cognitive model），即通过改变个体的思维方式，尤其是认识其认知中的非理性和自我否定部分，通过获得理性和强化思维中的理性成分，使人们能够控制自己生活中的危机。认知模式最适合于危机稳定下来并回到了接近危机前平衡状态的求助者，主要任务就是通过练习和实践新的自我说服，使个体的思想变动更为积极、更为肯定，直到旧的、否定性的自言自语消失。

（三）心理转变模式

心理转变模式（psychosocial transition model），危机可能与个体内部和外部的（心理的、社会的或环境的）困难有关，因为人是遗传和环境共同作用的产物。危机干预的目的在于与求助者合作，测定与危机有关的内部和外部困难，帮助他们选择替代其现有行为、态度和使用环境资源的方法。心理转变模式与认知模式类似，最适合于已经稳定下来的求助者，不认为危机是一种单纯的内部状态，这个模式要求涉及个人以外的环境，考虑需要改变的系统成分。

三、危机干预的一般步骤

尽管人类的危机永远不是那么简单，但是危机干预工作者仍可以使用相对直接和有效的干预方法来处理危机。危机干预六步法已广泛被专业咨询工作者和一般工作人员采纳，用于帮助许多不同类型危机的当事人。

第一步，确定问题。从当事人的立场出发探索和定义问题，使用积极的倾听技术，包括用开放式的问题，既注意当事人所传达的言语信号，也注意其无意中所表露的非言语信号。

第二步，保证求助者的安全。心理危机干预和辅导人员要主动地、全面地评估当事人的躯体安全程度、心理受危机事件威胁的危险程度、失去思维能动性的严重程度。此外，还要客观评估当事人的内心的冲突及基本心态。在必要的时候，心理危机干预或辅导人员要保证当事人知道化解冲动或自我毁灭行动的方法。

第三步，提供具体支持。帮助危机事件当事人认识到心理危机干预工作是一种可靠的心理援助，心理危机干预和辅导人员要通过语言、声调和躯体语言向当事人表达自己的感知与体验，帮助当事人理解危机事件，干预人员会以关心的、积极的、接纳的、不偏不倚的态度来处理危机事件。

第四步，检查替代解决方法。帮助当事人探索可以利用的替代解决方法，促使当事人积极地搜索可以获得的环境支持，可资利用的应对方式，促进当事人运用积极的思维方式。

第五步，制订短期计划。帮助当事人自己制订出现实的短期计划，包括发现另外的可利用资源和寻找可以替代的应对方式，确定当事人能采取理智的、自主的行动步骤。

第六步，获得承诺。帮助当事人以自己承诺的方式采取确定的、积极的步骤，这些行动步骤是当事人自己从现实的角度出发所制订的，是可以完成的。

心理危机干预六步法的前三步的基本原则是以同理、尊重、接纳、不偏不倚和关心的态度进行倾听，在倾听的同时进行观察、理解，并做出适当的反应。后三步的基本原则是根据当事人的需要和周围环境的状况，采取非指导性的、合作性的或指导性的干预方式。采取哪一种干预方式取决于当事人的心理状态，如果当事人具有思维和情绪上的能动性，干预方式是非指导性的；如果当事人具有部分能动性，干预方式是合作性的；如果当事人基本失去了能动性，干预方式将是指导性的。

四、基本干预技术和方法

对突发性的创伤事件，要采用序列的干预技术：第一，进行心理急救，稳定情绪；第二，进行行为调整，主要采用放松训练和晤谈技术（CISD）；第三，进行认知调整，主要采用晤谈技术和眼动脱敏信息再加工技术（EMDR）。具体来说，首先要取得受创伤人员的信任，建立良好的沟通关系，提供疏泄机会，鼓励他们把自己的内心情感表达出来，使他们理解目前的处境，了解他人的感情，建立自信，提高对生理和心理应激的应付能力。根据不同个体对事件的反应，采取不同的心理干预方法，同时，调动和发挥社会支持系统（如家庭、社区等）的作用，鼓励多与家人、亲友、同事接触和联系，减少孤独和隔离。

（一）心理急救

心理急救（Psychological First Aid，PFA）通俗地说就是对心灵的伤口做简单的包扎，主要用来帮助刚刚经历过灾难的人们，降低他们的悲痛，促进短期和长期的适应功能的恢复，具体步骤和方法如下：

（1）接触和参与。倾听与理解、应答幸存者，或者以非强迫性的、富于同情心的、助人的方式开始与幸存者接触。

（2）安全舒适。增进当前的和今后的安全感，提供实际的和情绪的放松。

（3）稳定情绪。使在情绪上被压垮或定向力失调的幸存者得到心理平静、恢复定向。这一阶段可应用愤怒处理技术、哀伤干预技术等。

（4）收集信息。识别出立即需要给予关切和解释的问题，立即给予可能的解释和确认。

（5）实际协助。给幸存者提供实际的帮助，比如，询问目前实际生活中还有什么困难，协助幸存者调整和接受因突发事件改变了的生活环境及状态，以处理现实的需要并应用技术解决问题。

（6）联系支持。帮助幸存者与主要的支持者或其他的支持来源，包括家庭成员、朋友、社区的帮助资源等建立短暂的或长期的联系。

（7）提供信息。提供关于应激反应的信息、关于正确应付以减少苦恼和促进适应性功能的信息。

（8）联系其他服务部门。帮助幸存者联系目前需要的或者即将需要的那些可得到的服务，并甄别处理。

心理急救是为治愈过程提供有效的第一级照顾（first level of care）。学习和应用心理急救是治愈的开始。PFA曾被用于“9·11”事件和美国数次大规模飓风后的心理救援工作，实践证明效果显著。在我国“5·12”地震发生后，美国国立儿童创伤应激研究中心迅速授权从事相关专业的华人学者，将其所属版权的 *Psychological First Aid-Field Operations Guide* 翻译成简体中文译本，在震后一周内，就将这份超过125页的中文译本上传到其网站上，供浏览者免费下载。同时，在灾区和其他地区，举行了多次PFA运用的培训班，中外心理卫生专家的这些努力，提高了地震灾区早期心理干预的有效性。

（二）严重事件应激晤谈

严重事件应激晤谈（Critical Incident Stress Debriefing，CISD），是通过系统的交谈来减轻压力的方法，个别或者集体进行，自愿参加。心理晤谈的目标主要是，公开讨论当事人的内心感受，并对其进行支持和安慰；资源动员；帮助当事人在心理上（认知上和感情上）消化创伤体验。一般认为，在危机事件发生后24~72小时之间是理想的帮助时间，但现在也有研究认为CISD也并不一定局限于24~72小时以内，通常在事件发生的2~10天内进行也可以；在重大灾难中，通常在3~4周后实施。最新研究甚至认为，在两年内运用CISD进行干预也具有明显的效果。

急性期集体晤谈通常由受过训练的精神卫生专业人员指导。指导者必须对小组帮助或小组治疗这种方式有广泛的了解，同时对应激反应综合征有广泛的了解。在灾难事件发生后24小时内不进行集体晤谈。理论上灾难事件中涉及的所有人员都应该参加集体晤谈。

正规的晤谈过程分为6期，非常场合操作时可以把第二期、第三期、第四期合并进行。

第一期，介绍期（introductory phase）：指导者进行自我介绍，介绍集体晤谈的规则，仔细解释保密问题，每个人自我介绍，营造安全的氛围并约定团体的规范，此阶段应定位在应激处理的服务，不是正式治疗。

第二期，事实期（fact phase）：请参加者描述突发事件（如地震、非典）发生过程中他们自己及事件本身的一些实际情况；询问参加者在这些严重事件过程中的所在、所闻、所见、所嗅和所为；每一名参加者都必须发言，然后参加者会感受到整个事件，由此真相大白。为了引导大家叙说实事，专业人员往往采用“新闻广播”的游戏活动引导大家详尽地描述。

第三期，感受期（feeling phase）：询问有关感受的问题：事件发生时您有何感受？您目前有何感受？以前您有过类似感受吗？小组成员向大家描述他们在经历灾难事件后，现在头脑中能够立即浮现出的有关突发事件的主要想法和最痛苦的想法，让情绪毫无保留地表露出来。这个阶段是小组成员情绪反应最强烈的阶段，治疗者在这时要能够很好地表现出关心和理解，让小组成员感到安全。专业人员往往需要用“画出你的感受”的游戏活动引导大家将情绪表达出来，从而对事件的情感进行加工。

第四期，症状期（symptom phase）：请参加者描述自己的应激反应症状，这些症状既包括心理的痛苦，也包括身体的不良反应和行动上、思想上的变化，如失眠、食欲不振、脑子不停地闪现事件的影子、注意力不集中，记忆力下降、决策和解决问题的能力减退、易发脾气、易受惊吓等，目的是开始将情感领域转向认知领域。

第五期，辅导期（teaching phase）：总结成员的所有应激反应，包括生理、情绪和想法，治疗者要让小组成员认识到他们这些躯体和心理的行为反应在当下是非常正常和可以理解的。同时，治疗者要提供一些健康的应对方式，并提醒一些不适当的应对方式（例如酗酒），让参与者明白CISD不是对精神病人的治疗，而是面向正常人的一种课程学习。

第六期，恢复期（re-entry phase）：总结晤谈过程；治疗者回答小组成员提出的各种问题，并做出一些总结性的评价，澄清含糊的想法，挖掘灾难经历中人性的光辉，激发新的行动力量。在这个阶段，专业人员还将对每一位参与者做出评估，决定哪些人还需要接受特殊的专业干预或者转介给专门的救助机构。

整个晤谈过程需2小时左右完成。严重事件数周或数月内进行随访。晤谈过程中要注意：（1）对那些处于抑郁状态的人或以消极方式看待晤谈的人，可能会给其他参加者添加负面影响；（2）鉴于晤谈与特定的文化性相一致，有时文化仪式可以替代晤谈；（3）对于家中亲人去世者，不适宜参加集体晤谈，可能会加重其他人的创伤；（4）心理晤谈结束后，干预团队要组织队员进行团队晤谈，缓解干预人员的压力；（5）不要强迫叙述灾难细节。

CISD目前是世界流行的危机干预方法。虽然CISD面临着一些争议和问题，如CISD的创始人米歇尔也承认并不是每一个人都可以从CISD中受益，灾前的社会经济地位与教育程度低、有心理疾病或创伤经验都成为CISD难以取得疗效的有效变量，但是大量的实证研究证实了其实际效果，如博斯卡里诺（Boscarino，J.A）等对1681名“9·11”事件的受害者进行2~3次CISD干预后，在1年和2年后进行随访，发现干预组在酗酒、酒精依赖、PTSD症状、抑郁、躯体化、焦虑等方面与未接受干预者比较风险降低。CISD在我国的应用中也有明显效果，如2003年SARS期间，王希林等对某医院37名接受隔离的急诊科护士进行了CISD的集体心理干预，结果表明，CISD对减轻创伤后应激反应具有良好的效果。

（三）眼动脱敏再加工技术

眼动脱敏再加工技术（Eye Movement Desensitization and Reprocessing，EMDR）是一种可以在短短数次晤谈之后，便可在不用药物的情形下，有效减轻心理创伤程度及重建希望和信心的治疗方法。EMDR是一种整合的心理疗法，它借鉴了控制论（cybernetics）、精神分析、行为、认知、生理学等多种学派的精华，建构了加速信息处理的模式，帮助患者迅速降低焦虑，并且诱导积极情感、唤起患者对内在的洞察、观念转变和行为改变以及加强内部资源，使患者能够达到理想的行为和人际关系改变。

其治疗程序包括8个阶段，具体如下：

（1）患者病史检验。在第一个阶段，要评估患者是否适合接受此疗法，并订出合理的治疗目标和可能的疗效。

（2）准备期。帮助患者预备好进入重温创伤记忆的阶段，教导其放松技巧，使患者在疗程之间可以获得足够的休息及平和的情绪。

（3）评估。用已发展出的“SUDS量表”，评估患者的创伤影像、想法和记忆，区别出何者严重，何者较轻。

（4）敏感递减。实际操作动眼和敏感递减阶段，以逐步消除创伤记忆。

（5）植入。以指导语对患者植入正向自我陈述和希望，取代负面、悲观的想法以扩展疗效。

（6）观照。把原有的灾难情况画面和后来植入的正向自我陈述和想法，在脑海中联结起来，虚拟练习“以新的力量面对旧有的创伤”。

（7）结束。准备结束治疗，若有未及完全处理的情形，以放松技巧、心像、催眠等方法来弥补，并说明如何后续保养。

（8）评估。总评疗效和治疗目标达成与否，再制订下回治疗目标。

链接

EMDR的由来

痛苦可怕的经历，会给人造成终身的心理创伤，使人患上恐惧症。美国心理学家弗朗辛•夏皮罗（Francine Shapiro）发现了一种对心理疾患有效的治疗方法，即医生用伸出两三根指头来引导患者的目光左右移动，同时进行有关的提问，从而使病人恢复记忆和忘记恐怖，让心情平静下来。这种方法被称为眼动脱敏再加工技术，简称二指疗法，英文缩写为“EMDR”。

1987年，年仅39岁的夏皮罗被告知患了癌症，她决心要与命运抗争。于是她辞去工作，开始周游美国，去寻找、探索不同的治疗方法。一天，她正在某地公园散步，突然产生了一种异样的感觉，等这一短暂的时刻过去后，她竟然奇迹般地平静下来。为什么那些烦恼忽然间烟消云散了呢？她仔细回想了一下，当时她的双眼曾飞快地左右移动了好多次。为了彻底弄清出现这种情况的原因，她开始到圣迭戈大学学习。她同几十名志愿者试验了她的“疗法”，终于找到了它的原理：在一般情况下，人的思想上受到打击时，一部分大脑会立即动员起来，前来救援受伤害的地方，但是，非常沉重的打击会毁掉大脑的这一自然机制，于是伤痕便得不到应有的消除，从而留下心理疾患。二指疗法可以重新激活大脑的这一机制，把那些沉重的打击变成以往经历中的一件平常事，再不用一想起来就背起消极情绪的包袱。在某种条件下，眼睛可以像梦幻一样，激活这一部分大脑，夏皮罗经过研究，还发现患者自己不能自我施行这种疗法，必须靠专业人员在患者眼前移动手指，同时用提问来引导他们回忆时才能有效。因为这项研究成果，夏皮罗获得了1994年心理学杰出科学成就大奖。

目前美国已有近万人在使用这种方法。当一个人经历一场创伤时，当时的场景、声音、思想、感觉会被“锁定”在神经系统中。在某种特定状态下，按治疗师手指移动的不同方向、速度，使患者眼球随之移动数十次，可以有效地解开神经系统的“锁定”状态，并使人们对创伤的经验在大脑中进行再加工。这种治疗对于抑郁、焦虑、多梦以及多种创伤后的恐惧等心理问题具有良好的治疗效果。

资料来源：http：//www.hrxl.cn

本章复习与摘要

1. 健康是指身体、心理和社会都完好的一种状态，它不仅仅指没有疾病。健康的结构包括生理健康、心理健康和社会健康三个方面。心理健康标志着人的心理调适能力和发展水平，即人在内部和外部环境变化时，能持久地保持正常的心理状态，是诸多心理因素在良好态势下运作的综合体现，而不仅仅是没有心理疾病。心理健康有着自己的诸多标准。

2. 学校心理辅导的目标有两个方面：第一是学会调适；第二是寻求发展。学校心理辅导的原则是指导学校开展心理辅导工作必须遵循的基本要求，是心理辅导工作的规律概括和经验总结。包括教育性原则、整体性原则、主体性原则、尊重性原则、差异性原则、保密性原则。

3. 学校心理辅导的途径主要包括：结合学科教学渗透心理辅导；开展个体与团体的专门心理辅导工作；开设心理辅导课程；建立家庭、学校与社区相互沟通的心理辅导渠道。

4. 学校心理辅导的方法很多，如心理分析法、患者中心疗法、行为疗法、认知疗法等。在实际辅导过程中，应根据学生的具体情况，灵活地选用这些方法，形成一个统一的心理教育的工作模式。

5. 学校心理辅导的内容也集中在挫折教育、学习辅导、适应（包括青春期）辅导、生活辅导和生涯辅导等方面。

6. 突发事件是指突然发生，造成或者可能造成严重社会危害，危及公共安全，需要采取应急处置措施的紧急事件。贝尔金等人提出了三种基本的危机干预模式，即平衡模式、认知模式和心理转变模式。这三种模式为许多不同的危机干预策略和方法提供了基础。

7. 对突发性的创伤事件，要采用序列的干预技术：第一，进行心理急救，稳定情绪；第二，进行行为调整，主要采用放松训练和晤谈技术；第三，进行认知调整，主要采用晤谈技术和眼动脱敏信息再加工技术。

第十章　人际关系与交往

亚里士多德说："能独自生活的人，不是野兽，就是上帝。"这说明人作为社会的一员是不能离群索居的，是离不开社会的。人是社会性动物，群集性、社会性决定了人的一生总是在与他人的交往与活动中度过的，其生存、生活、享受和发展，都必须融入社会群体中，通过与他人的交往求得共识、加深情谊、加强联系，形成不同的社会群体，协调社会生活，促进人的全面发展和社会的繁荣与兴旺。因此，必须构建和谐融洽的人际关系。人际关系对人的发展有重要的影响和制约作用，它决定了人际交往的水平与质量，只有交往双方处在良好的人际关系中，交往活动才有可能持续、深入与发展。本章拟就人际关系、人际认知、人际沟通等多个方面来分析、揭示人际交往与人际关系的奥秘。

第一节 人际关系概述

一、人际关系的定义与类型

（一）人际关系的定义

人际关系，是指人与人之间心理上的关系，心理上的距离。无论是亲密关系、疏远关系，还是敌对关系，都是心理距离，统称为人际关系。

人际关系具有情感色彩。不同的人际关系会引起不同的情绪体验。人与人之间心理上的距离越近，双方都会感到心情舒畅，无所不谈。若人与人之间发生矛盾与冲突，心理距离很大，彼此都会有不愉快的情绪体验，心情抑郁、孤独、忧伤，从而影响个人的身心健康，严重的会导致心理失常。

人际关系反映了个体或团体寻求其社会需要得以满足的心理状态。因此，人际关系的变化与发展，决定于双方社会需要的满足程度，如果双方在相互交往中都获得了各自的满足，相互之间才能发生并保持接近的关系，表现出喜欢、亲近、友好的情感。如果双方在相互关系中得不到各自的满足，一方对另一方的行为，就会引起对方的不安，这时，双方的关系就会中止，或发生疏远，或发生敌对。

在人际关系中，人们在心理方面的相互作用，包含认识、情感、行为三种相互联系的成分。认识成分，是通过知觉、表象、想象、思维、注意和记忆，由浅入深、由表及里的认识而实现的相互感知和理解。相互理解就容易形成协调融洽的关系；如果由于某种主客观条件的影响，彼此产生错觉、偏见或误解，就难以形成融洽的关系。因此，认识成分在人际关系中是首要的心理成分。情感成分是情感的体验、感情上的联系，如喜欢、满意、吸引力等。人与人的心理距离越近，双方越会感到心情舒畅、情投意合、感情融洽，易于达到和谐；如果相反，就会情绪对立、关系紧张。热情、喜悦、爱护等情感有利于人际关系融洽；冷淡、憎恨、仇视、埋怨、厌烦，则有损于关系融洽。具有情感基础是人际关系最重要的特点。行为成分包括各种活动、举止作风、言语表情等。一个人的言行是心理活动的外在表现，人际关系协调性主要体现在行动的配合上，表现在劳动、学习、工作等具体活动中的相互支持与协作。所以，理想的人际关系的基本标志是：人们相互理解、情感融洽、行动协调。

良好的人际关系，不仅有利于工作、学习，而且有利于人的身心健康。因此，人们都希望有一个良好的人际关系。

（二）人际关系的类型

按照人际交往行为方式的主动性、

支配性、规范性、开放性等维度，可以将人际关系归纳为如下八种类型。

1. 主从型

主从型的人际关系特点是，一方处于主导的支配地位，而另一方则处于被支配或服从的地位。这种类型的人际关系是最基本的一种，几乎所有的人际关系中都有它的存在。与此同时，这也是最牢固的一种关系，处于这种关系中的交往双方在共同的生活和工作中，虽然一方感到有一定的压力，但是他们却不会轻易发生分歧。

2. 合作型

在这种关系类型中，双方有共同的目标，为了达到既定的目标，他们能互相配合，发生分歧时双方也能互相谦让。一般说来，人们都希望与他人结成这种类型的关系。

3. 竞争型

这是一种令人兴奋、又使人精疲力竭的不安定的关系。竞争的双方为达到各自的目标，常常会竭力去争取胜利。这种类型的人际关系的主要优点是有生气、有活力，缺点是竞争时间过长，难免令人感到精疲力竭。

4. 主从—竞争型

这是一种难以相处的人际关系。双方在相互作用时，有时呈现为主从型的人际关系，有时则呈现为竞争型的人际关系。这种不断的变化使双方不得安定。而且，在这种混合型的关系中，常常包含了主从型和竞争型中最不好的特点。

5. 主从—合作型

这种混合型的人际关系较为理想，在这种关系中双方能够和谐相处，即使发生分歧对双方也不会造成任何损害。如果合作成分远远大于主从成分，那么双方会感到更加融洽。

6. 竞争—合作型

这是一种自相矛盾的混合型人际关系。这种人际关系的双方有时表现出竞争关系，有时又表现出合作关系，这种类型在小集体和小部门人群中表现得比较明显。

7. 主从—合作—竞争型

这也是一种混合型的人际关系。处在这种关系中的双方往往陷入困境，因为他们同时具有主从型、合作型、竞争型三大类型人际关系的特点，所以他们的矛盾冲突比其他类型的关系要多得多。

8. 无规则型

在八种人际关系中，这种类型的比例较小。属于这种人际关系类型的双方毫无组织能力，往往他们对自己没有明确的认识，相互关系也显得毫无规则，只要对他们施加一种外力，就会把他们改变成其他类型的人际关系。

以上八种人际关系类型是由美国的心理医生罗伯特·雷维奇（R.A. Revici）博士利用“雷维奇人际关系测量游戏”方法，通过对一千对夫妇关系进行研究而获得的。尽管如此，对于大部分具有经常性的互动者之间的人际关系来说，它们具有一定的普遍意义。

二、人际反应特质

人际关系是个人在社会生活中存在、发展的基本条件，它对个性发展、行为表现乃至心理健康都会产生巨大的影响。长期处于某一特定的人际关系中会形成特定的人际关系需求和人际反应方式，变成一种个性倾向，称为人际反应特质。

心理学家威廉·舒兹（W.C. Schutz）认为，每一个人对人际关系的需求有三个向度：①包容的需求——希望和别人交往，建立和谐的关系。其表现出的行为特点是积极交往、参与、融和。如果一个人缺乏这种需求则表现为退缩、孤立、排斥、疏远等。②控制的需求——希望在权力上与别人建立并维持良好的关系。其行为特征表现为运用权力和权威积极影响、支配和超越他人，如果得不到满足，就表现出抗拒权力、忽视秩序。缺乏这种需求的人表现为顺从、受人支配、追随他人等。③感情上的需求——希望在感情上和别人建立良好的关系。行为表现是对他人表示亲密、友好、热心、照顾等。缺乏这种需求的个人则表现为对他人冷淡、厌恶和憎恨。

如果一个人的包容需求强烈而又行为主动的话，就喜欢与别人交往，愿意积极参与各种社会活动。如果一个人不仅包容要求强烈，而且感情需求也强烈的话，就会处处关心别人、爱护别人，在人际关系上能左右逢源，重视情谊，受人爱戴。如果一个人只有控制需求，而无包容、感情需求，就必然争权夺利，脱离群众，惹人憎恨、厌恶，人际关系处于紧张状态。在现实生活中，由于需要的强度、方向不同，决定了人际关系的差异。

美国社会心理学家霍尼（Horney）依据个体对他人的态度进行分类：①谦让型。其特征是朝向他人。无论遇到何人，总是想到："他喜欢我吗？"②进取型。其特征是对抗他人。无论遇到何人，总是想知道他的力量大小，或对自己有无用处。③分离型。其特征是疏离他人。无论遇到何人，总是想保持一段距离，经常考虑的是别人是否会干扰自己。

一般地讲，主动与他人交往，主动表示友爱、谦让、进取等特点总是有利于建立良好的人际关系。当然，根本问题还是要看这种人际关系是建立在什么样的思想基础之上的。

我们对人际反应特质的了解，有助于预测人与人之间可能发生的交互反应，以便采取适当的配合行为，这是良好的人际关系的基础。

三、人际关系的特点

与其他的社会关系如生产关系、阶级关系、政治关系等社会关系相比，人际关系有着区别于它们的特点。

（一）情感性

人际关系的定义就可以说明这一特点。情感活动是人际关系的基础，感情色彩是人际关系的主要特点。概括来说，人际间的情感倾向可以归纳为两大类：一是促使人们相互接近或吸引的情感，即积极的情感。这种情况下，交往双方总是表现出强烈地与对方合作或结合的行为倾向；二是促使人们排斥和反对的情感，即消极的情感。此时，交往双方则表现出拒绝、回避与对方交往，甚至对对方产生厌恶感。

（二）个人性

与社会关系中其他诸关系不同的是，人际关系更多地表现为具体的个体之间的相互交往过程。在人际关系中，上级与下级、领导与职员等角色、地位因素变得更为次要，而对方是否吸引自己、自己是否乐意与对方交往则是最主要的问题。这就是人际关系的个人性特点的重要表现。

（三）心理的可融性

人际关系一般是在人们直接的甚至是面对面的交往过程中形成和发展起来的，并且人们可以切实地感受到它的存在。人与人之间在心理距离上的趋近，即心理的可融性会让交往双方感到心情愉快，即使双方素未谋面，也能建立起某种人际关系，如网友，尽管从未直接地面对面的交流过，但每次只要一打开网络，就会期待对方的出现。

（四）直接性、可感性

一般来说，没有直接的交往和接触是不会产生人际关系的，而只要建立起某种人际关系，也就为人们所直接体验到。人与人之间在心理上的距离越近，则会感到心情舒畅；若存在某种冲突和矛盾，则会感到抑郁和孤立，这些感受几乎是每个人能体验到的。

四、人际关系的原则

人人都希望自己拥有良好的人际关系，希望在自己的人际关系实践上得到心理学有益的启示。尽管人们之间存在个体差异，心理学家仍然总结出了有助于人们建立和维持良好人际关系，避免人际关系失败的一些心理学原则。

（一）交互原则

人际交往的交互原则又称对等原则。人们在社会交往中希望别人能够承认自己的价值、接纳自己、喜欢自己，这种以自我为中心、寻求自我价值确立和情绪安全感的倾向是人际关系中的最大障碍。社会心理学家的实验研究发现，人际交往当中，彼此的承认与否定、接纳与排斥、喜欢与厌恶不是单方面的，而是相互作用的结果。“己所不欲，勿施于人”，“爱人者，人恒爱之；敬人者，人恒敬之”。说明在人际关系的建立和维护当中，我们应首先接纳、肯定、支持、喜爱他人，他人才会倾向于接纳、喜欢我们。阿伦森等人（E. Aronson & D. Linder，1965）通过大量的实验研究发现，人际关系的基础是人与人之间的相互重视、相互支持。任何人都不会无缘无故地接纳我们、喜欢我们。别人喜欢我们是有前提的，那就是我们也喜欢他们，承认他们的价值，对他们起支持作用。人际交往当中喜欢与厌恶、接近与疏远是相互的。在一般情况下，喜欢我们的人，我们才去喜欢他们；愿意接近我们的人，我们才愿意接近他们；而对于疏远、厌恶我们的人，我们的反应也是相应的，对他们也会疏远或厌恶。例如，两个不太熟悉的人相遇，一方对另一方微笑点头招呼，另一方则冷漠视之，无丝毫反应。微笑的一方会认为对方不友好，从而产生排斥情绪，表现在具体行为上，那就是以后再相遇时很难以亲善的面容示之。

这一原则提示我们，要建立良好的人际关系，就首先要善于承认、支持、接纳他人，保持在人际关系上的主动地位，这样才能得到他人的同等反应。

（二）功利原则

霍曼斯（G. C. Homans）提出，人与人之间的交往本质上是一个社会交换的过程。人际交往中的交换与买卖关系中发生的交换并不完全一样，这种交换不仅有物质的交换，还包括非物质的如情感、信息、服务等方面的交换，但是，人们在人际交往过程中的交换与买卖关系中的交换所遵循的原则却是一样的，即希望交换对于自己来说是值得的，否则人们的心理就会失去平衡。所以，人们的一切交往行动及一切人际关系的建立与维持，都是人们根据一定的价值进行选择的结果。对于那些对自己来说是值得的，或得大于失的人际关系，人们就倾向于建立和维护；而对于那些对自己来说不值得，或失要大于得的人际关系，人们就倾向于逃避、疏远或终止。

功利原则作用于现实生活中的每一个人。人们要想被别人接纳，要保持良好的人际关系，就必须了解他人在人际关系方面的价值取向，努力保持他人得大于失或等于失，使之感到维持双方的交往是值得的。但这一原则的具体体现是因人而异的。对于重感情价值的人来说，存在重情谊、轻物质的倾向；而对于重物质利益的一类人来说，他们在交往中表现得物质交换意识多于情感的投入。根据这一原则，我们在交往中要注意维护关系，注意不同的得失价值判断，尽可能地与人们建立和保持真正平等、合理的交往或关系。

（三）自我价值保护

自我价值保护，是指人为了保持自我价值的确立，心理活动的各个方面都有一种防止自我价值遭到否定的自我支持倾向。大量的社会心理学研究证明，任何一个人，其心理活动的各个方面，从知觉信息的选择到内部的信息加工，从对行为的解释到人际交往，都具有明显的自我价值保护倾向。

知觉方面，心理学家哈斯道夫（A.H. Hastof）曾以篮球球迷为被试，给他们播放一场球迷分别支持的两支球队重要比赛的实况录像，让被试判断己方队员与对方队员的犯规次数。结果，与裁判实判的客观犯规次数相比较，双方球迷判定的结果都有一个共同倾向，即对己方队员犯规次数的判定比实判要少，而对对方队员的犯规次数的判定比实判要多。这种现象产生的原因就是球迷的知觉融入了自身的愿望，他们对己方队员的犯规动作高度宽容，对对方队员的犯规动作异常敏感。由此说明，知觉是自我支持的。

对行为的解释方面，自我价值保护的倾向也是明显的。当我们自己获得成功时，会倾向于将成功的原因归于自身；反之，遇到失败时，则倾向于把原因归于外在的因素。

在人际关系方面，自我价值保护的突出表现就是人们往往喜欢接纳支持自己、喜欢自己的人，而排斥否定自己、讨厌自己的人。

链接

学会在社交中更自信

1979年，弗曼（Furman）等人做了一个实验，目的是提高儿童的社交能力。实验选择了24名儿童为被试，并把他们随机分为三组：第一组是与同龄同伴一起玩；第二组与比自己小1到1岁半的儿童一起玩；第三组没有一起玩的同伴（控制组）。在一个月内，让这些成对的儿童在一起玩10次，每次20分钟。研究者记录了干预前后这些儿童在教室中的行为。结果表明，干预具有很明显的效果。干预前存在社会孤立问题的儿童，在和比他们小的同伴一起玩了之后，与同学在一起的情况增加了一倍，这使他们达到了与其他儿童一样的交往水平。第一组儿童的社交能力也提高了，但没有像第二组提高那么多。研究者认为，一对一的游戏情境为易害羞的儿童在社交上提供了变得更为自信的机会。那些与更小的孩子一起玩的儿童能够有机会在没有威胁的情境下锻炼和发展自己的领导能力。

资料来源：Furman W.，Rahe D.，& Hartup W.W. Rehabilitation of Socially Withdrawn Preschool Children through Mixed-aged and Same-sex Socialization. Child Development，1979（50），915~922

第二节 人际认知

一、人际认知的定义

人们生活在社会中，离不开与他人的交往。两个素昧平生的人一见面，就会互相注意到对方的相貌、仪表、服饰、体态、表情、举止等而形成初步印象，然后会进一步注意对方的职业、兴趣、能力和性格特征等方面情况，从而逐渐加深各自对对方的印象，这就是人际认知的过程。因此，人际认知是指个人在与他人交往时，根据他人的外显行为，推测与判断他人的心理状态、性格特征、行为动机和意向的过程。

人际认知是个体行为的基础。我们总是根据对他人的认知所形成的印象而采取行动的。比如，当认为对方是个好人时，我们会乐于和他交往而发展关系；相反，若认为对方不好时，我们有可能对他采取回避、提防的态度。因此，只有正确认识他人，才能保证我们行动的正确性。

然而，正确认识他人又是一件很不容易的事情。因此，人际认知是认知者、被认知者和情境等因素交互作用的复杂过程。就认知者来说，他的经验、生活方式、文化背景、个人需求乃至认知他人时的情绪状态都会构成认知的“有色眼镜”；对被认知者来说，他的言行举止特征，他自我“暴露程度”等都影响着别人对他的认知；当时的情境也很重要，如一位女学生浓妆艳抹地出现在晚会和课堂两种场合，人们对她的看法就截然不同。

二、人际认知的主要内容

人际认知的主要内容包括对他人仪表的认知、对他人情绪的认知、对他人性格的认知、对人际关系的认知等。

（一）对他人仪表的认知

仪表是由人的多种外部特征构成的，是人的具体形象。在人际认知中，高矮、胖瘦、相貌、风度、做派、服饰等特征，绝不是一些单纯的物理现象。一方面，认知者会根据自己的有关知识经验赋予仪表一定的社会意义，把它看作认知他人人格特征等的有价值的信息。在日常生活中就存在着一些为我们所熟悉甚至接受的、与仪表的意义有关的流行概念。比如，人们常说心宽体胖，认为胖人大都少忧虑，喜说笑，易相处。另一方面，被认知者也往往会有意识地借助仪表来向他人表现自己独特的人格特点。如一个女孩子喜欢穿红色调的服装，觉得与自己热情、活泼、直爽、自信的特点很相配，人们也会从红色给自己带来的心理感受出发，推及到她具有相应的人格特点。可见，仪表传递着许多社会性信息，尽管这些信息并不总是准确的，但它的确对人际认知产生着影响。

（二）对他人情绪的认知

人的表情是反映其内在情绪、情感状态的一种客观指标，包括面部表情、身段表情和言语表情。如“愁眉苦脸”“眉开眼笑”“竖眉瞪眼”“咬牙切齿”所描述的表情就分别表达了哀、乐、怒、恨的情绪状态，而人的情绪、情感状态又可以大体反映出其心理活动的基本状态。所以，我们往往根据对他人表情的认知来推测判断其情绪、情感乃至整个心理状态。

（三）对他人性格的认知

对他人性格的认知是很不容易的。西方最早的研究是通过提供照片给被试，使其对照片中人物进行性格判断。结果发现，照片上出现积极情绪的面部表情的，绝大多数人认为此人有令人喜欢的性格，如聪明、坚定、有吸引力等；照片上出现消极情绪的面部表情的，则得到有令人不喜欢的性格的判断。事实证明，一个人的面貌丑俊与其个性优劣并没有必然的联系。“人不可貌相”，这是颠扑不破的真理，凭相貌判断其性格往往会发生偏差。

对他人性格的真正认知，必须通过长期的共同生活才有可能实现，但对性格的某些方面的认知，在较短时间内也有可能办到，如说话的强弱与快慢，可能反映某人脾气的急缓，也从另一个侧面推测他胆子的大小。了解一个人过去的生活情况，也有助于对其性格的认知。在逆境中生活的人，有可能形成孤僻倔强的性格，也有可能形成软弱顺从的性格；生活在温暖安定的家庭里的人，其性格多半是乐观的、友好的；生活在备受宠爱、以自我为中心的家庭里的孩子，有可能形成自私自利、好逸恶劳的性格。

（四）对人际关系的认知

对人际关系的认知，包括对自己与他人以及他人之间关系的认知。在交往中，我们用什么样的行为来对待他人，用什么样的方式对他人表达自己的想法和态度，并不完全取决于个人的意愿、喜好等，而是受自己与他人之间人际关系的很大制约。友好的关系，有利于相互沟通，相互理解，形成良性的行为互动，取得双方都满意的交往结果。因此，在人际交往中，必须不断地根据自己和交往对象两方面的感受与看法，来认识和评价相互的人际关系状况，及时调整自己的行为。

在社会生活中，通过相互交往，个人往往根据他人意见、态度、表情来推测人与人之间的关系。比如，甲总是夸奖乙，而乙也总是夸奖甲，于是人们认为甲、乙两人关系较好。相反，甲有意无意地贬低丁，而丁看到甲时产生的表情不如看到其他人亲切，于是人们认为甲、丁两人关系一般或不好。

三、人际认知的心理效应

效应是指一种反应效果。人际认知的心理效应是指在认知他人和对他人形成印象的过程中产生的一些特殊的反应效果。

(一)首因效应与近因效应

首因即最先的印象，又称第一印象。首因效应是指最先的印象对人的认知具有强烈的影响。美国社会心理学家洛钦斯(A.S. Lochins)1957年所做的相关实验研究是很有名的。他的实验材料是两段讲述一个名叫吉姆的学生生活片段的文字，材料把吉姆分别描写成具有外向和内向两种相反的人格特征的人。两段文字材料以不同的顺序组合呈现给被试，先呈现描写吉姆性格内向的材料，后呈现描写他性格外向的材料，或者正好相反，然后考查被试对吉姆的性格的评价与印象。实验结果表明，先呈现的那段文字材料决定着被试对吉姆的性格评价和印象。

上述研究表明，最先得到的信息会对印象起较大的作用，这就是首因效应所起的作用，说明第一印象的重要性。因此，为了给他人留下好印象，我们必须注意自己的外表、言行举止，还必须增长才干、加强个人修养等。当然，第一印象并非总是真切的，但却是最鲜明、最牢固的，并且决定着双方今后的交往。但是，双方初次见面所获得的印象只是一些表面特征，不是内在的本质特征，所以单凭第一印象作为继续交往的基础是不牢固的。随着时间的推移、交往的增多，对一个人的各方面情况会愈来愈清楚，从而可以改变第一次见面时留下的印象。

近因效应是指最近的印象对人的认知具有强烈的影响。洛钦斯后来用前述的两段材料做了进一步的实验。如在阅读两段材料之间，插入做数学题或听故事的活动，结果首因效应消失，而后部分材料影响更大，即产生了近因效应。同时他发现，两段材料之间间隔时间越长，近因效应愈大。日常生活也有这种情况。如一个朋友过去犯了错误，但他现在表现好了，人们就会改变过去对他的看法；反之亦然。

以上两种效应，在对人的认知中都起着重要作用，两者并不矛盾，只是起作用的条件不同。假如关于某人的两种信息连续地被人感知，人们总倾向于相信前一种信息，并对首因印象较深，这是首因效应。假若关于某人的两种信息有一段较长时间的间隔，那么第二个信息便成了最近最新的，它会给人留下较深的印象，这是近因效应。另外，认知者在与陌生人交往中，首因效应起的作用大，认知者与熟人交往时，近因效应则起较大作用。

(二)晕轮效应

晕轮效应是指当对一个人的某种特征形成了印象后，这种印象直接影响到对此人的其他具体特征的认识和评价。具体表现为，对某人有好的印象，就会促使其正面评价被认知者的其他未知品质；对某人有不好的印象，就会促使其反面评价被认知者的其他未知品质，这是一种“以点概面”的主观倾向。阿希（S. E. Asch）在1964年做了一个实验，主试向被试介绍甲、乙两个人，甲是热情的，乙是冷酷无情的，要求被试回答，甲、乙两人中哪一个更具有“慷慨”“风趣”“幽默”等品质。实验结果表明，95%的被试回答说甲具有以上的品质，而对乙很少有人提及，这就是晕轮效应的结果。

晕轮效应在日常生活中表现为对人印象欠佳就会忽视其优点，对人有良好印象就会忽视其缺点，“一好百好，一坏百坏”。晕轮效应实际是个人主观推断的泛化、扩张的结果。在人际认知中一旦产生晕轮效应，一个人的某个优点或缺点就会被放大，就会遮蔽这个人其他的特点，偏见也就由此产生。

（三）社会刻板印象

社会刻板印象，也叫社会定型效应，是指对某类人或某个群体形成的一种概括而固定的看法，并以此作为评价其中个体的依据。

有人曾做了一个实验，将同一人的两张相片出示给被试。相片上的人的特点是下颌向外翘，两眼内凹。在出示相片前对第一组被试说此人是罪犯，而对第二组被试说此人是一位知名教授，要求两组被试对相片上的人进行评价。结果，第一组评价该人两眼下凹是凶神恶煞，下颌外翘是死不悔改；第二组评价该人两眼下凹是深思之意，下颌外翘是顽强的表现。这一实验证明，由于人们对罪犯和教授都有一定的刻板印象，因此，就产生了认识上的不同。

在日常生活中有些刻板印象和职业、地区、性别、年龄有关。如通常认为：商人较为精明、唯利是图，知识分子较为简朴、清高；山东人豪爽不羁，江浙人温和细腻。社会刻板印象的形成，是因为在同一地理、经济、政治、文化等条件下生活的人们容易产生共同点。刻板印象有一定的积极作用，它或多或少地反映了认知对象的若干情况，有利于对某一群人做概括的了解，简化人们的认识过程，还能在一定程度上帮助人与陌生人打交道。但是，刻板印象一经形成，具有很高的稳定性，即使现实发生了变化，也会倾向于不变，这势必阻碍人们接受新事物；另外也会导致过度概括的错误，容易产生偏差与成见，进而阻碍人际间正常的交往。

（四）标签作用

标签作用指的是在认知某个人或群体前，他人提供的信息对认知发生的影响，也称之为定势效应。

凯利（H. H. Ketteg）曾经做过一个比较简单的实验。他本身是一位心理学教师，他在班上宣布，由于某种原因自己需要请假，下节课必须请一位代课老师。他在对同学介绍这位代课老师时（学生不认识这位老师）是将学生分为两组进行的，对一组学生说："代课老师是麻省工程学院的研究生，现年26岁，已婚，有三个学期的教学经验，人们认为他是一位比较冷淡的人。"而对另一组学生介绍时，其他相同，只是把"冷淡"改为"热情"。结果是：得到老师冷淡印象的这组学生，在课堂上和老师不大合作，讨论时不发言，课后对教师评价一般；而得到老师热情印象的那组学生，在课堂上比较合作，讨论积极发言，对教师评价也较好。实验说明，贴上不同的标签，常常影响对人的印象，人们会不自觉产生一种心理准备状态，影响其态度与判断。

上述四个方面的效应是客观存在的对他人认知的心理学规律，它容易造成认知的无意偏见。因此，我们在认知他人的过程中，应自觉地注意克服各种有意偏见和无意偏见，坚持全面地认知人，切忌以貌取人、以己度人、对人妄加评论。

链接

首因效应

洛钦斯1957年曾做了一个典型的实验来证明首因效应。实验要求是：通过阅读下面材料来判断所描写的吉姆这个人的性格。

"吉姆离家去买玩具。他和两个朋友一起走在洒满阳光的街道上，边走边晒太阳。吉姆走进文具店，店内挤满了人。他一面等待售货员招呼他，一面和熟人聊天。买好文具向外走的途中又遇到熟人，他停下来和同学打招呼。告别了朋友又走向学校，路上遇到一个前天晚上才认识的女孩儿，他们说了几句话之后就分手了。吉姆来到了学校。"

"放学后，吉姆独自一人离开教室。走出了校门，他开始长距离步行回家。街道上阳光非常耀眼，于是吉姆走进街道阴凉的一边。他看见迎面而来的是前天晚上遇到过的那个漂亮的女孩儿。吉姆穿过马路进了一家饮食店，店里挤满了学生，他注意到那儿有几张熟悉的面孔。吉姆安静地等待着，直到引起柜台上服务员的注意之后，才买了饮料。他坐在一张靠墙边的椅子上喝饮料，喝完之后，就回家去了。"

实验过程：洛钦斯把这两段相反描写的材料给予不同的组合，并把被试分为四组，先让他们分别阅读一组材料，然后回答："吉姆是怎样的一个人？"

实验结果：见下表。

首因效应实验

组别	条　件	友好评价
(1)	先出示热情、外向材料，然后出示相反材料	78%
(2)	先出示冷淡、内向材料，然后出示相反材料	18%
(3)	只出示热情、外向材料	95%
(4)	只出示冷淡、内向材料	3%

资料来源：莫雷主编．心理学．广州：广东高等教育出版社，2000，342

第三节　人际沟通

人际关系是人际交往的产物，而人际交往的首要条件是人际沟通。那么，什么是人际沟通，人际沟通有哪些类型，人际沟通时一般要使用到什么工具，这是本节要讨论的内容。另外，随着信息社会的到来，互联网的迅猛发展给网民们提供了一个新的交往与沟通平台，这种基于网络的人际沟通有何特点，网络中的印象形成和人际吸引与实际生活中的印象形成和人际吸引有何不同，我们也对此作一些初步的探讨。最后，我们对如何提高沟通能力，作一简单介绍。

一、人际沟通的定义

在社会活动中，人们运用语言符号系统和非语言符号系统相互间传递信息、沟通思想和交流情感的过程就是人际沟通（interpersonal communication），简称沟通（communication）。

沟通是人与人之间发生相互联系的最主要的形式。人处于觉醒状态时大约有70%的时间都用于各种各样的沟通。人们之间的交谈、读书、看报、听广播、看电视等，都是在进行沟通。在当今的信息化时代，快速便捷的交通工具和完善发达的通信网络，不断改善和提高人们的沟通质量。

沟通始终包含着信息沟通和物质交换，当我们与别人交谈，用各种方式来表示我们的意见、情感或态度时，我们就是在与别人进行信息沟通；当我们买卖商品、赠送礼物或进行其他物质交换时，则我们的沟通既有物质的交换，也有信息的交流。贝克尔（Becker，1987）认为，人们的沟通过程由信息源、信息、通道、信息接收人、反馈、障碍和背景七个要素组成，信息传递的任何一个环节都有可能影响到人际沟通的进行。

人际沟通最基本的作用在于传递信息，通过信息的传递，对人们的心理、身体、情绪状态等方面发生影响。人际沟通是人所特有的社会需求，也是人们赖以同外界保持联系的重要途径，如果这种需求得不到满足，就会影响人们的身心健康。事实表明，沟通剥夺同感觉剥夺一样，对人的心理损害是极其严重的。动物心理学家曾以恒河猴做过一个同样著名的“社交剥夺”试验，试验将猴子的喂养工作全部自动化，隔绝猴子与其他猴子或人的沟通。结果表明，与有正常沟通机会的猴子相比，缺乏沟通经验的猴子明显缺乏安全感，不能与同类进行正常的交往，甚至连本能的行为表现也受到严重影响。

在某种意义上讲，目前社会上出现的心理咨询、咨询电话、知心电话或希望热线，都是为求助者提供一个开放性的沟通机会，使他们有机会说出自己的困惑、烦恼、郁闷或焦虑。从这些形式的社会服务所受到的欢迎程度，我们就能够感受到沟通对于人们的心理健康有多么重要。

二、人际沟通的类型

人际关系学根据不同的分类标准，把人际沟通分为不同的类型。以下是几种主要的人际沟通类型。

（一）语词和非语词沟通

语词和非语词沟通（verbal and non-verbal communication），也常被称作语言和非语言沟通，这是从人际沟通的通信渠道上来划分的。

语词沟通是指以语词符号实现的沟通。它是人类最普遍的沟通形式，也是最准确、最有效和运用最广泛的一种沟通方式。它使人的沟通过程可以超越时空的限制。

非语词沟通是指借助于非语词符号，如姿势、动作、表情、接触及非语词的声音及空间距离等实现的沟通。常用的非语词沟通有三类：第一类是通过点头、微笑、皱眉、抚摸、拥抱以及其他触摸行为等来实现的动态无声非语词沟通类型；第二类指通过个人身体站、坐、蹲或倚的姿势实现的静态无声非语词沟通类型。以上两种非语词沟通通称为身体语言沟通。这是当代社会心理学研究的新兴领域。第三类是有声的非语词符号亦称为类语言，是指沟通者用笑、叹气或其他声音变调的方法向对方传递某种意义。最近的心理学研究成果揭示，类语言在沟通过程中，起着十分重要的作用。

（二）口头沟通和书面沟通

按语言的不同形式，人际沟通又可分为口头沟通和书面沟通。

口头沟通是借助于口头语言实现的沟通，如交谈、演讲、讨论等。口头沟通简便易行，迅速灵活，适用性、应变性强，但其局限性也较多，它要受到时空条件、沟通双方的语言能力、生理心理素质的限制。在沟通中，许多非语词性的表情、动作等，会增强传递信息的效果，但与书面沟通相比，信息保留的时间较短，且容易产生失误。

书面沟通则是借助于书面文字材料实现的信息交流。如布告、通知、广告、文件等。其优点是不受时空限制，信息保存时间长，可以反复修改、推敲，信息具有准确性。但它对文字及主体的文字能力依赖较大，不易适应变化了的情况。

关于口头沟通与书面沟通的效果问题，美国心理学家T.L.戴尔的研究证明：口头沟通与书面沟通相结合的沟通效果最好，口头沟通次之，书面沟通效果较差。

（三）正式沟通和非正式沟通

按照沟通与组织的关系，可以把沟通分为正式沟通和非正式沟通。

正式沟通是指在一定的组织系统中通过明文规定的渠道，依据一定的组织层次所进行的信息传递与交流活动。如汇报工作、参加会议、下达指示、发送通知等，都属于正式沟通。在正式沟通中，人们往往会对信息高度注意，采取严肃认真的态度。因此，沟通的信息真实、准确，措辞规范。其缺点是各层次依次传递，显得刻板而缺乏灵活性，沟通的速度比较慢。

非正式沟通指在正式沟通渠道以外进行的信息传递和交流，它不受组织监督，可自由选择沟通渠道。例如，职工私下交换意见，朋友集会议论某人某事以及传播小道消息等，都属于非正式沟通。同正式沟通相比，非正式沟通灵活、方便，直接明了，信息沟通速度快。其缺点是非正式沟通渠道难以控制，传递的信息容易失真。

（四）个人内沟通和人际沟通

我们在上面提及的都是个人与他人之间发生的沟通，即人际沟通，其实沟通也可以在个人自身内部发生。这种在个人自身内部发生的沟通过程，就是个人内沟通（interpersonal communication）或称为自我沟通。自言自语是最明显的自觉的个人内沟通过程。个人在从事活动时，常常对自己不断发出命令，自己又接受或拒绝命令。如有的小孩搭积木时，口中常念念有词：“这一块应该放这儿，不对，应该放这儿，对，就是放这儿。”这是一种典型的自我沟通过程。

自我沟通是其他各种沟通的基础。人们在对别人说出话语或做出动作前，就已经经历了复杂的自我沟通过程，只不过在许多时候我们没有意识到而已。精神分裂患者由于自我沟通过程出现了混乱，因而也不能顺利地与他人进行沟通。

（五）上行沟通、下行沟通和平行沟通

以沟通方向为标准划分，沟通可分为上行沟通、下行沟通和平行沟通。

上行沟通是指组织中地位较低者的意见向地位较高者反映，如向上级提出要求、汇报情况等。下行沟通是指组织

中地位较高的成员向地位较低的成员的沟通，如下达指示、提出工作目标等。平行沟通是组织中身份和地位相当者之间的沟通。

我们完全可以说，沟通的类型十分复杂，而且几乎每一种类型的沟通都与我们的日常生活有着密切的联系。在这里，我们仅仅介绍了几种非常常见的、最基本的人际沟通类型。

三、人际沟通的工具

信息需要借助于一套物质化符号才能保存和表达其意义，从而被人们感知、加工和理解。人际沟通中总是存在着信息的交流，因此，它也需要用一定的符号系统作为工具。一般把在人际沟通中作为工具使用的符号系统分为两类，即语言符号系统和非语言符号系统，运用语言符号系统进行的沟通即语言沟通，运用非语言符号系统进行的沟通即非语言沟通。

（一）语言符号系统

语言符号系统（verbal signs system）即是利用语言进行沟通。语言是一种社会约定俗成的符号系统，为特定的社会成员共同掌握和使用。语言是人际沟通最有效、最便捷的工具，可分为口头语言和书面语言，即语音符号系统和文字符号系统。

在直接沟通中，人们大都采用口头语言（oral speech），口头语言直截了当、简单易行，而且在沟通过程中可以借助非语言符号系统增强沟通效果，在日常生活中应用最广泛且收效最快。利用口头语言进行沟通，可以分为两种类型，一是对白语言，一是独白语言。对白语言是指沟通双方在沟通时双方有问有答，互相支持，并且对沟通情境有共同认识。独白语言则常用于演讲、授课、作报告等一个人向众多人提供信息的情境中，由于沟通过程中缺乏对方的语言支持，所以运用时要有更强的连贯性、逻辑性和充分论述，才能使听者完整理解语言包含的信息意义。

在间接沟通中，一般采用书面语言（written speech）。书面语言不受时间和空间条件的限制，能更为丰富地表达叙述者的意见和情感，并可广泛流传。通知书、信函、公文一般都采用书面语言形式。书面语言不仅能够使个人获得他人的知识经验，而且扩大了人们认识世界的范围。在沟通活动中，书面语言虽不及口头语言直截了当、简便易行，但它保存时间长，书写时可以充分考虑语词选择的恰当性，字斟句酌，达到更为完美的心理效果，实现口头语言无法完成的沟通。由“写”和“读”构成的语言沟通，使交际范围得到进一步的扩展，丰富了人们的沟通内容。

（二）非语言符号系统

非语言符号系统（non-verbal signs system）是语言符号系统的补充，有时也被单独使用。非语言符号系统主要包括副语言和视觉符号两大类，视觉符号主要包括面部表情、身体动作和姿势、目光、人际距离、衣着等；身体接触也是人们常用的一种非语言符号。

1. 副语言

副语言包括辅助语言和类语言。辅助语言主要是指人们说话的音调、音量、节奏、音色、停顿、沉默等，而类语言指无固定语义的声音，如呻吟、叹息、叫喊、哭、笑、干咳等。副语言都有一定的意义，可以成为人们理解语言表达内容的线索。同一句话加上不同的副语言，就可能有不同的含义。例如，“你想到日本去”这句话，如果用一种平缓的声音说，可能是陈述一种事实；如果加重“日本”这个词，则表示说者认为去日本不明智；如果加重“你”这个词，就可能表达对那个人是否能独走他乡的怀疑了。

研究副语言的一个困难就是这些线索一般没有固定的意义。人们都清楚“日本”意味着什么，“想去”意味着什么，但是对于伴随他们的副语言的意义，人们的理解可能不一致。对某些人来说，停顿可能意味着强调，对另外一些人来说，也许意味着不肯定。研究表明，嗓门高可能意味着兴奋，也可能意味着说谎。副语言的特定意义依赖于交谈情境以及个人的习惯和特性。

2. 面部表情

心理学家一般都认为，人的面部表情在20 000种以上。面部表情可以清楚地表明一个人的情绪，一般是非随意的、自发的，但也可以是控制的。在人际沟通中，有时人们有意控制自己的面部表情，以加强沟通效果。

研究表明，人类的面部表情基本上是遗传决定的，与文化的关系不大。一个人的面部表情是真情的流露还是伪装出来的则很难分辨。

同一种表情可以有不同的含义。微笑可以是幸福和喜悦的表示，也可以是友好的表示，有时甚至可以表达歉意。某种表情的具体含义在很大程度上依赖于沟通情境和沟通者的习惯特征。

3. 身体动作和姿势

身体动作和姿势在人际沟通中也可用来传达信息或强调所说的话，被称为体态语言。比如，摊开双手向房间方向摆动，表示邀请；体育比赛中裁判用手势表示他的判决。体态语言的含义依赖于多种因素，主要有沟通情境、沟通者的习惯以及沟通者所处的文化环境等。

人类学的许多研究证实，原始部落的人们曾广泛地使用手势进行交流，那时手势就是交流和沟通的工具。列维·布留尔在《原始思维》一书中就描述了这样的情况：“不同部落的印第安人彼此不懂交谈双方的有声语言的任何一个词，却能够借助手指、头和脚的动作彼此交谈、闲扯和讲各种故事达半日之久。”

4. 目光

我们常说“眼睛是心灵的窗户”，而大量的心理学研究已经证实了这句话的合理性。研究发现，人可以比较随意地控制自己的语言和面部表情，在特定情境的要求下表现出口是心非，表里不一，但人却很难随意控制自己的目光。因而，内心世界的一切风云变化，都可以从眼睛里透露出来。比如，人的情绪变化会首先通过瞳孔的不自觉变化反映出来。当情绪从中性变得兴奋、愉快时，瞳孔会不自觉地变大；当情绪从愉快、兴奋转向中性、不愉快时，瞳孔会不自觉地缩小，并伴随不同程度的眯眼和皱眉。

目光接触可能是非语言沟通的主要信息来源，一般说来，沟通双方彼此接纳水平越高，关系越亲密，所能接收的目光接触的次数就越多，每次接触所维持的时间就越长。有时候，人们会避免目光接触。有些人在向别人报告坏消息或者说一些痛苦的事情时往往避开对方的眼睛，有时沟通者由于害羞、恐惧或说谎而避免目光接触。

目光接触能表达似乎完全矛盾的含义——友爱和敌意、幸福和痛苦、恐吓和害怕。在实际沟通中具体表现哪种含义则要看当时的情景。

5. 人际距离

在人际沟通过程中，双方之间的距离有一定的含义。一般说来，关系越密切，距离越近。人类学家E.霍尔（1996）把人际距离分为亲密的、个人的、社会的、公众的四种。他认为，父母与子女之间、爱人之间、夫妻之间的距离是亲密距离，约18英寸（45.72厘米），可以感受到对方的体温、气味、呼吸；个人距离指朋友之间的距离，大约是1.5英尺~4英尺（0.46米~1.22米）；社会距离是认识的人之间的距离，一般是4英尺~12英尺（1.22米~3.66米），多数交往发生在这个距离内；公众距离指陌生人之间的距离，一般是12英尺~15英尺（3.66米~4.57米），有人认为上下级之间的距离也属于公众距离。

人际距离与文化、地位、居住环境等多种因素有关。人们发现，北美人的交际距离一般大于拉美人，乡村人的交际距离一般大于城里人的，社会地位高的人的交际距离一般大于地位低的人。

6. 衣着

衣着服饰也可以作为非语言沟通的手段。一个姑娘在和情人约会时如果精心打扮，很可能表明她想取悦对方。

W.瑟尔伯（1987）认为衣着至少可以给别人传递10种信息：经济水平、教育水平、是否值得信任、社会地位、是否庸俗、经济背景、社会背景、教育背景、成功水平和道德品质。

7. 身体接触

拍肩膀、握手、拥抱等身体接触也有沟通信息的作用。亲密的人之间有较多的身体接触，而陌生人之间过分亲密的接触可能意味深长。握手的次序、时间、力量，可能反映出沟通者之间不同的沟通水平。

（三）语言和非语言沟通的关系

语言和非语言沟通各有其作用，在人际沟通中往往是相互依存、互为补充的。有时语言沟通的作用大些，有时非语言沟通的作用大些。近些年，社会心理学家越来越强调非语言线索的作用。例如，R. L. 伯德威斯特（Birdwhistell, 1970）说，语言在交谈中只表达不超过

30%~35%的信息；A.朱拉兵（1972）估计，情绪信息只有7%是通过语言表达的，55%由视觉符号传递，38%由副语言符号传递；有的人甚至认为情绪信息的表达完全是通过视觉通道完成的。

有研究表明，当语言和副语言不一致时，对方主要依赖于副语言获得信息；当副语言和面部表情不一致时，则主要依赖于面部表情获得信息。

有人主张，各种人际交往都是多种线索相互作用的结果。语言沟通和非语言沟通都很重要，只是由于沟通情境等原因，有时是非语言沟通显得重要些，有时则是语言沟通显得重要些。

链接

如何克服害羞

害羞是一种在人际环境中使人感到不舒服和压抑的状态，它影响了一个人的人际交往和是否能顺利达到人生目标。为什么有些人害羞，有些人不害羞?第一个原因是天性，大概有10%的幼儿生来就害羞；第二个原因是家庭观念，有些家庭认为“被爱戴”是在竞争中由于外表美丽或者在活动中取得了成功带来的结果；第三个原因是文化差异，害羞在亚洲国家和地区中比例最高，这是对9个国家和地区研究的结果；第四个原因，或许是年轻人过量使用网络，减少了与人面对面接触的机会而造成。

津巴多（Zimbardo，1991）提出了几个改变害羞行为的简单原则和策略：

1. 要意识到，并非只有你一个人感到害羞，有人会比你更害羞。

2.即使存在遗传因素，害羞也是可以改变的，但是需要勇气和毅力。

3.尝试对你所接触到的人微笑，并与他们进行目光的接触。

4.与别人交谈时要大声说话，用最清晰的声音，特别是说自己的名字或询问信息时。

5. 在一个新的社会环境中努力使自己第一个提出问题或发表观点。人们都会欣赏“破冰者”。

6. 永远不要小瞧自己，相反，想一下为了达到你想要得到的成就，下一步你要采取怎样的行动。

7. 注意要使别人感到舒服。

8.在你去通常会使你感到害羞的地方之前，练习沉思，放松，使思想集中到力量的状态。

资料来源：［美］理查德·格里格，菲利普·津巴多著. 王垒等译. 心理学与生活. 北京：人民邮电出版社，2003，391

第四节　人际吸引与人际交往

人是有感情的动物，在社会交往中，一个人与别人接触后，总会对他人形成这样那样的态度，或者喜欢或者厌恶或者漠然。对于喜欢的人，通常愿意更多地与之交往；对不喜欢的人，便不愿意花时间、精力与之相处。怎样才能被人接纳和喜爱？人究竟为什么喜欢别人或为别人所喜欢呢？心理学家们认为，人际关系的形成受诸多心理因素的影响，这种心理因素包括许多复杂的成分，其中主要的成分有三种：一是认知成分，指人与人之间是否相互肯定；二是情感成分，指人与人之间是否相互喜爱；三是行为成分，指人与人之间是相互交往还是相互隔离。三者当中情感成分又是最主要的，在人际关系学上它被称为人际吸引（interpersonal attraction）。人际吸引是人际关系的一种特殊形式，指人与人之间的相互接纳和喜欢不同层次的人际关系反映了人和人之间相互吸引的程度，心理上的距离越接近，反映人们相互之间越吸引；心理上的距离越疏远，则反映双方越缺乏吸引力。

一、人际吸引的理论

（一）相等理论

以最小的代价来换取最大的报酬乃是一般人所热衷追求的行为准则。根据相等理论，人与人之间相互吸引的道理也在这里。两人之间的友谊能否建立，要由当事者觉得这个友谊的维持是否对双方都有益处来决定。如果双方感到友谊的存在使彼此可以获得好处，那么这种友谊会使双方都得到一种心理上的满足，从而得以继续。相等理论应用到爱情上，则偏重于“门当户对”的维持，所谓“郎才女貌”“天配佳偶”，才与貌两者都具有高度的社会欲求性，这也就是说才与貌都是社会上一般人所喜好而追求的。但这种说法有失偏颇。

（二）得失理论

虽然一个人的外表条件及其人格特点在决定我们是否与之建立、发展友谊的过程中起着重要作用，但人的主观意识的作用更加重要。人际间相互交往的结果，我们的自尊心与自我意识往往直接与他人的反应以及他人如何对待我们有关，由于我们所期望于他人的与他人所表现的，往往并不相吻合，因此，相等理论就显现出一定的局限性。

阿伦森（E.Aronson，1990）认为，他人对自己的评价有所改变时，更能影响自己喜欢那个人的程度。事实上，同一个始终对自己抱有肯定态度的人相比，人们更喜欢那些开始对自己予以否定性评价后转变为肯定性评价的人；与此相反，与一个始终对自己抱否定态度的人相比，人们更讨厌那些开始对自己予以肯定后转变为否定的人。因此，在所谓“得”的场合，即由否定性评价向肯定性评价转变，我们对于一个提高自己自尊心的人会产生更多的好感；而在“失”的情况下，即第二种情况，对于经常与自己过不去的人，会越来越不喜欢他（她）。因此，此原则称为得失原则，可以归纳为，我们喜欢那些对我们的喜欢显得不断增加的人，讨厌那些对我们的喜欢显得不断减少的人。

得失理论的重点何在呢？根据阿伦森的解释，我们对于别人行为反应的改变，往往认为是由我们自己的行为导致的，而对于别人行为的持续与不变，则往往认为那是他个性的显示，而与我们自己的行为无关。基于这个道理，我们觉得别人行为的改变与自己的关系较密切，因此，对这种改变的反应也较积极，较具好感。另外一个原因是与焦虑的多寡有关，当别人说我们不好时，往往会引起我们的焦虑，但是如果这个人向来说我们的好话，这不但减少我们的焦虑感受，而且会使我们感到很舒服，如此一来，别人的这个行为产生了双重的增强作用，同样的道理，在“失”的情况下，双重的负增强也可能产生。

二、影响人际吸引的因素

（一）接近性

空间上的距离越小，双方越接近，往往越容易建立人际关系，尤其在交往的早期阶段更是如此。例如，住同一宿舍的大学生，教学座位靠近的同学，在机关办公室位置邻近的同事以及住宅接近的邻居等，彼此见面的机会多，自然而然就容易建立人际关系。

研究表明，接近性因素随着时间的推移，发挥的作用将越来越少，尤其当双方关系紧张时，空间距离越接近，人际反应反而越消极。

（二）相似性

在个人特性方面，双方若能意识到彼此的相似性，则容易相互吸引，产生亲密感。个人特性指年龄与性别、个人社会背景、态度等。在其他信息缺乏的情况下，同年龄、同性别的人比较容易相互吸引，如老年人喜欢和老年人在一起，青年人喜欢和青年人在一起。教育水平、经济收入、籍贯、职业、社会地位、社会价值、资历等方面相似的人们也容易相互吸引。社会心理学家柯尔等人研究表明，个人所指出的最好朋友都是同等地位的人，一般说他们在教育水平、经济条件、社会价值等方面都很相似，即所谓“门当户对”。

在相似性因素中，最为重要的是态度、信念、价值观的相似。人与人之间若是有共同的态度、信仰、价值观，则不但容易获得对方的支持和共鸣，而且容易预测对方的感情与反应倾向。因此，在交往中，彼此容易适应而建立起人际关系，即所谓“志同道合”，即便年龄相差较远，仍可建立“忘年之交”。

态度的相似性并非靠一两次接触就能发现，通常是在多次交往中慢慢发现双方的共同点，而共同点的发现又促进双方以后的交往频率。如此循环，彼此间的人际关系更稳固。

（三）互补性

当双方的需要以及对方的期望正好成为互补关系时，就会产生强烈的吸引力。例如，独立性较强的人，往往和依赖性较强的人在一起；脾气急躁的人，往往喜欢和脾气平和的人相处，个人的特点正好适合对方的需要，从而使双方的关系更为协调。

研究表明，互补因素增进人际吸引，往往发生在感情深厚的朋友、特别是异性朋友或夫妻之间。“男刚女柔”正是异性伴侣互补的表现，一个支配型的男子往往娶一个被动型的女子等。克克霍夫（Kerckhoff）等提出择偶的过滤假说，两个不相识的男女要结成终身相托的婚姻伴侣，必须经过几道过滤关卡：①时空距离的接近；②人身的因素（社会经济地位、教育水平、信仰等）；③态度与观念的相似；④需要的互补。当然，并非所有婚姻的缔结都必须经过这样的一系列过滤。

（四）能力与特长

个人在能力与特长方面如果比较突出或与众不同，其本身就有一种吸引力，使他人对其产生钦佩感并愿意与他接近。但这绝不是说，人越聪明、越能干、越完美无缺，就越引人喜欢。如果一个人表现得“十全十美”，能力超群，反会使人感到高不可攀、望尘莫及而不愿与之交往。事实上，“金无足赤，人无完人”，如果一个有才华的人，出现一点点过错或暴露些个人缺点，使人感到他与常人有一致性，人们可能会更喜欢他。据美国民意测验表明，拳王阿里在最后卫冕战中被击败，声望不仅没有降低，反而更高了。这是因为，人们感到阿里并不是不可战胜的神，而是有血有肉的人。因此，就更喜欢他，更亲近他了。社会心理学家阿伦森（1966）的研究证明了这一点，并且还发现，上述规律对于两种人是例外的，一种是能力低、自尊心也低的人，他们对于能力高超者有崇拜心理，认为理想人物应该十全十美，而不应有这样或那样的缺点。另一种是能力强、自尊心强的人，对有缺点的、能力强的人不服气，他会因才能出众的人连一点儿小缺点也不能克服而看不起对方。

总之，对于绝大多数的人来说，无论自尊心强弱如何，都不喜欢平庸的人。如果你想令人喜欢，你就得努力增进自己的才能，不断完善自己。

（五）仪表

个人的长相、穿着、仪表、风度都会影响人们彼此间的吸引程度，尤其在第一次见面时，由于第一印象的作用，仪表因素占重要地位。因此，我们应该注意自己的仪表，体态容貌应给人以健康、精神的感觉，行为风度给人以亲切、文雅的感觉，服饰给人以端正、舒适的感觉，更重要的是还应注意外在美与内在美的统一。

奥尔波特（1961）研究了一群陌生人首次集会时的人际关系吸引力，发现个人的内在属性如幽默、涵养、礼貌等因素是主要的吸引力因素；其次是外表的特点如体形、服装等也是吸引力的依据；再次是个人所表现出的特殊行为，如新奇的令人喜爱的动作等，亦能增加吸引力；最后是地位和角色也能引起他人的爱慕与尊敬，从而发生吸引力。

值得指出的是，社会交往的时间越长，仪表因素的作用就越小，吸引力会从外在的仪表逐渐转入人们内在的道德品质。许多男女青年“一见钟情”而草率结合，就是被外在的仪表吸引所致，但时间一长，当发现对方某些不尽如人意的短处后，仪表因素就越来越不起作用了。

（六）个性品质

人们一般都喜欢热情、真诚、友好的人，讨厌自私、奸诈、冷酷的人，也就是说良好的品质能吸引人。

我国的心理学工作者研究表明，如下品质的人具有吸引力：具有较高的合作性，能谦让，懂得体贴人；思想比较成熟，可以给人帮助；热情、坦率，愿意同别人说心里话；活泼，爱好活动；对自己应完成的工作抱有责任感，能善始善终；能正确认识自己；思维活跃，有创造精神。不难看出，人们喜欢有集体主义精神、开拓精神和有责任感的人。

国外也有人研究证明良好品质最能吸引人。美国心理学家德森于1986年设计一个《人际吸引品质效应表》，表中列出了555个描写人的形容词，让被试分成三类，一类是值得喜欢的品质，一类是有点积极作用与有点消极作用之间的品质，一类是最不值得喜欢的品质，结果确定了60种，每类20种，其中最受喜欢的是：真诚、诚实、理智、理解、信得过、有思想、可靠、体贴、热情、友善、快乐、不自私、幽默、负责任、开朗、信任别人等。

阻碍人际吸引的个性品质，根据研究者们的材料，可以归纳为以下几条：（1）为人虚伪。人们在与虚伪的人交往时，常要担心上当受骗，失去了通常的安全感，因此，虚伪的人难以吸引别人。（2）自私自利。这种人只关心自己的需要，不关心他人，甚至损人利己，自然缺乏吸引力。（3）不尊重人。这种人常常会挫伤别人的自尊心，破坏了别人社会心理需求的满足，别人当然讨厌他。（4）报复心理。与报复心理强的人交往，使人常担心稍有不慎，就会遇到报复，感到心里紧张。因此，自然而然疏远他。（5）妒忌心强。妒忌别人，实质上是企图剥夺别人已经得到的物质和精神上的需要，这种心理一旦表现出来，就会引起别人的反感。（6）猜疑心重。人们往往感到和猜疑心重的人难以真诚坦率交往，难以从内心亲近。（7）苛求于人，吹毛求疵。对人苛求常会令人自尊心受挫，为解决内心的不快，就不再与这种人交往。（8）过分自卑。在人们心目中，过分自卑是无能和卑贱的影子，这种人自然无魅力吸引人。（9）骄傲自满，自吹自擂。这种人使人感到威胁与不信任，会影响吸引力。（10）孤独固执。人们难以和孤独固执的人和谐共事，因此，这种人难以具有吸引力。

人际吸引是一个十分复杂的社会心理现象，上述因素只是一些最基本的因素（也是常见的规律）。实际上，在上述因素对人发生作用时，还会受到具体的交往情境以及交往双方的主观认识的影响。

三、人际交往过程及其影响因素

（一）人际交往过程

人际交往过程实质上是信息传递和接收的过程，但它不同于一般的信息过程，它是交往对象之间既不断传递和交流信息，又不断补充和发展信息的复杂过程。在这个过程中，交往双方都是积极的主体，彼此通过双方共同理解的语言或符号相互施加着影响，改变着双方的关系。人际沟通是人际交往的具体实现，更强调动态的、具体的沟通过程。

人际交往的信息沟通过程，可以用如下模式图表示。

从模式图可见，沟通过程的要素有：①信息发送者（信源）——是使传递的信息外化并将其发送出去的个体、群体；②信息——传递的具体内容；③信道——信息的载体或媒介；④信息接收者——接收信息、理解符号、做出反应的个体或群体。如果沟通过程存在反馈联系，这时，接收者变为发送者，原来的发送者变为信息接收者。

在信息传递过程中，进行着编码和译码两种信息转换的基本操作。编码即发信者要把传送的意义信息符号化，编制成一定的语言文字或表情、动作。在编码之前，发信者首先要将自己的想法进行解释，充分理解自己的想法，然后才能使之成为可以表达的形式。接信者在接收信息后，首先要进行译码，即将符号化的信息还原为意义信息。在译码后仍然需进行解释，理解其意义，才能成为可接收的信息。

由上述信息沟通过程可看到，人际交往必须有几个条件：①交往双方动用的符号系统必须是双方共同理解的；②交往中的信息传递尽量少受外界的干扰；③信息的接收者要有心理上的准备。

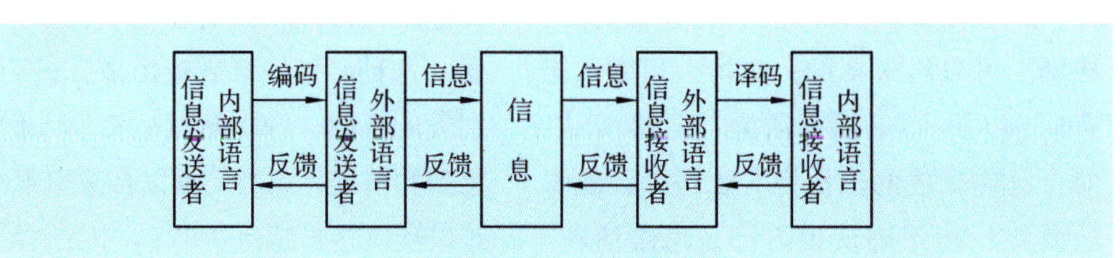

▲ 人际交往信息沟通模式图

（二）阻碍人际交往的因素

在现实的人际交往中，往往会出现各种障碍因素影响信息沟通的顺利进行。阻碍人际交往的因素主要包括传递过程中的干扰（如空间距离较远、中间环节增多等），接收信息者自身的过滤作用（按自己的知识经验，需要，兴趣对信息进行选择性注意、选择性理解和记忆），交往双方的文化、社会、心理因素差异等，这里着重讨论后者。

1. 文化因素方面的差异

主要有语言障碍、态度障碍和文化程度的障碍。交往双方语言文字不统一，或对同一词汇有不同理解，其意义就可能被歪曲或误解；地域偏见或歧视对方，各存异心，则造成态度的障碍；交往双方的受教育程度、文化素质和文明水平差距过大，接收信息者对信息的内在含义不理解或不接受，从而造成交往的障碍。

消除文化因素方面差异的基本方法是：统一语言文字，使交往符号规范化，并提高语言表达能力，尽可能使语言简练、明确，能为对方所理解；交往中应端正交往态度，消除偏见和歧视对方的心理，以平等、友好、热情的态度与对方沟通意见；要正确了解对方的文化素养和知识水平，用通俗化的语言交流信息，如非得用专门术语，则应作必要的解释。

2. 社会因素方面的差异

主要包括社会角色地位、组织结构上的障碍。一个团体内各人的地位是不完全相同的，如职业、职务、年龄、待遇等，这些因素的差异可能会影响交往。俗话常说“隔行如隔山”，就是指职业上的障碍，减少差异的办法是相互尊重，经常沟通。组织结构的障碍是由于沟通中组织层次过多造成的，有些组织结构不健全也会导致信息无法传递，因而，精兵简政，健全必要的组织机构是非常必要的。

3. 心理因素方面的差异

主要包括认知、情绪和个性方面的差异。认知上的差异主要由双方认知失调而引起，交往双方在信息交流中看问题的角度不同，思维定势不同，对同一问题就可能产生不同的解释。情绪的差异对信息传递影响很大，交往一方如果处于激情状态下或心境不佳时，就难以与对方沟通意见，甚至产生对立情绪，歪曲对方信息的意义。因此，在交往中要把握自己的情绪，亦要注意观察了解对方的情绪反应，不断调整交往的方法，以收到良好的效果。个性方面的差异是交往中最主要的障碍。交往双方情投意合、气质类同、性格相近、趣味相投，就会产生较多的共同语言，很容易产生双向的沟通，而脾气各异、兴趣爱好迥然不同的双方，交往就会遇到很多困难。此外，沟通双方不和谐的心理关系，某一方或双方存在人格缺陷，也会对交往产生不良影响。个性心理引起的沟通障碍，较之其他障碍更难消除，这是因为，人的个性是比较稳固的、习惯化了的特征，而且在沟通中有些看起来是良好的个性品质，往往并不被人认可，并不一定适合他人心理状态和需求。因此，我们应当坚持不懈地进行良好的文化修养和个性品格修养，应当善于认识和理解别人的心理和需求，巧妙地运用自己的个性，去适应交往的需要。

上述交往过程中的文化、社会、心理等方面的因素产生的障碍，往往是交织在一起的。文化、社会因素的沟通障碍，能加剧心理系统的沟通障碍，而心理系统的障碍，也会反作用于文化、社会因素的障碍。所以，解除心理系统的障碍，不是单靠心理疏导就能办到的，需要从多方面入手。加强学习、提高认识、控制情绪、端正态度、彼此信任，对解决心理因素方面的障碍，提高交往效果，是很有必要的。

总之，在各种类型的交往中，难免发生这样或那样的沟通障碍，正确地了解和掌握不同性质的沟通障碍，从实际出发，采取切实可行的疏通方法促进交往的顺利进行。

链接

寻求长得漂亮的舞伴

沃尔斯特（Walster，1966）等人曾做了一项经典研究。研究者将明尼苏达大学刚入学的新生随机安排成男女对子，让他们去参加一个大型舞会派对。研究人员收集了每位学生的智力、人格等方面的信息并在舞会那个晚上以及随后跟踪研究期间，要求那些大学生评价他们的约会对象，并说出是否愿意再看到对方，这种愿意程度有多大。结果表明，美貌比高智商、良好的社会技能、好的人品都要重要，而且男女生的结果非常相似。只有那些碰巧是英俊配漂亮的男女对子才愿意寻求进一步的关系。可见，身体魅力在激发友谊方面常常起着一定的作用。

资料来源：Walster E., Aronson V., Abrahams D.,& Rottman L.Importance of Physical Attractiveness in Dating Behavior. Journal of Personality and Social Psychology, 1966（5）: 508~516

本章复习与摘要

1. 人际关系，是指人与人之间心理上的关系，心理上的距离。无论是亲密关系、疏远关系，还是敌对关系，都是心理距离，统称为人际关系。

2. 按照人际交往行为方式的主动性、支配性、规范性、开放性等维度，可以将人际关系归纳为八种类型，即主从型、合作型、竞争型、主从—竞争型、主从—合作型、竞争—合作型、主从—合作—竞争型、无规则型。

3. 长期处于某一特定的人际关系中会形成特定的人际关系需求和人际反应方式，变成一种个性倾向，称为人际反应特质。对人际反应特质的了解，有助于预测人与人之间可能发生的交互反应，以便采取适当的配合行为，这是良好的人际关系的基础。

4. 人际关系具有情感性、个人性、心理的可融性、直接性及可感性等特点。

5. 尽管人与人之间存在个体差异，心理学家仍然总结出了有助于人们建立和维持良好人际关系，避免人际关系失败的一些心理学原则。如交互原则、功利原则、自我价值保护原则。

6. 人际认知是指个人在与他人交往接触时，根据他人的外显行为，推测与判断他人的心理状态、性格特征、行为动机和意向的过程。人际认知是个体行为的基础。

7. 人际认知的主要内容包括对他人仪表的认知、对他人情绪的认知、对他人性格的认知、对人际关系的认知等。

8. 在认知他人和对他人形成印象的过程中，有一些特殊的反应效果。首因效应是指最先的印象对人的认知具有强烈的影响。近因效应是指最近的印象对人的认知具有的强烈影响。晕轮效应是指当对一个人的某种特征形成了印象后，这种印象直接影响到对此人的其他具体特征的认识和评价。定型效应是指对各类人或某个群体形成的一种概括而固定的看法，并以此作为评价其中个体的依据。定势效应指的是在认知某个人或群体前，他人提供的信息对认知发生的影响。

9. 人际沟通是指在社会活动中，人们运用语言符号系统和非语言符号系统相互间传递信息、沟通思想和交流情感的过程。人际沟通的类型主要包括语词和非语词沟通，口头沟通和书面沟通，正式沟通和非正式沟通，个人内沟通和人际沟通，上行沟通、下行沟通和平行沟通。

10. 一般把在人际沟通中作为工具使用的符号系统分为两类，即语言符号系统和非语言符号系统。运用语言符号系统进行的沟通即语言沟通，运用非语言符号系统进行的沟通即非语言沟通。

11. 人际吸引是人际关系的一种特殊形式，指人与人之间的相互接纳和喜欢。影响人际吸引的因素主要包括接近性、相似性、互补性、能力与特长、仪表、个性品质。

12. 人际交往过程实质上是信息传递和接收的过程，但它不同于一般的信息过程，它是交往对象之间既不断传递和交流信息，又不断补充和发展信息的复杂过程。阻碍交往进程的因素，包括传递过程中的干扰（如空间距离较远、中间环节增多等），接收信息者自身的过滤作用（按自己的知识经验，需要，兴趣对信息进行选择性注意、选择性理解和记忆），交往双方的文化、社会、心理因素差异等。

第十一章　人的毕生发展

人的一生经历着无数的变化。从婴儿成长为儿童，又从儿童成长为青少年、成年人和老年人，其中有的变化很明显，有的变化是潜在而难以观察的。一个聪明可爱的孩子，以后一定会成长为一个优秀的人吗？一个顽皮、学业成绩不好的孩子，以后会成为一个什么样的人？可见，人的心理发展是一个复杂而连续的过程，在每个阶段又有发展的重点。个体毕生的心理发展是心理学所要研究的重要内容之一。研究人的心理发展规律和不同特征才能够全面而深刻地了解和认识人的成长与活动规律，了解人在不同的年龄阶段和不同的成长时期有什么样的发展任务和发展特征，进而了解和判断一个人的发展正常与否，为教育与管理等工作提供依据。本章在阐述有关人的毕生心理发展的基本概念和观点的同时介绍几种有较大影响的关于人的心理发展的理论。

第一节　毕生心理发展概述

美国心理学家何林沃斯（L. Hollingworth）提出要研究人一生的心理发展，1930年，他出版了世界上第一本以发展心理学命名的著作——《发展心理学概论》。1957年，美国《心理学年鉴》开始使用“发展心理学”，代替了惯用的“儿童心理学”。20世纪80年代以来，有许多以研究人的毕生发展命名的心理学著作问世，诸如，《生命全程发展心理学》《人类发展心理学》《毕生发展心理学》等。

一、毕生心理发展与发展过程

（一）毕生心理发展的含义

所谓毕生心理发展，是指个体从出生、成熟、衰老直至死亡的整个生命进程中所发生的一系列心理变化。法国著名儿童心理学家瓦龙亨利（WallonHenri，1879—1962）认为，心理发展的过程乃是一种内化的过程。所谓内化，是就心理活动所反映的对象而言的，最低级的心理活动总是直接反映外部的刺激，越是发展了的高级心理活动，越能对内部刺激做出反应。虽然高级心理活动也是由外部刺激所引起，但外部刺激往往先转化为内部刺激，因而直接反映的不是外部刺激而是内部刺激。也就是说，越是低级的心理活动，越是直接反映外界，越是高级的心理活动越是转向内化；发展的过程是由量变到质变，发展变化到一定的程度就出现性质全新的阶段；越是发展了的心理整体，其内在联系越紧密，完整性越强。因此，发展就是心理反应的向内转化，心理活动整体性的逐渐增强的过程。

（二）毕生发展过程的基本特征

个体心理发展的历程中，其心理特征的变化是连续性的还是阶段性的？这历来是发展心理学家所争论的问题之一。持连续发展观的学者认为，个体发展只不过是在身心变化上由少积多，由简变繁的连续性和数量性的改变；认为这种随年龄增长而产生的数量性改变，是由于环境的影响与要求所引起的，这种观点被称为“机械论”。持机械论者一向把儿童看作小的成人。心理学流派中，行为主义者坚持这种机械论的观念。因此，行为主义者通常以儿童行为为根据来推论和解释一般人的行为。

与连续发展观相对立的是阶段发展观。持阶段发展观的学者认为，个体发展有其阶段性的特征，而且各阶段的身心特征，不只是量的增加，而且有质的改变。他们认为，人类一生全部的发展，犹如毛毛虫变蝴蝶，其间必须经过卵、毛毛虫、蛹、蝴蝶四个阶段，这种阶段的分期以及各分期内所表现的行为特征，是由个体本身决定的，这种观点被称为“机体论”。在心理学流派中，精神分析学派与认知学派的学者坚持机体论的观点。

由于发展历程中各阶段的行为各有其特征，奥地利生物学家和习性学家洛伦茨（Lorenz）提出了“关键期”的概念。所谓关键期，就是指在个体成长的某一段时间，其成熟程度恰好适合某种行为的发展，如果失去发展或学习的机会，以后这种行为就不易建立，甚至是一生无法弥补的，显然，关键期在人类教育史上是一个重要概念。关键期的发现，始于对动物行为的研究，之后扩展到对人类行为的观察与解释。

当前心理学界对上述争论的看法，一般持折中的观点，认为个体的身心发展，在连续中呈现阶段现象，而在各阶段个体行为的改变，则是遗传与环境两大因素交互作用的结果。

因此，一般来说，个体心理的发展可以有以下四个基本特征。

（1）连续性与阶段性

在心理发展的过程中，当某些代表新特征的量累积到一定程度时，就会取代旧有特征而处于优势的主导地位，表现为阶段性的阶段现象。但后一阶段的发展总是在前一阶段的基础上发生的，而且又萌发着下一阶段的新特征，进而表现出心理发展的连续性。

（2）定向性与顺序性

在正常条件下，心理的发展总是具有一定的方向性和先后顺序的。尽管发展的速度可以有个别差异，但发展方向是不可逆的，顺序也不可逾越。

（3）不平衡性

心理的发展可以因进行的速度、到达的时间和最终达到的高度而表现出多样化的发展模式。一方面表现出个体不同系统在发展的速度上、发展的起始时间与到达成熟时期上有不同的进程；另一方面也表现出同一机能特性在发展的不同时期有不同的发展速率。

（4）差异性

任何一个正常个体的心理发展总要经历一些共同的基本阶段，但在发展速度、最终达到的水平以及发展的优势领域上又往往是千差万别的。

二、影响发展的因素

（一）成熟

成熟（maturation）是指人本身由于非经验原因而引起的内部变化。也有学者认为，成熟指人本身按照内在的变化规律并接受可能是遗传密码一部分的所谓指令（instructions），在身材、体形和技能方面所发生的变化，单纯的身体成熟发展是不依靠练习或训练的（H. L. Bee，1978）。贝雷尔森（B. Berelson）和斯坦纳（G. A. Steiner）则认为，成熟是人体肌肉系统、神经系统以及其他系统等内部机制所发生的生物性变化。简单说，成熟是指随着年龄的增长自然而然出现的个体身心的成长变化。个体心理的发生、发展必须以生理的发育、变化、成熟为物质基础，个体生理的发展变化是心理发展的生理基础。

对于成熟一般的理解，指的是一个人朝着特定的成人成熟水平发展过程中所处的状态。但心理学者却认为，导致一个人达到目前的发展状态或水平的原始动力既包括遗传方面的内在发展，还包括人的经验。

从抽象意义上看，纯粹的成熟可以被理解为完全由于不受环境影响的内在力量所导致的人的发展；但从实际意义上看，不可能完全消除环境的影响。从胚胎产生的瞬间直到死亡，每个人都显然经历了连续不断的环境变化，这些环境与人的内在发展因素相互作用，进而形成一个人的可观察到的成长。对于发展心理学学者来说，就是要探讨这种相互作用发生在人生各个阶段的方式，从而确定身体结构和个性结构的无数样式，进而形成了“遗传—环境”或“本性—外界因素”的传统争论。争论的焦点在于：在人的成熟过程中，遗传因素以什么方式、在多大程度上促进了人的发展，外界环境因素对人的发展作用如何？

关于成熟在心理发展中的作用，美国心理学家格塞尔（A. Gessell，1880—1961）提出了成熟决定论。他认为，支配心理发展的因素有两个：成熟与学习，而成熟更为重要；心理发展是一个按顺序出现的过程，这个顺序与成熟的关系较大，与学习的关系较小；当发育没有达到成熟水平时，学习或训练就不起作用。

在个体发展中，机能跟着机体的生长而觉醒，且机体往往远远走在机能之前。机能之所以觉醒，是跟着机体的生长而来的。机体生长唤醒机能，觉醒了的机能打破了心理及其生活条件的平衡关系，心理于是进一步向前发展。

那么，机体生长的根据是什么？机体向着什么目标生长？法国著名儿童心理学家瓦龙亨利认为，机体生长就是要去实现物种的类型。每个个体最初形成时所获得的这个物种类型，对于这个个体来说就是他的“遗传型”，个体在生长过程中逐渐把这个遗传型实现出来，他所实现出来的就是这个个体的所谓“显现型”，从遗传型逐步达到显现型的过程，就是个体的生长过程。

（二）遗传与环境

哲学家与教育家，历来在先天与后天对人性影响的问题上存在不同的观点。自哲学心理学时代起，就有所谓天性与教养之争。在科学心理学兴起后的20世纪之初，结构主义倾向于重视先天，行为主义则倾向于重视后天。然而，经过多年来的相继研究，发展心理学家对人类身心发展的历程有了比较深刻的了解和认识，并且发现了一些共有的特性。

现代心理学由于受到遗传学发展的影响，一般倾向于将传统的先天与后天争议的问题，转变为个体身心发展决定于遗传与环境交互作用的观念。遗传是指经过受孕到个体生命开始，父母的身心特征传递给子女的一种生理变化历程。环境乃是指个体生命开始之后，其生存空间中所有可能影响个体的一切因素。

基于环境的这一界说，个体一生有两个环境，一为出生前在母体内的环境，一为出生后周围的世界。

在遗传与环境的交互作用中，谁对个体身心发展的影响较大？回答这一问题应视个体成熟程度及其身心两方面特征而定。遗传与环境的交互作用，大致遵循以下三个原则：①个体在出生前的发展，主要由遗传因素所决定。②个体出生后的幼稚阶段，遗传与环境的影响在身心两方面的发展上有所不同；属于身体方面的特征，遗传的影响大于环境，属于心理方面的特征，环境的影响大于遗传。③个体发展趋于成熟阶段，影响个体身心发展的则主要是环境因素。

三、心理发展的阶段与年龄特征

心理发展的年龄特征是指在一定社会和教育条件下，在个体发展的各个年龄阶段中所形成的一般的、典型的、本质的心理特征。

从发展心理学研究目的看，探究个体行为随年龄增长而变化的一般模式，是其重要的目的之一。先就婴幼儿的动作发展而言，何时会翻身，何时会起坐，先说哪些单字，以后增加哪些单字，大致也有可循之模式；再就幼儿游戏的社会行为而言，何时会独自游戏，何时会参与有规则的游戏，大致也有可循之模式。各种行为发展的模式，经研究分析归纳之后，即概括为年龄特征，据此可以对个体的发展作解释与预测。

年龄特征只是根据多数个体行为的共同特征建立的。事实上，对不同个体而言，无论在生理上或心理上的发展，都会有相当大的差异。就个别儿童而言，有的高于平均数，有的低于平均数，这就是所谓个别差异。

就心理发展的意义而言，个体有两个年龄：一个是实足年龄，指个体自出生之日算起的年龄；另一个是发展年龄，指代表身心发展程度的年龄。两种年龄接近或相等者，表示个体发展正常；发展年龄大于实足年龄者，表示个体的发展较一般人成熟早；反之则表示个体的发展较一般人成熟晚。

发展年龄是在儿童与青年期用来表示身心发展程度的指标。个体发展到成熟阶段之后，发展年龄的概念即不再适用，但个别差异的现象却仍然存在。

关于年龄阶段的划分及其年龄特征，有各种不同的理论与观点。

（一）法国心理学家瓦龙亨利的划分

1. 出生后第一年

分为反射动作、情感动作和感知动作三个阶段，由哭到笑是情感发展的表现，口耳相互配合以及伸手触摸是感知动作发展的表现。

2. 从会走路到 3 岁

能够直立行走、两手分化重点使用右手、通过动作和语言认识外界事物等使儿童的心理发展进入了一个重大的发展阶段。

3. 从 3 岁到 5 岁、6 岁

这个时期为主观或个性时期。这个

时期的特点是“混成现象”，即人我已分、物我未分、主客不清。儿童社会化的开始很早，出生后几个月就开始与母亲交流；自我意识的形成也很早，这个阶段的儿童已经意识到了自己。这个自我意识的形成又可分为三个阶段：①执拗阶段。由于有了自我，在态度上就表现为执拗、抗拒，需要别人承认自己的人格。②逞能阶段。与前一个阶段相反，这个阶段的儿童开始喜欢自我表现，需要别人欣赏自己的本领。③模仿阶段。儿童开始不满足于自己已有的本领，而宁愿用别人的才能引以为豪，他从周围的人中找到崇拜对象，并当作榜样来模仿。

4. 从 5 岁、6 岁到 11 岁、12 岁

瓦龙亨利称这个时期为客观性时期。从5岁起，儿童开始物我分化，到7岁时才能对外在事物有比较客观的态度。这个时期的一个特点是情绪稳定，执拗人性的现象逐渐消失，对人对事能够心平气和，实事求是，开始产生了一定程度的义务感，活动不再完全受奖惩的支配。智力方面，儿童思维中的“混成现象”逐渐消失，学会了读、写、算，思维的客观性基本接近成人水平。

5. 11 岁、12 岁以后的青少年期

儿童时代的结束和青少年时期的开始，以青春期为分水岭。这一时期，青少年的心理倾向再度从外向转到内向，从外界转到内心，从对外在世界的认识转到对自我人格的体会，情绪色彩极为浓厚，近似于3~5岁的个性时期。这一时期儿童向成人过渡，在心理方面出现不和谐、不安静，产生忧虑疑惧心理。对自己过去熟悉的一切感觉突然变了，感到自己对客观事物有重新评价的需要，然后开始树立理想、感情激荡。这个时期的发展任务在于心理能力与理想之间的平衡。

瓦龙亨利认为，成人时期，心理生活的主要内容就是公私任务的成功与失败。而环境因素是影响青少年和成人时期心理发展的重要因素。

（二）哈维赫斯特（Havinghurst）的划分

美国心理学家哈维赫斯特首次提出了“发展任务”这一概念，并以发展任务对个体发展阶段进行划分。所谓发展任务，是指在某一社会里，个体达到某一年龄阶段时，社会期待他在行为发展上应该达到什么样的程度。哈维赫斯特认为，发展任务是个体在不同生命阶段应该达到的成就，如果个体完成了其所在年龄段的发展任务，则他们适应社会就比较容易，心理发展正常；相反，如果个体没有完成其所在年龄段的发展任务，则他们适应社会就比较困难，且会使心理发展出现异常。哈维赫斯特以具体的行为来表示发展任务，即以某年龄阶段能够完成的工作任务来表示其心理发展的程度，按其1972年修订的各年龄阶段的发展任务分别如下。

1. 婴儿期到前儿童期或幼儿期（1~6 岁）

①会走路；②会吃固体食物；③会说话；④养成大小便卫生习惯；⑤性别

认定并能表现出合于性别的仪态；⑥对简单事理能辨别是非；⑦初具道德观念；⑧开始识字阅读；⑨开始理解抽象的表意行为（懂得察言观色）。

2. 后儿童期或少年期（6~13岁）

①能够表现体操活动中的动作技能；②能与同伴相处；③能扮演适度的性别角色；④学到基本的读写算等能力；⑤了解自己是成长的个体；⑥继续建立自己的道德观念与价值标准；⑦开始有独立倾向；⑧逐渐具有民主倾向的社会态度。

3. 青年期（13~18岁）

①身体器官与情绪表达趋于成熟；②能与同龄的异性相处；③能适度扮演带有性别的社会角色；④接纳自己的身体容貌；⑤情绪趋于独立，不再事事依赖父母；⑥考虑选择对象为将来婚姻做准备；⑦学习专长做将来就业的准备；⑧在行为导向上开始有自己的价值观念与伦理标准。

4. 壮年期（18~35岁）

①选择配偶结婚；②能与配偶和睦相处过亲密生活；③具有养育家庭的能力；④开创自己的事业；⑤负起公民的责任；⑥有良好的社会关系。

5. 中年期（35~60岁）

①提拔青年人；②完成社会责任；③享受成就的满足；④能适应中年期的身体变化；⑤奉养年迈的父母。

发展的任务就是强调在人生全程中，每一个阶段都需要具有生活的能力。比如，关于初中生社会化发展的任务，我国心理学家朱智贤认为应该包括以下几个方面：①谋求独立。指初中生从他们的父母或成人那里获得独立。由于生理的成熟与身体的发育使他们产生了“成人感”，觉得自己不再是孩子了。②确定自我。指初中生要回答“我是谁”这个问题，并形成良好的自我概念。③获得性别角色。所谓性别角色，指根据社会文化对男性、女性的期望而形成相应的动机、态度、价值观和行为。稳定的性别角色观念一般在初中三年级时才形成。④准备适应“性”的成熟。青春期的到来和第二性征的出现所引起的生理变化、性意识的觉醒，要求初中生做好心理准备去适应“性”的成熟。⑤学习适应成人的社会。

（三）我国心理学工作者的划分

我国心理学家通常按照个体在一段时期内所具有的共同的、典型的心理特点和主导活动，将个体的心理发展划分为八个阶段，即：乳儿期（0~1岁）；婴儿期（1~3岁）；幼儿期（3~6岁、7岁）；童年期（6、7岁~11、12岁）；少年期（11岁、12~14岁、15岁）；青年期（14、15岁~25岁）；成年期（25岁~65岁）；老年期（65岁以后）。

目前研究者关注比较多的是婴幼儿期、青年期和成年期，下面分重点介绍这三个阶段的主要特点。

1. 婴幼儿期的心理发展

处于婴幼儿期的儿童，产生了渴望参加社会实践活动的新需要与从事独立活动的经验及能力水平不足之间的矛盾。这是婴幼儿期儿童心理发展的主要矛盾。

游戏是解决这一矛盾的主要活动形式，是婴幼儿期的主导活动。

（1）游戏的定义。游戏是促进儿童身心发展的一种社会性活动。儿童在游戏中反映周围的现实生活，并通过游戏了解周围人们的劳动、生活和道德面貌，同时体验着人与人之间的相互关系。游戏是实现儿童与周围现实相联系的特殊形式、特殊活动，因此，游戏的主题和内容都是由社会生活条件所决定的。

游戏是促进儿童身心发展的一种最好的活动形式。在游戏中，儿童的运动器官能得到很好的发展。他们学习如何使用肌肉，如何发展视觉与动作相互协调的能力。通过游戏，儿童的各种心理过程能够更快更好地发展起来。在集体游戏中，由于担任各种不同的角色，因而可以更好地促进他们认识世界、认识自己，锻炼和培养自己的个性品质。

（2）游戏的种类。游戏本身随幼儿年龄的增长在内容上不断扩展，形式上不断升级。婴幼儿的游戏种类很多，从不同的角度可以分为不同的种类，比如，根据参加游戏的人数多少可以分为单人游戏和集体游戏；根据游戏的教育功能不同，可分为创造性游戏、教学游戏和活动性游戏。

第一，单人游戏与集体游戏。

单人游戏是指单独一个人进行的游戏。主要表现是一个儿童玩自己的玩具。在单人游戏中儿童只专心于自己的活动，不注意他人的活动。这是一种低级的游戏形式，一般在2岁至2岁半的儿童中常进行这种游戏活动。如果一个儿童长期固着于这种游戏方式，则会妨碍其心理的正常发展。

集体游戏是指多名儿童共同参与进行的游戏活动。主要表现是多名儿童彼此有分工、共同遵守一定的规则来完成某种活动。这是一种高级的游戏方式，一般在幼儿晚期进行。如果一个儿童经常从事这种游戏，就会促进其心理的正常发展。

第二，创造性游戏、教学游戏和活动性游戏。

创造性游戏是指幼儿自己通过创造性想象而形成的游戏，它有明确的主题、目的、角色分工、内容丰富、情节多变等特点。它是幼儿游戏的最高级形式。

教学游戏是指结合一定教学目的而编制的游戏。这种游戏的计划性、目的性非常明确，而且有教师的指导。它是幼儿获得知识经验，发展观察力、想象力、记忆力、思维力和言语能力，以及培养良好个性的最佳途径。

活动性游戏是指发展幼儿身体技能的一种游戏，这类游戏可以使幼儿掌握各种基本动作技能，发展其运动能力。活动性游戏能培养幼儿的勇敢、坚毅、合作、集体主义等个性品质。

（3）游戏的发展。随着婴幼儿年龄的增长，身心发展的新需要不断出现，其游戏的内容、形式等都发生了变化。

第一，创造性成分明显增强。

婴幼儿早期，所从事的游戏主要是模仿性的，即游戏主要是再现成人的活动或他人的动作。随着年龄的增长，到中班前后，游戏中的创造性成分明显增多，他们在游戏活动中表现出对旧经验的改造，会创造出许多新的内容。

第二，独立性显著增加。

婴幼儿早期，在从事游戏活动时，需要成人的不断提醒和指导，也就是说，此时婴幼儿游戏时对成人的依赖性很大。随着年龄的增长，他们能独自从事游戏活动，游戏的主题、方式都是自己确定的，很少需要成人的帮助了。

第三，计划性逐渐加强。

婴幼儿早期，在进行游戏活动时，计划性非常差，同时，游戏没有什么主题、内容也不确定，游戏的进行常受到外界的影响。随着年龄的增长，到中班后，能在游戏前自己确定主题，即大致能确定如何玩，到大班后，能做到事先分配角色。

第四，组织形式日益复杂。

婴幼儿早期，常独自一人进行游戏活动，即使是几个小朋友一起玩，也是各自进行自己的游戏。在小班时，他们能在老师的指导下，2~3个小朋友一起进行游戏，但持续时间非常短。到中班时，在一起进行游戏的人数明显增多，并且持续时间可达10分钟以上，有角色分工，事先能确定主题。到大班时，参与游戏的人员更多而且固定化，游戏持续的时间能达好几天，游戏的组织更加复杂，出现了分工协作的形式。

第五，内容更加丰富。

婴幼儿早期，游戏的内容非常单调，常常只是他们生活中所看到的事物。随着年龄的增长，游戏的内容更加丰富，常能反映人的生产劳动以及社会生活。

2. 青年期的心理发展

发展心理学所指的青年期与青春期（adolescence）是同一个概念，有其特殊的意义。一般认为，青年期仍然是儿童期向成年期的过渡。但是，生活在现代社会的青年人与以往的青年人相比已经有了很大的变化，用传统的观念已经不能完全理解和认识现代的青年人了。

（1）青年期的时间延长。心理学对青年期的界定是以个体的生理、心理和社会三方面的发展程度为标准。青年期的起始年龄以个体性器官的成熟开始，结束年龄以智力与社会发展成熟为止。可见，青年期存在性别差异和个别差异。20世纪初，青年期的年龄一般在13~18岁之间，现在一般在11~21岁之间。青年期时限延长，使青年期内身心变化加大，也使青年期不稳定的因素增多。

（2）身心发展失衡。以往传统的青年人生理成熟较晚，心理成熟较早，现代青年人却与此相反，生理成熟较早，心理成熟较晚。现在生活水平提高，营养充足，生理早熟；过去生活艰苦，儿童自幼参与成人生括，从事体力劳动，再加上早婚早育多育，有些人十几岁就挑起家庭生活的重担，所以心理成熟较早。身体早熟而心理晚熟的结果，造成身心发展的失衡，心理能力和智慧能力无法控制因身体成熟而出现的冲动，这是现在青年人行为问题增多的根本原因。

（3）受不连续文化的影响。在传统社会中，特别是在长期的中国农业社会中，社会文化是连续的，生活方式和人际关系是相对稳定不变的，因此，人的行为规范、道德标准、价值判断以致宗教信仰等各方面都是代代相传经久不变的。所以，过去青年人的成长过程大多跟父母成长过程一样，不会产生所谓“代沟”。现在生活城市化、社会多元化，文化失去连续性，因而父子两代、甚至兄弟之间所处的环境可能完全不同，因此，青年人在成长的过程中，就难免出现在生活和知识上父母不能教子女、兄姐不能教弟妹的情形。这种文化的不连续性将对青年人的成长产生不利的影响。比如，现在的年轻人大多数意识不到自己是身在福中不知福，而且对自己的前途感到困惑。

（4）青年期的自我统合。青年期开始后，个人主观的认知能力提高了，教育的内容与要求改变了，父母的期待更高了，在同龄中集体的压力增加了，要追求未来就要面对选择的困惑，就要接受竞争成败的压力。因此，青年期的心理危机应比其他时期严重。

自我统合是青年期心理发展的核心问题。自我统合（egoidentity）是一种个人自我一致的心理感受。进入青年期后，个人开始从六个方面思考关于自我的问题：①我现在想要什么？②我有何身体特征？③父母如何期望我？④以往成败的经验如何？⑤现在有何问题？⑥希望将来如何？将思考的结果统合后试图回答“我是谁？”和“我将走向何方？”两大问题。

在大约十年的青年期内，因年龄、能力、经验、家庭背景等因素的不同，每个人将有不同的统合状态，容易出现统合危机，即在自我统合过程中心理上产生的危机感。

3. 成年后的心理发展

由于人类寿命延长，老年人口增加，加之社会变迁急速，成年人和老年人生活适应困难。因此，成年后的心理发展问题应该受到重视。20~45岁的成年人其心理发展的主要任务和特征是交友、恋爱、结婚、教育子女等以感情为基础的人际关系。如果这一阶段发展顺利，个人在社会生活上就可以与人建立友爱亲密的人际关系，反之，心理发展不顺利、人际关系不良、社会生活失败，就会陷入孤独疏离的心理困境。而且，成年期社会生活发展顺利，以后的中老年期就能继续发展顺利。成年以后，个体面临“老、病、死”三件事，因此，成年以后到中年阶段，很多人在生活适应上趋于悲观消极。从心理健康的角度看，消极地适应生活有害无益，只有持乐观、积极、自己掌握自己命运的看法，才会使成年后的漫长生活有意义。

链接

不同年龄人群的生活满意度都比较高

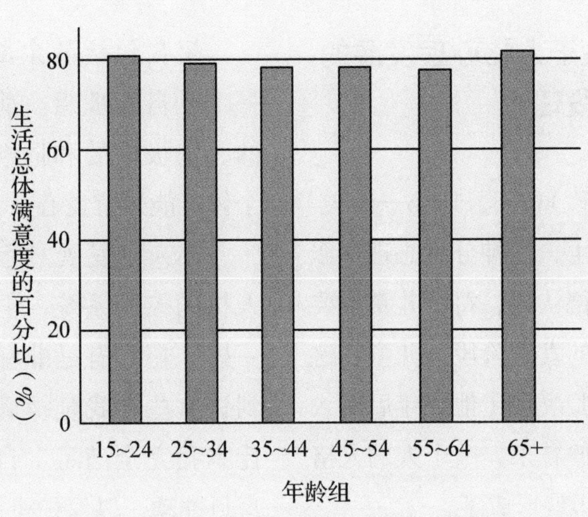

▲ **图 11-1　年龄和生活满意度**

20世纪80年代，一项研究对16个国家近1.7万人所组成的具有代表性样本进行了调查，结果显示，老年人和年轻人同样感觉自己生活幸福，甚至中年后的积极情绪多于消极情绪。因为在完成了成年早期的任务后，许多年长的成年人就有更多的时间追求自己的兴趣。如果他们健康而活跃，那么这种满意度甚至还会增强。如图所示，生活满意度的年龄差异微乎其微。

资料来源：［美］戴维·迈尔斯著．黄希庭等译．心理学精要．北京：人民邮电出版社，2009，103

第二节　西方关于心理发展的重要理论

人生全程的连续发展中有阶段现象，心理学家据此把人生全程分为不同的时期或阶段，而每一阶段的人在身心发展上，又各自有其代表性的特征。关于人的心理发展特别是儿童青少年的发展，许多心理学家提出了自己的理论，其中影响比较大的有弗洛伊德关于人格心理发展的阶段理论；皮亚杰关于认知发展的阶段理论以及埃里克森关于社会性发展阶段理论等。联系实际学习这些理论将对深刻理解人的全面发展和毕生发展有积极作用。

一、弗洛伊德关于人格心理发展的阶段理论

弗洛伊德（S. F. Freud，1856—1939）是奥地利精神病医生，精神分析心理学派的创始人。弗洛伊德认为，每个儿童都要经历几个先后有序的发展阶段，儿童在这些阶段中获得的经验决定了他成年后的人格特征。在弗洛伊德看来，一个人的人格在其出生后的前五年就形成了。

（一）人格发展的动力

弗洛伊德认为，个体心理发展的动力，特别是其人格发展的动力，是本我、自我和超我三者相互斗争与相互协调的结果。

1. 本我

本我类似于“无意识”的含义，是最原始的、本能的、而且在人格中最难接近的部分，同时又是强有力的部分。包括人类的性的内趋力和被压抑的习惯倾向。本我受快乐原则支配，即寻求最大满足和最少痛苦。

2. 自我

自我是意识结构部分。弗洛伊德认为，作为无意识结构部分的本我不能直接与现实世界接触，为了促进个体和现实世界的交互作用，必须通过自我。

弗洛伊德用了一个形象比喻来说明本我与自我的关系：本我是马，自我是骑士，马提供能量，骑士指挥马前进的方向。

3. 超我

超我包括两个部分：一个是良心，一个是自我理想。前者是超我的惩罚性的、消极性的和批判性的部分，它要求个体不能违背良心。

在人格发展过程中，超我和自我是人格的控制系统，但它们控制的程度不一样。超我有是非标准，它不仅力图做到让有些本我延缓满足，而且也争取不让本我完全满足。自我则是控制本我的盲目冲动，以保护机体免受损伤。

在个体发展过程中，本我、自我和超我三者均衡发展，即超我监控自己的行为，以适应社会的道德规范；自我一方面应处理好本我的本能要求，另一方面又应符合超我提出的规范要求，以期发挥自己的功能。如果在个体的发展过程中，本我或超我有一方占优势，支配另一方的发展，这时就会导致心理发展异常。

（二）划分心理发展年龄阶段的标准

弗洛伊德以“性”的发展作为心理发展年龄阶段划分的标准。弗洛伊德认为，儿童心理发展的不同阶段是有区别的，这种区别主要是由其“性”的发展所造成的。

弗洛伊德所说的性，不仅包括性爱的本能活动，而且包括各种各样的情感，

如对自我的爱、对双亲的爱、对子女的爱、对朋友的爱，等等。

儿童的心理如何从一个阶段顺利地向另一个阶段发展？弗洛伊德认为，必须使儿童得到的满足既不能太少，也不能太多，太少或太多都会使儿童固结在某一个发展阶段或使心理发展出现倒退。

（三）心理发展的具体年龄阶段

第一阶段：口唇期（0~1岁）。口唇初期（0~8个月）的性感区是嘴唇，儿童的快感主要来自于嘴唇与舌头的吸吮和吞咽活动。口唇晚期（8个月~1岁）的性感区是牙齿、牙床和腭部，快感主要来自那些咬、吞和嚼等活动。

第二阶段：肛门期（1~3岁）。这个时期的性感区集中在肛门周围。儿童必须学会控制生理排泄过程，使其符合社会要求。肛门初期的快感主要来自粪便的排出，肛门晚期的快感主要来自对粪便的克制。

第三阶段：前生殖器期（3~6岁）。这个时期的性感区集中到生殖器，这个阶段决定一个人未来对异性的顺应情况。此阶段男孩子出现恋母情结，女孩子出现恋父情结。

第四阶段：潜伏期（6~11岁、12岁）。弗洛伊德认为，进入潜伏期，儿童的性的发展处于停滞阶段，也可以说是出现倒退。在这个时期，儿童的几个阶段出现的矛盾冲突完全消失。因此，这是一个非常平静的阶段，于是儿童把所有的精力都投入到学习中去。

第五阶段：生殖阶段（11、12岁以后）。这是发展的最后阶段，女孩在11岁左右进入青春期，男孩在13岁左右进入青春期。随着青春期的到来，在上一个阶段沉寂了的性冲动又重新活跃起来，防御性冲动的方法主要有二：一是采取禁欲的办法；二是采取理智化的解决办法。

在此阶段，青少年开始脱离父母，去寻找他（她）们各自的朋友或配偶。这种脱离父母的独立生活，一方面是他们成熟的标志；另一方面又会使他们在情感上感受到痛苦。

二、皮亚杰的认知发展阶段理论

瑞士著名发展心理学家皮亚杰（Jean Piaget，1896—1980）经过潜心研究提出了影响儿童心理发展的因素、心理发展的动力以及儿童认知发展的阶段。

（一）影响心理发展的因素

皮亚杰认为，影响心理发展的因素主要有以下四个。

第一是成熟，指神经系统的成熟。皮亚杰认为，成熟在心理发展中的作用主要在于揭示新的可能性，即成为某些心理模式出现的必要条件，但成熟本身不是心理发展的充分条件。

机体的成熟是一个必要因素，在儿童发展次序不变的各个阶段中起着必不可少的作用，但是它不能说明发展的全过程，只是许多因素中的一个。

第二是练习和习得经验。经验又可

分为两类：第一类是物理经验，指个体作用于物体，抽象出物体的特征（例如，不管体积大小，比较两个物体的重量）。第二类是逻辑—数理的经验，指个体作用于物体，目的在于理解动作间相互协调的结果（例如，5、6岁儿童从经验中发现一组物体的总和与它们空间排列的位置没有关系）。

第三是社会经验。包括社会生活、文化教育、语言等，这种因素指的是社会相互作用和社会传递过程。社会化是一个结构化的过程，从那里便产生了"运算"和"协调运算"的相互依赖和同型性。

第四是平衡。指不断成熟的内部组织和外部环境相互作用的过程，是心理发展的最重要因素。

（二）心理发展的动力

皮亚杰认为，心理发展既不是起源于先天的遗传，也不是起源于后天的成熟，而是起源于主体的动作，这种动作的本质是主体对客体的适应。也就是说，心理发展的本质就是主体通过动作对客体的适应。适应有三种方式。

1. 同化

同化是指把环境因素纳入有机体已有的图式或结构之中，以加强和丰富主体的动作。

图式是指动作的结构或组织。该结构不是解剖学意义上的结构，而是一种认识的功能结构。有了图式，主体才能够对客体做出反应。最初的图式是遗传得来的，但这个遗传的图式只是一个起点，新的更高一级的图式将在它的基础上建立起来。

2. 顺应

顺应是指内部图式的改变以适应环境现实，亦即当客体作用于主体，而主体的图式不适应客体时，就要调整和改变主体的图式，使之适应客体的过程。顺应是图式的质变。

3. 平衡

平衡是指同化作用服从于客体的性质，是同化与顺应相互作用过程中的一种状态。这种状态是暂时的，而不是绝对的。

（三）心理发展阶段的标准

皮亚杰认为，心理是按一定阶段发展的，阶段的具体含义是以下几个方面。

第一，心理发展过程是一个内在结构连续的组织和再组织的过程，过程的进行是连续的；但由于各种因素的相互作用，使心理发展表现出明显的阶段性。

第二，每个阶段都有其独特的、相对稳定的心理结构，它决定着该阶段的主要心理特征；由于环境、教育、文化以及主体的动机等各种因素的影响，具体到每个个体的心理发展，则阶段可以提前或推迟，但先后次序不会改变。

第三，各阶段的出现，从低到高有一定的次序，这个次序是不能改变的，前一个阶段是后一个阶段的必要条件，后一个阶段是前一个阶段的飞跃。

第四，在心理的发展过程中，两个阶

段之间不能截然分开，而有一定的交叉。

（四）心理发展的具体阶段

皮亚杰通过大量研究提出儿童与青少年心理发展主要经过四个阶段，具体如下。

第一阶段：感知运动阶段（0~2岁），该阶段是心理发展的起始时期。之所以称感知运动阶段，是因为婴儿的心理建立在感知觉和运动协调的基础上。虽然他们心理发展存在很大的局限性，但皮亚杰认为，该阶段已形成了初级的认知结构。该阶段婴儿心理发展表现出下列特点。

①从被动反应到积极而有意识地反应；

②从见不到物体就认为其不存在到物体从眼前消失了仍然认为它可能存在；

③通过操纵物体来了解其属性；

④从注意自己的身体到认识外部环境；

⑤能发现达到目的的新手段；

⑥缺乏用语言命名物体的能力。

第二阶段：前运算阶段（2~7岁），该阶段是在感知运动阶段的基础上，心理发展出现的一次质的飞跃。因为感知运动阶段的儿童，只能对当前直觉到的事物，通过动作来进行思维；而前运算阶段的儿童由于信号或象征性功能的出现，开始能从具体的动作中摆脱出来，凭借表象在头脑中进行思维。该阶段儿童的思维具有以下特点。

①自我中心主义。即儿童不能从他人的角度来考虑问题，只能以自我为中心，从自己的角度观察和考虑问题，并深信自己的想法和他人的想法是一致的。当遇到与自己观点相互矛盾的事实时，他们会坚定地认为该事实是错误的。儿童思维的这一特点不能说是儿童自私的表现，而是说明了儿童思维发展过程中的一个过渡性特点。

②直观形象性。即儿童能凭借表象进行思维。

③不可逆性。可逆性与不可逆性相对，可逆性指思考问题时既可以从正面去想，也可以从反面去想；即可以从原因去看结果，也可以从结果分析原因。

④知觉的集中性。即当儿童的注意力集中于问题的某一个方面时，就不能同时把注意力转移到另一方面。

第三阶段：具体运算阶段（7~12岁），该阶段儿童形成了初步的运算结构，出现了逻辑思维。所谓运算，是指借助逻辑推理将事物的一种状态转化成另一种状态。该年龄阶段儿童心理发展的特点是：

①守恒性。所谓守恒，就是内化的、可逆的动作。

②去自我中心主义。该阶段儿童逐渐学会从别人的观点看问题，意识到别人可以持有与自己不同的观点和看法，他们能接受别人的意见，修正自己的看法。去自我中心主义是儿童社会化发展的重要标志。

③进行群集运算。

④具体逻辑推理。该阶段儿童还缺乏抽象逻辑推理能力，但他们能凭借具体形象的支持进行逻辑推理。

第四阶段：形式运算阶段（12岁以

后），皮亚杰认为，思维发展到形式运算阶段，就表明个体的思维能力已经发展到了成熟水平。以后随着年龄的增长，个体只增加知识经验，思维方式不再发生变化了。该阶段儿童思维发展具有以下三个特点。

①假设—演绎推理。所谓假设—演绎推理是指个体在解决问题时，先提出一系列的假设，然后根据假设进行验证，从而得到答案。

②命题推理。所谓命题推理是指不必一定按现实的或具体的资料作依据，只凭一个命题，就可进行的推理。命题推理的思维特点是超越现实的。

③组合分析。所谓组合分析是指认知达到形式运算阶段的个体，不仅可以从单一角度对问题作假设—演绎推理，还可以从不同角度对构成问题的全部因素做各种组合，然后逐一进行分析，最后达到对问题的解决。

三、埃里克森关于人的心理社会阶段理论

关于人的社会性毕生发展，最具权威性、最有代表性的理论应该是美国心理学家埃里克森（Erik H. Erikson）根据自身人生经验及多年心理治疗所见，在1950年提出的解释人生全程发展的心理社会阶段（psychosocial stages）理论。

（一）心理发展的动力

埃里克森认为，心理发展主要是个人与社会交互作用的结果。因此，在了解人的心理发展时，既要考虑到他的生理学影响，也要考虑到文化和社会因素的影响。也就是说，一个人健康人格的发展，除具有性冲动外，在成长过程中还要有社会文化环境的作用。

（二）心理发展阶段的含义

埃里克森认为，人的发展是一个进化的过程。一个人在出生时还是一个未分化的普遍体，在生长过程中，普遍体验着生物的、心理的和社会的事件发生的顺序，并按一定的成熟程度分阶段地发展。人的发展不是单纯地表现为情绪过程或心理过程，而是将个人内心生活与社会任务加以结合，以人与人之间的关系表现出来。埃里克森把人的一生分为八个阶段，认为每个阶段都有一个特定的心理社会任务需要解决，每个阶段的次序是由遗传决定的，因此，是不可变更的。这种由遗传决定的发展顺序被认为是遵循渐成的原理。

矛盾或危机是划分发展阶段的主要标准或主要特征。埃里克森使用危机一词，意指心理发展的重要的转折点，因此，作为每个发展阶段特征的危机就同时兼有积极的解决办法和消极的解决办法。积极的解决办法有助于形成较好的顺应能力，消极的解决办法削弱了自我，阻碍了顺应能力的形成，更进一步说，在某个阶段中，积极的危机解决办法可增加下一个阶段中危机得到积极解决的可能性，反之则会降低下一阶段中危机

得到有效解决的可能性。

虽然生物基础决定了这些阶段产生的时间（因为成熟过程决定了可能获得各种经验的时间），但社会环境决定了与每个特定阶段相联系的危机能否得到积极地解决。由于这一原因，埃里克森提出把八个阶段称为心理社会性发展阶段。

需要指出的是，埃里克森并不认为危机的解决要么是完全积极的，要么是完全消极的，相反，他认为危机的解决办法中兼有积极和消极两种可能性。只有当积极解决的因素比消极因素所占比例高时，才能说危机被积极地解决了。

（三）心理社会性发展的阶段

在心理社会阶段理论中，埃里克森将人生全程分为八个时期，可简称为人生八段。对人生八段的分期解释，埃里克森有两点独到的观念：其一，任一时期的身心发展顺利与否，均与前一（或前各）时期的发展有关，前一（或前各）时期发展顺利者，将发挥良好的基础作用，有助于后期的发展。其二，将人生的每一时期均视为一个“危机与转机”的关键。意指人生的每一时期，各有其特定的问题或困难；困难未解决之前，心理危机将持续存在；困难解决后，危机化解，变为转机，就会顺利继续发展。由此观之，危机是因发展而产生的，是正常现象，故而又称发展危机（developmental crisis）。有些人之所以行为异常，是由于发展危机不能适时化解，相继累计，结果阻碍甚至丧失了个人的适应能力发展。

第一阶段：学习信任阶段（0~1岁），主要矛盾是信任对不信任。

由于年幼的婴儿没有生活自理能力，他们的需要都是由成人提供满足的，因此，如果婴儿的父母能满足婴儿的各种需要，就能培养出婴儿的一种基本的信任感，同时，婴儿也会发展出一些稳定的依恋行为。相反，如果婴儿的父母不能满足婴儿的各种基本需要，婴儿就会发展出对他人的不信任感，使婴儿表现出疑心、胆小等行为并影响其后来的发展。如果此阶段婴儿建立起信任感，心理发展中信任与不信任之间的危机得到积极的解决，就能形成希望的品质。

第二阶段：自主与羞怯、怀疑阶段（1~3岁），主要矛盾是自主性对羞怯、怀疑。

此阶段的儿童开始具有了一些基本的独立能力，如走、爬、推、拉及语言活动，父母对儿童的各种教育和训练也逐渐开始。如果儿童发展得比较好，他们就会产生一种自我控制的自主感。相反，儿童就会慢慢地发展出一些怀疑或羞怯感，并将直接影响儿童自尊心的正常发展。如果儿童的自主性与羞怯、怀疑之间的危机得到积极的解决，则在其心理发展中就可以形成自制的品质。

第三阶段：主动与内疚阶段（3~6岁），主要矛盾是主动性对内疚感。

此阶段的儿童开始能组织一些活动，并在活动中表现出很强的进取心，同时也体验到主动感。这个时期的儿童，进入了弗洛伊德所描述的恋父或恋母情结的阶段。如果儿童在学习成人的角色时出现了失败，他们就会产生内疚感或犯罪感；如果儿童的主动与内疚之间的危机得到积极的解决，儿童就能体验到目的的实现。

第四阶段：勤奋与自卑阶段（6~12岁），主要矛盾是勤奋感对自卑感。

埃里克森认为，此阶段的儿童进入了系统的学习时期。在学校里，老师教他们学习各种知识并尝试去适应社会的规范及尝试成人的角色。儿童在这个时期，通常会十分勤奋地学习成人要他们学习的东西，但是，如果他们不能争取到好的成绩，达不到成人对他们的期望，则常常产生一种自卑感。这种自卑感如果不能在这个时期很好地解决，他们就开始怀疑自己的能力，包括学习的能力，适应环境的能力以及与他人进行交往的能力等。如果儿童勤奋与自卑之间的危机得到积极的解决，他们就能体验到自己的能力的实现。

第五阶段：同一性与角色混乱阶段（12~20岁），主要矛盾是同一性对角色混乱。

此阶段是儿童期的结束，青春期的到来。由于身体发育的快速增长，心理发展出现断乳期。在这个时期，儿童开始寻找他们自己的认同方向，包括他们以后的职业发展及职业的选择，他们也会开始建立自己的价值观念。这就不免会遇到很多不同角色，而到底要选择什么样的角色，他们还拿不定主意，于是在行为上已出现混乱。如果个体的同一性与角色混乱之间的危机得到积极地解决，他们就能形成忠诚的品质。

需要指出的是，以上五个阶段是埃里克森对弗洛伊德的五个阶段提出来的。

第六阶段：亲密与孤独阶段（20~40岁），主要矛盾是亲密感对孤独感。

此阶段的青年人渴望并努力将自己的同一性与其他人的同一性融合起来。如果做到了这一点，他们就为建立亲密关系做好了准备，既能够要求自己加强与别人的联系和搞好伙伴关系，同时也为他们形成美满的婚姻打下了基础，如果此时个体结婚，并且婚姻美满就能产生一种亲密感，使自己的情感得到积极的发展。但是，在寻找配偶的过程中可能会遇到各种麻烦，从而使个体被疏远而产生孤独感，这对他们个人的情绪、情感发展将带来不良的影响。如果个体的亲密与孤独之间的危机能得到积极地解决，他们就能体验到爱情的力量。

第七阶段：繁殖与停滞阶段（40~60岁），主要矛盾是繁殖感对停滞感。

该阶段个体处于中年期，是人生发展中一个十分重要的时期。很多人在事业上取得成就，并且开始担负起一个成功的成年人对下一代的责任，即一方面要悉心养育自己的子女，使他们成才；另一方面，还要栽培下属，让他们继承并发扬自己所开创的事业。但是，如果个体在此阶段没有取得成功，就会感到自己一生碌碌无为，没有发展前途，并对个体下一阶段的发展产生不良影响。如果个体的繁殖与停滞之间的危机能得到积极地解决，他们就能体验到关怀的作用。

第八阶段：自我整合与绝望阶段（60岁以后），主要矛盾是自我整合感对绝望感。

这是人生的最后阶段，如果一个人以自己的某种方式负责一些事情并使自己适应他人，经常体验到成功，则他就达到了自我整合。达到自我整合的人，表现出对他人的爱，形成自己的生活风格，保持自己在一切物质和经济上的权威性；他以自己的智慧形成自己的一种哲学，并使这种哲学延伸到生命周期以外，与新的一代的生命周期融合为一体。一个人达到了这个境界，就能充分体验到自我整合感和自我完善感。

如果一个人在此阶段不能达到自我整合，同时也不能保持自己在一切物质和经济上的权威性，就会出现一种失望或绝望的情绪，并产生对死亡的恐惧，觉得人生短促，对人生感到厌倦和失望。如果个体的自我整合与绝望之间的危机能得到积极地解决，他们就能体验到智慧的实现。

链接

皮亚杰

让·皮亚杰，瑞士儿童心理学家，发生认识论创始人。1918年获得瑞士纳沙泰尔大学博士学位，1921年任日内瓦大学卢梭学院实验室主任，1924年起任日内瓦大学教授。先后当选为瑞士心理学会、法语国家心理科学联合会主席，1954年任第14届国际心理科学联合会主席。此外，皮亚杰还长期担任联合国教科文组织领导下的国际教育局局长和联合国教科文组织助理干事之职。皮亚杰还是哈佛、巴黎、布鲁塞尔、剑桥、耶鲁等20多国著名大学的名誉博士或名誉教授。皮亚杰的主要贡献在发展心理学领域，他对儿童关于现实、因果、时空、几何、各种物理量的守恒等概念的形成和心理运算的起源与发展进行了大量的实验研究。他创立的发生认识论体系已成为当代儿童与发展心理学的主要派别之一。

资料来源：彭聃龄．普通心理学．北京：北京师范大学出版社，2004，517

本章复习与摘要

1. 心理发展是指个体从出生、成熟、衰老直至死亡的整个生命进程中所发生的一系列心理变化。人的心理发展过程的基本特征是：连续性与阶段性；定向性与顺序性；不平衡性；差异性。

2. 影响心理发展的因素有两大方面：第一方面是成熟；第二方面是遗传与环境。成熟是指人本身由于非经验原因而引起的内部变化。遗传是指经过受孕到个体生命开始之初，父母的身心特征传递给子女的一种生理变化历程。环境是指个体生命开始之后，其生存空间中所有可能影响个体的一切因素。心理的发生发展必须以生理的发育、变化、成熟为物质基础。现代心理学一般倾向于认为，个体身心发展决定于遗传与环境的交互作用。

3. 心理发展的年龄特征是指在一定社会和教育条件下，在个体发展的各个年龄阶段中所形成的一般的、典型的、本质的心理特征。关于心理发展年龄阶段的划分问题，心理学家提出各种不同的看法。我国心理学家将发展过程分为八个阶段，有三个典型阶段即婴幼儿阶段、青少年期与成人期的心理特点要特别注意。

4. 西方关于心理发展全程的主要理论有弗洛伊德的人格心理发展阶段论、皮亚杰的认知发展阶段论与埃里克森的社会性发展八阶段论。

5. 弗洛伊德认为，个体心理发展的动力，特别是其人格发展的动力，是本我、自我和超我三者相互斗争与相互协调的结果。皮亚杰提出影响心理发展的因素及心理发展的动力，认为心理发展的本质就是主体通过动作对客体的适应，心理发展主要是个人与社会交互作用的结果。进而将人的一生的发展过程分为八个阶段，每个阶段都有自己的发展任务。

参考文献

阿特金森，R. L. 等著．孙名之等译．心理学导论．台北：晓园出版社，1994

艾森克主编．闫巩固译．心理学——一条整合的途径．上海：华东师范大学出版社，2001

伯格著．陈会昌等译．人格心理学．北京：中国轻工业出版社，2000

柏桦编著．EQ情商．北京：中国文史出版社，1997

比格等著．徐蕴等译．写给教师的学习心理学．北京：中国轻工业出版社，2005

彼得罗夫斯基著．集体社会心理学．卢盛中译．北京：人民教育出版社，1985

布鲁纳著．邵瑞珍译．教育过程．北京：文化教育出版社，1982

陈琦等主编．教育心理学．北京：北京师范大学出版社，1997

陈仲庚．人格心理学．沈阳：辽宁人民出版社，1986

戴维·迈尔斯著．黄希庭等译．心理学精要．北京：人民邮电出版社，2009

董奇，陶沙等．脑与行为——21世纪的科学前沿．北京：北京师范大学出版社，2000

董奇．儿童创造力发展心理．杭州：浙江教育出版社，1993

杜晓新等．元认知与学习策略．北京：人民教育出版社，1999

费尔德曼，黄希庭著．黄希庭等译．心理学与我们．北京：人民邮电出版社，2008

冯观富．教育心理辅导精解．台北：心理出版社，1993

冯塔纳著．王新超译．教师心理学．北京：北京大学出版社，2000

弗里德曼等著．高地译．社会心理学．哈尔滨：黑龙江人民出版社，1986

高玉祥．个性心理学．北京：北京师范大学出版社，1989

高玉祥等主编．人际交往心理学．北京：中国社会科学出版社，1990

郭享杰主编．心理学——学习与应用．上海：上海教育出版社，2001

黄希庭．人格心理学．杭州：浙江教育出版社，2002

黄希庭主编．心理学．上海：上海教育出版社，1997

黄希庭著．心理学导论．北京：人民教育出版社，1991

吉尔福特著．施良方等译．创造性才能．北京：人民教育出版社，1990

加德纳著．沈致隆译．多元智能．北京：新华出版社，1999

加涅著．皮连生等译．学习的条件和教学论．上海：华东师范大学出版社，1999

金盛华等著．沟通人生——心理交往学．济南：山东教育出版社，1992

库恩著．郑钢译．心理学导论．北京：中国轻工业出版社，2004

赖斯著．胡佩诚等译．健康心理学．北京：中国轻工业出版社，2000

李百珍．青少年心理健康教育与心理咨询．北京：科学普及出版社，2003

李咏吟主编．学习辅导——应用性学习心理学．台北：心理出版社，1993.

理查德·格里格，菲利普·津巴多著．王垒等译．心理学与生活．北京：人民邮电出版社，2003

连榕编著．现代学习心理辅导．福州：福建教育出版社，2001

联合国教科文组织．教育——财富蕴藏其中．北京：教育科学出版社，1996

联合国教科文组织．教育——教育世界的今天和明天．北京：教育科学出版社，1996

林秉紧．社会心理学．北京：群众出版社，1985

林崇德，申继亮主编．大学生心理健康读本．北京：教育科学出版社，2005

林崇德，辛涛．智力的培养．杭州：浙江人民出版社，1996

林崇德．发展心理学．北京：人民教育出版社，1999

林建华．中学生心理健康教育课程与教法．南京：南京大学出版社，1999

刘电芝主编．学习策略研究．北京：人民教育出版社，1999

刘华山．学校心理辅导．合肥：安徽人民出版社，1998

卢家楣等主编．心理学．上海：上海人民出版社，2001

罗伯特·索拉索著．朱滢等译．21世纪的心理科学与脑科学．北京：北京大学出版社，2002

罗森韦格，M. R. 主编．焦书兰等译．国际心理科学——进展、问题与展望．北京：北京科学技术出版社，1994

马斯洛．动机与人格．许金声等译．北京：华夏出版社，1987

莫雷，张卫．青少年发展与教育心理学．广州：广东高等教育出版社，1999

莫雷．心理学．广州：广东高等教育出版社，2000

莫雷．20世纪心理学名家名著．广州：广东高等教育出版社，2002

莫雷．教育心理学．广州：广东高等教育出版社，2002

彭聃龄．普通心理学．北京：北京师范大学，2004，2001

齐默尔曼等著．姚梅林等译．自我调节学习．北京：中国轻工业出版社，2001

申荷永，高岚．心理教育．广州：暨南大学出版社，1995

申荷永主编．社会心理学——原理与应用．广州：暨南大学出版社，1999

申克著．韦小满等译．学习理论：教育的视角．南京：江苏教育出版社，2003

沈德立．发展与教育心理学．沈阳：辽宁大学出版社，2000

沈德立主编．脑功能开发的理论与实践．北京：教育科学出版社，2001

沈之菲．生涯心理辅导．上海：上海教育出版社，2000

施良方．学习论．北京：人民教育出版社，1994

时蓉华．社会心理学．杭州：浙江教育出版社，1998

斯腾伯格著．张厚粲译．教育心理学．北京：中国轻工业出版社，2003

斯腾伯格著．赵海燕译．思维教学．北京：中国轻工业出版社，2001

斯腾伯格著．吴国宏，钱文译．成功智力．上海：华东师范大学出版社，1999

斯托曼著．张燕云译．情绪心理学．沈阳：辽宁人民出版社，1986

孙煜明．动机心理学．南京：南京大学出版社，1993

唐红波等主编．中小学生学习心理辅导．广州：暨南大学出版社，1997

王更生，汪安圣．认知心理学．北京：北京大学出版社，1992

沃斯，德莱顿著．顾瑞荣，陈标，许静译．学习的革命．上海：上海三联书店，1998

吴庆麟．认知教学心理学．上海：上海科学技术出版社，2000

吴希如．脑发育异常及发育中的脑损伤．上海：上海科技教育出版社，1998

吴增强．当代青少年心理辅导．上海：上海科学技术教育出版社，2003

希尔加德，阿特金森 R. L.，阿特金森 R. C.著．周先庚等译．心理学导论（上册）．北京：北京大学出版社，1987

席尔瓦等．张玲译．多元智能与学习风格．北京：教育科学出版社，2003

杨雄里．脑科学的现代进展．上海：上海科技教育出版社，1998

阴国恩，李洪玉，李幼穗．非智力因素及其培养．杭州：浙江人民出版社，1996

俞国良，辛自强．社会性发展心理学．合肥：安徽教育出版社，2004

俞国良. 创造力心理学. 杭州：浙江人民出版社，1996

张春兴. 现代心理学. 上海：上海人民出版社，1998，1995，1994

张春兴. 心理学原理. 台北：东华书局，1997

张春兴主编. 教育心理学. 杭州：浙江教育出版社，1998

张大均主编. 教育心理学. 北京：人民教育出版社，1999

张殿国著. 情绪的控制和调节. 上海：上海人民出版社，1986

张文新. 儿童社会性发展. 北京：北京师范大学出版社，1999

章志光. 社会心理学. 北京：人民教育出版社，1996

章志光. 心理学. 北京：人民教育出版社，2002

郑全全，俞国良. 人际关系心理学. 北京：人民教育出版社，1995

郑日昌，陈永胜. 学校心理咨询. 北京：人民教育出版社，1991

郑雪. 人格心理学. 广州：暨南大学出版社，2001

中央教育科学研究所. 简明国际教育百科全书——人的发展. 北京：教育科学出版社，1989

周道生，陶晓春. 实用创造学. 南京：南京师范大学出版社，2000

周明星，邓新华主编. 成功学生全面素质测评手册. 北京：人民日报出版社，2000

周晓红. 现代社会心理学. 上海：上海人民出版社，1997

朱智贤. 儿童心理学史论丛. 北京：北京师范大学出版社，1982

姜荣环等. 心理危机干预对受灾人群的疗效评价. 现代预防医学. 2010，37（19）

刘徽. CISD课程简介及其对我国灾后心理危机干预的启示. 比较教育研究，2008（10）

钱革. 汶川震后心理危机的早期干预：文献综述与评价. 兰州学刊. 2009（3）

孙绍邦，孟昭兰. “面部反馈假设”的检验研究. 心理学报. 1993（3）

徐景波，孟昭兰. 正负情绪的自主神经生理反应实验研究. 心理科学. 1995（3）

张健伟等. 从认知主义到建构主义. 北京师范大学学报（社会科学版）. 1995

Anderson J. R. Problem Solving and Learning. American Psychology，1993

Arnold M. Emotion and Personality. New York：Columbia University Press，1960

Atkinson T. L.，Atkinson R. C.，Smith E.E.，Bem D. J.，& Hoeksema S. N. Hilgard's Introductions to Psychology（12th ed.）. Harcourt Brace College Publishers，1996

Babbic E. The Practice of Social Research（6th ed.）. Wadsworth Publishing

Company. 1992

Bandura A. Self-efficacy: Toward a Unifying Theory of Behavioral Change. Psychological Review, 1977 (84)

Belkin G. S. Introduction to Counseling (2nd ed.) . Dubuque.IA: William C Brown, 1984

Biehler R.F. Psychology Applied to Teaching. Boston: Houghton Mifflin Company, 1993

Campos J. J., Campos R. G. ,Barrett K. C. Emergent Themes in the Study of Emotional Development and Emotion Regulation. Developmental Psychology, 1989 (25)

Cannon W. B. The James-Lange Theory of Emotion: A Critical Examination and an Alternative Theory. American Journal of Psychology, 1927 (339)

Carducci B.J. The Psychology of Personality: Viewpoints, Research, and Applications. Pacific Grove: Brooks/Cole Publishing Company

Cohen G. The Psychology of Cognition. London: Academic Press, 1983

Cook K. S., Gary Alan Fine. House, J. S. Social Psychology. Allyn and Bacon, 1995

Costa P. T. Widiger T. A, (ed.) Personality Disorders and the Five-factor Model of Personality. Washington, D C: American Psychological Association, 1994

Damasio, A. R. Descartes' Error: Emotion, Reason and the Human Brain. New York: Grossset/Putnam. 1994

Derlega V.J. , et al. (eds.) . Personality: Contemporary Theory and Research. Chicago: Nelson-Hall Publishers. 1991, 1999

Deutsch M. Egalitariansm in the Laboratory and at Work, In Vermunt R. & Steensma H. (Eds), New York: Plenum, 1991

Dodge K. A., Darder J. Domains of Emotion Regulation. In: Garder J., Dodge K. A., ed. The Development of Emotion Regulation and Dysregulation. Cambridge: Cambridge University Press, 1991

Erikson E. H. Childhood and Society. New York: W. W. Norton, 1963

Eysenck H. J. Dimensions of Personality. London: Routledge & Kegan Paul, 1947

Eysenck H. J. The Biological Basis of Personality. Springfield, IL: Charles C. Thomas, 1967

Eysenck M.W. A Handbook of Cognitive Psychology. London: Lawrence Erlbaum

Associates, 1984

Freud S. A General Introduction to Psychoanalysis. New York: Washington Square Press, 1917

Glock J., Wertz S., & Meyer M. Discovering the Naturalist Intelligence: Science in the School Yard. Tucson, AR: Zephyr Press, 1999

Goldberg L. R. An Alternative "Description of Personality": The Big-Five Factor Structure. Journal of Personality and Social Psychology, 1990 (59)

Gross J. J., Antecedent and Response-focused Emotion Regulation: Divergent Consequences for Expressive Expression and Physiology. Journal of Personality and Social Psychology, 1998, 74 (1)

Gross J. J., Levenson R. W. Emotional Suppression: Physiology, Self-report and Expressive Behavior. Journal of Personality and Social Psychology, 1993, 64 (6)

Gross J. J., Levenson R. W. Hiding Feeling: The Acute Effects of Inhibiting Negative and Positive emotion. Journal of Abnormal Psychology, 1997, 106 (1)

Heider F. The Psychology of Interpersonal Relations. New York: John Wiley, 1958

Hendrick, S. S. & Hendrick, C. Liking, Loving and Relationg. Pacifice Grove, CA: Brooks/Cole. 1992

Izard C. E., Facial Expressions and the Regulation of Emotions. Journal of Personality and Social Psychology, 1990, (58)

Izard C. E., The Psychology of Emotion. New York: Plenum, 1991

Jzard C. Human Emotion, New York: Plenum Press, 1997

John O. P., Robins R. W. Traits and Types, Dynamics and Development: No Doors Should be Closed in the Study of Personality. Psychological Inquiry, 1994 (5)

Laid J. D. Self-attribution of Emotion: The Effects of Expressive Behavior on the Quality of Emotional Experience. Journal of Personality and Social Psychology, 1974, (29)

Lippa, R. A. , Belmont, CA: Wadsworth, 1990

Marsh, P. (Ed.) Eys to Eye: How People Interact. Topsfield, MA: Salem House. 1988

Marshall G. N., Wortman C. B., & Vickers P. R., et al. The Five-factor Model of Personality as a Framework for Personality Health Research. Journal of Personality and Social Psychology, 1994 (67)

Mayer J. D., Salovey P. What is Emotional Intelligence. In: Peter Salovey, Sluyter D. J., ed. Emotional Development and Emotion Intelligence, Educational Implications. New York: Basic Books, 1997

Milgram. S. Issues in the Study of Obedience: A Reply to Baumrind. American Psychologist, 1964, (19)

Myers, D. Social Psychology (3rd ed) . McGraw–Hill, 1990

Myers. D. G. Social Psychology. New York: McGraw– Hill, 1993

Pervin, L.A. (ed.) . Handbook of Personality: Theory and Research. New York: Oliver P. John. Publisher, Guilford Press, 1999

Piaget J., Inhelder B. The Child's Conception of Space. New York: Norton, 1967

Rotter J. B. Generalized expectancies for Internal versus External Control of Reinforcement. Psychological Monographs, 1966 (80)

Schachter S., Singer J. Cognitive, Social and Physiological Determinations of Emotional State. Psychological Review, 1962

Spearman C. General Intelligence, Objectively Determind and Measured. American Journal of Psychology, 1904(15)

Sternberg R.J. Beyond IQ. Cambridge: Cambridge University Press, 1985

Sternberg R. & Whitney C. Love the Way You Want It: Using Your Head in Matters of the Heart. New York: Bantam

Tellegen A., Waller N. G. Reexamining Basic Dimensions of Natural Language Trait Descriptors. Annual Meeting of the American Psychological Association, 1987

Tellegen A. Structures of Mood and Personality and Their Relevance to Assessing Anxiety, with an Emphasis on Self–report. In: Tuma A. H., Maser J. D. ed. Anxiety and the Anxiety Disorders. Hiusdale, NJ: Erlbaum, 1985

Tomkins S. Affects as the Primary Motivational System. In: Arnold M., ed. Feelings and Emotion. New York: Academic Press, 1970

Turax and Carkhuff. Toward Effective Counseling and Psychotherapy. Aldine Publishing Company, 1967

Volpe J.J. Neurology of the Newborn. Philadelphia: W.B. Saunders Company.1995

Weiner B., Frieze I., Kukla A., et al. Perceiving the Causes of Success and Failure. In: Jones E., Kanouse D., Kelley H., et al. Attribution: Perceiving the Causes of

Behavior. New York: General Learning Press, 1971

Weiner B. Human Motivation. Mahwah, N J: Erlbaum, 1989

Weiten W. Psychology: Themes and Variations (3rd ed.). Books/Cole Publishing Company, 1995

Zimbardo, P. G., New York: Scot Foresman, 1988